UMA PONTE ENTRE ESPIÕES

JAMES B. DONOVAN

UMA PONTE ENTRE ESPIÕES

Tradução de
ALESSANDRA BONRRUQUER

1ª edição

EDITORA RECORD
RIO DE JANEIRO • SÃO PAULO
2015

CIP-BRASIL. CATALOGAÇÃO NA PUBLICAÇÃO
SINDICATO NACIONAL DOS EDITORES DE LIVROS, RJ

D74u   Donovan, James B., 1916-1970
         Uma ponte entre espiões: O caso do coronel Rudolf Abel e de Francis
         Gary Powers / James B. Donovan; tradução: Alessandra Bonrruquer.
         – 1ª ed. – Rio de Janeiro: Record, 2015.

         Tradução de: Strangers on a Bridge
         ISBN 978-85-01-10648-3

         1. Abel, Rudolf, 1903-1971. 2. Powers, Francis Gary, 1929-. 3. Estados Unidos
         – Relações estrangeiras. 4. União Soviética – Relações estrangeiras.
         5. Guerra Fria. 6. Espiões. 7. Espionagem. 8. Serviço de inteligência. I. Título.

                                          CDD: 327.73
15-25747   CDU: 327(73)

Copyright da tradução © 2015 by Editora Record.

TÍTULO ORIGINAL EM INGLÊS:
Strangers on a Bridge

Copyright © 1964 by Atheneum House, Inc.
Copyright do prefácio © 2015 by Jason Matthews
Publicado mediante acordo com a editora original, Scribner, uma divisão da Simon &Schuster, Inc.
Copyright da capa © 2015 by Simon & Schuster, Inc.

Texto revisado segundo o novo Acordo Ortográfico da Língua Portuguesa.

Todos os direitos reservados. Proibida a reprodução, no todo ou em parte, através de quaisquer meios. Os direitos morais do autor foram assegurados.

Direitos exclusivos de publicação em língua portuguesa somente para o Brasil adquiridos pela
EDITORA RECORD LTDA.
Rua Argentina, 171 – Rio de Janeiro, RJ – 20921-380 – Tel.: 2585-2000, que se reserva a propriedade literária desta tradução.

Impresso no Brasil

ISBN 978-85-01-10648-3

Seja um leitor preferencial Record.
Cadastre-se e receba informações sobre nossos lançamentos e nossas promoções.

EDITORA AFILIADA

Atendimento e venda direta ao leitor:
mdireto@record.com.br ou (21) 2585-2002.

*Para aqueles na Associação dos Advogados Americanos
que defendem os fracos, os pobres e os impopulares.*

SUMÁRIO

Prefácio   9

Introdução   23

1957   29

1958   303

1959   339

1960   377

1961   407

1962   421

Agradecimentos   487

PREFÁCIO

Este livro é uma reedição de *Strangers on a Bridge*, o best-seller de 1964 sobre o julgamento por espionagem do oficial soviético de inteligência Rudolf Abel, escrito pelo advogado apontado pelo tribunal James B. Donovan. Todavia, não é menos relevante — ou interessante — hoje do que foi então. Chamará atenção dos fãs das velhas intrigas da Guerra Fria e atrairá os devotos dos dramas legais. As espirituosas descrições de Donovan sobre sua arguta estratégia legal certamente deliciarão os leitores. E o enevoado relance da enigmática e elaborada mente de Abel, o espião soviético, é fascinante. Mas, acima de tudo, este retrato do caso dos anos 1950 nos lembra de que a espionagem existe desde sempre, sendo a segunda profissão mais antiga do mundo. E as manchetes modernas que documentam as prisões recentes de espiões russos e de "agentes adormecidos" nos Estados Unidos revelam que continua presente até hoje.

A mais bem-sucedida operação humint (inteligência humana) do século XX provavelmente foi a infiltração soviética no Projeto Manhattan e a aquisição de segredos atômicos norte-americanos nos anos 1940 e 1950. Os russos designados para a "Tarefa Número Um" de Joseph Stalin roubaram informações — "segredos atômicos", no jargão da época — dos Estados Unidos, da Inglaterra e do Canadá. Ainda há debates acadêmicos sobre quais e quantos segredos de alto nível realmente descobriram e se a informação os auxiliou a solucionar problemas físicos complexos e obstáculos de projeto que prejudicavam seu próprio programa armamentista.

Sabe-se que as informações roubadas os ajudaram a solucionar vários problemas mecânicos específicos — como o projeto de um detonador barométrico —, mas os físicos soviéticos fizeram a maior parte do trabalho sozinhos. De fato, o NKVD (precursor da KGB) manteve estrito controle sobre os segredos atômicos roubados e não os partilhou com a maioria dos cientistas russos. Em vez disso, seu chefe, Lavrenti Beria, usou os dados norte-americanos para, secretamente, *corroborar* o trabalho teórico e os projetos dos cientistas soviéticos. O consenso atual é de que a espionagem provavelmente poupou aos russos um ou dois anos na produção da bomba.

No início dos anos 1940, a União Soviética tinha muito material com que trabalhar para a realização da Tarefa Número Um. Stalin autorizara recursos ilimitados para o esforço. Beria e o NKVD eram os principais gerenciadores da operação. O Projeto Manhattan era um alvo de inteligência disperso e vulnerável; operava em vários locais; empregava mais de cem mil cientistas, técnicos, maquinistas, administradores e funcionários de apoio com segurança discordante e não coordenada nas fábricas e nos laboratórios, gerenciados por agências diversas. Àquela altura da Segunda Guerra Mundial, a União Soviética era vista como um aliado inoportuno dos Estados Unidos e contava tanto com a aprovação da opinião pública quanto com apoio político em Washington. A visão benigna sobre a Rússia partilhada por muitos cientistas recrutados por Moscou, ou "espiões atômicos", manifestava-se na convicção filosófica de que partilhar segredos armamentistas equilibraria a balança do pós-guerra, eliminando as desconfianças e assegurando a paz mundial.

Recrutar americanos e imigrantes idealistas e simpatizantes para o Projeto Manhattan era como colher frutas maduras para os oficiais russos de inteligência que trabalhavam sob disfarce diplomático na embaixada soviética em Washington, no consulado em São Francisco e na delegação junto às Nações Unidas, em Nova York. Muitos desses cientistas-alvo eram etnicamente russos, filiados ao Partido Comunista Americano ou ambos; entre eles estavam Klaus Fuchs, Harry Gold, David Greenglass, Theodore Hall e Julius e Ethel Rosenberg (todos membros da rede de espionagem cujo codinome era "Voluntários").

Contudo, os sucessos soviéticos no Projeto Manhattan causaram problemas já familiares. Em 1952, bem como atualmente, uma vez que o caso humint passava do estimulante estágio de recrutamento, dava-se início ao trabalho real. Lidar com uma fonte clandestina é mais difícil do que suborná-la no início. As demandas por inteligência chegavam sem parar de Moscou — Stalin, *pessoalmente*, queria informações melhores, em maior volume e mais rapidamente. Pressionar a fonte é algo delicado, e a probabilidade de que ela seja descoberta aumenta com o tempo. Nos anos 1950, operar nos Estados Unidos já se tornara arriscado para os espiões russos. A boa vontade norte-americana em relação à União Soviética se dissipara quase inteiramente, eclipsada pela Ameaça Vermelha e pelo início da Guerra Fria. As divisões de contrainteligência do FBI estavam ativas e eram perigosas. Qualquer contato público observável entre um cientista americano e um diplomata russo já não era aconselhável.

A solução para manter a rede Voluntários em operação foi essencialmente soviética: recrutar outros americanos (mensageiros) para se encontrarem com os espiões atômicos e entregarem a informação a um controlador (um ilegal), que a transmitiria a Moscou. O arranjo faria com que não houvesse envolvimento russo observável; a segurança e a compartimentalização seriam preservadas; e as comunicações com o Centro (a sede do NKVD) seriam indetectáveis.

Normalmente, o NKVD usava três categorias de oficiais de inteligência em países estrangeiros. O *legal* com disfarce oficial, usualmente operando em uma instalação diplomática; o *com disfarce não oficial*, que fingia ser vendedor, acadêmico ou técnico especializado estrangeiro para obter acesso periódico ao alvo; e o *ilegal*, que se passava por cidadão residente do país, com uma história pessoal elaborada e sustentável (chamada de lenda). Para se estabelecer, o ilegal vivia discretamente durante alguns anos, talvez com um emprego modesto, sem importância aparente para as operações de inteligência. Ele podia ficar inativo durante anos, até que fosse necessário (e por isso, às vezes, era chamado de "agente adormecido").

Preparar uma lenda (em geral, assumindo a identidade de alguem falecido há muito) é complicado — vivê-la durante anos deve ser enlouquecedor. O apoio administrativo para o ilegal é prolongado, interminável e cansativo. Os ilegais são terrivelmente caros de deslocar e de manter. Seu treinamento deve ser rigoroso. As comunicações e a segurança são críticas — não haveria imunidade diplomática se um agente ilegal do NKVD fosse preso. Habilidades linguísticas menos que fluentes são um risco. O que equilibra esse método ineficiente, caro e arriscado de deslocar um espião é a significativa vantagem de ele ser anônimo, invisível, e de possuir uma história pessoal impecável.

A maioria dos serviços de inteligência não usa ilegais por causa dessas características pouco práticas. Mas também há uma dimensão humana. Imagine-se designar um oficial de inteligência que tem esposa, família e amigos para potenciais vinte anos que se podem chamar de exílio em território inimigo, respirando, comendo e dormindo com identidade falsa. A fim de fortalecer o disfarce, imagine-se designar para esse oficial uma esposa que lhe é completamente desconhecida (embora provavelmente *muito boa* em código Morse). A ideia é inconsistente com os ideais e as predileções ocidentais. É algo tão russo, tão Guerra Fria dos anos 1950, *tão soviético*, que presumimos que nenhum serviço de inteligência sensato o utilizaria.

Presumimos errado: onze ilegais que trabalhavam para Vladimir Putin e a SVR (a sucessora da KGB) foram presos pelo FBI em junho de 2010, em Nova York, em New Jersey e em Boston.

O oficial de inteligência do NKVD coronel Rudolf Ivanovich Abel foi preso por agentes do FBI e do Serviço de Imigração em um quarto de hotel no Brooklyn, nas primeiras horas da manhã, em junho de 1957, por conspiração e espionagem. Esse foi o capítulo crucial do Caso da Moeda Oca, que terminou com a condenação de Abel em um tribunal federal norte-americano em outubro do mesmo ano a uma sentença de 45 anos em uma penitenciária federal em Atlanta.

Rudolf Abel chegou aos Estados Unidos em 1948, vindo da França e do Canadá, usando uma identidade lituana roubada de um imigrante falecido. Fora treinado como oficial ilegal do NKVD e recebera ordens para reenergizar a rede Voluntários de espiões atômicos, a qual, desde 1942, fornecia material secreto dos laboratórios de pesquisa do Projeto Manhattan em Los Alamos, Novo México, mas cuja produção decaíra em função do incremento da segurança no pós-guerra. Assim que chegou, Abel mudou de identidade e se estabeleceu como fotógrafo e artista no Brooklyn. Sua discreta loja de fotografia era perfeita para um ilegal — como fotógrafo freelance, ele podia viajar a destinos não especificados — e, naturalmente, justificava o equipamento fotográfico e as ferramentas que possuía.

Ele era um oficial ilegal prototípico. Tinha fluência em várias línguas: inglês, russo, alemão, polonês e iídiche. Ainda jovem, demonstrara aptidão para engenharia, música, pintura, fotografia e rádio. Treinara operadores de rádio do Exército Vermelho durante a Segunda Guerra Mundial, fora selecionado pela inteligência soviética e participara de uma audaciosa operação de rádio contra a Abwehr (a inteligência militar alemã). Fora recompensado por sua atuação sendo selecionado como oficial ilegal para o posto mais prestigiado do NKVD: os Estados Unidos.

Em seus primeiros dois anos em solo americano, Abel se estabeleceu, recebeu dinheiro e instruções e, provavelmente, viajou para Santa Fé, Novo México, a fim de conseguir mensageiros, reativar fontes delinquentes e estabelecer novos planos de comunicação. Em sua loja no Brooklyn, instalou uma antena para rádio de ondas curtas — ligada a um cano de água fria — a fim de iniciar as transmissões codificadas para o Centro. Parece que fez um bom trabalho ressuscitando a rede Voluntários: em 1949, Moscou informou que ele recebera a Ordem do Estandarte Vermelho, uma importante condecoração militar soviética normalmente concedida por bravura em combate. Ele deve ter relatado informações de qualidade realmente superior para impressionar o Tio Joe Stalin em pessoa.

Mas 1950 trouxe sérios problemas para a rede Voluntários. Julius e Ethel Rosenberg, importantes mensageiros e observadores, foram presos graças à confissão e ao depoimento de outra fonte, David Greenglass (que era irmão de Ethel). O casal russo Lona e Morris Cohen foi identificado, e também teria sido pego se não tivesse conseguido fugir para Moscou pelo México. Quando as fundações da rede estremeceram, Rudolf Abel, o controlador central conhecido por muitos dos mensageiros, viu-se em risco. Mas os Cohen se safaram, e os Rosenberg, ainda que presos, recusaram-se a cooperar com o FBI, mesmo em troca de suas vidas. Foram executados em junho de 1953.

Exausto e operando sob o risco de ser descoberto, Abel pediu ajuda. Em 1952, o Centro designou o tenente-coronel Reino Häyhänen, do NKVD, para ser seu assistente. Häyhänen chegou a Nova York no *Queen Mary* com uma lenda de imigrante finlandês e passou quase dois anos estabelecendo-se e recuperando dinheiro, códigos e equipamento em locais de coleta (*dead drops*, anteriormente chamados de *dead-letterboxes*, caixas de correio mortas) em Manhattan, no Brooklyn e no Bronx. Não era um ilegal tão disciplinado, habilidoso e consciente quanto Rudolf Abel. Bebendo com frequência, discutia publicamente com a esposa finlandesa que lhe fora "designada" (a esposa real, russa, permanecera em Moscou), atraía atenção para si mesmo em frequentes brigas domésticas e negligenciava seus deveres como agente.

Uma das coletas que recuperou continha uma moeda de cinco centavos de dólar cujo miolo fora retirado para servir de esconderijo para microfilmes ou códigos miniaturizados. Antes que o confuso Häyhänen pudesse abrir a moeda, gastou-a — ou a usou para pagar o metrô. Ela circulou pela economia de Nova York durante sete meses, até que um entregador de jornal a derrubou e ela se abriu, revelando uma minúscula folha com vários grupos de números. O Caso da Moeda Oca permaneceu sem solução durante quatro anos, pois ninguém conseguia decifrar a mensagem.

Antes do advento da tecnologia de codificação automática, comunicações de rádio seguras entre uma sede de inteligência e seus agentes em campo eram garantidas pelo uso de chaves de uso único (OTPs, às vezes chamadas de "números de corte"). Essas chaves eram cadernetas individuais com colunas e fileiras de números de cinco dígitos. As cadernetas eram cobertas com adesivo plástico nos quatro lados e, normalmente, muito pequenas, a fim de que pudessem ser escondidas.

O agente de campo recebia da sede transmissões unidirecionais de ondas curtas (*one-way-voice-link*, OWVL). Essas transmissões OWVL consistiam em uma monótona voz feminina lendo uma série de números — uma mensagem codificada. O agente anotava os números em grupos de cinco dígitos e os subtraía da página correta da OTP. Os valores resultantes correspondiam às 26 letras do alfabeto e revelavam a mensagem. Como cada página da OTP era diferente e usada apenas uma vez, era inútil procurar padrões durante a criptoanálise. O código era indecifrável, como provou o impasse do Caso da Moeda Oca.

O comportamento e o desempenho de Häyhänen continuaram a se deteriorar, e a rede Voluntários começou a se desfazer, especialmente durante a ausência de seis meses de Abel, para uma viagem de recuperação a Moscou. Pontos de coleta foram negligenciados, mensagens de rádio foram desperdiçadas, e Häyhänen começou a gastar dinheiro operacional em vodca e prostitutas. Abel urgiu o Centro a chamá-lo de volta a Moscou, o que foi feito no início de 1957. Alcoólatra, mas não estúpido, Häyhänen entrou na embaixada americana em Paris e desertou. A embaixada o enviou de volta aos Estados Unidos, para as mãos do FBI. Ele cooperou sem reservas. Citou nomes, identificou pontos de coleta e descreveu Abel e a localização de sua loja, além de revelar a mensagem contida na moeda. O Caso da Moeda Oca estava ativo novamente.

Após interrogar Häyhänen repetidamente e aumentar a vigilância sobre Abel, agentes do FBI o prenderam em seu quarto de hotel no início da manhã de 21 de junho de 1957. Mesmo sabendo que estava irremediavelmente perdido, o inflexível Rudolf Abel permaneceu profissional. Ele se recusou a falar com os agentes — depois também recusou calmamente a oferta de se tornar agente duplo — e pediu permissão para embalar seu caro e delicado equipamento. Agentes de olhos atentos o pegaram tentando esconder OTPs e microfilmes na manga da camisa enquanto fazia as malas. Ele declarou teatralmente que vários de seus pertences eram lixo e os atirou na cesta de papéis. Depois, a inspeção dos itens descartados revelou outros mecanismos de ocultação e parafernália de espionagem. Os agentes também apreenderam câmeras de microfotografia para criar micropontos e vários rádios de ondas curtas. Encontraram ferrolhos, cabos de escova, lápis e blocos de madeira ocos contendo livros de códigos, OTPs, microfilmes, instruções para contato e dinheiro. Também foram descobertas fotografias dos Cohen, o casal mensageiro que escapara pelo México, juntamente com descrições de outros integrantes da rede.

(Os incansáveis Cohen eram espiões reincidentes: em 1959, ressurgiram na Inglaterra como Peter e Helen Kroger para apoiar a operação soviética — chamada de Círculo de Espionagem de Portland — cujo alvo eram os segredos de guerra submarina da Marinha Real. Dessa vez, foram descobertos pela Scotland Yard, presos e, por fim, usados em uma troca de espiões em 1969.)

Uma curiosidade: durante sua prisão, Abel estava especialmente preocupado com a disposição das obras emolduradas que ele mesmo pintara. Durante o julgamento e durante quatro anos na penitenciária, ele se preocupou continuamente com sua armazenagem e insistiu em que fossem enviadas à Alemanha Oriental. Podemos apenas especular se segredos atômicos microfilmados estavam escondidos em cavidades nas molduras ou se havia micropontos sob as camadas de tinta.

O relato do julgamento, feito no estilo divertido e econômico de Donovan, é muito interessante. Recentemente, ao ler o livro, um jurista notou duas questões de interesse histórico. A primeira é que o júri desse caso capital de espionagem, digno das manchetes dos jornais, foi escolhido em *três horas*, um processo espantosamente rápido. Atualmente, a seleção do júri em casos de grande visibilidade leva semanas, talvez meses. Terá sido uma anomalia do julgamento de Abel ou isso era normal nos casos federais dos anos 1950?

A segunda questão na mente do jurista é a maneira como Donovan evitou a pena de morte para Abel ao convencer o juiz presidente Mortimer W. Byers de que ele poderia ser usado em uma futura troca de espiões com os soviéticos. Isso aconteceu em 1957, três anos antes de começarem as trocas. No mínimo, Donovan foi presciente: o piloto de U-2 Francis Gary Powers foi abatido em 1960 e trocado (por Abel) em 1962; Donovan negociou a libertação de milhares de comandos americanos capturados na baía dos Porcos em 1963; o estudante da Universidade da Pensilvânia e refém Marvin Makinen foi trocado por dois soviéticos em 1963; e o espião Gordon Lonsdale foi trocado pelo agente inglês Greville Wynne em 1964.

(As trocas de espiões entre o Leste e o Oeste continuaram até 1986, muitas delas na ponte Glienicke, que atravessava o rio Havel da então oriental Potsdam até um ponto discreto do setor americano de Berlim. O livro termina com o cativante relato da troca nessa ponte, pela qual Rudolf Abel retornou à Alemanha Oriental e aos braços da KGB, e o piloto de U-2 Gary Powers voltou para casa.)

Na penitenciária de Atlanta, Abel pintou, socializou-se com os prisioneiros, aprendeu serigrafia e produziu cartões de Natal em massa todos os anos. Para os ocidentais mantidos pelos soviéticos, incluindo Powers, Pryor, Wynne e Makinen, os anos de cativeiro foram passados na indescritível Prisão Central Vladimirsky, a nordeste de Moscou, nas celas de interrogatório da Lubianka (sede da KGB) ou nas prisões Butyrka e Lefortovo, no centro da capital russa, em condições severas, com pouca ou nenhuma comida e sofrendo constantes maus-tratos físicos e psicológicos.

As fotos da prisão, em 1957, do algemado e impassível Rudolf Abel com seu chapéu de palha com fita branca são algumas das imagens evocativas da Guerra Fria e da era da espionagem soviética. O Caso da Moeda Oca, repleto de OTPs borradas, microfilmes enrolados e desajeitados rádios de ondas curtas, é um retrospecto do árido mundo da espionagem no pós-guerra, povoado por pessoas improváveis e pouco atraentes, que usavam equipamentos que hoje parecem primitivos, danificados e gastos. E supomos que a sólida ponte Glienicke — de aço rebitado e de asfalto — estava sempre em meio à névoa serpenteante, iluminada por lâmpadas de arco voltaico da cor de gelo sujo. A ponte dos espiões.

O fato pertinente é que o jogo de espionagem continua, aceitemos ou não a premissa de que a Nova Guerra Fria já começou. Moedas ocas, micropontos e cadernetas de códigos foram substituídos por laptops, programas de criptografia de 192 bits e estenografia moderna. Em vez de esboços feitos à mão dos projetos iniciais da bomba atômica, os serviços de inteligência contemporâneos buscam mapear o sistema financeiro computadorizado do país-alvo, avaliar suas reservas de energia ou identificar falhas em suas defesas cibernéticas. Satélites e drones nos permitem observar o território inimigo em detalhes. Mas todas essas maravilhas não podem predizer os *planos e intenções* dos líderes estrangeiros ao anexar implacavelmente a península da Criméia, dos mulás ao desenvolver armas nucleares ou dos psicopatas ao tentar instaurar o caos. Somente a inteligência humana pode fazer isso, e espiões como Rudolf Abel.

Homens e mulheres comuns de todas as eras, armados com moedas ocas, jogam um jogo que não muda há séculos: roubam segredos e, às vezes, são pegos. Assim, dois integrantes dessa enigmática fraternidade podem passar um pelo outro como estranhos, em meio à nevoa sobre uma ponte.

UMA PONTE ENTRE ESPIÕES: O CASO DO CORONEL ABEL

INTRODUÇÃO

Na névoa do início da manhã, havíamos dirigido por uma Berlim Ocidental deserta até chegarmos à ponte Glienicke, nosso ponto de encontro. Agora, estávamos em nossa extremidade da estrutura de aço verde-escuro que chegava à Alemanha Oriental ocupada pelos soviéticos. Do outro lado do lago, estava Potsdam; a silhueta de um antigo castelo era aparente em uma colina à direita. De ambos os lados do lago, havia parques densamente arborizados. Era a manhã fria, mas clara, de 10 de fevereiro de 1962.

Embaixo da ponte, na nossa margem do lago, três pescadores berlinenses jogavam suas redes e, ocasionalmente, olhavam para cima com curiosidade. Alguns poucos cisnes brancos nadavam.

Do outro lado da estreita ponte, chamada em 1945 de "ponte da liberdade" por nossos soldados e pelos russos, surgia um grupo de homens com chapéus escuros forrados de pele. O vulto alto era Ivan A. Schischkin, o oficial soviético na Berlim Oriental que negociara comigo a troca de prisioneiros que três governos agora finalizariam.

Eram quase 3h da manhã em Washington, mas, na Casa Branca, as luzes estavam acesas e o presidente Kennedy continuava acordado, aguardando notícias. Havia uma linha telefônica aberta de Berlim para a Casa Branca.

Policiais militares americanos com capa de chuva caminhavam do nosso lado da ponte. Em uma pequena guarita, guardas uniformizados de Berlim Ocidental, os quais pouco antes haviam recebido ordens abruptas para abandonar seus postos, bebiam café em copos de papel; pareciam desnorteados e vagamente apreensivos. Suas carabinas carregadas estavam empilhadas a um canto.

Dois carros do Exército americano pararam atrás de nós. Cercado por fortes guardas, estava Rudolf I. Abel, abatido e parecendo ter mais que seus 62 anos. A prisão nos Estados Unidos deixara suas marcas. Agora, no último momento, ele seguia em frente, apoiando-se somente em sua arraigada disciplina.

Rudolf Ivanovich Abel era coronel da KGB, o serviço secreto de inteligência soviético. Os Estados Unidos acreditavam que fosse um "agente residente" que, durante nove anos, dirigira toda a rede de espionagem soviética na América do Norte, a partir de um estúdio de fotografia no Brooklyn. Ele caíra em uma armadilha em junho de 1957, quando um dissoluto subagente soviético o traíra. Abel fora capturado pelo FBI, indiciado e condenado por "conspiração para cometer espionagem militar e atômica", crime punível com a morte.

Quando indiciado pela primeira vez em um tribunal federal, em agosto de 1957, ele pedira que o juiz designasse "um defensor selecionado pela Associação dos Advogados". Um comitê recomendara que eu fosse seu advogado de defesa. Após quatro anos de procedimentos legais, a Suprema Corte dos Estados Unidos mantivera a condenação por cinco votos a quatro. Enquanto isso, o coronel cumpria pena de trinta anos na Penitenciária de Atlanta.

Durante a audiência de sentença, em 15 de novembro de 1957, eu pedira que o juiz não considerasse a pena de morte porque, entre outras razões:

É possível que, num futuro próximo, um americano de patente equivalente seja capturado pela Rússia soviética ou por um aliado; em tal ocasião, uma troca de prisioneiros pelos canais diplomáticos pode atender aos interesses nacionais dos Estados Unidos.

Agora, na ponte Glienicke, negociada "depois que os canais diplomáticos se mostraram ineficientes", como depois escreveria o presidente Kennedy, tal troca estava prestes a ocorrer.

Do lado oposto da ponte, estava o piloto americano de U-2 Francis Gary Powers. Em uma parte distante de Berlim, na interseção Leste-Oeste conhecida como Checkpoint Charlie, os alemães orientais estavam prestes a libertar Frederic L. Pryor, estudante americano de Yale. Ele fora preso por espionagem em agosto de 1961 e ameaçado publicamente com a pena de morte pelo governo da Alemanha Oriental. O peão final na troca Abel-Powers-Pryor era um jovem americano chamado Marvin Makinen, da Universidade da Pensilvânia. Em uma prisão soviética em Kiev, onde cumpria pena de oito anos por espionagem, Makinen, sem saber, recebera um pedido de soltura antecipada.

Quando caminhasse para o centro da ponte Glienicke, concluísse a cerimônia já combinada e trouxesse de volta o que haviam me prometido "atrás do Muro", em Berlim Oriental, eu estaria chegando ao fim de uma longa estrada. Para um advogado do setor privado, aquilo se tornara mais uma carreira que um caso. O trabalho legal consumia quase todo o meu tempo; o trabalho paralelo relacionado a ele, mais ainda.

Fui o único visitante e o único correspondente americano de Abel durante seu aprisionamento de quase cinco anos. O coronel era um indivíduo extraordinário, brilhante e com a intensa sede intelectual de todos os acadêmicos. Estava faminto por companheirismo e por troca de ideias. Enquanto estava na prisão federal em Nova York, vira-se reduzido a ensinar francês a seu colega de cela, um criminoso semianalfabeto da máfia que fora condenado por um esquema de extorsão no sistema de coleta de lixo.

Assim, eu e Abel conversávamos. E nos correspondíamos. Concordávamos e discordávamos. Sobre várias coisas: seu caso, a justiça americana, relações internacionais, arte moderna, animais de estimação, a teoria da probabilidade na matemática avançada, educação infantil, espionagem e contraespionagem, a solidão de todos os homens caçados e se ele deveria ser cremado, caso morresse na prisão. Sua variedade de interesses parecia tão inexaurível quanto seu conhecimento.

Já de início, devo declarar o que Abel jamais me disse. jamais admitiu que qualquer de suas atividades nos Estados Unidos tivesse sido dirigida pela Rússia soviética. Isso pode parecer inacreditável, mas é verdade. Ele poderia muito bem ser um coronel da KGB que decidira espionar por conta própria. Sempre parti da premissa de que as provas do governo americano contra ele — e contra os soviéticos que o tinham enviado — eram esmagadoras. Toda a defesa se baseou nisso. Além disso, o homem conhecia minha crença, aceitava-a tacitamente e jamais negou sua verdade. Sempre a presumimos em nossas discussões. Mas ele nunca a declarou expressamente, nem sequer a mim.

Por quê? Será que achava que eu era ingênuo, simpatizante soviético ou um tolo confuso? De modo algum. Em última análise, tal admissão não apenas seria contra todos os seus instintos, disciplinados durante trinta anos, mas, de modo mais prático, era desnecessária para sua defesa legal. E esse era nosso critério de comunicação nesta área. Certa vez, perguntei-lhe qual era seu verdadeiro nome. Ele pensou um pouco e então perguntou:

— Esse conhecimento é necessário para minha defesa?

Respondi que não. Abel tamborilou com o pé no chão e disse:

— Então vamos conversar sobre questões mais pertinentes.

Além disso, ele desde o início aceitou a posição paradoxal em que fui colocado pela designação do tribunal. Entendia minha convicção de que, ao lhe fornecer uma defesa honesta com o melhor de minhas habilidades, eu servia a meu país e à minha profissão. Mas reconhecia a distinção entre o conhecimento necessário para defender seus direitos legais e outras informações, não pertinentes à sua defesa no tribunal, mas que talvez fossem valiosas para as agências americanas de contrainteligência. Uma franqueza cautelosa era necessária e observada pelos dois lados.

Esse relacionamento único entre advogado e cliente me auxiliou imensamente ao escrever sobre seu caso. Minha consciência profissional jamais estaria tranquila se, de qualquer maneira, eu tirasse vantagem do fato de ele ter desaparecido atrás da Cortina de Ferro. Abel sabia que eu pretendia escrever este livro, iniciado em 1960, logo após a decisão da Suprema Corte. Na verdade, disse que, dado que certamente seria escrito um livro sobre o caso, ele preferia que eu o fizesse, em vez de confiar a tarefa a um "escritor profissional que pode exagerar ou distorcer os fatos para aumentar o apelo popular".

Tanto tempo depois, não tenho a intenção de trair a confiança que Abel depositou em mim. Até essa mesma declaração é desnecessária, pois nada sei que possa ser usado contra ele, onde quer que esteja. Os mesmos fatos que, aos olhos americanos, tornam um espião soviético perigoso podem servir, em sua terra natal, como prova de devoção patriótica. Nathan Hale foi executado, mas era respeitado pelos ingleses, e sua memória é reverenciada por nós.

No dia em que fui designado para a defesa, decidi manter um diário do caso. Em primeiro lugar, em questão legal tão complicada, isso poderia ser útil para uma revisão básica de tempos em tempos. Em segundo, seria reconfortante no caso de meu cliente ser executado e eu ter de enfrentar a suspeita, por mais infundada que fosse, de não ter lhe fornecido uma defesa honesta. Finalmente, seria um caderno de notas pessoal sobre o que parecia ser minha tarefa legal mais desafiadora desde os Julgamentos de Nuremberg.

Este livro foi escrito a partir de registros — o diário original, expandido com notas feitas na época; cartas de e para Abel e sua "família"; a transcrição oficial dos procedimentos no tribunal; e, finalmente, relatórios enviados ao Departamento de Estado durante minha missão em Berlim Oriental. Por que aceitei a designação para a defesa? Como era Abel? Por que nossa Suprema Corte se dividiu em cinco contra quatro ao manter sua condenação? Quais são os sentimentos de um americano que atravessa o Muro de Berlim, sem *status* diplomático ou imunidade, para negociar com os soviéticos? A troca final na ponte Glienicke serviu aos interesses nacionais dos Estados Unidos? Todas essas perguntas, e outras mais, se respondem a si mesmas nos registros escritos.

Em certa madrugada de 1957, sentado sozinho, pensei em meu relacionamento com Abel e escrevi em meu diário (um pouco friamente, como agora me parece):

Somos dois homens diferentes, aproximados pelo destino e pela lei americana [...] em um caso clássico que merece tratamento igualmente clássico.

1957

Segunda-feira, 19 de agosto de 1957

— Jim, sabe aquele espião russo que o FBI acabou de capturar? A Associação dos Advogados quer que você o defenda. O que acha?

Era Ed Gross, de nosso escritório, telefonando de Nova York. Por seu tom de voz, eu sabia que ele achava estar me dando más notícias. Quando desliguei, virei-me e contei a Mary, minha esposa. Ela se sentou na cama e disse, debilmente:

— Ah, não!

Eram 9h30 e estávamos desfazendo as malas em nossa casa de veraneio no lago Placid, em uma região isolada das montanhas Adirondack, estado de Nova York. Seria o início de duas semanas de férias, atrasadas por um caso na Suprema Corte de Wisconsin.

Como todas as esposas, Mary achava que seu marido trabalhava demais e esperava aquelas férias havia muito. Havíamos nos conhecido no lago Placid quando ainda estávamos na faculdade e ambos amávamos as montanhas Adirondack. Para um advogado de cidade grande, era o lugar perfeito para relaxar.

Ed Gross dissera que a Associação dos Advogados do Brooklyn decidira que eu deveria defender o acusado de espionagem, o coronel Rudolf Ivanovich Abel. Segundo ele, Lynn Goodnough, também do Brooklyn, presidira o comitê de seleção. Mais de dez anos antes, Goodnough comparecera à minha palestra sobre os

Julgamentos de Nuremberg para um grupo de advogados conservadores do Brooklyn, incluindo alguns proeminentes descendentes de alemães. Lynn contara a Ed que a discussão esquentara e que ele achava que eu fizera uma boa defesa de minhas crenças.

Eu lera nos jornais sobre o indiciamento de Abel por um grande júri do Brooklyn quase duas semanas antes. As matérias o descreviam de maneira sinistra, como um "mestre espião" que liderava toda a espionagem soviética nos Estados Unidos.

Saí de nossa casa no lago Placid para uma caminhada. Um pouco depois, tomei uma xícara de café com um colega advogado também de férias, Ed Hanrahan, ex-presidente da Comissão de Valores Mobiliários, cuja opinião eu respeitava. Falamos a respeito.

— Como amigo, Jim, aconselho enfaticamente que recuse a designação — disse ele. — Vai exigir demais de você. Você já fez muito pela Associação dos Advogados; eles que encontrem um advogado criminal para cuidar da defesa. Mas só você pode decidir.

Ouvi outra opinião naquela manhã, a qual provavelmente seria partilhada pelos leigos. Caminhei até o campo de golfe para uma aula. Entre as tacadas no campo de treino, mencionei a designação ao profissional do clube, Jim Searle, velho amigo e meu professor de golfe.

— Por que diabos alguém defenderia aquele traste? — perguntou ele.

Eu lhe lembrei que, pela Constituição, todo homem, por mais desprezível que fosse, tinha direito a um advogado que o representasse em um julgamento justo. Assim, o passo seguinte era simples: quem o defenderia? Jim concordou com a teoria, mas, quando me afastei do campo de treino, senti que ele tinha certeza de que uma das razões para minhas péssimas tacadas era o fato de eu ser um sabichão.

Pouco antes do meio-dia, ainda indeciso, telefonei para Lynn Goodnough no Brooklyn. Ele foi bastante emotivo, a seu modo discreto, e disse:

— Jim, nosso comitê acredita piamente que o sistema americano de justiça estará em julgamento, juntamente com o coronel soviético.

Goodnough foi franco ao contar que o comitê discutira a designação com vários advogados importantes e cheios de ambições políticas, e que todos haviam recusado vigorosamente. Fazia pouco tempo que a era McCarthy chegara ao fim. Por causa de meu histórico como advogado de tempos de guerra do Gabinete de Serviços Estratégicos, de nossa própria agência secreta de inteligência, e de minha subsequente experiência como advogado privado nos tribunais, o comitê acreditava que eu estava especialmente qualificado para assumir a defesa do coronel Abel. Comentei que não fizera nenhum trabalho recente em um tribunal federal, e que, por necessidade profissional, eles teriam de prometer que eu contaria com o auxílio de um ex-promotor assistente. Goodnough concordou e, uma hora depois, telefonou para dizer que o juiz distrital Matthew T. Abruzzo queria me ver em seu gabinete às 11h do dia seguinte. Abel fora indiciado perante o juiz Abruzzo, e ele se tornara responsável pela designação da defesa.

À tarde, dirigi até o vilarejo do lago Placid e pedi a Dave Soden, então advogado local e hoje juiz da Suprema Corte no condado de Essex, para usar sua biblioteca legal. Li os estatutos sobre espionagem e fiquei surpreso ao descobrir que, desde o notório caso Rosenberg de "espionagem atômica", o Congresso transformara a espionagem "para uma potência estrangeira", mesmo em tempos de paz, em crime punível com a morte.

Obviamente, o coronel chamado Abel estava encrencado, talvez pela última vez.

Eu e Mary jantamos juntos e, às 21h, peguei o velho trem noturno de North Country para Nova York. Como era noite de segunda-feira, o trem estava quase vazio, e fiquei sozinho com meu uísque no vagão-bar. Tentei ler, mas meus pensamentos insistiam em retornar ao que me parecia uma fascinante tarefa legal, por mais impopular ou inútil que fosse. Antes que o trem chegasse a Utica, por volta da 1h, eu já decidira assumir a defesa do coronel Abel.

Terça-feira, 20 de agosto

Pela manhã, compareci a meu compromisso com o juiz Abruzzo no tribunal federal do Brooklyn. Embora ele estivesse no cargo havia muitos anos, eu jamais o conhecera.

Eu informei que as possíveis razões que pesavam contra a minha designação eram o fato de ser católico romano, ex-oficial de inteligência do Gabinete de Serviços Estratégicos e comandante da Legião Americana. Ele as descartou e disse que apenas me tornavam mais qualificado para a tarefa.

Mencionei que estava trabalhando como advogado de defesa de uma seguradora no tribunal distrital de Manhattan (Distrito Sul de Nova York) em um caso em que a companhia se recusava a pagar prêmios de seguro ao governo polonês. O governo alegava representar alguns cidadãos poloneses que eram beneficiários de apólices feitas por um padre americano-polonês. Nossa defesa era que a Polônia era um Estado policial sob domínio militar da Rússia soviética e que, como acreditávamos que o governo, e não seus cidadãos, receberia o dinheiro, desejávamos manter os fundos aqui, para seu benefício, até que a Polônia se tornasse verdadeiramente livre.

O juiz Abruzzo ignorou completamente a questão, afirmando que eu era apenas o advogado do litígio. Em seguida, entregou-me uma cópia da acusação e, de maneira bastante formal, anunciou que estava me designando para a defesa. No que pode ter sido um ato tardio e desnecessário, declarei minha aceitação.

Segundo o juiz, nosso governo considerava o acusado o agente soviético mais importante já capturado nos Estados Unidos. O julgamento certamente receberia atenção internacional, e essa, indubitavelmente, era a razão para vinte e tantos advogados terem telefonado ou comparecido pessoalmente para solicitar a designação.

— Contudo — acrescentou o juiz Abruzzo secamente — não fiquei inteiramente satisfeito com suas qualificações profissionais nem com seus motivos.

Ele me disse que Abel tinha 22.886,22 dólares em dinheiro e depósitos bancários quando fora preso e que, embora eu devesse discutir meu pagamento com meu cliente, o tribunal aprovaria honorários de no mínimo 10 mil dólares mais despesas para o julgamento. Respondi que, embora fosse aceitar os honorários, eu os destinaria à caridade. O juiz disse que isso era assunto meu, mas pareceu surpreso.

Às 14h30, tive de enfrentar a imprensa. Os repórteres lotaram meu escritório em Manhattan. Iniciei a entrevista coletiva dizendo que concordara em aceitar a designação como um serviço público. Enfatizei que era do interesse nacional que Abel recebesse um julgamento justo e pedi que fizessem distinção entre traidores americanos e agentes estrangeiros de espionagem servindo a seus países.

— É preciso fazer cuidadosa distinção entre a posição desse acusado e pessoas como os Rosenberg e Alger Hiss — falei. — Se as alegações do governo forem verdadeiras, isso significa que, em vez de lidarmos com americanos que traíram seu país, temos aqui um cidadão russo, em posição quase militar, que serviu a sua pátria em uma missão extraordinariamente perigosa. Imagino, como americano, que o governo dos Estados Unidos tenha homens similares em missões similares em muitos países do mundo.

"A natureza do trabalho de um agente secreto é sempre perigosa e pouco gratificante, dado que ele precisa aceitar o fato de que, se for descoberto, será imediatamente renegado por seu governo. Mesmo assim, há muitas estátuas de Nathan Hale nos Estados Unidos."

Alguém perguntou:

— Como se sente? Está satisfeito com a designação?

Pensei um minuto e então respondi, com franqueza:

— Eu não diria isso, não. Mas aprecio o respeito implícito em minha seleção pela Associação dos Advogados.

Enquanto respondia, pensava no que o juiz da Suprema Corte de Nova York Miles McDonald dissera quando telefonara para me desejar boa sorte, mais cedo naquele dia:

— Espero que saiba o que o aguarda. Desde que John Adams defendeu os soldados ingleses no Massacre de Boston, em 1774, nenhum outro advogado teve um cliente tão impopular.

Quando cheguei em casa, muito mais tarde naquela noite, minha filha de 8 anos, Mary Ellen (que devia ter ouvido o rádio), deixara um desenho em minha escrivaninha. Ele mostrava um condenado de cabelos pretos e olhos oblíquos, uniforme listrado, correntes e bola de ferro, sob o título "Espião russo na cadeia". Na borda, ela escrevera: "Jim Donovan trabalha para ele."

Quarta-feira, 21 de agosto

Eu encontraria meu cliente, o coronel Rudolf Ivanovich Abel, pela primeira vez. Quando cheguei ao fórum federal do Brooklyn às 11h, o prédio parecido com uma fortaleza fervilhava. Como no dia de abertura de um grande julgamento criminal, havia eletricidade no ar. Funcionários do tribunal, operadores de elevador e o jornaleiro cego do lobby — todos a sentiam e transmitiam. Repórteres, radialistas com seus gravadores, câmeras de TV e equipamento de iluminação estavam por toda parte.

— O coronel o aceitará como advogado? Podemos tirar uma fotografia dos dois? Haverá uma declaração conjunta?

Fui apresentado ao coronel na ala dos prisioneiros; apertamos as mãos rapidamente e seguimos pelo corredor, passando pelas câmeras de TV, até chegarmos a uma pequena saleta que eu solicitara ao delegado federal para nosso primeiro encontro.

Um grupo de subdelegados federais nos empurrou para dentro e fechou a porta. Montaram guarda do lado de fora. Vimo-nos subitamente sozinhos, face a face em lados opostos da mesa.

— Estas são minhas credenciais — falei, entregando-lhe uma cópia do detalhado comunicado de imprensa publicado pela Associação dos Advogados ao anunciar minha seleção. — Eu gostaria que lesse cuidadosamente, para ver se há algo que me impeça de agir como seu advogado de defesa.

Ele colocou os óculos sem aro. Enquanto lia cuidadosamente o comunicado, eu o estudava. Achei que parecia desleixado. Vestia roupas de brim amarfanhadas, e decidi que, para suas aparições no tribunal, deveria ter roupas decentes, que o ajudassem a assumir uma postura mais digna.

Pensei nas descrições que lera nos jornais e revistas: "homem de aparência comum [...] rosto anguloso e aristocrático [...] nariz longo e olhos brilhantes que sugerem um pássaro curioso." Para mim, ele parecia um professor. Mas, como fiz questão de me lembrar, Himmler também parecia professor. Abel era magro, mas rijo e vigoroso. Ao nos cumprimentarmos, ele apertara minha mão com força.

Ao terminar de ler, olhou para mim e disse:

— Nenhuma dessas coisas influenciariam meu julgamento. Estou preparado para aceitá-lo como meu advogado.

As palavras foram ditas em um inglês perfeito, com o sotaque de um britânico de alta classe que vivera no Brooklyn por alguns anos.

Descrevi o caso de seguro de vida em que trabalhava no tribunal distrital de Manhattan, envolvendo o domínio da Rússia soviética sobre a Polônia. Ele deu de ombros e respondeu:

— Essa é uma questão legal. Afinal, se as seguradoras não assumirem essa posição e obtiverem uma sentença, podem ser compelidas a pagar novamente os beneficiários, em caso de mudanças no governo polonês.

Fiquei fascinado. Essa era uma das razões pelas quais o chamado "caso-teste da Cortina de Ferro" fora selecionado pelas seguradoras.

Eu expliquei que aceitaria quaisquer honorários razoáveis determinados pelo tribunal, mas os destinaria à caridade. Abel observou que isso era "problema meu". Ele achava que os honorários de dez mil dólares, já mencionados, eram justos e explicou que um advogado que o visitara na prisão pedira catorze mil dólares para conduzir o julgamento. Ele recusara porque o homem "não possuía dignidade profissional", tinha "aparência descuidada" e "unhas sujas". (*Ele foi criado como um cavalheiro*, pensei comigo.)

Com tais formalidades fora do caminho, sentamo-nos, e Abel me perguntou o que eu achava de sua situação. Com um sorriso irônico, disse:

— Acho que me pegaram com as calças na mão.

Eu ri. O comentário era ainda mais engraçado porque, quando o FBI entrara em seu quarto de hotel no início daquela manhã de junho, Abel dormia nu. Os oficiais haviam encontrado uma parafernália completa de espionagem em seu quarto de hotel em Manhattan e em seu estúdio no Brooklyn. Havia rádios de ondas curtas com cronogramas de recepção; parafusos, abotoaduras e prendedores de gravata ocos, além de outros recipientes secretos para mensagens; um livro de códigos, mensagens codificadas e equipamento para microfilmagem; e mapas com anotações de importantes áreas de defesa dos Estados Unidos. Além de tudo isso, o governo alegava possuir a confissão de pelo menos um cúmplice.

— Acho que foi isso mesmo, coronel — respondi, explicando que, pelos artigos que lera, além de uma olhada rápida nos arquivos oficiais do tribunal, as provas de sua missão de espionagem pareciam avassaladoras. — Francamente, com a nova pena capital por espionagem e as atuais relações de guerra fria entre meu país e o seu, será um milagre se eu conseguir salvar sua vida.

Abel baixou a cabeça por um segundo, e eu preenchi o silêncio dizendo que esperava criar um clima mais favorável para o julgamento. A esse respeito, seria importante analisar a reação do público à minha primeira entrevista coletiva. Ele fez uma sombria observação a respeito das chances de obter um julgamento justo no que chamou de "atmosfera ainda envenenada pelo recente macarthismo". Também disse que o Departamento de Justiça, ao "fazer propaganda" de sua culpa e descrevê-lo como "mestre espião", já o julgara e condenara.

— Juízes e jurados leram tudo aquilo — disse ele.

Respondi que ele deveria confiar na devoção americana básica ao *fair play*.

Eu não tinha dúvidas de que Abel era exatamente o que o governo alegava, e decidira ser inútil argumentar em contrário. Durante uma audiência de deportação no Texas, onde fora mantido em um centro de detenção para estrangeiros antes do indiciamento, ele jurara solenemente ser cidadão russo e pedira para ser deportado para a União Soviética. Também testemunhara que vivera por nove anos nos Estados Unidos, a maior parte do tempo em Nova York, como estrangeiro ilegal usando ao menos três identidades falsas.

Quando mencionei o Texas, Abel me disse que, enquanto estava detido, o FBI lhe oferecera liberdade e um emprego de dez mil dólares por ano na contrainteligência americana se ele "cooperasse".

— Devem achar que somos todos dedos-duros que podem ser comprados — declarou, o que nos levou à discussão da testemunha-chave do governo, seu assistente desertor Häyhänen. — Ele é um dedo-duro — afirmou Abel amargamente. — Não posso entender como, para salvar a própria pele, um homem trai seu país e desonra sua família.

Ele me disse que em nenhuma circunstância cooperaria com o governo dos Estados Unidos ou faria algo que pudesse constranger seu país, a fim de salvar a própria vida. Eu comentei que, como americano, lamentava sua decisão. Além disso, se ele fosse condenado, eu argumentaria que seria do interesse nacional poupar sua vida, pois alguns anos na prisão poderiam fazê-lo mudar de ideia.

Também disse que ele deveria pensar em sobreviver, dado que os eventos políticos poderiam mudar e levar à melhoria das relações entre os Estados Unidos e a União Soviética, para seu benefício; um equivalente americano poderia cair nas mãos dos russos e haveria oportunidade para uma troca de prisioneiros; ou outra eventualidade poderia ocorrer. Ocorrera-me que sua família poderia morrer, fazendo desaparecer qualquer compulsão por permanecer em silêncio por essa razão.

— Não o pressionarei sobre este assunto — prometi —, mas, falando como americano, espero que seus sentimentos mudem a respeito da cooperação. Não conversaremos sobre isso novamente, a menos que queira.

Achei que era o mais longe que podia ir.

— Fico grato — respondeu ele — e entendo que deve ter sentimentos conflitantes sobre mim e quanto a assumir minha defesa.

Então conversamos sobre seu passado. Deixei a conversa fluir, pois Abel parecia ansioso por falar e eu achava importante estabelecer uma ligação durante nosso primeiro encontro. Ele contou vir de uma família orgulhosa e proeminente na Rússia antes da Revolução. Repetiu seus sentimentos patrióticos e sua lealdade ao que chamou de "mãe Rússia". Eu contei que, durante minha entrevista coletiva, tentara reconhecer seu passado de maneira justa e distingui-lo dos "americanos traidores". Ele achou que a distinção era válida e me agradeceu.

Falei que poderia ser importante estabelecer seu status quase militar, dado que os tratados internacionais poderiam ser aplicáveis. Ele disse que, em seu país natal, usava uniforme e que sua patente militar era reconhecida em toda a Rússia, à exceção do Exército Vermelho. Contudo, a menos que fosse necessário para sua defesa, não queria ser chamado de "coronel", pois isso poderia constranger sua pátria. Perguntei como gostaria de ser chamado em nosso relacionamento. Ele sorriu e disse:

— Por que não me chama de Rudolf? É um nome tão bom quanto qualquer outro, sr. Donovan.

Tornou-se evidente, como me contara o juiz Abruzzo, que Abel era um homem culto com preparo excepcional — para a profissão que escolhera ou para qualquer outra. Falava inglês fluentemente e estava completamente à vontade com os coloquialismos do idioma ("dedo-duro", "ser pego com as calças na mão"). Descobri que falava cinco outras línguas, era engenheiro eletrônico, conhecia química e física nuclear e era músico talentoso e pintor amador, além de matemático e criptografista.

Abel falava de maneira aberta e franca, e tive a sensação de que se sentia à vontade comigo por causa de meu passado no Gabinete de Serviços Estratégicos. Ele encontrara alguém com quem podia "falar de negócios" sem se preocupar em ser ouvido pelo casal na mesa ao lado. De qualquer modo, era um intelectual e um cavalheiro, com um senso de humor refinado. Nós nos dávamos cada vez melhor, e eu o achava intrigante. Não pude evitar gostar dele.

Nesse sentido, não era o único. Abel me contou, com certo orgulho, que, na Sede Federal de Detenção, no Lower West Side de Nova York, era mantido em uma cela de segurança máxima, mas os outros prisioneiros eram amigáveis.

— Eles me chamam de coronel — disse. — Não apenas entendem minha situação, mas reconhecem que eu servia a meu país. Além disso, sempre respeitam um homem que não delata.

Quanto à defesa, eu disse que faria meu melhor e cuidaria de garantir que as coisas fossem feitas da forma correta a cada passo do caminho. Contudo, falei de minha convicção de que seria do interesse da justiça, da associação e dele mesmo se toda a defesa fosse conduzida com o máximo decoro.

— Não tomarei nenhuma medida legal apenas para fazer barulho — expliquei — e evitarei publicidade pessoal. Também rejeitarei qualquer oferta de ajuda de comitês de esquerda barulhentos ou grupos assim.

Abel aceitou completamente essa abordagem. E disse, em voz baixa:

— Não quero que faça nada que possa diminuir a dignidade de alguém honrado que sirva a uma grande nação.

Que sujeito, pensei comigo.

Perguntei se algo o incomodava ou se havia algo que eu pudesse fazer para ajudar. Ele mencionou que todas as suas pinturas estavam em seu estúdio na Fulton Street.

— Por razões sentimentais — disse —, eu as valorizo como parte de minha vida aqui. Tenho medo de que vândalos invadam o estúdio e as destruam para conseguir publicidade.

Assegurei que cuidaria das pinturas e, se necessário, as guardaria em minha casa.

— Há algo mais que deseje agora? — perguntei.

— Ah, sim — respondeu ele — eu gostaria de minha liberdade.

Abel sorriu e, retomando a seriedade, pediu que os jornais diários lhe fossem enviados — "com exceção da imprensa marrom".

Apertamos as mãos pela segunda vez e eu me despedi, pronto para enfrentar os repórteres. Havíamos conversado por quase três horas.

Naquela noite, depois que minha família foi se deitar e a casa ficou silenciosa, continuei acordado em meu escritório. Percorri uma pilha de textos legais, pesquisei casos de espionagem tanto nos Estados Unidos quanto na Europa e revisei o indiciamento, parágrafo por parágrafo.

Minha conclusão foi que, a menos que o caso do governo afundasse por razões constitucionais ou de conduta, a melhor chance de salvar a vida de Abel era atacar o depoimento do tenente-coronel Reino Häyhänen, o assistente que o traíra. O caráter e os hábitos de Häyhänen deveriam ser expostos, para que os jurados pudessem avaliar sua credibilidade. Além disso, tínhamos de deixar claro que aquele não era o julgamento da Rússia soviética ou do comunismo, mas somente uma questão de determinar se Abel era culpado de um crime específico previsto em nossas leis. Se a defesa conseguisse estabelecer esses pontos, o júri deveria condená-lo somente se o governo provasse seu caso para além de qualquer dúvida razoável.

Fiz uma descoberta encorajadora. Em minha pesquisa, não encontrei nenhum exemplo, nos Estados Unidos ou na Europa moderna, de um espião estrangeiro executado por espionagem em tempos de paz. Ethel e Julius Rosenberg haviam recebido a pena de morte por serem cidadãos americanos cujo crime estava ligado a atividades da Segunda Guerra Mundial. O caso *Estados Unidos versus Abel*, contudo, seria o primeiro julgamento de um espião estrangeiro no país sob a chamada "Lei Rosenberg", que transformara a espionagem em tempos de paz em crime capital.

O indiciamento ocupava doze folhas de papel ofício e era um documento formidável para alguém trabalhando sozinho como advogado de defesa. Abel era acusado de três coisas: 1) conspirar para transmitir informações atômicas e militares à Rússia soviética (pena máxima, morte); 2) conspirar para reunir tais informações (pena máxima, dez anos); e 3) conspirar para permanecer nos Estados Unidos sem se registrar no Departamento de Estado como agente estrangeiro (pena máxima, cinco anos).

Também era acusado de ter quatro coconspiradores: Reino Häyhänen, codinome "Vic", que o traíra, Mikhail N. Svirin, Vitali G. Pavlov e Alekssandr Mikhailovich Korotkov. A acusação dizia que todos, com exceção de Häyhänen, haviam voltado para a Rússia, e dois deles eram descritos pelo governo como sendo "de alguma proeminência".

Pavlov fora segundo-secretário da embaixada soviética em Ottawa, Canadá, de onde dirigira uma rede de espionagem no pós-guerra. Quando a rede fora desmantelada em 1946, o dr. Klaus Fuchs fora preso na Inglaterra, e os Rosenberg haviam sido detidos nos Estados Unidos. Mikhail N. Svirin, o outro coconspirador conhecido, servira como membro do secretariado das Nações Unidas em Nova York de agosto de 1954 a novembro de 1956. Seu salário: dez mil dólares por ano por "serviços à ONU".

O texto do indiciamento, especialmente dos alegados "atos manifestos", parecia parte de um suspense ou do roteiro de um filme. Como cenário, a localização seria movida do Brooklyn para Viena ou para Lisboa. Eis um trecho da acusação do grande júri:

Desde 1948 ou por volta disso [...] Rudolf Ivanovich Abel, também conhecido como "Mark" [codinome], também conhecido como Martin Collins e Emil R. Goldfus, ilegalmente, de livre e espontânea vontade e com conhecimento de causa, conspirou e acordou com Reino Häyhänen, também conhecido como "Vic" [...] e diversas outras pessoas desconhecidas do grande júri, para [...] comunicar, entregar e transmitir [...] à União das Repúblicas Socialistas Soviéticas [...] documentos, escritos, fotografias, negativos de fotografias, planos, mapas, modelos, notas, instrumentos, formulários e informações relacionados à defesa nacional dos Estados Unidos da América, particularmente informações relacionadas a armamentos, equipamentos e disposição das forças armadas dos Estados Unidos, e informações relacionadas ao programa de energia atômica americano [...].

Também fazia parte da dita conspiração que o acusado [...] ativaria e tentaria ativar como agentes, dentro dos Estados Unidos, certos membros das forças armadas que estavam em posição de obter informações relacionadas à defesa nacional [...].

[...] o acusado usava rádios de ondas curtas para receber instruções [...] da União das Repúblicas Socialistas Soviéticas e para enviar informações a dito governo [...].

[...] o acusado fabricava "esconderijos" em parafusos, pregos, moedas, pilhas, lápis, abotoaduras, brincos e objetos similares [...] adequados para esconder microfilmes, micropontos e outras mensagens secretas.

[...] o acusado e seus coconspiradores se comunicavam colocando mensagens em tais "esconderijos" e depositando-os [...] em pontos de "coleta" pré-combinados no Prospect Park, Brooklyn, e no Fort Tryon Park, NY, além de outros locais [...].

A ironia de Abel usar o Prospect Park, no Brooklyn, me deixou intrigado. Nossa casa, um duplex em Prospect Park West, tem vista para o parque de 213 hectares, um oásis verde no meio do bairro em expansão. Enquanto lia a acusação, olhei pela janela do escritório e vi luzes piscar. Lá embaixo, era possível que houvesse um ponto de coleta selecionado em Moscou para espionagem internacional. Provavelmente fora usado em alguma noite escura, enquanto eu e Mary dávamos uma festa lá em cima.

O indiciamento continuava:

> Como parte da dita conspiração [...] o acusado recebia do governo soviético [...] grandes somas de dinheiro para levar adiante suas atividades ilegais [...] das quais uma parte era guardada para uso futuro, sendo enterrada no solo.
>
> [...] o acusado e alguns de seus coconspiradores, em caso de guerra entre os Estados Unidos e a União das Repúblicas Socialistas Soviéticas, estabeleceria postos clandestinos de transmissão e de recepção de mensagens via rádio, com o objetivo de continuar a fornecer [...] informações relacionadas à defesa nacional dos EUA, e iniciariam atos de sabotagem contra os EUA.

Havia dezenove acusações de atos manifestos que serviam para fornecer detalhes, substanciar a acusação de conspiração e envolver todos os coconspiradores na obscura operação. Eles traçavam a conspiração do Kremlin aos Estados Unidos e mostravam como os personagens centrais se encontravam clandestinamente, usavam os pontos de coleta e se empenhavam em conseguir informações e recrutas para sua causa. Também serviam para explicar o relacionamento entre Abel e Häyhänen.

Os atos manifestos contavam a seguinte história: Abel entrara nos Estados Unidos a partir de um "ponto desconhecido" no Canadá em 5 de novembro de 1948. A ele se unira, em 1952, o tenente-coronel Häyhänen, mas só se encontraram após onze meses.

No verão de 1952, Häyhänen fora chamado à sede da inteligência em Moscou e informado da designação para os Estados Unidos. Um passaporte americano obtido fraudulentamente lhe fora fornecido. Os coconspiradores Svirin e Pavlov haviam comparecido à reunião. Häyhänen chegara a Nova York em outubro, a bordo do *Queen Mary*, e anunciara sua chegada aos outros agentes soviéticos colocando uma tachinha branca em certa placa perto de uma trilha para cavalos no Central Park.

Enquanto isso, Abel se estabelecera no seu estúdio no último andar do prédio na Fulton Street, n. 252, nas sombras da ponte do Brooklyn. Com o que o governo viria a chamar de "pura audácia", o espião soviético abrira sua loja do outro lado da rua da sede de todas as instituições policiais federais no Brooklyn e em Long Island. Do lado externo do estúdio, pendurara antenas de rádio para melhorar a recepção de ondas curtas.

O centro nervoso de espionagem de Abel ficava a uma quadra da delegacia da vizinhança. Contudo, o estúdio era perfeito para seu "disfarce", pois estava situado na extremidade mais descuidada de Brooklyn Heights, onde artistas, escritores e poetas viviam suas vidas introspectivas e discretas havia um século. Assim, em 17 de dezembro de 1953, Emil R. Goldfus, codinome Rudolf I. Abel, codinome "Mark", mudara-se para um "estúdio" encardido de um quarto, por 35 dólares mensais.

No verão de 1953, Abel e Häyhänen ("Vic") se encontraram pela primeira vez na sala de fumar do cinema RKO Keith's em Flushing, Nova York. Como instruído, Häyhänen usava gravata azul de listras vermelhas e fumava cachimbo.

— Não se incomode com as palavras-chave — dissera Abel. — Sei que é o homem certo. Vamos lá para fora.

Durante os dois anos e meio seguintes, "Mark" e "Vic" haviam se encontrado de tempos em tempos. Em um encontro, Abel dera a Häyhänen um rádio de ondas curtas; em outro, uma mensagem codificada para decifrar; em um terceiro, duzentos dólares e uma certidão de nascimento falsa. Duas vezes, Abel enviara Häyhänen em missões: para Salida, Colorado, e para Quincy, Massachusetts. Juntos, eles haviam viajado para New Hyde Park, Long Island; para Atlantic City, Nova Jersey; e para Poughkeepsie, Nova York. Haviam ido para Poughkeepsie "com o objetivo de encontrar um local adequado para um rádio transmissor de ondas curtas", dizia o indiciamento. (Depois, Häyhänen se queixou de que Abel o via como intelectualmente inferior e o tratava de maneira condescendente, "como a um motorista".)

Embora Abel tivesse sido preso em seu quarto de hotel em Manhattan, fora acusado e seria julgado no Brooklyn, onde mantinha sua sede operacional. Assim, a acusação era assinada pelo promotor Leonard P. Moore (Brooklyn e Long Island) e pelo promotor-assistente encarregado da Divisão de Segurança Interna do Departamento de Justiça, William F. Tompkins. Tompkins viera de Washington para organizar os estágios finais da investigação do grande júri e permaneceria até o julgamento.

Já passava das 2h quando terminei de estudar a acusação. Fora um longo e cansativo dia desde que encontrara Abel, pela manhã.

Quinta-feira, 22 de agosto

A meu convite, almocei com o promotor Moore (agora juiz da Corte de Apelações do Segundo Circuito) e com o promotor-assistente Tompkins (então de Washington, D.C., e agora no setor privado em Nova Jersey). Eram 15h quando terminamos.

— Embora, é claro, a defesa deva apresentar sua posição da maneira mais enfática possível — comecei —, posso assegurar que não haverá discussões baratas sobre questões triviais.

Eu lhes disse que Abel, por suas próprias razões, concordara com o conceito de defesa digna.

Também observei que, em um caso tão complexo, era difícil para um único advogado de defesa competir com os recursos ilimitados do governo federal. Eu apenas começara a pesquisar o caso, mas já estava dolorosamente consciente de que enfrentava os recursos do Departamento de Justiça e um exército de agentes do FBI. Ao mesmo tempo, tinha a Associação dos Advogados de Nova York e a imprensa observando cada passo meu.

Esperançosamente, mencionei que os Julgamentos de Nuremberg haviam exigido a apresentação das provas antes do julgamento, fazendo com que a acusação não pudesse apresentar nada que já não tivesse sido revisto pela defesa. Na noite em que pretendíamos expor os filmes dos campos de concentração nazista, por exemplo, tivéramos de fazer uma exibição antecipada para todos os advogados de defesa.

Essa regra fora adotada pelos tribunais europeus e concordáramos em adotá-la em Nuremberg porque tentávamos fazer com que os julgamentos militares internacionais fossem aceitos em todo o mundo — e especialmente na Alemanha — como justos.

— Acredito — disse o sr. Moore — que uma apresentação prévia tão generalizada seria um precedente infeliz para as acusações criminais neste país.

— Talvez em casos comuns — respondi. — Mas, no julgamento de Abel, assim como em Nuremberg, há interesses internacionais em jogo. Queremos que todos os países reconheçam que não há justiça mais elevada que a encontrada nos tribunais americanos. O processo deve parecer justo para o europeu comum.

Concordamos em princípio, mas eles deixaram claro que eu obteria apenas o que precisassem me entregar de acordo com as regras federais de processo criminal — e nada mais.

Tompkins disse:

— Esse é um caso fácil. Será conduzido de maneira simples e direta; não precisamos de escutas ou outras provas potencialmente ilegais, e a acusação não usará nenhum procedimento que já tenha feito a Suprema Corte questionar outras condenações por espionagem.

Quando perguntei se o governo pediria a pena de morte, ele disse que a posição oficial naquele momento era de simplesmente relatar os fatos ao tribunal e não fazer nenhuma recomendação de sentença.

— Pessoalmente — disse —, não acho que o governo vá pedir a pena de morte, mas essa situação pode mudar da noite para o dia.

A conferência foi agradável e, em minha opinião, mutuamente proveitosa. Em princípio, havíamos concordado de maneira consistente. Eu respeitava a ambos os homens e gostava deles.

De volta ao escritório, descobri que havia muita correspondência. Houvera um bom número de chamadas telefônicas, a maioria comentando favoravelmente o fato de eu aceitar a designação. As cartas eram simpáticas, em sua maioria. Eram de colegas de trabalho e advogados de todos os Estados Unidos, e algumas até da Europa. Ofereciam encorajamento, mostravam compreender as dificuldades, e uma delas, de um amigo episcopal, até trazia uma pequena prece.

Várias diziam algo como: "Não tenho certeza de se devo oferecer parabéns ou condolências." Um amigo advogado de Bridgeport, Connecticut, escrevera: "Espero que você perca o caso, mas se destaque na derrota." O coronel Robert Storey, de Dallas, antigo presidente da Associação dos Advogados Americanos com quem eu servira em Nuremberg, redigira uma carta maravilhosamente encorajadora. Muitos faziam a seguinte observação: "A defesa de uma causa impopular é uma das coisas que transformam nossa profissão em vocação."

Um amigo íntimo a quem eu admirava por uma carreira de patriotismo e de coragem (Ray Murphy — ex-comandante nacional da Legião Americana) escrevera, da Califórnia: "Eis uma chance de demonstrar a justiça americana em seu ápice a todo o planeta e aos mestres russos de Abel. Embora a demonstração não vá mudar o Kremlin, ela pode causar impressão no restante do mundo."

Naquela noite, fui a um velório irlandês à moda antiga em Bay Ridge, uma das melhores áreas residenciais do Brooklyn. Um amigo da família de minha esposa falecera e agora era velado no Clavin's, uma instituição do bairro. Enquanto prestava minhas homenagens, fiquei satisfeito ao descobrir que os presentes, muitos dos quais não via fazia tempo, eram em sua maioria amigáveis. Boa parte dos católicos irlandeses do Brooklyn estava presente. Dirigindo até o velório, eu me perguntara como o advogado do coronel russo seria recebido.

Tentando ser polida, uma senhora idosa observou:

— As fotografias nos jornais não lhe fazem justiça, sr. Donovan.

Todas as referências ao caso foram feitas da mesma maneira discreta. Ninguém questionou abertamente minha decisão de representar o coronel.

Se o velório fosse uma boa indicação e a maioria das cartas e telefonemas refletisse o humor popular, parecia haver crescente apreciação da diferença entre o acusado, Abel, obter justiça em solo americano e o detestado histórico do governo soviético. Além disso, a distinção entre americanos traidores e russos que serviam a seu próprio país aparentemente também fora aceita como válida. Contudo, permanecia vital para a defesa que um ponto ficasse claro: a Rússia soviética não era o réu do caso.

Nesse ínterim, o julgamento se aproximava como uma nuvem de tempestade no horizonte. Ele fora marcado para 16 de setembro, a menos de um mês.

Sexta-feira, 23 de agosto

Às 9h, encontrei-me com o promotor Moore para discutir o que fazer com as posses de Abel que não seriam usadas como prova: grande quantidade de ferramentas, livros, "recipientes" e as pinturas que ele estava tão ansioso para manter em segurança. Declarei ao promotor federal que não aceitaria responsabilidade pelas pinturas a menos que o FBI as radiografasse e liberasse. Expliquei que, durante séculos, muitos espiões haviam se passado por pintores e escondido mapas, planos e mensagens em suas telas. Em minha opinião, minha designação não exigia que eu me tornasse zelador de possíveis materiais de espionagem. (Quando, mais tarde, expliquei a Abel minha posição, ele riu e disse — o que revelei ao FBI — que misturara bário às tintas, e que radiografar as pinturas "seria perda de tempo". O bário inutilizava os raios-X, escondendo o que quer que pudesse estar sob as camadas de tinta.)

Eu e o promotor concordamos que as posses de Abel deveriam ser colocadas em um depósito público, com acesso conjunto do governo e da defesa. Em 29 de junho, dois agentes do FBI haviam vasculhado seu estúdio e retirado 202 itens. Retornaram em 16 de agosto e retiraram mais 126 itens de seu depósito, no mesmo andar do estúdio. Todos os itens foram empacotados em vinte caixas de madeira e papelão.

Estas são algumas das coisas que o FBI encontrou e que parecem ser uma amostra da vida dupla de meu cliente nos Estados Unidos: um gerador; um rádio de ondas curtas Hallicrafter com fones de ouvido; uma câmera Speedgraphic e grande quantidade de equipamento fotográfico e suprimentos; moldes e ferramentas de metal; numerosas caixas de filme e algumas roupas; um conjunto de notas datilografadas intituladas "Não se pode misturar arte com política"; um mapa geral da seção Bear Mountain-Harriman no parque interestadual Pallisades e mapas de rua do Queens, do Brooklyn e dos condados de Westchester e Putnam, em Nova York; outros mapas, de Chicago, Baltimore e Los Angeles; pregos, rolos de filme, abotoaduras ocas e outras quinquilharias guardadas em treze latas de bala; um cronograma internacional do serviço postal; uma prancheta com fórmulas matemáticas; partituras, um fonógrafo e discos; cadernos de desenho; revistas científicas e panfletos técnicos; extratos bancários; uma pintura a óleo de uma refinaria; uma caixa de primeiros-socorros; e 64 pincéis.

Às 14h30, fiz minha primeira visita a Abel no Centro Federal de Detenção, um edifício pouco imponente, mas de aparência muito eficiente, na West Street de Manhattan. Somente uma pessoa já tentara fugir de lá, mas sem sucesso.

Encontrei-me com ele em um cubículo. Imediatamente, decidi que seria muito difícil ter uma discussão relaxada naquelas condições e que, sempre que possível, falaria com ele no prédio da polícia federal do Brooklyn. Além disso, Rudolf poderia se sentir "em casa" se olhasse pela janela e visse a Fulton Street.

Nessa segunda reunião, ele parecia à vontade com seu advogado designado pelo tribunal. Ao nos sentarmos, eu disse:

— Não quero criar falsas esperanças, mas acho que tivemos um início construtivo.

Então contei das cartas e dos telefonemas e da resposta compreensiva que minha primeira entrevista coletiva havia recebido.

— Estou convicto, Rudolf, de que se beneficiará da característica americana do *fair play*. Os americanos gostam da ideia de um julgamento justo para cada homem, não importa o que ele represente.

Abel disse:

— Eu sei. Afinal, vivi entre eles por muito tempo. Mas me preocupo com a imprensa marrom.

Então iniciei uma discussão sobre meu trabalho até aquela data e lhe expliquei que, mantendo nosso conceito de defesa digna, não queria que ele surgisse no tribunal ou fosse fotografado até estar em sua melhor aparência. Isso significava que precisava de roupas novas. Anotei todas as medidas e disse que compraria um traje completo, dos pés à cabeça.

— Que tipo de terno quer? — perguntei.

— Deixarei isso por sua conta — respondeu ele, acrescentando, com um sorriso: — Talvez eu deva parecer um advogado de Wall Street. É melhor comprar um terno de flanela cinza e um sobretudo.

Ambos rimos, mas eu estivera raciocinando em linhas similares.

O próximo tópico era uma lista de perguntas sobre seu interesse pela arte. As perguntas haviam sido feitas por repórteres, e concordamos quanto às respostas apropriadas. A maioria delas queria saber se ele acreditava que seu crescimento artístico fora prejudicado pela disciplina partidária. Ficaram sem resposta. Abel informou, em resposta a uma delas, que seus pintores favoritos eram Rembrandt e Hals.

Suas pinturas nunca haviam sido exibidas nos Estados Unidos, mas um retrato de "Emil Goldfus" fora exposto na Academia Nacional de Design durante o mês de fevereiro de 1957. Feito por um amigo pintor do Brooklyn, Burt Silverman, mostrava Abel (ou Emil Goldfus) sentado em seu estúdio e cercado de pinturas e pincéis, com o rádio de ondas curtas ao fundo. O artista chamara o retrato de *O amador*, no sentido original da palavra: "alguém com interesse amoroso pelas coisas". E dissera que o rádio de ondas curtas demonstrava a "ativa inteligência" de seu tema. Silverman, é claro, não tinha ideia de que seu vizinho era um coronel do serviço de inteligência soviético.

Abel disse que pintava de forma realista e afirmou não ser o autor das notas encontradas em seu apartamento e intituladas "Não se pode misturar arte com política". Ele as recebera de um amigo anos antes.

Eu disse que planejava fazer com que todos os seus pertences, incluindo as pinturas, fossem armazenados em um depósito. Ele assinou uma autorização para a disposição dos bens da maneira que me parecesse mais adequada. Contudo, era tão arguto que perguntou se deveria assinar "Emil R. Goldfus", o nome com o qual alugara o estúdio no Brooklyn.

— Talvez — disse ele — eu devesse seguir o exemplo da acusação e escrever "também conhecido como Mark e Rudolf I. Abel".

— Nada disso — respondi.

Na verdade, eu discutira a questão anteriormente com o promotor Moore e havíamos concluído que, uma vez que Abel assinara o contrato de aluguel como Emil Goldfus, as coisas seriam mais simples se ele continuasse a usar esse nome.

Então perguntei se ele queria que eu entrasse em contato com a embaixada soviética em Washington, na esperança de conseguir uma declaração oficial de seu status e, quem sabe, uma alegação de imunidade. Até agora, a atitude pública da embaixada fora "Não interessada". Eu disse a Abel que pensara no assunto e que, em minha opinião, não deveríamos fazer isso.

Em primeiro lugar, eu não iniciaria comunicações com a embaixada soviética sem primeiro consultar os oficiais americanos. Disse a Abel que não desejava entrar em qualquer área de potencial conflito de interesses entre meus deveres como seu advogado de defesa e meus deveres como cidadão americano. Expliquei que tal iniciativa poderia ter efeito bumerangue. Após ler meu histórico nos jornais, a embaixada soviética provavelmente me veria como alguém "plantado" pelo FBI e acreditaria que minhas tentativas de comunicação eram parte de um "complô" norte-americano para constranger a Rússia.

— Em minha opinião, Rudolf, a Rússia o apagou dos registros como agente secreto — falei. — Está por sua conta.

— Não concordo — redarguiu ele. — Não fui "apagado dos registros". É claro que eles não podem se envolver. É uma regra tradicional de minha profissão e algo que compreendo. Mas não fui "apagado" e não gosto que sugira isso.

Foi o mais perto que chegamos de um desacordo. Mesmo assim, Abel disse que chegara precisamente à mesma conclusão sobre a praticidade de minha comunicação com os oficiais soviéticos no país. Eu disse que provavelmente conseguiria o mesmo efeito legal se declarasse, no momento apropriado, que a acusação afirmava que ele era coronel da inteligência militar russa e que, embora meu cliente permanecesse silencioso a respeito, a defesa, para os fins do julgamento, estava disposta a aceitar o que o governo alegava ser verdade. Contudo, a menos que isso pudesse apoiar uma petição para anular o julgamento em função de sua imunidade, só deveríamos fazer essa aposta se o júri o condenasse, e somente se fosse vantajoso para ele no momento da sentença ou da apelação.

Abel pareceu satisfeito com meu raciocínio, e eu parti. Ficamos juntos por duas horas.

Do lado de fora da prisão da West Street, os repórteres que começavam a se tornar minha "sombra" perguntaram como fora a reunião e o que Abel dissera. Havia muito pouco que eu pudesse contar. Disse que ele estava "mantendo a calma" e que não desejava "visitantes e não receberá nenhum". Também mencionei que não estava em busca de ajuda externa e que confiava nos jornais para interpretar isso como significando que nos manteríamos afastados da embaixada soviética e não queríamos um bando de esquerdistas ou simpatizantes atrás de nós.

Saindo da opressiva Sede Federal de Detenção, atravessamos o rio até o estúdio lotado de Abel no Brooklyn. Repórteres e fotógrafos deram sua primeira olhada no local, que estivera trancado e sob vigilância desde sua prisão.

O quarto estava sujo e tinha um formato estranho, sem nenhuma parede no ângulo correto. O piso, o closet e uma longa mesa se encontravam cobertos por sua arte e materiais fotográficos. A pia estava sem lavar, as janelas, cobertas de fuligem, e havia pinturas por toda parte. As paredes continham dezesseis; outras estavam empilhadas no chão e saindo de caixas. Contei cinquenta telas acabadas, indo de um nu a cenas de rua, estudos de bustos e três autorretratos. Em meio a tudo isso, destacando-se como um dedão machucado, havia uma lata fechada de sopa de ervilha.

Os esboços e pinturas de Abel eram de grande interesse para os repórteres, principalmente por causa de seus temas. Para o olho leigo, eram bastante bons, mas não se saíam tão bem na avaliação dos especialistas.

— Ele usa as cores como um iniciante que possui talento, mas jamais analisou suas ferramentas — resumiu um de seus amigos pintores. — Dentro outros cinco anos, contudo, seria um pintor muito bom.

(Quando contei isso a Abel, ele disse, com leveza: "Eu teria progredido mais em minha carreira como pintor se tivesse tido mais tempo para me dedicar a ela." Estava dizendo, é claro, que outras áreas exigiam mais de sua atenção.)

Quanto aos temas, a maioria fora desenhada nas vizinhanças mais pobres de Nova York. Em seu bloco de desenho, descobri página após página de homens velhos e solitários em pé, sentados ou agachados. Alguns jogavam damas ou xadrez em um pequeno parque; outros conversavam, quase tristemente, na rua. Alguns pareciam alcóolatras, mas não a maioria. Eram vagantes e solitários, indo pacientemente a lugar nenhum.

Um dos membros de seu círculo de amigos artistas achava que ele carregava as cicatrizes de alguém que saíra "das ruas". E comentou:

— Há algo a respeito de caras assim; não importa o quanto sua sorte melhore, eles nunca perdem aquele olhar. E ele o tem.

Isso, é claro, se adequava aos objetivos de Abel.

Depois de sair do estúdio da Fulton Street, fui à Associação dos Advogados do Brooklyn para conversar com o comitê de três advogados responsável por minha designação (Lynn Goodnough, Frederick Weisbrod e Raymond Reisler), assim como com seu presidente, Louis Merrill. Ficamos todos desapontados ao receber o telefonema de um proeminente advogado cuja ajuda esperávamos conseguir como assistente de defesa. Ele possuía considerável experiência como promotor em julgamentos criminais. O homem se desculpou dizendo que seu sócio (que não era advogado) se mostrara contrário à ideia, temendo que a reação pública fosse tão desfavorável que seu negócio pudesse ser boicotado.

Sábado e domingo, 24 e 25 de agosto

Trabalhei no caso nos dois dias e também encontrei tempo para vários de meus menos infames, mas bem-sucedidos clientes comerciais. Alguns em nosso escritório acreditavam que perderíamos muitos clientes conservadores por causa de minha defesa do espião russo. Eu discordava de sua predição e disse isso. Contudo, pelo menos um dos sócios ameaçou se demitir.

Havia boas notícias na correspondência. Recebemos vários editoriais de jornais de fora da cidade que reconheciam que a posição do coronel era a de um soldado em missão perigosa, servindo a seu próprio país. Um deles — do *Chronicle*, de São Francisco, enviado por meu velho amigo Rollo Fay — também lidava favoravelmente com meu papel como advogado de defesa designado pelo tribunal. Ele dizia:

> Donovan o fará [defender Abel] como um "dever público". Essa atribuição, em vista da natureza desprezível dos supostos crimes do réu, pode inicialmente parecer despropositadamente forçada. Mas, pensando bem, está precisamente de acordo com o consagrado princípio americano de que todo malfeitor — sem excluir os espiões comunistas — merece seu dia no tribunal e a mais justa de todas as audiências públicas.

O editorial citava minhas observações durante a entrevista coletiva sobre Nathan Hale e sobre a esperança de que nosso governo tivesse "homens similares em missões similares", e concluía:

> As probabilidades de Donovan vencer o caso, evidentemente, são proibitivas. Ele sem dúvida sabe disso, assim como o coronel Abel. Mas a presença de tal advogado nesse caso certamente contribuirá para o prestígio da justiça americana em todo o mundo e, ao mesmo tempo, poderá temperar com a fria realidade o ódio americano pela triste, mas necessária, profissão de espionagem.

O mais nervoso de meus sócios imediatamente começou a enviar cópias do editorial para todos os clientes importantes de nosso escritório.

Segunda-feira, 26 de agosto

Devotei a manhã à análise detalhada da acusação e a uma discussão informal sobre o caso com alguns poucos advogados do escritório. O consenso foi de que eu precisava muito de ajuda, especialmente com a pesquisa legal e com os detalhes do passado, que seriam extremamente necessários se a defesa quisesse fazer qualquer tipo de apresentação. Deixei claro para meus sócios que a designação do tribunal era pessoal, não para o escritório, e que eu não lhes pediria que contribuíssem com mais que meu próprio tempo.

Em busca de um assistente, telefonei para um ex-promotor do Distrito Sul de Nova York que poderia entender minha necessidade urgente de um advogado experiente e familiarizado com as novas regras federais de processo criminal. Muito amavelmente, ele me forneceu uma lista de antigos promotores-assistentes com cujas qualificações estava familiarizado. Depois de analisar a lista, concluí que minha melhor esperança seria induzir um grande escritório de Wall Street a doar o tempo de tal homem como serviço público.

Terça-feira, 27 de agosto

Abel estava de bom humor quando nos encontrarmos à tarde para revisar tudo o que tínhamos e olhar para o futuro. Ele disse, não totalmente de brincadeira, que eu não era o único interessado em sua defesa.

Explicou que, a despeito de estar em uma cela solitária e ser prisioneiro de "segurança máxima", era aconselhado sobre seus direitos legais pelos colegas prisioneiros. Eles lhes passavam até as citações exatas para os precedentes legais pertinentes. Abel me mostrou o esboço cuidadosamente escrito de uma "petição" que fora contrabandeada para sua cela. A julgar pelas citações e observações legais, os autores tinham longa experiência, sem dúvida em primeira mão, com o processo criminal. Agora estavam dispostos a fornecer a Abel seus serviços gratuitos como "advogados de cadeia". Embora a maioria dos prisioneiros fosse muito patriota e conhecida por atacar comunistas americanos na prisão, o coronel aparentemente ganhara o apoio da população prisional.

Ele disse que os prisioneiros acompanhavam o caso de perto, através dos jornais nova-iorquinos, e um deles estava preparando uma "peça processual" completa sobre os pontos fracos da acusação. Respondi que mal podia esperar para lê-la.

Então passamos à discussão da recente decisão Jencks, da Suprema Corte dos Estados Unidos. A sentença determinava que, dentro de certos limites, o governo deveria entregar à defesa os arquivos do FBI e outros relacionados à investigação e pertinentes ao depoimento das testemunhas de acusação, para que a defesa pudesse procurar declarações anteriores inconsistentes.

Abel comentou o assunto com inteligência, mas disse que deixaria para mim a questão de como lidar com esse novo desenvolvimento legal. Brincando, sugeri que ele discutisse a decisão com meus recém-descobertos colegas de sua "equipe de defesa" na prisão.

Quarta-feira, 28 de agosto

De manhã bem cedo, caminhei até o escritório Dewey, Ballantine, Bushby, Palmer e Wood em Wall Street e, como agendado, conversei com Wilkie Bushby, um dos sócios. O escritório era grande, e sua equipe incluía vários ex-promotores-assistentes da lista que me fora entregue alguns dias antes. Expliquei ao sr. Bushby minha necessidade imediata de ajuda qualificada. Ele ouviu pacientemente e disse que exporia meu apelo durante uma reunião com todos os sócios seniores disponíveis. Às 15h, telefonou com a resposta.

— No interesse da associação — disse ele — decidimos indicar um jovem sócio, Arnold Fraiman, para auxiliá-lo durante todo o julgamento. Continuaremos a compensar o sr. Fraiman e não cobraremos por nossos serviços.

A decisão, acrescentou, fora tomada após uma reunião que incluíra o ex-governador de Nova York e candidato a presidente Thomas E. Dewey. Expressei minha gratidão, assim como minha apreciação pelo alto senso de responsabilidade profissional de seu escritório.

Fraiman, de 32 anos, formara-se na Faculdade de Direito de Columbia e trabalhara durante três anos no gabinete da promotoria do Distrito Sul de Nova York. Encontramo-nos imediatamente, e, às 17h, eu o apresentei ao comitê da Associação dos Advogados do Brooklyn que fora responsável pela seleção da defesa de Abel. Fraiman era jovem e ousado. Era exatamente do que a defesa precisava naquele momento.

Um artigo de jornal, relatando o histórico do caso, dissera que eu me encontrava regularmente com Abel na prisão e "mapeara" uma série de possíveis movimentos, mas não revelara quais eram os "passos contemplados".

Embora não quisesse anunciá-los, o primeiro desses misteriosos "passos contemplados" era comprar roupas novas para o coronel. Cumpri essa tarefa à tarde, parando em uma loja masculina muito tradicional no baixo Broadway. Pedi um terno cinza-escuro e forneci ao vendedor as medidas de Rudolf. Queria que ele parecesse um banqueiro, mas um do departamento de pequenos empréstimos.

Tenho certeza de que o vendedor achou que eu estava em uma missão de caridade cristã, comprando roupas para um amigo morto, a fim de que o corpo ficasse apresentável. Não ofereci nenhuma informação desnecessária. Comprei o traje completo: terno, camisa branca e a regimental gravata listrada (o vendedor solicitamente sugeriu "tons sóbrios"). As calças precisaram de ajuste, e eu o instruí a me avisar quando estivessem prontas, pois enviaria alguém para buscá-las. Gravemente, pedi que trabalhasse com rapidez, pois havia "necessidade urgente". Ele assentiu com simpatia.

Sexta-feira, 30 de agosto

Às 11h, eu e Fraiman nos reunimos com Abel no Brooklyn. Estávamos de volta ao mais confortável tribunal dos Estados Unidos, em uma sala de audiências vazia. Apresentei Fraiman e rapidamente forneci seu histórico profissional. Abel o aceitou sem comentários.

Sugeri que revisássemos o caso detalhadamente, incluindo o que Rudolf podia nos contar sobre o traidor, Häyhänen. Estava ansioso para conhecê-lo e, se possível, fazer algumas perguntas e conseguir uma declaração pré-julgamento. Primeiro, contudo, tinha de saber algo sobre seu passado. Então tinha de localizá-lo, ou pessoas que o tivessem conhecido. Os jornais diziam que fora "cuidadosamente escondido por agentes de segurança americanos". Abel parecia disposto, e mesmo ávido, a falar sobre o homem que pusera fim a sua carreira e o colocara em uma prisão, ameaçado de execução.

Häyhänen, disse ele, vivia nos Estados Unidos como Eugene Nicoli Maki e era "um sujeito medíocre". Estivera envolvido em várias brigas de bar que haviam chamado a atenção da polícia. Além disso, sofrera um acidente automobilístico em Newark, Nova Jersey, no outono passado e passara raspando no teste do bafômetro. Inferi que algumas dessas informações haviam vindo de Häyhänen e algumas de outras fontes.

Abel disse que Maki vivera por algum tempo em Bay Ridge, Brooklyn, em uma parte do bairro conhecida como "Finntown". Ele construíra seu disfarce na Finlândia; seu passaporte falso dizia que nascera em Envaille, Idaho, mas passara a maior parte da infância e da adolescência na Finlândia. O Maki real, explicou

61

Abel, era um americano cujos pais o haviam levado para uma visita à Finlândia logo antes da guerra russo-finlandesa em 1938. Todos morreram durante a guerra.

Eu conhecia bem Bay Ridge. Algumas partes do bairro eram densamente povoadas por escandinavos que tinham sua própria vida comunitária: clubes, igrejas, feriados, desfiles, jornais e restaurantes. Formavam uma comunidade de pessoas honestas, e eu tinha muitos amigos entre eles.

Com desdém estampado no rosto, Abel contou como Häyhänen devotara a maior parte de sua atenção nos Estados Unidos a uma jovem escandinava loura, de cerca de 25 anos, que relutantemente admitiu ser "muito atraente". Häyhänen deixara para trás, na Rússia, uma esposa e um filho pequeno a quem, contara a Abel, era "devotado".

Abel se queixara de que Häyhänen não circulava o suficiente por Nova York e que seu inglês sofria com seu modo insular de vida.

— Eu disse a ele que passasse mais tempo com americanos nativos — contou — porque queria que ele falasse de modo que não chamasse a atenção. Enfatizei isso repetidamente, porque ele tinha um sotaque muito carregado.

Abel explicou que, em dezembro de 1956, Häyhänen, ou Maki, relatara acreditar estar sendo seguido; estava extremamente tenso e nervoso. Contudo, quando Abel o encontrara novamente no início de 1957, ele parecia bastante autoconfiante. Abel disse acreditar que Häyhänen fora capturado em segredo pelo FBI e se encontrara com ele já seguindo ordens dos agentes federais.

Em abril de 1957, os dois se encontraram pela última vez e Abel lhe dissera que fugisse do país. Dera-lhe duzentos dólares e uma certidão de nascimento falsa. Ele disse que, se Häyhänen tivesse se vendido para o FBI, era possível que o encontro tivesse sido fotografado e gravado. Quando relatou isso, pensei no que o promotor Tompkins dissera sobre aquele ser um caso "fácil", sem necessidade de grampos ou provas duvidosas. Talvez ele estivesse certo.

Eu queria que Abel me contasse, em forma de declaração juramentada, a história completa de sua prisão. Os jornais haviam publicado apenas um resumo fragmentado fornecido pelo governo: ele fora preso em um hotel de Nova York, levado como estrangeiro ilegal para um campo de detenção no Texas e, com base em informações subsequentes, acusado de espionagem no Brooklyn.

Enquanto o coronel contava a história de como fora pego, percebi, pela primeira vez, como era realmente fantástica. Após sua prisão para deportação no Hotel Latham, baseada em um mandado do Serviço de Imigração e Naturalização, o INS, que não precisava ser informado ao público, ele e todos os seus pertences haviam sumido durante cinco dias. Abel fora secretamente enviado para o Texas e mantido em uma cela solitária, enquanto era interrogado pelos agentes do FBI e do INS. Ele saíra de Manhattan e desaparecera da face da Terra: não houve anúncio público de sua prisão, de sua transferência para o Texas, a 3.200 km de distância, ou de sua detenção como suspeito de crime capital. Uma vez que seus direitos como réu eram os mesmos de qualquer cidadão americano, algo parecia drasticamente errado.

Esta é a história contada no esboço da declaração juramentada:

"Em 11 de maio de 1957, eu me registrei no Hotel Latham, na Rua 28, n. 4, Manhattan, Nova York, sob o nome de Martin Collins. Aluguei o quarto 839 por 29 dólares semanais, que pagava todos os sábados."

Quando sua prisão se tornou pública, repórteres entrevistaram o gerente do Hotel Latham. Ele descrevera Martin Collins como um "homem discreto e reservado, que dava pouco trabalho". Pelos padrões do hotel, era um bom hóspede, pois pagava em dia, não fazia exigências e "não recebia visitantes". De fato, na maior parte do tempo, quase nem se notava que ele estava lá. Esse, é claro, era o forte de Rudolf: era apenas outro rosto na multidão, um nome nos registros, uma figura silenciosa em meio à imensa legião que vive sua vida em reservado e silencioso anonimato.

"O quarto 839 ficava no oitavo andar do hotel e havia um pequeno banheiro anexo. O cômodo tinha aproximadamente três por quatro metros. A mobília consistia em uma cama de casal, uma cômoda baixa, uma pequena escrivaninha, duas cadeiras e um rack dobrável para a bagagem. Um armário com porta tomava parte do quarto."

O ambiente também tinha um criado-mudo ao lado da cama, sobre o qual, de acordo com o FBI, ficava o rádio de ondas curtas Hallicrafter. A antena percorria a parede e o teto, saindo pela janela do banheiro.

"Por volta das 7h30 de sexta-feira, 21 de junho, fui acordado por uma batida à porta. A noite fora quente e eu dormia nu, por cima das cobertas.

"Sem me vestir, abri a porta alguns centímetros para ver quem era. Três homens a empurraram e entraram. Eles disseram ser 'agentes do FBI' e me mostraram cartões de identificação em suas carteiras. Supus que estavam armados, mas não me lembro de ter visto nenhuma arma. Eles me mandaram sentar na cama. Ainda nu, obedeci.

"Durante os cinco minutos seguintes, os três homens, que se apresentaram como Phelan, Gamber e Blasco, falaram comigo. Eles disseram: 'Sabemos tudo a seu respeito.' Afirmaram ter me seguido e conhecer todos os meus 'agentes'. Urgiram-me a 'cooperar'. Eu respondi que não sabia do que estavam falando; tinha o direito de não falar e queria exercê-lo. Após alguns instantes, recebi permissão para me vestir e o fiz, colocando cuecas.

"Durante o interrogatório, eles se referiram a mim como 'coronel', embora eu jamais tenha usado esse título, ou outro similar, nos Estados Unidos."

Abel contou que, quando o chamaram de "coronel", soubera que Häyhänen o traíra, pois era o único nos Estados Unidos a saber que ele tinha essa patente na inteligência secreta soviética.

Os agentes do FBI lhe disseram:

— Coronel, recebemos informações relacionadas a seu envolvimento com espionagem; gostaríamos que cooperasse. Se não o fizer, sairá preso deste quarto.

Se "cooperasse", um dos agentes "telefonaria para seu superior imediato no escritório do FBI em Nova York e relataria o grau de cooperação exibido por Collins". Contudo, quando Abel se mostrou "não cooperativo", eles chamaram três oficiais do Serviço de Imigração que esperavam do lado de fora.

— A essa altura — disse Abel — o quarto estava lotado. Os oficiais de Imigração vasculharam o local. Presumi que tinham o direito de fazê-lo. A busca pareceu ser conduzida principalmente por eles, mas os homens do FBI continuaram presentes. Examinaram as roupas que eu vestira na noite anterior e que estavam empilhadas em cima da escrivaninha; abriram as portas do armário, olharam as roupas penduradas e removeram minhas malas, espalhando seu conteúdo sobre a cama. Todas as minhas posses foram removidas, vasculhadas e então guardadas nas malas.

Embora seu guarda-roupa não fosse novo, era adequado, e a maioria das roupas discretas fora comprada em lojas de qualidade. Era parte de seu gênio para o disfarce que as pessoas o vissem como "discreto" e "sem nada de notável". Assim, não fora a frugalidade que o transformara em hóspede do pequeno hotel. Dinheiro não era um de seus problemas. Os oficiais da Imigração tiveram certeza disso naquela manhã, quando encontraram mais de 6.500 dólares em dinheiro no quarto 839. Em um saco marrom dentro de uma mala com zíper, havia 4 mil dólares em notas de vinte. Também havia 2.500 dólares em notas de vinte e cinquenta, um talão de cheques mostrando um saldo de 1.386,22 dólares no East River Savings Bank e a chave de um cofre, encontrado mais tarde e contendo 15 mil dólares em dinheiro.

Juntamente com o dinheiro, os agentes do governo encontraram a certidão de nascimento de Emil Robert Goldfus, a qual informava que nascera em 2 de agosto de 1902, e a de Martin Collins, que indicava sua data de nascimento como 2 de julho de 1897. (Quando o FBI verificou os registros do Departamento de Saúde da Cidade de Nova York, descobriu que Emil Robert Goldfus, branco, do sexo masculino, com endereço em East 87th Street, n. 120, morrera aos dois meses e sete dias de idade, em 9 de outubro de 1903.) Entre outros objetos encontrados no quarto, havia duas fotografias, com "Shirley e Morris" escrito no verso de uma delas.

Na audiência subsequente, um dos oficiais da Imigração testemunhara:

— Enquanto vasculhávamos as posses do estrangeiro, encontramos um recibo em nome de Goldfus e perguntamos quem era.

"'Sou eu', respondeu Collins.

"Depois que ele se vestiu — contara o oficial do INS Farley —, comecei a embalar suas coisas nas malas. O estrangeiro ficou aborrecido com a maneira pela qual eu empacotava as coisas e pediu permissão para fazer isso por si mesmo. Nós lhe demos permissão, e ele começou a dobrar cada item de roupa cuidadosamente e colocá-lo nas malas. Também guardou cuidadosamente suas outras posses.

"Enquanto fazia as malas, às vezes pegava objetos que estavam espalhados pelo quarto e os jogava na cesta de papéis. Quando terminou de guardar tudo, a cesta estava cheia até a metade com os itens descartados."

Os oficiais da Imigração disseram que Abel deixou algumas pequenas jarras com artigos para pintura no parapeito da janela e jogou fora um punhado de lápis, dois pacotes de Kleenex, um pouco de arame, pedaços de papel e seis livros. (Os livros eram *The Penguin Hazle* [*O pinguim Hazle*]; *Nights of Love and Laughter* [*Noites de amor e risadas*]; *The Ribald Reader* [*O leitor desbocado*]; *A Time to Love and a Time to Die* [*Tempo para viver, tempo para morrer*]; *Three Plays* [*Três peças*]; e *Paintings from the São Paulo Museu* [*Pinturas do Museu de São Paulo*].)

Enquanto Abel embalava suas coisas, era observado de perto por Robert E. Schoenenberger, supervisor do Serviço de Imigração.

— Ao terminar de fazer as malas — testemunhara Schoenenberger —, ele pediu permissão para refazer uma das grandes, a fim de transferir para ela o material contido em um estojo de câmera.

"Enquanto fazia isso, eu o vi remover alguns papéis da mala e tentar colocá-los na manga direita do paletó que vestia. Segurei sua mão e peguei os três pedaços de papel.

"Dois deles continham apenas algumas linhas. Havia palavras em espanhol. Um começava com a palavra 'Balmora'. O outro começava com 'No'. Parecia 'No Mex'. Notei a palavra 'Chihuahua' no corpo do texto. O terceiro era um pedaço de papel quadriculado com grupos de cinco números. Creio que havia oito ou dez linhas."

Quando Abel resumiu sua história para a declaração juramentada, contou:

— Depois de cerca de uma hora, os oficiais da Imigração me disseram que me vestisse, pegaram as malas e minhas outras coisas e me algemaram. Eles me conduziram para fora do quarto. Antes de partir, por sua solicitação, eu os autorizei a pagar o aluguel até aquele dia [21 de junho] e eles disseram que fariam meu check-out.

"Deixamos o hotel por uma porta traseira, entramos em um sedã e fomos até a sede da Imigração, na Columbus Avenue, n. 70, Manhattan. Minhas digitais foram coletadas, fui fotografado e mantido lá até aproximadamente 16h30, quando fui levado de carro para um aeroporto perto de Newark, Nova Jersey.

"No aeroporto, entrei no que parecia ser um DC-3 especial, no qual eu e dois oficiais da Imigração chamados Seely e Judge éramos os únicos passageiros. Perguntei sobre nosso destino, e ambos declararam não saber. As algemas foram removidas enquanto eu estava a bordo. O avião parou uma vez, cerca de cinco horas depois, creio que no Alabama."

(Depois, um dos investigadores da Imigração disse a um repórter que, quando o avião começara a descer, Abel olhara pela janela e perguntara: "O que estamos fazendo no Alabama?" Eles estavam prestes a pousar em Mobile, e Abel explicou que sabia estar sobre o Alabama porque, a partir da posição do sol, calculara a direção do voo, o tempo no ar e a provável velocidade.)

— Por volta das 4h30 da manhã seguinte [sábado, 22 de junho], chegamos ao que soube ser Brownsville, Texas. Fui algemado novamente; entramos em um carro, que foi seguido por outro, e percorremos 96 km até McAllen, Texas. Fui colocado em confinamento solitário em um campo federal de detenção para estrangeiros.

"Após duas horas de sono, recebi o café da manhã e, por volta das 9h, fui levado até uma sala, na qual fui interrogado até o meio da tarde (sem intervalo para almoço) por Seely e Judge. No início do interrogatório, solicitei um advogado, mas me disseram que isso seria apropriado somente mais tarde, durante os procedimentos 'formais'."

Abel nos contou que, no dia seguinte, domingo, 23 de junho, foi interrogado o dia inteiro.

— Os agentes do FBI Gamber e Blasco me interrogaram — disse —, e, com uma equipe diferente, também os investigadores da Imigração Seely e Judge. Eles se revezavam. Eu me recusei a falar. Recebi o almoço, mas, com exceção desse intervalo, fui interrogado constantemente das 10 às 16h.

(A versão do governo diferia apenas em pequenos detalhes.)

— O mesmo procedimento foi repetido na segunda-feira, 24 de junho. Na terça-feira, 25, decidi declarar que meu nome real era Rudolf Ivanovich Abel, que eu era cidadão russo, que encontrara grande quantidade de dólares em um *blocausse* arruinado na Rússia, que comprara um passaporte americano falso na Dinamarca e, com ele, entrara nos Estados Unidos, pelo Canadá, em 1948. Eles interromperam o interrogatório e disseram que eu tinha direito a um advogado. Naquela tarde, entrei em contato com um advogado em McAllen e ele me visitou.

"Em 27 de junho, compareci perante os oficiais da Imigração para uma audiência formal no campo de detenção. Estava acompanhado de meu advogado, Morris Atlas, de McAllen. Declarei que meu verdadeiro nome era Rudolf Ivanovich Abel, que entrara ilegalmente no país vindo do Canadá, que vivia aqui e usara os nomes 'Emil Goldfus' e 'Martin Collins' em várias ocasiões, e que era cidadão da URSS.

Durante a audiência formal no Texas, Abel também declarara que jamais se registrara como estrangeiro e, desse modo, violara a exigência de registro de nome e de endereço da Lei de Imigração e Nacionalidade. Fornecera sua ocupação como professor, dissera que frequentara a escola elementar de 1910 a 1916 e o ensino secundário em Moscou de 1916 a 1920. Afirmara que o nome de seu pai era Ivan Abel e que ele nascera em Moscou. Não indicara se o pai estava vivo ou morto ou seu "endereço atual". O nome de sua mãe, dissera, era Karneeva Lubow, e ela nascera em dezembro — o ano não foi fornecido — em Saratov, Rússia. Quanto a seu último endereço no país de origem, seria "Nikitsky Bulevar, Moscou". Afirmara que partira em maio de 1948 — nove anos antes.

— Eles me perguntaram para que país gostaria de ser deportado — disse Abel —, e eu respondi: "Para a URSS."

Uma transcrição dos procedimentos de deportação mostra que, no meio da audiência, Abel e seu advogado pediram um intervalo de 32 minutos para conversar. O advogado, o sr. Atlas, fora selecionado por Abel no catálogo telefônico local e, é claro, achava estar lidando com um caso rotineiro de deportação. Em seguida, Abel admitira ser culpado de todas as acusações, inclusive de não ter fornecido seu endereço, pois temia que, "ao fazer isso, revelasse sua presença ilegal nos Estados Unidos".

— Admito isso também — dissera ele, e concluíra seu depoimento: — Aceito a deportação.

Abel, continuando a história, explicou que "por aproximadamente três semanas depois disso fui interrogado diariamente por vários agentes do FBI. Eles declararam repetidas vezes que, se eu 'cooperasse', me dariam boa comida, bebidas e um quarto com ar-condicionado em um hotel no Texas, e me assegurariam um emprego de dez mil dólares por ano em uma agência governamental norte-americana. Eu me recusei a discutir tais questões e, ao fim de três semanas, parei de ser interrogado.

"Durante minha sexta semana na prisão de McAllen, o agente Phelan, do FBI, e outro agente me apresentaram um mandado de prisão. Eles me falaram a respeito, mas não me entregaram uma cópia do documento, datado de 7 de agosto de 1957. Depois disso, compareci perante um comissário e, em seguida, fui extraditado para Nova York."

O governo jamais negara que Abel fora interrogado todos os dias durante três semanas por agentes do FBI e que eles lhe tinham oferecido comida, bebida e um quarto de hotel com ar-condicionado em troca de sua cooperação. Simplesmente declarara: "De 27 de junho a 7 de agosto, o dia em que o peticionário foi indiciado e levado para Nova York, ele permaneceu em custódia" no centro de detenção de McAllen. Os eventos progrediram rapidamente demais para Abel, um homem acostumado a movimentos cautelosos e deliberados. O procedimento de extradição fora realizado em Edinburg, Texas, em 7 de agosto, perante o comissário J. C. Hall, e durara vinte minutos.

— Onde conseguiu esse nome? — quisera saber o comissário Hall. — Abel é um nome popular por aqui. Há muitos Abel no sul do Texas e no vale.

Abel sorriu e respondeu:

— É um nome originário da Alemanha.

O que não disse a J. C. Halls era que o nome fora usado por outros agentes soviéticos, em outros países e em outras épocas.

No dia seguinte, embarcara em um avião no Texas para responder às acusações e aguardar julgamento. Ele pousara à noite em Newark, mas, dessa vez, não em segredo. O aeroporto estava fortemente protegido; a polícia local e os agentes federais estavam por toda parte; e a imprensa de Nova York e Nova Jersey havia comparecido em peso.

Para alguns, Abel parecia tenso. Outros acharam que, para um espião, era bem "loquaz". Parece que, no voo vindo de Houston, o coronel passara o tempo conversando com um delegado federal. Eles haviam comparado as condições de vida em seus respectivos países.

— Algumas coisas — dissera ele — são escassas, mas outras existem em abundância.

Ele concordara com o delegado federal Neil Matthews, de Houston, que as condições de vida nos Estados Unidos eram muito boas. E dissera estar impressionado com o fato de quase todo o mundo ter geladeira. Não era o caso na Rússia.

Também concordara quando Matthews afirmara que as relações entre os dois países não eram boas. Dissera acreditar, contudo, que podiam melhorar, se mais pessoas de cada país aprendessem a língua do outro. Isso levaria a um melhor entendimento.

Em nossa conferência no prédio da polícia federal para preparar a declaração juramentada, eu continuava a voltar ao quarto no Hotel Latham. Depois que Abel fora levado em custódia naquela manhã, o FBI retornara e encontrara cartas de sua família na Rússia, microfilmes, uma mensagem parcialmente codificada que ele se preparava para enviar, um lápis oco usado para carregar microfilmes e uma peça de marfim que escavara e continha um código russo completo, de 250 páginas. O lápis e o marfim haviam sido jogados na cesta de papéis.

Os pedaços de papel incluíam três endereços (um na Áustria e dois na Rússia), bem como instruções para ir à cidade do México e se encontrar com um agente em certo endereço.

— É inacreditável — comentei. — Você violou a maioria das regras básicas de espionagem com toda essa parafernália espalhada por lá.

Sua única defesa foi:

— Eu tentei me livrar de tudo.

Mas ele percebeu que eu sabia que seu desrespeito às regras mais básicas fora sua perdição.

Häyhänen jamais deveria ter sabido onde Abel vivia e trabalhava. Os agentes soviéticos de inteligência sempre foram exageradamente devotados à segurança e à inviolável regra de que os subagentes devem permanecer ignorantes sobre os nomes, endereços e "lendas" de seus superiores. Mesmo assim, Abel admitiu que Häyhänen fora até seu estúdio na Fulton Street — uma única vez. Ele o levara até seu quarto para lhe dar um rádio de ondas curtas "extra" que mantinha em seu depósito e alguns suprimentos fotográficos. Estava ansioso para que Häyhänen abrisse uma loja de fotografia em Newark, Nova Jersey, como disfarce.

Foi dito que o coronel vivera toda a sua vida como se seu primeiro erro fosse ser o último. Talvez tenha sido assim. Ele me disse, falando sobre Häyhänen:

— Eu não conseguia acreditar que ele era tão estúpido, tão incompetente. Continuava a achar que não podia ser tão ruim, que jamais o teriam enviado se fosse. Estava certo de que isso era parte de sua "lenda", que ele estava se preparando para se tornar agente duplo e trabalhar para o FBI como "desertor".

Outra coisa ainda me incomodava sobre o caso — a referência, na acusação, a Salida, Colorado. Abel disse que os soviéticos acreditavam que Salida era a cidade natal de um soldado americano chamado Rhodes, que servira na embaixada americana em Moscou de 1951 a 1953. Os russos o haviam encontrado com uma mulher russa, no que Abel descreveu como uma "situação comprometedora", e, em troca de não o expor, haviam-no persuadido a fornecer informações secretas da embaixada.

Depois que a missão de Rhodes em Moscou terminara e ele voltara para casa, Abel recebera ordens para localizá-lo. Seu último endereço conhecido era em Salida e, assim, enviara Häyhänen para encontrá-lo. Eles jamais o localizaram, e, quando pedira novas instruções, ficara sem resposta. Aquele, disse ele, era o único episódio que conhecia e que poderia se relacionar ao trecho da acusação que afirmava: "tentativa de subverter membros das forças armadas."

O coronel também declarou que não tinha nenhuma conexão com espionagem atômica. Fora sua própria curiosidade intelectual que o levara a comprar um livro sobre "o uso de energia atômica em usinas". Ele nos disse que sua única missão nos Estados Unidos era obter informações gerais — de natureza não militar. Eu o encarei, incrédulo, mas não o pressionei.

Aquele pareceu um bom momento para encerrar a conferência. Estávamos conversando havia mais de duas horas. Abel foi conduzido pelo corredor por dois subdelegados federais, e sua equipe de defesa saiu para o calor do dia no Brooklyn.

Domingo, 1º de setembro

Embora fosse domingo, tivemos uma reunião. Tom Harnett, de nosso escritório, experiente em litígios federais, concordou em comparecer. Discutimos possíveis manobras. Em primeiro lugar, viria uma petição para adiar o julgamento — até 16 de outubro, no mínimo. O início fora marcado para 16 de setembro, dali a somente duas semanas. Era uma data impossível se quiséssemos preparar uma defesa razoável.

Mais rotineiramente, decidimos pedir uma lista das testemunhas do governo, o painel de possíveis jurados e um indiciamento mais detalhado. Como os jornais descreveram Häyhänen como testemunha-chave do governo, pediríamos para entrevistá-lo assim que víssemos seu nome na lista de testemunhas. Se tivéssemos sucesso, pediríamos para olhar as minutas do grande júri sobre seu depoimento e os relatórios do FBI sobre o caso. Isso deveria mostrar declarações inconsistentes, úteis para a inquirição.

Concordamos em marcar uma reunião com o promotor sobre essas questões e tentar determinar se era definitivo, como ouvíramos, que o juiz Mortimer W. Byers presidiria o julgamento. O meirinho que nos falara dessa possibilidade acrescentara, com ar de entendedor:

— Ele nunca hesita em ser o carrasco.

Embora nunca tivesse trabalhado em um caso presidido por ele, eu sabia que o juiz Byers era considerado um pensador independente. Aos 81 anos, era alto, empertigado e ágil. Era mais lembrado pelo público como o juiz que presidira o julgamento de "espionagem nazista" em Duquesne, em 1941, o qual envolvia uma rede de espionagem que operava um rádio clandestino em Long Island. Ele sentenciara 14 agentes nazistas a longas penas de prisão e aceitara confissões de culpa de outros 19, durante um julgamento em massa.

Eu e o juiz não éramos amigos, mas havíamos nos encontrado ocasionalmente como membros de uma das sociedades mais antigas do Brooklyn, o Clube Rembrandt. Durante o inverno, o pequeno grupo se reunia uma vez por mês, na casa de um dos membros, para uma palestra cultural seguida de jantar leve com champanhe. Era uma ocasião formal e muito agradável, de uma maneira reservada.

À noite, conversei sobre Häyhänen com um ex-detetive de Nova York, Ed Farrell, que vivia em Bay Ridge. Expliquei como era importante que a defesa montasse um dossiê sobre "Maki", sem revelar sua estratégia ao governo. Enfatizei o fato de que o codinome "Maki" era um "segredo" oficial revelado à defesa pela acusação.

Descobri que "Finntown", onde Abel dissera que Häyhänen costumava passar muito tempo, tinha muitos cidadãos respeitáveis, mas também, tarde da noite, podia ser um local muito perigoso. Segundo Ed, "É popular entre pescadores finlandeses, e alguns deles, quando bêbados, podem matá-lo em um piscar de olhos". Ele me aconselhou a não procurar pessoalmente o rastro de "Maki" em "Finntown". Disse que faria perguntas discretas, por meio dos detetives locais e do dono de uma taberna local que era muito bem-informado, uma vez que também era o agenciador de apostas da vizinhança.

Eu o nomeei encarregado do caso do coronel em toda "Finntown", pensando comigo mesmo que aquele caso ficava cada vez mais estranho.

Voltei para casa e encontrei Mary aborrecida e zangada. Uma mulher no clube de golfe lhe perguntara se seu marido "sempre se interessara pelas causas da esquerda".

Desde o dia em que fora designado para o caso de Abel, eu tivera de suportar tudo, de franca hostilidade a pretensos gracejos, alguns feitos com bom humor e outros não tão bem-intencionados. Um juiz de instância inferior, por algum motivo desconhecido, apresentara-me a estranhos durante um coquetel como "o último dos milionários comunistas". Eu respondera que isso era tão adequado quanto seus pareceres legais. Outro engraçadinho implicara comigo durante meia hora, em certo jantar, porque pedi molho russo para minha salada.

O primeiro mal-entendido ocorrera após minha reunião inicial com Abel. Em resposta a uma pergunta, eu dissera a um repórter que ele estava preocupado com suas pinturas e que eu garantira que cuidaria delas pessoalmente, se necessário. Havia mais de cinquenta telas, e eu planejava colocá-las em um depósito no subsolo de nosso edifício. Alguém entendera errado, e a matéria dizia que eu planejava pendurar as telas em minha sala de estar.

Logo em seguida, Mary me telefonara do lago Placid para contar que várias mulheres haviam perguntado: "Jim perdeu a cabeça? Por que exporia as pinturas de um espião russo nas paredes da sala?" Estúpido, mas irritante.

Então vieram as cartas e os telefonemas excêntricos. Em sua maioria, as cartas eram desabafos passionais, com apenas duas ameaçando represálias se eu "fosse longe demais" ao defender o espião russo. Entregara à polícia. Os telefonemas eram mais furtivos. A maioria era realizada no meio da noite, quando a casa estava às escuras e já estávamos na cama. Eu acordava de supetão, imaginando quem telefonava e qual seria o problema. Grande parte das chamadas era feita por homens bêbados, e algumas por fanáticos.

Certa noite, por volta das 4h, o telefone tocara, e, antes que eu despertasse o suficiente para desligar, fui chamado de uma série de palavrões e ouvi que deveria ir embora para a Rússia, "para me unir a Hiss e aos outros traidores judeus". Naquela tarde, pedira à companhia telefônica que mudasse meu número e não listasse o novo até o fim do caso.

De certa maneira, eu estava preparado para essas tolices e já tinha "casca grossa". Mas elas incomodavam Mary, e até as crianças passaram por algumas situações desagradáveis durante o julgamento. "Meu pai disse que seu pai defende comunistas", dissera uma colega de 8 anos a Mary Ellen na escola paroquial. No início, as crianças nos questionavam ao chegar a casa. Mas devo dizer que, depois que expliquei cuidadosamente o significado de minha designação, elas pareceram satisfeitas.

Certa noite, na Associação dos Advogados do Brooklyn, um advogado católico idoso me perguntara, profundamente alterado, se eu não me sentia "tomado de culpa". Eu ficara chocado demais para dar uma resposta adequada. Se tentassem refletir a respeito, essas pessoas perceberiam que se envolver emocionalmente com a moralidade da causa de um cliente é pura vaidade. É exagerar a importância do papel individual do advogado. O advogado jamais toma a decisão final em um caso. Para isso, nosso sistema de justiça fornece um juiz e um júri imparciais. Nós, os advogados, trabalhamos duro pela causa de nossos clientes, mas deveríamos ter a humildade de reconhecer que é nosso próprio sistema de jurisprudência que produz as justas determinações. *"Que sais-je?"*, como perguntou Montaigne.

Essas calúnias, essas cartas e esses telefonemas podem parecer triviais, mas confesso que, às vezes, eu perdia a paciência e, mais importante, o senso de humor.

Segunda-feira, 2 de setembro

Dediquei a manhã ao estudo do indiciamento. Era importante ter em mente que somente a primeira acusação pedia pena de morte e dependia de provas de que Abel de fato conspirara para transmitir informações à Rússia. Como ele afirmava não existirem, talvez o caso do governo fosse precário. A segunda acusação era meramente de conspiração para obter informações, sem menção à transmissão. Se somente ela se sustentasse durante o julgamento, poderíamos peticionar pela absolvição direta na primeira acusação e, tendo sucesso, salvar a vida do coronel.

Depois, li a maior parte de um novo livro chamado *Labyrinth* [*Labirinto*], de Walter Schellenberg, chefe do serviço de contraespionagem de Hitler. Schellenberg, que eu conhecera quando o próprio testemunhara durante os Julgamentos de Nuremberg, fazia uma observação interessante. Ele mencionava que, durante o interrogatório de um agente de espionagem polonês "inquebrantável" (por meio de tortura), uma vez que o homem se dera conta de que ambos estavam "na mesma profissão", passara a conversar bastante livremente sobre técnicas de espionagem, mesmo sabendo que estava destinado à execução.

Fora exatamente o que eu descobrira. O fato de eu ter um histórico de espionagem durante a guerra aparentemente levara Abel a me ver como uma espécie de espião aposentado que podia apreciar suas dificuldades profissionais. Contudo, eu também achava que ele se convencera de minha honestidade ao dizer que faria meu melhor para ajudá-lo.

Terça-feira, 3 de setembro

Foi um dia perdido. O tempo era precioso, e era doloroso ser frustrado a cada passo. Havíamos ocupado uma sala no edifício da Associação dos Advogados do Brooklyn, na Remsen Street. Isso nos deixara mais próximos do tribunal federal e nos retirara de nossos escritórios, onde éramos interrompidos frequentemente.

Primeiro, tentamos fazer com que um telefone particular fosse instalado imediatamente em nosso escritório na Associação. Falhamos; havia uma longa lista de solicitantes à nossa frente.

Então tentamos contatar o promotor Moore e o juiz Abruzzo para discutir nossas petições. Novamente falhamos: ambos estavam fora da cidade. Depois, tentamos conseguir outro advogado de defesa "voluntário". Sem sorte.

Na maioria dos escritórios, nos disseram: "Com tantos advogados de férias, estamos com pouca gente." Outra favorita era: "Não temos certeza de que os clientes do escritório gostariam de ver nosso nome associado a tal defesa, embora tenhamos simpatia profissional por sua situação."

A única boa notícia em todo o dia foi o fato de que as roupas de Rudolf ficaram prontas. Fizeram-se os ajustes nas calças, e providenciei que o traje fosse entregue. Ele devia parecer tão elegante quanto o diretor da prisão.

Decidi que meus nervos precisavam de uma folga. À noite, levei Mary ao memorável restaurante Lundy's, em Sheepshead Bay, onde apreciei meus favoritos: um balde de moluscos no vapor e lagosta grelhada. Voltamos para casa e assistimos a um filme de gângster de George Raft na TV.

Quarta-feira, 4 de setembro

Pela manhã, nos reunimos com o promotor Moore e falamos sobre nossas petições preliminares, enfatizando, é claro, a importância de adiar a data do julgamento. Ele concordou com um adiamento de duas semanas, sujeito à aprovação de Washington. Também afirmou que, se não fossem suficientes, consentiria em mais duas.

Após deixar o escritório do promotor, reunimo-nos novamente com Abel em outra parte do tribunal. Ele vestia suas roupas novas e parecia completamente diferente no "terno cinza de banqueiro", camisa branca e gravata listrada conservadora da Ivy League. Sorria bastante afavelmente ao se levantar para nos cumprimentar.

Passamos diretamente ao assunto do dia: Häyhänen. Em resposta a minhas perguntas, Abel forneceu uma descrição física completa de seu cúmplice: "cerca de 35 anos [...] 1,72m e uns 80 quilos [...] compleição robusta [...] pele clara e cabelos castanhos [...] lábios finos e queixo quadrado [...] olhos azul-acinzentados [...]."

Abel disse que Häyhänen se hospedara em vários hotéis baratos de Manhattan, vivera no Brooklyn (em "Finntown") ocasionalmente e, no início de 1955, mudara-se para Newark, Nova Jersey, onde alugara uma loja com uma área residencial nos fundos. Abel não se lembrava do endereço, mas sabia que já fora uma loja de produtos baratos; que o ônibus 8 de Newark passava em frente; e que, na esquina, havia um bar no qual se apresentava um acordeonista polonês. Também lembrava que Häyhänen fora membro do clube finlandês enquanto morava no Brooklyn. Anotei todas essas informações, esperando encontrar uma pista que ajudasse nossa investigação.

Abel tinha certeza de que Häyhänen fizera um acordo com o FBI e depois fora para a Europa, sob suas ordens, para fabricar a história da "deserção". Ele acreditava nisso porque descobrira que, em janeiro ou fevereiro, Häyhänen sofrera um acidente de carro e fora levado para um hospital de Newark. Ele tinha mais de mil dólares em dinheiro no bolso, e, ao vasculhar sua casa, a polícia encontrara um rádio receptor de ondas curtas. O coronel achava que alguém deveria ter somado dois mais dois.

Ele nos contou que Häyhänen, estranhamente, estava sempre sem dinheiro e várias vezes tivera de receber adiantamentos. Anteriormente, contara-nos que o homem consumia grandes quantidades de vodca. Abel achava que Häyhänen percebera que estava fracassando e tivera medo de "voltar para casa". A esse respeito, segundo ele, fora um tolo.

— Ele não tinha nada a temer — disse. — Sua única punição teria sido um rebaixamento.

Minha própria conclusão, que não achei necessário partilhar com Abel, foi que, quaisquer que fossem suas falhas, Häyhänen não era tolo quando se tratava de autopreservação. Ele indubitavelmente percebera que, quando Abel o urgira a "passar férias" em casa, seria enviado para algum lugar da Sibéria.

Revisando temas que já havíamos discutido, Abel novamente negou ter transmitido informações via rádio para fora dos Estados Unidos. Segundo ele, isso teria sido "perigoso e desnecessário". Também negou ter sido instruído a roubar segredos atômicos. E disse que, no fim de 1954 ou início de 1955, recusara uma missão relacionada às instalações de mísseis Nike por não ter qualificações, não contar com o pessoal necessário e acreditar que a maior parte das informações era de conhecimento público e poderia ser encontrada em revistas científicas e em jornais como o *The New York Times*. Alegou ter contado a Häyhänen sobre sua decisão.

Com respeito aos outros parágrafos do indiciamento, negou ter recebido pessoalmente quaisquer informações "secretas", explicando — com muita ênfase — que seu principal trabalho nos Estados Unidos consistia em relatar "informações gerais" e "estabelecer contatos".

Ele disse que suas viagens a New Hyde Park, Nova York, e a viagem de Häyhänen a Quincy, Massachusetts, haviam sido para determinar se "certos indivíduos" estavam na cidade. Os dois haviam visitado Atlantic City certa vez para fazer um relatório sobre a exibição pública de objetos que supostamente haviam sido danificados por uma explosão atômica.

Acrescentou que não sabia de nenhuma prova que o governo pudesse ter de que transmitira informações para os russos e que sua única conexão com o indiciamento era a de conspiração. Häyhänen, disse ele, transmitira diretamente algumas informações para a Rússia. Abel se recusou a elaborar.

Sexta-feira, 6 de setembro

À tarde, encontrei-me com Thomas M. Debevoise, uma possível adição para nosso time de defesa. Ele se formara na faculdade de Direito de Columbia e trabalhara durante vários anos na promotoria de Manhattan. Era de uma tradicional família nova-iorquina que havia anos se distinguia por seu trabalho legal.

Tivera oportunidade de advogar em Woodstock, Vermont, a cidade natal de sua esposa, e aguardava para prestar os exames da associação estadual. Familiarizara-se com os detalhes do caso de Abel através dos jornais e, talvez por causa de seu interesse, estava disposto a trabalhar conosco por alguns meses, cobrando apenas o suficiente para cobrir as despesas. Eu o achei agradável, disposto a trabalhar e dotado de muito bom senso.

Nós três revisamos o caso em detalhes e concordamos que nosso novo membro deveria começar a pesquisar imediatamente a possível inconstitucionalidade da prisão de Abel no quarto 839 do Hotel Latham na manhã de 21 de junho.

Segunda-feira, 9 de setembro

Pela manhã, viajei até Atlantic City para fazer uma palestra em uma associação de seguradoras sobre os problemas legais criados pelo desenvolvimento recente de usos civis para a energia atômica nos Estados Unidos. O compromisso fora assumido na primavera, bem antes da designação para o caso de Abel.

Eram quase 16h quando meu ônibus chegou a Nova York, e corri para nosso escritório no centro. Encontrei meus colegas esperando por mim, muito animados. Pareciam dois promotores que haviam acabado de descobrir um esconderijo de heroína ou uma testemunha ocular de assassinato. Falaram ao mesmo tempo, dizendo a mesma coisa: a prisão de Abel e a apreensão de todos os seus bens no Hotel Latham haviam, sem sombra de dúvidas, violado a Constituição dos Estados Unidos.

Se estivéssemos certos, nenhuma prova apreendida no Hotel Latham ou no estúdio da Fulton Street poderia ser usada em qualquer processo criminal. Além disso, dado que parte substancial dessas provas fora apresentada ao grande júri, o indiciamento teria de ser anulado, pois era baseado em "provas comprometidas". Em resumo, o caso do governo contra Abel entraria em colapso.

Sentamo-nos, e eu agi como magistrado, ouvindo seus argumentos legais e fazendo perguntas. Eles se saíram bem. Analisamos os fatos e as leis várias vezes. Já estava escuro e, pelas janelas do escritório, podíamos ver as luzes emoldurando a ponte do Brooklyn e o tráfego mover-se pela East River Drive. Do outro lado do rio, ficavam o tribunal federal do Brooklyn, o estúdio da Fulton Street e minha casa, onde o jantar e minha família esfriavam.

Finalmente, fui compelido a concordar com as conclusões de meus colegas.

Terça-feira, 10 de setembro

Acordei muito cedo para trabalhar no esboço da declaração juramentada feita por Abel, na qual contava a história detalhada de sua prisão. Começara na noite anterior. A declaração seria a base de nossa petição para suprimir todas as provas apreendidas com ele.

Reescrevi a história e a editei até que estivesse definida e concisa. Os únicos adjetivos descreviam o clima no dia 21 de junho e a cor das malas de Abel. A declaração era baseada em tudo o que ele me contara, especialmente o que dissera na sexta-feira: "Por volta das 7h30 de sexta-feira, 21 de junho, fui acordado por uma batida à porta. A noite fora quente..."

Quando ficou pronta, a sucinta narrativa parecia um conto de Hemingway. Como os métodos usados pelo governo haviam se voltado contra um suspeito de ser agente inimigo, o cidadão comum não ficaria alarmado ou chocado. Em tais casos, sentiria que os fins justificam os meios. Mas, por nossas leis, as garantias constitucionais se aplicam a todos nós, incluindo suspeitos como Abel.

Ele havia sido apreendido por agentes do governo, com todos os seus bens, dentro de casa, sem mandado de prisão ou busca, transportado em segredo até um campo de detenção de estrangeiros no Texas e mantido lá por 47 dias, os primeiros cinco sem comunicação — esses fatos pareciam ser um exemplo clássico do tipo de coisa que a Quarta Emenda da Constituição fora designada para combater.

A Quarta Emenda é a definição constitucional de que a casa de um homem é "seu castelo". Ela determina que:

O direito do povo à inviolabilidade de suas pessoas, de suas casas, de seus documentos e de suas posses contra busca e apreensão arbitrárias não pode ser infringido, e nenhum mandado será expedido a não ser mediante indícios de culpabilidade confirmados por juramento ou declaração, e particularmente com a descrição do local da busca e a indicação das pessoas ou coisas por apreender.

Rascunhando a declaração juramentada de Abel e refletindo sobre suas consequências pretendidas, vi-me com sentimentos conflitantes sobre o que fora feito pelo governo. Nossa contrainteligência deve ser firme, mas sem sacrificar nossos direitos constitucionais e nossas liberdades tradicionais.

Se houvesse motivos substanciais para acreditar que Abel, um estrangeiro ilegal em nosso país, era um importante espião soviético, não me incomodaria que tivesse sido preso com um mandado de deportação, mantido sem comunicação por um período de tempo adequado e então, caso se recusasse a "cooperar", chutado para o outro lado da fronteira com o México. Contudo, tendo percorrido a rota secreta da contrainteligência sem mandados públicos de busca ou apreensão, em função da aposta deliberada de que ele eventualmente "cooperaria", o governo não podia, após ter perdido a aposta, ignorar tudo o que ocorrera antes e tentar condená-lo por um crime capital, em audiência pública, nos Estados Unidos. Isso seria respeitar o "devido processo legal" somente da boca para fora.

As duas rotas — a "secreta" e a do "devido processo legal" — levavam a direções muito diferentes.

Eu achava que havíamos descoberto o ponto mais importante de sua defesa. O princípio estava vívido em minha mente em função de um argumento crucial exposto pelo major-general "Wild Bill" Donovan no início de 1945. O presidente Roosevelt solicitara um plano para a Agência Central de Inteligência no pós-guerra, a ser colocado em prática depois que o Gabinete de Serviços Estratégicos fosse desativado. Quando o general Donovan me pediu, como seu conselheiro-geral, que esboçasse tal plano, ele enfatizou repetidamente as necessárias diferenças entre inteligência e contrainteligência secretas em âmbito internacional e os limites constitucionais da imposição de leis domésticas nos Estados Unidos. Ele acreditava que qualquer tentativa de unificar tais poderes em uma única agência governamental seria perigosa para a democracia, dado que a tentação de usar métodos "eficientes" de investigação inevitavelmente conduziria à criação de uma Gestapo.

Quando o rascunho da declaração juramentada ficou pronto, eu o levei até a Sede Federal de Detenção em Nova York e o mostrei ao coronel, pedindo que verificasse se estava de acordo com suas lembranças. Expliquei a questão legal da busca e apreensão e enfatizei a importância de rememorar meticulosamente cada detalhe e relatá-lo de maneira fiel. Avisei que o governo usaria suas melhores armas contra a declaração, e, se ela fosse exagerada ou falsa em qualquer aspecto, isso poderia ser fatal para a petição e qualquer possível apelação por razões constitucionais.

Revisamos o que eu havia escrito, linha por linha. Abel, parecendo muito professoral em seus óculos sem aro, ouviu atentamente e assentiu em silêncio.

O rascunho descrevia como ele saíra de circulação no Hotel Latham e fora detido no Texas, onde fora interrogado quase todos os dias durante um mês e recebera do FBI a promessa de um "acordo" vantajoso caso "cooperasse". E concluía:

Os advogados designados pelo tribunal discutiram comigo a busca e apreensão de meus bens em 21 de junho no Hotel Latham e me explicaram o que acreditam ser as determinações aplicáveis da lei. Eu os instruí a iniciar quaisquer procedimentos legais apropriados a esse respeito e a assegurar quaisquer direitos que eu possa ter sob a Constituição e as leis dos Estados Unidos.

Deixei Abel com uma cópia da declaração, dizendo-lhe que pensasse cuidadosamente a respeito enquanto a finalizávamos.

No fim da tarde, dois advogados estiveram em meu escritório e li para eles o rascunho da declaração aprovada por Abel. Para minha surpresa, um deles condenou o documento inteiro e disse que apresentar material tão "sensacionalista" em audiência pública seria uma calúnia contra o FBI.

Após essa explosão inicial, acrescentou, de modo rude:

— Se fosse eu, não estaria tão interessado em salvar a vida daquele filho da puta. Deixe que ele receba o que merece.

Sem dúvida, a situação se aproximava do que os advogados chamam de "argumento vigoroso". Rapidamente expliquei que não tinha intenção de "caluniar" o FBI e que sentia grande respeito por sua eficiência como agência da lei. Contudo, eu fora designado para defender o coronel Abel, e meu dever era apresentar os argumentos mais fortes que pudesse no tribunal.

— Em meu modo de ver — declarei —, amenizar deliberadamente o impacto dessa questão não seria ético.

Argumentei que Abel estava prestes a enfrentar um julgamento que poderia custar sua vida e que, se eu propositalmente lhe fornecesse qualquer coisa menos que meus melhores esforços, seria eu quem mereceria o epíteto de "filho da puta".

Despedimo-nos tarde da noite, mas não houve como convencer o volúvel dissidente.

Quarta-feira, 11 de setembro

A discussão de terça-feira sobre a declaração juramentada ainda me incomodava, e convidei John Walsh, membro sênior de nosso escritório, para almoçar. Advogado experiente e íntegro, ele também era conhecido entre seus amigos como homem politicamente conservador que via o falecido senador Robert Taft como "liberal demais" em vários aspectos. Achei que era o homem ideal para conversar sobre questões de consciência.

Enquanto tomávamos café, contei a John meu dilema, mostrei a declaração juramentada de Abel, e disse que apreciaria sua opinião.

Ele leu cuidadosamente o esboço e disse:

— Se este é um resumo acurado da história de Abel, é seu dever apresentá-lo ao tribunal da melhor maneira que puder, ainda que, pessoalmente, não acredite em sua veracidade. Se falhar em apresentar essa questão ou deixar de empregar seus melhores esforços ao apresentá-la, deve ser banido da Associação dos Advogados. E seria assim que eu decidiria se fizesse parte do comitê de ética e o caso me fosse apresentado.

Essa opinião franca de um amigo confiável me deixou imensamente aliviado.

Quinta-feira, 12 de setembro

Nossa ação de busca e apreensão estava sendo apresentada como processo civil, independente do caso criminal, e, dado que a propriedade fora apreendida em Manhattan, acreditávamos precisar dar entrada na ação no Distrito Sul de Nova York. Abel seria julgado, é claro, no Distrito Leste, que inclui o Brooklyn, Staten Island e Long Island. Contudo, ao dar entrada em Manhattan, teríamos direito a apelação imediata se o tribunal distrital decidisse contra nós. Isso poderia evitar um julgamento. Se iniciássemos a ação no Brooklyn como parte do caso criminal, era improvável que pudéssemos apelar até que o júri desse seu veredicto e houvesse sentença. Tais considerações sobre os procedimentos são sempre importantes em litígios.

Para evitar qualquer possível sugestão de que, por meio de nossa petição, tentávamos "caluniar" o FBI, inseri no esboço final esta frase: "Do momento de minha prisão ao momento de meu indiciamento, nenhuma violência física jamais foi utilizada ou usada como ameaça." Então enviei meus colegas até a prisão, para fazer com que Abel assinasse a declaração. Ele se recusou.

— Da maneira como está escrita — falou — a declaração é falsa.

Então me contou sobre um dia longo e quente no Texas, quando um dos interrogadores, que ele identificara, tinha ficado exasperado e "perdera o controle". Abel disse que o agente o esbofeteara no rosto e que "o golpe jogou meus óculos no chão".

Eu e o coronel havíamos conversado por mais de dez horas, principalmente sobre o caso: sua prisão, seu traidor, sua conduta sob interrogatório, seu futuro, nossa defesa. Ele jamais mencionara o incidente no Texas e tenho certeza de que não tinha intenção de fazê-lo. Suponho que seu amor-próprio não lhe permitia se lamentar sobre um único tapa no rosto e, como soldado profissional a serviço de um governo totalitário, talvez esperasse receber um tratamento realmente duro. Além disso, por mais correto que tenha sido o comportamento de seus interrogadores durante a prisão, eles eram apenas humanos e aquele único tapa parecia trivial; em uma tarde quente no Texas, talvez ele o tivesse merecido.

Contudo, seu disciplinado respeito pela verdade absoluta ao relatar fatos era tal que ele não podia aprovar uma única declaração errônea. Eu aprenderia que essa dedicação pela acurácia era parte de seu caráter, bem como de sua profissão. Afinal, Abel ganhava a vida escrevendo relatórios, e sua recompensa dependia de sua precisão. Muitos meses depois, ele me escreveria da penitenciária de Atlanta, em uma carta sobre a necessidade de exatidão no trabalho de inteligência:

> Como advogado, sabe como é difícil obter um retrato verdadeiro a partir dos relatos feitos até pelas testemunhas oculares de uma ocorrência. Quão mais difícil é avaliar situações políticas, quando as fontes são seres humanos, com seus próprios passados e suas próprias opiniões colorindo inconscientemente seus relatos factuais!

Assim, a declaração foi devolvida sem assinatura. Fui até a prisão e argumentei, sem sucesso, que um único tapa não constituía "violência física". O coronel foi inflexível. Ele me forneceu a definição de violência dada pelo dicionário: "Força física exercida de maneira ilegal." Finalmente concordamos que a frase questionável seria omitida por não ser importante na ação de busca e apreensão.

Sexta-feira, 13 de setembro

Trabalhei o dia inteiro em documentos para apoiar nossa tentativa de suprimir as provas apreendidas no Hotel Latham e no estúdio da Fulton Street. Eles incluíam uma versão final e corrigida da declaração juramentada de Abel. No fim da tarde, o coronel a assinou, e ela foi autenticada por um oficial da prisão.

Eram quase 22h quando terminei, e corri para casa no Brooklyn, pulando o jantar porque agendara uma pequena e informal entrevista coletiva em meu apartamento. Falei com os seis repórteres presentes e expliquei cuidadosamente as moções que seriam iniciadas na manhã seguinte. Eles pareceram genuinamente interessados, especialmente em Abel. De forma extraoficial, perguntaram: "O que o motiva? Como ele é?" Também queriam cópias completas de nossos documentos. Recusei-me a fornecê-las até que fossem apresentados ao tribunal, mas prometi que uma cópia seria entregue na redação de cada jornal o mais cedo possível, no dia seguinte.

Sempre estivera claro que a posição de Abel, e agora sua história, deveria ser explicada integralmente ao público em geral. A promotoria informava à imprensa cada um de seus movimentos, e todas as revistas nacionais traziam matérias e muitas fotografias das "provas" do governo sobre a culpa do "mestre espião". Quando aquela petição crucial da defesa fosse apresentada, seu significado deveria ser compreendido tanto pelo público quanto pelos advogados. Não deveria parecer que estávamos fazendo uma petição desimportante, frívola ou com intenção de assédio — somente uma "manobra" para adiar o inevitável.

Servi drinques aos repórteres e respondi perguntas até bem depois da meia-noite.

Sábado, 14 de setembro

Pela manhã, Tom Debevoise protocolou nossa ação no tribunal federal de Manhattan, na Foley Square. Esperei-o do lado de fora, e fomos até as redações dos jornais; em cada uma, ele entregou um conjunto de documentos. Depois disso, tiramos algumas horas para um bom almoço — e para nos conhecermos um pouco melhor.

Domingo, 15 de setembro

Às 14h, "a defesa" se reuniu em meu escritório para planejar nossos próximos passos e fazer a autópsia dos jornais de domingo. Ficamos muito satisfeitos. A história estava na primeira página do *Times* e do *Herald Tribune*; com exceção das manchetes sensacionalistas (ABEL AFIRMA QUE ATO DO FBI FOI ILEGAL, ESPIÃO VERMELHO ACUSA FBI), o tratamento dado a ela pela imprensa foi, em nossa opinião, acurado e justo. Nossas declarações juramentadas foram extensamente citadas. Todos os jornais apresentavam a versão de Abel da batida, da prisão, do voo para o Texas e do interrogatório do FBI. Também comentavam que, se a defesa tivesse sucesso, a acusação seria desconsiderada.

Minha própria declaração juramentada, apoiando a narrativa de Abel, explicava que, antes de 21 de junho, o FBI já tinha informações confiáveis sobre um espião soviético chamado Abel, que se acreditava ter patente de coronel, e o mantivera sob vigilância secreta — provavelmente por um período considerável de tempo. O FBI também sabia que ele estava hospedado no quarto 839 do Hotel Latham, sob o nome Martin Collins. Observei que os agentes do FBI haviam sido os primeiros a "empurrar a porta" de seu quarto na manhã do dia 21.

A declaração continuava:

> De 21 de junho a 7 de agosto, Abel foi tratado pelo Departamento de Justiça, do ponto de vista legal, como estrangeiro ilegal nos Estados Unidos. Na verdade, contudo, é evidente que o departamento acreditava que ele cometera o crime capital de espionagem para a Rússia e esse era o principal interesse do governo.
>
> Nisso, indubitavelmente, foi considerado o interesse nacional. Qualquer pessoa familiarizada com a contraespionagem sabe que um agente inimigo desertor pode ter mais valor que um de nossos próprios agentes operacionais. Não somente há a oportunidade de nosso governo obter informações completas sobre o aparato

de espionagem do inimigo, mas também se podem obter especificidades, como nome e localização de outros agentes, quebra de códigos inimigos etc. Além disso, há a possibilidade de usar tal homem como "agente duplo", que, embora mantenha a aparência de ainda estar trabalhando para seus controladores, na realidade serve ao outro lado.

Contudo, a Constituição e as leis dos Estados Unidos são claras sobre os procedimentos que devem ser seguidos ao se prender um indivíduo e buscar e apreender propriedades em seu controle ou posse. Neste caso, por exemplo, não havendo indiciamento, o FBI, tendo razões para acreditar que um espião russo estava no quarto 839 do Hotel Latham, deveria ter obtido um mandado de prisão [...] que o acusasse de espionagem.

No caso de o homem ter sido preso no quarto 839, a lei é clara ao dizer que os agentes poderiam ter revistado o cômodo e apreendido qualquer coisa que pudesse ser considerada instrumento ou meio para cometer espionagem, o crime de que era acusado. O prisioneiro seria então levado perante o comissário ou juiz federal disponível mais próximo, "sem atrasos desnecessários", e teria direito a um advogado. Ele permaneceria em uma prisão federal. No caso de os agentes desejarem revistar o quarto 839 na ausência de seu ocupante, poderiam ter obtido um mandado de busca, seguindo procedimentos igualmente claros e precisos.

Em algum momento anterior a 21 de junho de 1957, o Departamento de Justiça, acreditando que Abel fosse um espião, teria de tomar uma decisão com relação a ele. O FBI possui a dupla função de agência de imposição da lei e braço de contraespionagem de nossas forças nacionais de inteligência. A decisão teria de ser a seguinte:

a) como agentes de imposição da lei, poderiam prender Abel sob acusação de espionagem, conduzir qualquer busca e apreensão legal e seguir todos os procedimentos estabelecidos pela Constituição e outras leis dos Estados Unidos; ou

b) como agentes de contraespionagem, cumprindo uma função de inteligência nacional, poderiam apreender Abel, esconder sua detenção de seus coconspiradores pelo máximo de tempo possível e, enquanto isso, tentar induzi-lo a passar para nosso lado.

A escolha entre esses dois cursos de ação foi feita. Embora, em retrospecto, ela poderia ter servido aos interesses dos Estados Unidos, não foi bem-sucedida. O governo, daí em diante, não pode fingir que tal escolha não foi feita ou tentar seguir o devido processo legal somente com palavras.

A Quarta Emenda é clara [...]. Os abusos anteriores à revolução e que levaram à adoção dessa emenda são bem conhecidos. Baseado nos fatos do caso, é crença de nosso deponente que a Quarta e a Quinta Emendas da Constituição, como interpretadas pela Suprema Corte dos Estados Unidos, foram violadas.

Abel é um estrangeiro acusado do crime capital de espionagem soviética. Pode parecer anômalo que nossas garantias constitucionais o protejam. Os incapazes de raciocínio podem ver a consciente aderência americana aos princípios da sociedade livre como um altruísmo tão escrupuloso que acabará resultando em autodestruição. Todavia, nossos princípios estão gravados na história e são a lei desta terra. Se o mundo livre não for fiel a seu próprio código moral, não restará uma sociedade pela qual os outros possam ansiar.

Pedimos que a audiência sobre a ação de busca e apreensão fosse realizada na semana seguinte, em 23 de setembro.

Exigindo nossa atenção imediata, contudo, havia as chamadas petições preliminares, a serem defendidas no dia seguinte no Brooklyn. Elas se relacionavam às importantíssimas questões da data do julgamento, da lista de testemunhas do governo (especialmente a testemunha chamada Häyhänen), dos possíveis jurados e de uma lista detalhada das acusações do indiciamento.

Passamos algumas horas discutindo essas questões e depois nos separamos. Cheguei a casa cedo e jantei peru assado com minha família. Era a primeira vez desde minha designação 27 dias antes, que ficávamos todos juntos. Senti-me pai e marido novamente. É claro que tive de responder a uma centena de perguntas, com John, de 12 anos, tendo dúvidas sérias sobre comunismo e lei criminal, e as garotas querendo saber se Abel realmente tinha família na Rússia.

Reunimo-nos em torno do piano após o jantar e, com todo o mundo participando, finalmente criamos a canção "Rudolf Ivanovich Abel", ao ritmo de "Rudolf, a rena do nariz vermelho". A canção ficou assim:

>Rudolf Ivanovich Abel
>Era um espião muito especial,
>E onde quer que os espiões se reunissem
>Eles diziam: "Que homem genial!"
>
>Então, em uma noite alarmante,
>Surgiu o FBI:
>"Rudolf, pegamos você em flagrante,
>Sabemos que é um espião arrogante!"
>
>Agora os dias de Rudolf terminaram,
>Mas todos os outros espiões concordaram
>Que os atos de Rudolf Ivanovich Abel
>Para a história entraram.

(Muitas semanas depois, em uma manhã de sábado, quando eu e meu filho John visitamos Abel na prisão da West Street, cantamos nossa cantiga para ele. Ele riu com a compreensão de um pai de família, mas mudou de assunto rapidamente.)

Depois que minha família foi se deitar, passei a noite atualizando meu diário, lendo sobre o caso e me preparando para o tribunal. Seria nosso primeiro mergulho no que eu tinha certeza que seriam águas judiciais muito geladas.

Segunda-feira, 16 de setembro

Às 10h30, comparecermos perante o juiz Byers no tribunal do Brooklyn. Sentamo-nos em frente a uma falange de advogados liderada pelo promotor-assistente Tompkins e incluindo Kevin T. Maroney, James J. Featherstone e Anthony R. Palermo, todos "membros especiais" do Departamento de Justiça trazidos de Washington para o caso de Abel.

Quando o coronel foi introduzido na sala de audiências, a maioria das cabeças se voltou para vê-lo. Ele parecia sóbrio e elegante em seu novo terno conservador. Rápida e silenciosamente, assumiu seu lugar e passou a prestar atenção ao anúncio do cronograma e aos poucos casos rotineiros de narcóticos que precederam o nosso. Foi praticamente o único a fazê-lo.

Quando fomos chamados, argumentei em primeiro lugar por uma data de julgamento mais realista. Originalmente, o julgamento teria de começar naquele dia. Observei que, embora desejássemos um julgamento rápido, precisávamos de tempo suficiente para preparar adequadamente a defesa. O juiz disse sucintamente que os advogados sempre querem mais tempo e que agendaria o julgamento para 26 de setembro. Ele me orientou a relatar nosso progresso naquela data. Isso seria dali a dez dias. Acreditávamos sinceramente precisar de um mês para a investigação e para a preparação.

Aparentemente, contudo, eu não era a única parte incomodada com a data do julgamento. Em uma discussão informal perante o juiz, Cornelius W. Wickersham Jr., o novo promotor em exercício (Leonard Moore fora designado para a posição de juiz no tribunal de apelação do segundo circuito), pressionou o juiz Byers por uma data definitiva. Ele explicou que queria poupar o governo federal de qualquer despesa desnecessária e não desejava chamar um grande painel de jurados a menos que estivesse certo de por quanto tempo serviriam. (Os jurados federais recebem a magnífica soma de seis dólares por dia.)

O juiz Byers ouviu Wickersham pacientemente. Então disse que, "durante sua longa e insignificante carreira", descobrira não possuir "o dom da profecia" e podia apenas prever o que aconteceria em um único dia. Ele sugeriu que o promotor retornasse no dia 26 de setembro, quando também ficaria sabendo das coisas. E acrescentou:

— Não quero ser incomodado pelos problemas financeiros do governo. Se precisa de mais dinheiro para seu caso, talvez possa pedir ao Departamento de Agricultura algum fundo excedente das fazendas.

Solicitei em seguida a lista de testemunhas da acusação e a de possíveis jurados. O número de testemunhas do governo ainda era um segredo legal, mas eu aleguei que, indubitavelmente, precisaríamos de um mês para conduzir uma investigação adequada de todos os nomes. Embora o governo fosse obrigado a fornecer a lista somente "no mínimo três dias" antes do julgamento em casos capitais, o juiz Byers ordenou que recebêssemos os nomes imediatamente.

Concordei com a solicitação do governo de que o nome e o endereço de uma das testemunhas (presumivelmente Häyhänen) fossem selados antes de ser entregues. Nossa solicitação foi negada, contudo, quando pedi uma fotografia dessa testemunha "secreta". O governo disse que providenciaria uma reunião com ele, mas que, por razões de "segurança", não podia fornecer a fotografia. Sem sucesso, argumentei que, se a testemunha servira ao serviço secreto de inteligência soviético, como afirmava a acusação, os russos obviamente tinham fotografias dele em seus arquivos. Que dano, então, poderia ser causado ao nos entregar uma, necessária para nossa investigação? Não cheguei a lugar nenhum.

Depois dos argumentos, conversei brevemente com Abel no banco dos réus, perguntando o que ele achara de minha declaração juramentada final. Ele disse que a achara excelente, mas criticou o parágrafo de conclusão, que terminava com a frase: "Se o mundo livre não for fiel a seu próprio código moral, não restará uma sociedade pela qual os outros possam ansiar."

— Emotivo demais — disse ele. De sua melhor maneira professoral, acrescentou: — Eu não esperaria que um pleito tão emocional fosse usado em uma questão legal dessa natureza.

— Rudolf — respondi —, ainda bem que não é advogado nos Estados Unidos. Se essa é sua ideia de como apresentar um caso, jamais ganharia um dólar.

Ele achou isso muito engraçado.

Não houve nada engraçado em minha conversa, alguns minutos depois, com o promotor Tompkins. Ele me abordou do lado de fora da sala de audiências para dizer que havia uma "nova linha de pensamento" no Departamento de Justiça com relação à possível punição a ser solicitada pela promotoria. Explicou que as opiniões estavam "divididas". Um lado sentia que seria mais interessante para o governo se Abel recebesse a prisão perpétua, na esperança de que algum dia resolvesse falar. O segundo grupo, contudo, acreditava firmemente que o governo devia solicitar a pena de morte — não apenas como elemento de dissuasão contra outros agentes soviéticos, mas também na esperança de que Abel "quebrasse" sob a pressão de enfrentar a cadeira elétrica. Todos os que revisavam as provas, informou ele, presumiam que a condenação seria rápida.

Eu disse a Tompkins que, naquele momento, estávamos focados na defesa de Abel e que, se nossos esforços fossem bem-sucedidos, qualquer sentença planejada por ele se tornaria acadêmica. Contudo, acrescentei que, se Abel fosse condenado, a decisão sobre a sentença a ser recomendada não deveria ser tomada apenas pelo Departamento de Justiça. Sugeri que o Departamento de Estado e a Agência Central de Inteligência, nossa força de inteligência ultramarina, fossem consultados.

— É possível — comentei — que a punição dada a Abel afete a maneira como os russos tratarão alguns de nossos próprios homens. Você deveria descobrir se a Rússia capturou algum agente secreto americano.

Também expressei a esperança de que nossas agências federais cooperassem mais harmoniosamente em nome do interesse nacional do que haviam feito durante meus anos no governo em Washington, durante a Segunda Guerra Mundial.

— Amém — disse Tompkins.

Quinta-feira, 19 de setembro

A promotoria, é claro, estava lutando contra nossa ação de busca e apreensão com todos os argumentos possíveis. Ela alegou que nossa ação deveria ter sido iniciada no Brooklyn — e não em Manhattan — e pediu que o tribunal do Distrito Sul recusasse a jurisdição. Tompkins argumentou que a questão deveria fazer parte do processo criminal. E disse, em uma declaração juramentada: "Isso permitirá uma administração judicial mais ordenada e evitará a possibilidade de que questões suscitadas pela petição sejam debatidas novamente durante o julgamento."

Se o tribunal decidisse em favor do governo e nossa questão fosse desconsiderada no Brooklyn, perderíamos qualquer chance de apelação imediata em caso de decisão negativa e teríamos de enfrentar o julgamento.

Pela manhã, a Associação dos Advogados do Brooklyn celebrou a antiga e colorida Missa Vermelha, marcando o advento do ano--novo judiciário. A missa, celebrada anualmente na St. Charles Borromeo, em Brooklyn Heights, é frequentada por grande número de não católicos, bem como por advogados de minha própria fé. Virtualmente toda a vizinhança judiciária e numerosos membros da associação do Brooklyn compareceram para rezar juntos pela administração adequada da justiça no ano que se iniciava.

Cheguei cedo e fiquei do lado de fora da igreja, antes de entrarmos. Fui reconfortado pelo fato de que, entre os vários amigos que falaram sobre o caso de Abel, vários fizeram questão de expressar sua satisfação profissional por "todos os passos adequados" estarem sendo tomados pela defesa.

O juiz aposentado da Suprema Corte Peter P. Smith, um adorável cavalheiro de mais de 80 anos, disse que estudara cuidadosamente os artigos publicados pelos jornais sobre nossa ação de busca e apreensão e achava que havíamos agido certo. Ele me disse que não ficasse aborrecido com os incidentes desagradáveis, dado que muitas pessoas "de outro modo inteligentes" eram hostis a advogados que defendiam causas impopulares. Comentou que entendia aquilo pelo que eu deveria estar passando porque, havia muito tempo, por designação do tribunal, defendera um criminoso notório em um caso muito divulgado.

— O homem — disse ele — era um arrombador de cofres. Assim como você, tentei suprimir a prova mais vital da promotoria. Venci. Impedi que apresentassem um lote inteiro de provas documentais, e o homem foi libertado.

"E quer saber? Eu era um jovem conselheiro do Bay Ridge Savings Bank na época. A maioria dos conselheiros seniores ficou sem falar comigo durante semanas. Eles me acusaram de frustrar a justiça, e alguns deles jamais superaram o ocorrido."

Contei ao juiz Smith que o único problema que eu tinha era ter de morder a língua, a fim de não perder a calma.

A tarde e a noite foram dedicadas à pesquisa e ao rascunho de memorandos sobre duas questões separadas a serem apresentadas na segunda-feira: 1) se nossa ação deveria permanecer no Distrito Sul; 2) se o governo violara os direitos constitucionais de Abel.

Sexta-feira, 20 de setembro

Passei quase duas horas com o coronel na Sede Federal de Detenção, revisando várias questões. Apresentei uma lista de minhas despesas, que ele aprovou após cuidadosa revisão. Então assinou uma carta ao juiz Abruzzo em que solicitava que eu fosse reembolsado com dinheiro de seus fundos apreendidos.

Em seguida, disse que, embora não quisesse que nenhuma despesa necessária a uma defesa apropriada deixasse de ser feita, apreciaria se lhe restasse algum dinheiro, pois precisaria dele se recebesse "uma sentença de dez ou quinze anos". Assenti com a cabeça, mas nada disse. Em vista de minha última conversa com Tompkins, o que eu poderia dizer?

Abel me perguntou se poderia ganhar dinheiro na prisão, e eu lhe assegurei que, em nosso sistema penal, ele poderia receber tudo de que precisasse para suas necessidades pessoais.

Ele contou que alguns de seus colegas prisioneiros haviam previsto a eventualidade de ele ser trocado por um agente americano em poder da Rússia. Mas negou com a cabeça.

— Duvido que isso aconteça — disse —, porque não acredito que meu pessoal tenha capturado alguém de minha patente pertencente a seu lado.

Quando me levantei para partir, encontramos o amável mas muito eficiente diretor Alex Krimsky na ala de detenção. Abel parecia bastante familiarizado com ele e imediatamente perguntou se havia como obter mais livros. E disse: "Para mim, diretor, a vida na cela é muito tediosa." O diretor respondeu que entendia isso e prometeu conseguir mais literatura. Eu disse a Abel, na frente do diretor, que achava que ele se interessaria pelo livro *Labyrinth*, sobre contraespionagem alemã em tempos de guerra, escrito por Schellenberg, do *staff* de Hitler.

— Schellenberg afirma — contei — que em certo momento da guerra os alemães capturaram mais de cinquenta transmissores de rádio pertencentes a agentes russos e os manipularam para fornecer informações militares errôneas à Rússia.

Krimsky riu alto, mas Abel rapidamente replicou:

— Ele disse quantos dos deles nós pegamos para fazer a mesma coisa?

Dizia-se que o coronel trabalhara no interior da Alemanha durante a Segunda Guerra Mundial.

Depois que Abel retornou para sua cela, perguntei a Krimsky, que se mostrara muito cortês, se podia enviar ao meu cliente uma cópia do livro de Schellenberg. Ele hesitou, dizendo que parecia um texto de espionagem, e disse haver uma regra do Gabinete das Prisões que proibia os internos de ler qualquer coisa que pudesse encorajá-los a retornar às atividades criminais em que haviam se engajado.

Foi minha vez de rir. Um oficial soviético com trinta anos de serviço na inteligência secreta, argumentei, não seria "desencaminhado" por nenhuma coisa que lesse. Ao mesmo tempo, as chances de reabilitar Abel eram praticamente nulas. Finalmente, persuadi o diretor de meu ponto de vista. Ele explicou que deveria chegar à prisão um exemplar novo, enviado diretamente pela editora. Então perguntou, com genuína curiosidade, se eu já tivera problemas de consciência por ser advogado de Abel, e acrescentou:

— Eu não conseguiria fazer isso.

Eu lhe disse que éramos todos diferentes e que minha consciência estava em paz. Ele deu de ombros.

Quando voltei ao escritório, Debevoise deixara um recado dizendo que o governo entregara a lista de testemunhas. Ela continha 69 nomes, com 32 sendo agentes do FBI. Häyhänen e o sargento do Exército Roy A. Rhodes também estava na lista.

Sábado, 21 de setembro

A defesa trabalhou o dia inteiro. Esbocei uma declaração juramentada suplementar para nossa ação de busca e apreensão. Eu encontrara o que parecia ser valioso suporte para nossa tese de que o FBI fizera buscas secretas com objetivos de contrainteligência, inadmissíveis no tribunal como provas, para além de suas atividades de imposição da lei em cumprimento estrito dos estatutos. Uma admissão de tais buscas "clandestinas" pelo FBI daria muito apoio à nossa alegação de que a Constituição fora violada.

Eu encontrara uma pepita particular na noite anterior, enquanto lia cuidadosamente o best-seller de Don Whitehead, *FBI Story* [*A história do FBI*]. Uma nota de rodapé do livro explicava que, além das investigações para descobrir "evidências legais admissíveis no tribunal", o FBI também conduzia as chamadas buscas "clandestinas", com objetivos de inteligência. Um exemplo desse tipo de trabalho, dizia o livro, era quando se tornava necessário ter acesso aos documentos de "um suspeito de ser agente de espionagem". Dado que a acurácia factual do livro era atestada no prefácio pelo próprio diretor do FBI, J. Edgar Hoover, as declarações possuíam uma aura de autenticidade.

O *Daily News* daquele dia trazia uma matéria sobre um jornaleiro do Brooklyn que encontrara um níquel oco "recheado" com um microfilme contendo uma mensagem codificada. Supostamente, isso dera ao FBI sua primeira pista para "destruir a rede de espionagem soviética que seria liderada por Rudolf Ivanovich Abel". Mas o menino, que agora já tinha 17 anos, encontrara a moeda quatro anos antes, e a matéria afirmava que a descoberta fora mantida em segredo enquanto "as autoridades locais e federais teciam uma trama cada vez mais apertada em torno de Abel". O jornaleiro seria uma das testemunhas do governo. Tomei nota para falar com o coronel a respeito, mas me pareceu que a promotoria também estava querendo tirar um pouco de publicidade dessa trama.

Domingo, 22 de setembro

Passei manhã e parte da tarde me preparando para a argumentação do dia seguinte no Distrito Sul. Trabalhei em casa e só saí da biblioteca para comer e me assegurar de que as crianças tinham feito os deveres. A sempre paciente Mary se esquivou dos visitantes casuais e de alguns amigos bem-intencionados que estavam vindo para Manhattan e queriam me afastar do caso "para meu próprio bem".

Segunda-feira, 23 de setembro

Pela manhã, defendemos nossas petições em Manhattan, perante o juiz distrital Sylvester J. Ryan, juiz-presidente daquele tribunal. Quando terminamos, ele graciosamente cumprimentou a defesa pelo volume de pesquisa legal que havíamos feito no pouco tempo disponível. Achei o cumprimento muito preocupante; quando um juiz o elogia, isso geralmente significa que você perdeu.

Depois de ordenar que um memorando adicional cobrindo um ponto legal técnico fosse submetido até quinta-feira, o juiz Ryan adiou a decisão sobre as duas petições.

Por minha sugestão, promotoria e defesa se reuniram às 15h30 no gabinete do juiz Byers, para discutir informalmente o futuro do caso. De nossa parte, explicamos ao juiz que trabalhávamos dia e noite e que, em nosso melhor julgamento, precisaríamos de um prazo até 1º de novembro para preparar nossa defesa adequadamente. De acordo com a promessa anterior do promotor Moore, a promotoria não objetou a tal adiamento.

O juiz Byers disse que não consentiria em tal "atraso nos procedimentos" e deu a entender que esperava que fôssemos a julgamento em 30 de setembro, dali a uma semana.

— Embora aprecie a diligência exercida pelos advogados de defesa — disse ele —, asseguro que posso decidir sobre suas petições preliminares muito rapidamente.

Então, de modo discursivo, o juiz expressou, de maneira franca e vigorosa, sua opinião sobre a tendência das decisões recentes da Suprema Corte, relacionadas tanto a comunistas quanto a criminosos comuns, observando que, em seu julgamento, "elas tornam quase impossível a aplicação da lei".

Deixamos seu gabinete muito preocupados. Contudo, mantive minha opinião original de que, embora o juiz fosse um homem de convicções ultraconservadoras, ouviria com muita imparcialidade todas as nossas alegações.

Terça-feira, 24 de setembro

Meus colegas me telefonaram logo cedo, furiosos como somente os advogados jovens conseguem ficar. Depois da sessão no gabinete no dia anterior, estavam convencidos de que o juiz Byers iniciaria o julgamento na segunda-feira e achavam que precisávamos fazer algo para impedi-lo. Eles acreditavam que, se fôssemos forçados a iniciar o julgamento sem estarmos completamente preparados, isso constituiria "erro reversível", e os tribunais de apelação ordenariam um novo julgamento. Nenhum de nós queria que isso acontecesse.

Sugeri que conversássemos com o juiz Abruzzo, que, ao nos designar para a defesa, nos dera essa cruz para carregar. O juiz dissera várias vezes que, se precisássemos de conselhos, deveríamos procurá-lo.

Sentamo-nos com ele às 16h30 e explicamos nosso dilema.

— Em nossa opinião — dissemos —, forçar-nos ao julgamento agora seria uma ação arbitrária do tribunal. Poderia ser uma violação do devido processo legal e, neste caso, seria um erro reversível. Francamente, um julgamento será mais que suficiente para todos os envolvidos; certamente não precisamos de dois.

O juiz Abruzzo disse que simpatizava conosco, mas havia "uma razão governamental muito importante" para que o caso fosse julgado o mais rápido possível. Se permitíssemos que o júri fosse escolhido, ele estava certo de que o tribunal nos daria um adiamento razoável. Acrescentou que não devia discutir a razão do governo para querer um julgamento imediato. (Muitos meses depois, soubemos que Häyhänen estava bebendo em excesso e tentara voltar atrás em sua promessa de testemunhar contra Abel. Sem seu depoimento, o governo não teria causa provável.)

— Se selecionarmos os jurados e então conseguirmos um adiamento — argumentei —, isso será altamente prejudicial para a defesa. Uma vez que o júri foi escolhido, o julgamento já começou. Haverá muita publicidade, e os jurados receberão razoável atenção pública. Não se pode escolher um júri e depois deixá-lo à solta nas vizinhanças do Brooklyn durante um mês.

O juiz disse que conversaria com o juiz Byers.

Quarta-feira, 25 de setembro

Nesse dia, a defesa contratou um investigador particular e o colocou no rastro de Reino Häyhänen, codinome Eugene Maki. Reuni-me com ele, e analisamos todas as áreas do caso que necessitariam de investigação. Enfatizei nosso profundo interesse em Häyhänen, sua carreira, seu passado sórdido e sua amiga beberrona. Baseado no que Abel me dissera, sugeri que o investigador começasse a procurar em Newark.

— Tudo que precisa fazer — expliquei — é encontrar um bar com um acordeonista polonês.

Eu disse ao investigador que esperava me encontrar com Häyhänen antes do fim da semana e seria capaz de fornecer um desenho do homem. Até lá, ele teria de trabalhar com a descrição física e o material fornecidos pelo coronel Abel.

Depois de me despedir do investigador, trabalhei em uma declaração juramentada detalhando o trabalho que havíamos feito até o momento e explicando tudo o que ainda precisávamos fazer. Eu esperava que esse catálogo de atividades convencesse qualquer tribunal de que o julgamento precisava ser adiado até 1º de novembro. Embora tal lista provavelmente fosse irritar o juiz Byers, havíamos concordado em que, em nome da justiça para com Abel, ela deveria ser feita. Era a única maneira de fazer com que nossa história entrasse nos autos oficiais do tribunal.

Nesse mesmo dia, os russos alegaram ter capturado um "mestre espião" americano que, segundo eles, fora treinado em "um centro de inteligência em uma fazenda perto de Washington". O correspondente do *New York Times* em Moscou relatou que o americano fora preso na Letônia, juntamente com um assistente letão. O Comitê de Segurança do Estado Soviético disse que o agente americano tinha equipamento completo de espionagem: armas de fogo, um radiotransmissor, dinheiro russo e maneiras de criar documentos falsos.

Não pude evitar sentir que a publicação de tal artigo na controlada imprensa soviética estava de certo modo ligada a meu cliente.

Quinta-feira, 26 de setembro

O juiz Byers agendou o início do julgamento de Abel para a quinta-feira seguinte. Ele nos ouviu em audiência pública e declarou que nosso pedido para um adiamento até 1º de novembro não era "razoável". De seu modo mais insolente, disse:

— Entendi que a defesa estava pressionando por um julgamento rápido. Dessa maneira, um painel de jurados foi chamado...

Quando expliquei que nossa petição para supressão ainda estava pendente perante o juiz Ryan e, desse modo, não podíamos iniciar o julgamento na semana seguinte, Tompkins disse que o juiz Ryan daria sua decisão no dia seguinte. O juiz Byers chamou todo o argumento da busca e apreensão de ponto menor do qual poderia "dispor rapidamente".

Abel foi trazido da Sede Federal de Detenção para a audiência e, como comentaram os jornais, seguiu os argumentos atentamente. Ele certamente era um bom ouvinte; podia-se ver que fazia isso profissionalmente.

Nós dois nos reunimos durante uma hora após a audiência e, juntos, revisamos as declarações juramentadas do governo em resposta à nossa petição de busca e apreensão. Abel leu sem comentários até chegar a uma declaração: "Além disso, o peticionante foi oralmente avisado, no momento de sua prisão, de que tinha direito a um advogado." Colocando o dedo sobre a linha, afirmou:

— Isso não é verdade. Ele jamais disse isso.

Também fiz com que o coronel lesse a lista de testemunhas do governo, e ele disse que Arlene Brown — o nome não nos era familiar — era irmã do sargento Roy Rhodes. Era a mulher para quem Häyhänen telefonara quando estivera no Colorado.

— O FBI sabe tudo a respeito de Rhodes — contou Abel. — Um dos agentes me disse isso durante o interrogatório no Texas. Ele disse que Rhodes confessara. Eles queriam me impressionar com todas as suas provas.

— Ficou impressionado? — perguntei, curioso.

— Isso importa? — respondeu ele.

Em seguida, nos voltamos para Häyhänen. Abel disse que quando eu inquirisse "o dedo-duro" — e ele parecia ansioso por esse momento — devia "explorar" todos os fatores que haviam levado à sua deserção: a bebida, a loura, os gastos excessivos e sua tendência a se encher de dívidas. Então me contou uma curiosa história para ilustrar que Häyhänen e dinheiro não conseguiam permanecer juntos.

Em julho de 1955, ele "viajara" (provavelmente para a Rússia, de licença) e deixara cinco mil dólares em dinheiro com Häyhänen. O dinheiro estava destinado a um uso específico, mas ele não revelou qual era. Quando retornara, Häyhänen dissera que cuidara do assunto, mas isso se revelara uma mentira.

— Häyhänen — contou Abel — provavelmente guardou o dinheiro para si mesmo.

Então eu o questionei sobre o artigo do *Daily News* sobre o jornaleiro e o níquel contendo um microfilme. Ele disse que não se lembrava de ter perdido tal níquel. Eu o conhecia bem o bastante para saber que, se tivesse perdido uma moeda oca contendo um microfilme, se lembraria.

Não contei a ele, mas, quando o artigo foi publicado, suspeitei que o governo o "vazara" para o *News* (2,4 milhões de leitores diários) em um esforço para encontrar testemunhas adicionais ligando outras moedas ocas e microfilmes a Abel e Häyhänen. Tompkins, contudo, não apenas o negou, mas disse achar que *nós* havíamos vazado a história.

De qualquer modo, Abel nada sabia sobre a moeda oca e não acreditava que o código do microfilme fosse seu. Explicou que cada agente tinha seu próprio código, e a única outra chave ficava em Moscou.

Aquele era o momento, pensei, de contar a meu autoconfiante cliente como a promotoria estava segura de obter uma condenação. Naquela manhã, um membro da acusação nos confidenciara que havia "novos desenvolvimentos importantes" e acrescentara, com um olhar significativo, que eles poderiam não precisar de qualquer uma das provas que alegávamos terem sido obtidas ilegalmente.

Contei isso a Abel, com uma explicação das graves consequências.

— Parece-me — disse — que eles possuem uma testemunha-surpresa que corroborará a história de Häyhänen; alguém cujo depoimento será difícil de anular durante a inquirição.

"Existe alguém, talvez um americano, que saiba sobre seu verdadeiro trabalho?"

Quando eu fizera perguntas semelhantes antes, o coronel sempre as dispensara com um gesto despreocupado. Mas, dessa vez, ficou agitado. Estava pálido, e suas mãos tremiam. Apagou o cigarro, que apenas chamava a atenção para seu nervosismo.

— Em seu próprio interesse — pressionei —, para que possamos lhe fornecer a melhor defesa possível, deve me contar.

Ele fingiu estar pensando, mas tive a impressão de que não estava buscando na memória, e sim determinando o que deveria me contar sobre tal pessoa.

— Acho que há apenas um homem que eles podem tentar envolver — disse, finalmente. — Seu nome é Alan Winston.

Winston, explicou o coronel, era um jovem pseudointelectual que supostamente estudava na Universidade de Nova York. Ele o descreveu como filho de um abastado fabricante de tecidos que se rebelara contra os pais e seu modo de vida "burguês", que considerava decadente. Contudo, concluí, ainda permitia que o sustentassem.

Abel disse que os dois haviam se conhecido certo dia no Central Park, quando ambos desenhavam. Eles tinham interesses comuns em arte, música e boa comida e rapidamente se tornaram amigos. Saíam juntos para ir a concertos, cinemas, museus e restaurantes. Com uma amiga de Winston, frequentemente jantavam na casa de seu jovem amigo no centro, com Abel escolhendo os vinhos e preparando receitas gourmet.

O coronel disse que, certa vez, tentara convencer esse jovem crítico do capitalismo a cooperar "para que todas as nações partilhem todo o conhecimento", mas Winston jamais lhe dera uma resposta firme. Sua reação inicial fora negativa. Aparentemente, Abel jamais o pressionara e não entrara em detalhes sobre seu próprio papel no aparato. Mesmo assim, confiava no rapaz e até pegara emprestado seu cofre para guardar 15 mil dólares em dinheiro.

Toda a vida do coronel, sua própria existência, fora construída sobre a rocha da autodisciplina e da autonegação. Mas uma vida assim é tão desesperadoramente solitária que, às vezes, é preciso se permitir o perigoso luxo de alguns poucos amigos cuidadosamente escolhidos. No caso de Abel, eles eram todos do mesmo tipo: jovens, artistas, e com outro traço em comum: não eram especialmente astutos quando se tratava de política prática e de assuntos internacionais.

Winston e dois outros jovens artistas, Burt Silverman e Dave Levine, encaixavam-se exatamente nas especificações do coronel. E, à sua própria maneira, Abel era um bom amigo mais velho: amável, atencioso e constante. Descobri um exemplo disso logo depois que me tornei seu advogado.

Depois que foi preso, ele escrevera a Levine enquanto estava no Texas, dando-lhe uma procuração para dispor de todos os seus bens no Brooklyn. Uma cópia desses documentos se tornou parte do julgamento. A carta dizia:

> Escrevo na esperança de que possa me ajudar a dispor de meus bens remanescentes. Não tenho desejos específicos, a não ser que você analise minhas pinturas e preserve as que forem dignas de ser mantidas, até que eu seja capaz (se é que algum dia o serei) de recuperá-las.
>
> Não tenho objeções a que você use qualquer material que ache útil para si mesmo ou para qualquer de meus amigos [...]. Se for possível vender alguma coisa, eu gostaria que ficasse com uma soma que possa pagar seu trabalho.

Abel não mencionou sua prisão ou sua localização, nem explicou a curiosa observação sobre recuperar as pinturas se fosse capaz. A procuração, contudo, fora feita em Hidalgo County, Texas. Jamais fora usada.

Quando Abel terminou de me contar sobre Winston e o relacionamento dos dois, eu lhe disse que não parecia haver nada em sua amizade que se provasse especialmente danoso para a defesa. Ele assegurou que o rapaz não conhecia sua verdadeira identidade e acreditava que ele era apenas um rebelde desencantado com a sociedade, vivendo em um ambiente estranho à sua filosofia.

Para mudar de assunto, perguntei sobre seu próprio passado e suas origens raciais. Ele respondeu: "Georgiano puro." Com óbvia satisfação, acrescentou que frequentemente fora aceito como judeu pelos judeus, alemão pelos alemães e polonês pelos poloneses. Era desnecessário dizer que também se passara por americano no Brooklyn.

— Isso é muito bom — comentei —, mas, para um irlandês-americano, você não se parece com alguém chamado "Martin Collins".

Isso o fez rir e voltar a ser ele mesmo, tendo deixado a perda de compostura anterior para trás. O coronel continuou a conversa, referindo-se com grande interesse ao artigo do jornal em Moscou sobre o "mestre espião" americano apreendido pelos russos. Explicou que poderia ser uma "sondagem", com vista a uma possível troca de prisioneiros, dado que anúncios dessa natureza eram muito incomuns em seu país.

Eu disse, com seriedade, que duvidava que isso fosse possível, dado que o artigo dizia que o "agente americano" era letão e fora preso assim que pisara na Letônia. Ele dificilmente poderia ser considerado valioso para alguém e não parecia ser uma troca justa para nosso governo.

Abel queria defender seu ponto de vista.

— Mas já não sou de grande valia para meu serviço — explicou. — Jamais poderei ser usado novamente fora de meu país.

— Pode ser — falei —, mas sua experiência o torna extremamente valioso no igualmente importante trabalho de avaliar as informações recebidas do exterior. Provavelmente liderará a seção norte-americana na sede quando voltar a Moscou.

Ele não discordou, mas ainda não terminara de argumentar. E disse, sorrindo:

— A experiência desse letão deveria torná-lo valioso para os Estados Unidos. Provavelmente seria muito útil para a CIA saber os erros que ele cometeu.

Fiz um gracejo final sobre o assunto e passei ao item seguinte da agenda. Eu o deixara deliberadamente para o fim. Queria saber se o coronel desejava se declarar culpado de alguma das acusações.

— Um meirinho — comecei — após observar o juiz Byers esta manhã e ouvir suas perguntas, disse-me estar convencido de que o juiz está procurando alguma indicação de que possa se declarar culpado.

Expliquei que se, por exemplo, ele quisesse se declarar culpado da segunda acusação, conspirar para reunir, mas não transmitir, informações, a punição máxima seria de dez anos. Caso se declarasse culpado da terceira, seriam cinco anos.

— E não estou certo de que isso constrangeria seu governo — falei. — Afinal, eles não admitiram nenhum conhecimento a seu respeito; não estão envolvidos. Poderia estar fazendo tudo isso por conta própria.

Falamos sobre o assunto por vários minutos, e Abel disse que queria pensar a respeito. Ele me lembrou da severa sentença dada a David Greenglass depois que ele se declarara culpado de espionar para os Rosenberg. Greenglass recebera uma pena de 15 anos; Julius e Ethel Rosenberg, seu cunhado e sua irmã, foram eletrocutados em 19 de junho de 1953, depois que seu depoimento ajudou a condená-los. Abel disse que os outros prisioneiros haviam lhe contado sobre a sombria vida de Greenglass na prisão; os outros prisioneiros tentavam cuspir e mesmo urinar em sua comida.

O coronel acrescentou rapidamente:

— É claro, um russo está em uma posição completamente diferente da de um americano. — Havia desdém em sua voz.

Despedimo-nos, concordando que ele pensaria seriamente sobre todos os aspectos da possibilidade de se declarar culpado de uma das acusações do indiciamento.

Sexta-feira, 27 de setembro

A promotoria telefonou para meu escritório e disse que providências haviam sido tomadas para que inspecionássemos as "provas apreendidas" na sede do FBI às 10h do dia seguinte. Nossa entrevista com Häyhänen seria às 14h do mesmo dia.

Francamente, eu ficaria surpreso se Häyhänen nos contasse algo útil durante a reunião. Mas precisávamos da entrevista para aprender algo sobre ele e fazer um desenho que ajudasse nosso investigador particular.

Sábado, 28 de setembro

Exatamente às 10h, entramos na sede do FBI em Nova York, na Rua 69 com a Terceira Avenida, e eu comentei com meus colegas sobre outra estranha ironia do caso do coronel Abel.

Em 13 de outubro de 1953, Abel armazenara ferramentas e instrumentos para os quais não tinha uso cotidiano no depósito Lincoln. Por coincidência, o prédio, depois de reformado, tornara--se a nova sede do FBI. Alguns dos materiais apreendidos pela agência federal sem dúvida já haviam estado armazenados naquele mesmo edifício, como inocente propriedade de um discreto pintor chamado Emil R. Goldfus.

As provas sob o atual teto do FBI eram formidáveis. Elas se espalhavam perante nós em uma sala comprida e bem-iluminada, como um bufê gigantesco, preenchendo 25 mesas. Uma descrição justa seria que incluía equipamento completo para uma importante operação de espionagem.

Os agentes do FBI foram muito educados. Não tivemos pressa e andamos de mesa em mesa e tocamos cada prova, inspecionando a etiqueta que a identificava. Os objetos pequenos estavam cuida-dosamente enrolados em celofane.

Em primeiro lugar, analisamos as provas mais incriminadoras. Elas incluíam: 1) parafusos, lápis e outros recipientes ocos — in-cluindo um pincel de barbear — que poderiam, é claro, conter mensagens microfilmadas; 2) cartas microfilmadas da esposa e da filha de Abel na Rússia e um cronograma microfilmado de futuras transmissões de rádio; 3) um bloco de marfim oco (que havíamos discutido alguns dias antes) que continha um jogo completo de tabelas de códigos em papel extremamente fino e de qualidade incomum, parecendo uma lâmina de prata muito delgada. Achei que o papel poderia ser rapidamente destruído por um agente capturado, sendo talvez mastigado e engolido.

Os parafusos ocos eram engenhosos. Do lado de fora, pareciam velhos e enferrujados. Ao girá-los, acontecia a mágica. Do lado de dentro, o latão era novo e estava em perfeitas condições, fazendo com que um simples e inocente parafuso se tornasse um recipiente à prova d'água para microfilmes.

A exibição também incluía um torno mecânico e uma grande variedade de ferramentas comuns, as quais indubitavelmente eram usadas para construir os parafusos e outros mecanismos. Abel também possuía um laboratório fotográfico completo, com produtos químicos e muitas câmeras caras. Era tão especializado, que podia reduzir as mensagens ao tamanho de uma cabeça de alfinete. Tais "micropontos", praticamente impossíveis de descobrir, haviam sido inventados pelos serviços de inteligência alemães durante a Segunda Guerra Mundial.

Havia uma mesa para sua biblioteca, que incluía um texto sobre as aplicações termonucleares da energia atômica, uma cópia da teoria da relatividade de Einstein (Abel lia Einstein do mesmo modo que algumas pessoas leem Erle Stanley Gardner: por diversão), vários livros sobre história da arte e textos matemáticos e estatísticos. Também havia pilhas de mapas, que pareciam ser mapas rodoviários comuns dos Estados Unidos, com certos locais circulados a lápis. Todas elas, contudo, eram importantes áreas de defesa nacional.

Entre os documentos variados, havia dois livretos bancários com depósitos e retiradas em 1954 e 1955; caixas de fósforos com anotações codificadas no lado de dentro; e uma com a patente, o número e o endereço de Alan Winston durante seu tempo no Exército. Além disso, uma mulher chamada Gladys enviara a Abel um cartão-postal com uma mensagem amigável em julho de 1954. Por alguma razão, ele o guardara.

Enquanto percorríamos o labirinto de evidências, iniciei uma conversa com um dos agentes do FBI. Ele era de Ticonderoga, Nova York, e, enquanto conversávamos, subitamente descobrimos que havíamos jogado beisebol semiprofissional um contra o outro havia alguns anos, quando eu era conselheiro de um acampamento para meninos perto de sua cidade natal. Após revisar a massa de provas condenatórias, a conversa foi um alívio.

Ao meio-dia, fomos almoçar e, em torno da mesa em uma confeitaria local, debatemos o peso cumulativo das provas do governo. Nenhuma delas era uma surpresa total; havíamos lido algo sobre elas nos jornais, víramos as declarações do governo, que incluíam listas de provas; e, é claro, Abel descrevera seus pertences. Mesmo assim, era diferente quando elas nos atingiam com *todo o seu* peso.

Disse a meus colegas, com tenso humor:

— Não acho que nosso cliente seja um bom caso para prisão indevida.

Ninguém sorriu.

Às 13h, retornamos à sede do FBI e nos encontramos com James Featherstone, um jovem membro do time da promotoria que havíamos visto várias vezes no tribunal. Ele nos conduziria à nossa entrevista com Häyhänen. Pediu que deixássemos nosso carro e fôssemos no dele; estava sozinho e dirigindo um veículo do Departamento de Justiça, com placas oficiais.

Atravessamos Manhattan e então nos dirigimos para o norte pela West Side Highway, às margens do rio Hudson. Eu me sentei na frente com Featherstone, mas ninguém falou muito. Ele dirigia com atenção e, às vezes, olhava pelo retrovisor. Provavelmente estávamos sendo seguidos por agentes do FBI.

Imaginei Abel e Häyhänen percorrendo essa mesma estrada em seu caminho para Poughkeepsie ou para Bear Mountain, ou para algum outro encontro.

Cruzamos a fronteira da cidade, entramos no condado de Westchester e logo chegamos à cidade de Elmsford. Viramos para oeste e seguimos placas em direção à ponte Tappan Zee, que atravessa o Hudson para ligar Tarrytown, na margem leste, a South Nyack, na margem oeste. Depois de percorrer uma curta distância nessa direção, saímos da rodovia e entramos no estacionamento do Muffin Man, um restaurante de beira de estrada.

— Se esperarem aqui — disse Featherstone —, voltarei em um instante. Só preciso dar um telefonema.

O governo estava sendo misterioso e supercauteloso, mas eu não estava surpreso. Não podia culpá-lo. Häyhänen era um homem marcado; a KGB certamente colocara um preço em sua cabeça, e ele era a testemunha-chave. Sem ele, o caso estaria arruinado.

Quando o jovem promotor retornou, disse que haveria uma espera de 15 minutos e sugeriu que tomássemos café no Muffin Man. Estava muito cheio; escolhemos uma mesa e pedimos nosso café enquanto Featherstone cuidava de seus assuntos. Vários homens, de terno e de chapéu cinza, falaram com o advogado do governo. Era bastante óbvio que os agentes do FBI haviam infiltrado o restaurante.

Depois de terminarmos nosso café, Featherstone veio à nossa mesa e anunciou:

— Podemos ir agora.

Nós o seguimos para fora, e, quando chegamos ao carro, havia outro sedã preto atrás dele. O carro era dirigido por um agente parrudo, que, a menos que eu tenha adivinhado errado, fizera carreira como jogador de futebol americano enquanto estava na faculdade.

O motorista era decididamente pouco comunicativo e não olhou para nós nem nos cumprimentou quando entramos no carro. Acelerou imediatamente na direção da ponte Tappan Zee. Antes de termos percorrido oitocentos metros, fez um retorno abrupto em uma estufa e tomou a direção contrária. Esse caminho nos levou diretamente de volta a nosso amigo Muffin Man. Corremos pelo estacionamento, e saímos pelo outro lado, entrando em uma estrada lateral que corria paralelamente à rodovia, na direção geral de Nova York. Passamos voando por um motel e, logo depois dele, entramos em um posto de gasolina. Antes que o frentista tivesse a chance de se aproximar, demos a volta e retornamos pela mesma rodovia. Evidentemente, íamos voltar novamente para o restaurante. Virando-me para o taciturno motorista, perguntei, o mais amavelmente que consegui:

— Estamos tentando enganar o faro do Muffin Man?

Não houve resposta. O jogador aposentado subitamente entrou com o carro no estacionamento de um motel. Saímos e fomos conduzidos até um quarto no segundo andar de um dos edifícios. A porta estava aberta e, do lado de dentro, andando de um lado para outro, estava o tenente-coronel Reino Häyhänen, codinome Maki. Eu o reconheci por meio da descrição de Abel. Do lado de fora, havia uma varanda na qual vários homens grandes, presumivelmente agentes especiais do FBI, permaneciam com uma espécie de "despreocupação" militar.

O quarto não apresentava sinais de ocupação, a não ser por uma televisão, que estava no volume máximo. Häyhänen devia estar assistindo à TV quando chegamos e não fez nenhuma menção de desligá-la ou se sentar. Estava claro que o quarto fora escolhido para a reunião, e ninguém ali, à exceção do time de defesa, esperava que ela durasse muito.

— Eu principal testemunha do governo — disse Häyhänen, rompendo o silêncio. — Vocês advogados de Mark e podem falar comigo. Mas eu tenho direito de não falar com vocês e eu não dizer nada até julgamento.

Sua fala obviamente fora ensaiada. Seu inglês era bastante claro, mas lento, com um pesado sotaque báltico. Pensei na impaciência profissional de Abel com seu subagente, por não passar mais tempo com americanos nativos.

Eu queria tempo para estudá-lo e, assim, ignorei seu pequeno discurso e comecei a fazer várias perguntas. A todas, ele respondia:

— Eu não falar até julgamento.

Abel disse que ele media 1, 72 m e pesava 80 quilos. O homem estava muito mais pesado, com mais de 100 quilos. Certamente tinha ao menos 35 anos, como Abel dissera, talvez até 45. Tinha olhos azuis pálidos e inquietos, e seus cabelos pretos, penteados para trás, estavam ficando ralos. Seus dentes eram muito brancos e regulares. Começava a dar sinais de calvície, e os cabelos foram escurecidos com tinta. Seu bigode e as sobrancelhas muito escuras também pareciam ter sido pintados. Ele era notavelmente parecido com o deposto rei do Egito, Faruk.

Seu corpo ficara flácido, mas indubitavelmente já fora poderoso. Ele tinha ombros largos e caídos, e mãos rijas e musculosas que tremeram durante todo o tempo em que estivemos lá. Era aparente que passava pelo inferno na terra, provavelmente auxiliado pela vodca, e não surpreendia que o governo estivesse ansioso pelo julgamento. Se eu fosse o promotor, certamente teria me preocupado com o fato de colocar aquele homem no banco de testemunhas, em audiência pública.

— Quando foi preso? — perguntei, e a pergunta o irritou.

— Nunca preso — respondeu. — Sou vigiado, mas nunca preso.

Ao fundo, o drama continuava no grande aparelho de TV. Um velho filme de gângsteres estava sendo reexibido, e, por uma estranha coincidência, um mafioso disse: "Posso ser um criminoso, mas tenho direito a um advogado." A porta do quarto permanecia aberta, e os fortes guardas patrulhavam do lado de fora.

A todas as perguntas sobre seu histórico como agente soviético, Häyhänen respondia:

— Por que não perguntar Mark? Ele sabe respostas melhor que eu.

Em outro momento, afirmou em voz alta, como se quisesse que os guardas ouvissem:

— Pergunte ao Mark, ele sabe. Ele recebeu mensagens de rádio a meu respeito. Sabe tudo sobre mim nestes últimos meses.

Como muitos antes dele, Häyhänen estava descobrindo que a vida da maioria dos "desertores" não deixa subitamente de ser um inferno. Quando cruzara a linha, seus velhos medos haviam sido substituídos por novos. Escapara de uma vida odiosa, mas também perdera sua família, seu país, seu passado. Abel e seus advogados designados pelo tribunal eram lembranças do que deixara para trás, as coisas que queria tirar da cabeça: culpa, dúvidas, medo. Eu conhecera muitos vira-casacas durante a Segunda Guerra Mundial. Acidentes, alcoolismo, os chamados colapsos nervosos e suicídios eram prevalecentes entre eles. Os únicos que sobreviviam bem eram os que haviam mudado de lado sinceramente, por motivos morais.

Häyhänen finalmente disse que seria melhor para ele e para o "procurador-geral" se não dissesse mais nada.

— Não falo mais. Você perde tempo aqui.

— Como quiser — concordei, e então, sorrindo, enquanto me preparava para ir embora, acrescentei: — Vejo-o no banco das testemunhas.

Häyhänen sorriu de volta, mostrando seus dentes muito brancos. Quando sorriu, *todo o seu* corpo pareceu relaxar, e, subitamente, pareceu mais jovem. Estava aliviado por encerrar a reunião.

Voltando para a cidade, fiz um desenho cuidadoso de seu rosto. Primeiro, o desenhei como parecia hoje; então, após esta versão, fiz outro desenho, removendo o bigode e fazendo com que seus cabelos e sobrancelhas parecessem mais claros.

A única marca em seu rosto era uma pequena cicatriz na bochecha direita. Por dentro, é claro, o homem era uma ferida aberta. Veríamos que espécie de testemunha ele seria para o governo.

Domingo e segunda-feira, 29 e 30 de setembro

No domingo, com a possibilidade de ser forçado ao julgamento na mesma semana, trabalhei no discurso de abertura aos jurados. Não foi fácil, pois a defesa obviamente não podia contar com os fatos. Após oito ou nove horas escrevendo e reescrevendo, o discurso ficou sucinto e sóbrio. Acima de tudo, o júri deveria ser lembrado de que a Rússia não estava em julgamento por seus crimes.

Enquanto isso, meus colegas trabalhavam nas perguntas a serem feitas ao painel de jurados. Nos tribunais de nosso estado, os advogados da defesa questionam diretamente os potenciais jurados, mas, no tribunal federal, o juiz tem o direito de fazer o questionamento. Os advogados, contudo, podem submeter perguntas antecipadamente, e o juiz Byers indicara que desejava seguir esse procedimento.

Estava trabalhando no escritório na tarde de segunda-feira, lutando com meu discurso de abertura, quando, para minha surpresa — e, tenho certeza, que a de nossa telefonista —, recebi um telefonema um pouco inesperado.

— Sr. Donovan, aqui é Rudolf — disse a voz.

— Que Rudolf? — perguntei.

— Rudolf Abel.

Achei que fosse algum amigo brincalhão, mas realmente se tratava do coronel ao telefone. Abel explicou que, assim como eu tinha o privilégio de telefonar para ele se avisasse ao diretor Krimsky com dez minutos de antecedência, ele podia fazer o mesmo. E disse que telefonara porque estava ansioso para me ver. Havia "novos pontos importantes" que desejava discutir comigo. Eu disse que o visitaria na prisão no dia seguinte.

No fim da tarde, nosso investigador particular entregou seu primeiro relatório, e este foi, de longe, o acontecimento mais significativo do dia. O relatório trazia o carimbo "Confidencial", continha dez páginas, e as únicas marcas de identificação eram as iniciais — "Para: JBD" e "De: FFZ."

Usando nossos dados básicos e meus desenhos amadorísticos, o investigador rastreara Häyhänen — ou Eugene Maki, como era localmente conhecido — até a Bergen Street, n. 806, Newark, em um dilapidado edifício de três andares. Häyhänen vivera nele entre 1955 e 1956. Respondera a um anúncio e assinara um contrato de aluguel de três anos em 29 de março de 1955. Havia cerca de um ano, ele e a "esposa" tinham se mudado súbita e discretamente, deixando para trás nada além de um contrato não cumprido.

O relatório de nosso homem descrevia a vizinhança da Bergen Street como "de classe baixa", explicando que era composta de pequenas lojas e prédios de apartamentos — em parte habitada por negros, em parte por brancos. A manutenção do edifício de Häyhänen era "ruim".

Havia dois bares locais, mas nenhum acordeonista polonês; talvez fosse um cigano e tivesse migrado. Häyhänen, de acordo com as informações da vizinhança, bebia em casa e em grande quantidade. Seus vizinhos, que o conheciam como figura ligeiramente misteriosa e pouco desejável na comunidade, haviam dito que bebia muito e emporcalhava os corredores de seu edifício com garrafas de cerveja e uísque. Naturalmente, atraíra atenção.

Eles o encontravam na barbearia Dave's, do outro lado da rua, na padaria do número 808, na Star Credit Company, onde ele pagara em dinheiro por um refrigerador elétrico, e na lavanderia ao lado de sua casa. Eis algumas das coisas que contaram ao investigador.

O homem bebia muito e todos os dias; ele e a esposa "bela e loura" brigavam com frequência e às vezes violentamente; ele batia nela; jamais trabalhara, mas sempre tinha dinheiro para uísque e também um carro; a polícia fora chamada várias vezes, mas nunca fizera nada. Ele não deixava ninguém entrar na casa e cobrira as janelas frontais com polidor de vidros, de modo que ninguém na calçada conseguisse ver o interior.

Seus vizinhos estavam inclinados a ignorar suas bebedeiras, mas eram amargurados a respeito da maneira como tratava a esposa, descrita por todos como mulher de beleza excepcional. Um homem, que dissera que jamais a trataria daquela maneira se ela fosse sua esposa, contara que Häyhänen batia nela "sem piedade".

— Os gritos vindos daquele lugar durante a noite eram terríveis — afirmava outro. — As pessoas estavam sempre chamando a polícia. Eu os chamei uma noite, mas eles não conseguiram entrar e, assim, não puderam fazer nada.

Um relato, contando como forçava a esposa a sofrer "indignidades", dizia que certa manhã ele comprara um pão e o partira em pedaços, que espalhara pelo chão da padaria. Então ordenara que a esposa os recolhesse de joelhos. Ela obedecera.

A esposa, de cerca de 35 anos e conhecida como "Hannah", não falava inglês, e isso pode explicar por que se submetia a tanto sofrimento físico, sem jamais pedir a ajuda dos vizinhos ou da polícia.

Em 24 de maio de 1956, ela aparentemente chegara ao limite. Às 8h30, alguém telefonara para a polícia, e o despachante do Sexto Distrito avisara sobre um "acidente" no número 806 da Bergen Street. O sargento Gavarny e o patrulheiro Kuehl investigaram o caso, e seu relatório dizia:

"Eugene Maki, 36, acidentalmente cortou a perna direita enquanto fazia as malas e perdeu sangue. Foi removido para o Martland Medical Center e tratado pelo dr. Kanther."

O sargento Gavarny contara a nosso investigador que encontrara Häyhänen, ou Maki, deitado na cama, com a perna enrolada em um curativo improvisado para estancar o sangramento. O corte era profundo e exigira três pontos. O oficial dissera que havia uma grande poça de sangue na parte da frente do apartamento, estendendo-se até o fundo. Havia um pouco de sangue nas paredes. Ele se lembrava de que a esposa ficara para trás quando a ambulância levara o homem para o hospital.

O policial aceitara a palavra de Häyhänen: ele estivera fazendo as malas, usando uma faca, e escorregara. Ninguém perguntara o que estava empacotando nem para onde ia, mas os oficiais se lembravam de ter visto algumas caixas de material fotográfico e notaram que havia pouca mobília no apartamento.

Os vizinhos de Häyhänen, contudo, achavam saber a resposta. E havia algo mais a seu respeito que os incomodava. "Em que ele está envolvido?", se perguntavam eles. "Por que mantém as janelas cobertas? Para que precisa daquele grande cachorro policial?"

Uma jovem que trabalhava na lavanderia alegou que, quando Häyhänen alugara o edifício, afirmara pretender abrir um estúdio fotográfico. Mas, depois de se mudar, tornara-se um recluso, juntamente com a desafortunada esposa.

Seu carro também chamava a atenção da vizinhança. Ficava na rua dia após dia, para então desaparecer durante várias semanas. Mesmo seu local de nascimento era um mistério. Ele dissera a um inspetor de ônibus, que trabalhava na esquina de seu apartamento, que era "de Illinois e Indiana".

O restante do relatório estava repleto de todas as pequenas informações que os investigadores usam para descrever um homem, avaliar sua posição na comunidade e dizer como vive: Häyhänen às vezes pagava o aluguel com cheque, tinha telefone, a esposa estava com ele na maior parte do tempo, o FBI recentemente estivera na vizinhança e falara com a polícia local, ele fizera o seguro do carro na Lincoln Mutual Casualty Company, na Washington Street, sua caixa de correio parecia ter sido quebrada.

As informações faziam parecer ridícula a ideia de que tal homem fosse um tenente-coronel da inteligência militar soviética engajado em importante trabalho secreto. Em uma profissão em que é necessário ser muito circunspecto, ele fizera tudo em seu poder para atrair atenção desfavorável. Não é de estranhar que Abel o tratasse como inferior e questionasse seu real objetivo no país.

Terça-feira, 1º de outubro

Eu e Abel conversamos por duas horas pela manhã. Ao chegar, ele carregava três folhas de argumentos legais, preparados por seus "advogados de cadeia". Eram os "novos pontos importantes" que mencionara em seu surpreendente telefonema. Várias das declarações eram suportadas por citações precisas de jurisprudência.

O documento dizia, por exemplo: "Podem dois crimes diferentes, 1) para coletar e obter e 2) para transmitir e obter, serem suportados por idênticos atos manifestos? Ver *Peterson versus Tribunal de Apelações, Alasca*, 297 F 1002. Dois crimes distintos e separados não podem ser alegados quando os dois são resultado dos mesmos atos e das mesmas omissões."

— Onde conseguiu isso? — perguntei. — Quem lhe deu esses pontos legais detalhados?

— Os outros prisioneiros — contou ele. — Os outros prisioneiros na segurança máxima. Eu disse que estava conseguindo boas informações.

Li o memorando cuidadosamente e considerei seus argumentos por vários minutos. O coronel talvez estivesse preparado para sair andando da Sede Federal de Detenção naquela tarde, quando, em função do memorando, eu apresentasse uma petição para sua liberação sob fiança.

Usando todo o tato que consegui reunir e com grande deliberação, comecei a explicar que com certeza eram bons pontos e que a equipe de defesa considerara cada um deles. Então expliquei nossas razões para não tirar vantagem deles.

Ponto: fazer uma petição forçando o governo a escolher a primeira ou a segunda acusação do indiciamento, porque as duas se baseavam nos mesmos atos manifestos.

Contraponto: acreditávamos que tal petição faria com que o governo escolhesse a primeira acusação, punível com a morte. Se as provas do governo se mostrassem débeis, esperávamos pedir ao júri a absolvição da primeira acusação. A segunda era punível com pena máxima de dez anos. De fato, dependeríamos do júri para fazer a escolha — e a escolha certa. Isso era melhor que remover antecipadamente a possibilidade de escolha.

Os outros dez pontos, todos documentados com jurisprudência, receberam similar tratamento analítico. Como sempre, Abel ouviu atenta e pacientemente. Quando terminei, ele disse que aceitaria nosso julgamento, que, como dissera várias vezes, lhe parecia justo e em que confiava implicitamente.

Contei de nossa reunião com Häyhänen no sábado anterior. Ele se inclinou à frente e colocou a mão em concha por trás da orelha direita. Era a posição em que ouvia melhor. Embora jamais tivesse me dito nada a respeito, algumas pessoas achavam que podia ter dificuldade para ouvir. Isso não parecia afetar sua habilidade de fornecer respostas rápidas e inteligentes, desde que quisesse responder.

Quando descrevi como Häyhänen tinha dificuldade para evitar que as mãos tremessem, ele disse:

— É a bebida. E a bebida tende a acentuar o medo. Todos os covardes bebem para esquecer seus medos.

Mostrei a ele meu desenho, e o coronel assentiu com a cabeça; mas então, gentilmente, sugeriu que eu aproximasse os olhos.

— Se os olhos dele fossem tão separados — falou —, encontrá-lo seria muito simples.

Abel contou que fora paciente com Häyhänen, esperando que seus métodos desajeitados começassem a dar resultado ou que sua imensa inadequação fosse parte de um projeto soviético mais tortuoso, destinado a levá-lo até o FBI como agente triplo. A fé de Abel na União Soviética e seu serviço de inteligência não lhe permitia acreditar que a KGB lhe enviara alguém tão perigoso e tão incompetente.

Revisamos as provas que o FBI exibira para a defesa na manhã de sábado. Abel negou ter qualquer instrumento que pudesse transmitir sinais poderosos de rádio. Disse que seu gerador de sinal era muito fraco para transmissões de longa distância, e eu tive de concordar quando afirmou que o risco de detecção seria grande demais se tentasse enviar mensagens da parte central do Brooklyn, a menos de dois quilômetros do estaleiro da Marinha.

Quanto ao cartão-postal enviado por "Gladys", o coronel explicou que era uma amiga, uma cantora negra; ele lhe emprestara dinheiro e fizera fotografias suas para serem usadas como publicidade nos clubes. Disse não acreditar que ela pudesse prestar um "depoimento relevante", pois o conhecia apenas como o fotógrafo Emil Goldfus.

Com sua costumeira meticulosidade, o FBI localizara e interrogara Gladys, e, depois, um membro da promotoria ficara deliciado ao me contar sobre a amiga de Rudolf, a quem ele não achara especialmente atraente nem digna de meu culto cliente.

Quarta-feira, 2 de outubro

Fizemos um apelo de última hora ao juiz Byers para adiar o julgamento até 1º de novembro, a fim de podermos nos preparar adequadamente.

— Meritíssimo — comecei —, a preparação adequada da defesa realmente exige tempo. Contudo, se acreditarmos que o julgamento pode começar com justiça antes de 1º de novembro, notificaremos o tribunal e a promotoria.

— Sr. Donovan, insisto em que o painel de jurados seja escolhido amanhã — respondeu o juiz. — Então, se a defesa precisar de mais tempo, concederei qualquer adiamento razoável.

O juiz era um homem muito consistente. Ele dissera o tempo todo que escolheria o júri em 3 de outubro e depois enviaria os jurados para casa, mas eu jamais me permitira acreditar que cumpriria a ameaça. Contudo, era um homem de palavra — e sua palavra, naquele momento, era lei.

Tompkins e eu almoçamos juntos. Concordamos que governo e defesa certamente podiam aceitar 15 de outubro como data razoável para a seleção do júri. Por minha sugestão, fizemos mais uma visita ao juiz Byers. Nós o encontramos em seu gabinete e pouco disposto a ceder.

Eu lhe disse que, naquelas circunstâncias e tendo em vista sua atitude:

— Sinto-me obrigado a me dirigir ao tribunal de apelações e, em uma sessão de emergência, pedir uma ordem contra a abertura do julgamento.

Ele pareceu surpreso.

— O tribunal de apelações? — perguntou. — Para adiar um julgamento?

Ele disse que esse curso de ação lhe parecia muito incomum, mas era minha prerrogativa. Repetiu suas garantias de que, se os jurados fossem escolhidos no dia seguinte, ele acataria minha solicitação de prazo adicional. Minha resposta, igualmente determinada e inflexível, foi de que não me parecia certo, em um caso capital de tal importância, selecionar os jurados e então permitir que continuassem com suas vidas e compromissos sociais no Brooklyn por dez dias ou mais.

Às 16h, a altamente incomum sessão de emergência foi iniciada perante o juiz-presidente J. Edward Lumbard, no tribunal de apelações, localizado no prédio do tribunal federal na Foley Square. A sala de audiências estava silenciosa, pois era tarde e éramos os únicos na comprida e bela câmara.

Havia pouco a dizer que já não tivesse sido repetido vezes sem conta. Tompkins disse que o governo estava pronto para o julgamento, mas não se opunha a um adiamento razoável.

Repeti nossa alegação de que, se fôssemos forçados a ir a julgamento no dia seguinte, isso significaria negar a Abel o devido processo legal, pois simplesmente não havíamos tido tempo de preparar adequadamente nosso caso. Falei dos extensos documentos que havíamos apresentado e do tempo que já passáramos no tribunal, e enfatizei a importância de nossa petição de busca e apreensão, que ainda não recebera decisão do juiz-presidente Ryan, do tribunal distrital.

Perto do fim da argumentação, um repórter passou uma mensagem para o promotor Tompkins, que interrompeu para informar ao tribunal que o juiz Ryan acabara de publicar sua decisão.

— À luz desse desenvolvimento — disse o juiz Lumbard —, acredito que toda a questão deve ser deixada para o juiz do julgamento. Confio que o juiz Byers lidará com ela de modo a não prejudicar os direitos do réu.

Corremos para fora do tribunal para saber os detalhes da decisão do juiz Ryan. Ela dizia que tínhamos razão em apresentar a ação em Nova York, onde as propriedades de Abel haviam sido apreendidas, e que ele a reconhecia como ação civil independente, separada do caso criminal. Em contrapartida, considerando todas as circunstâncias, acreditava que o exercício adequado de seus poderes exigia que negasse a ação, dando-nos permissão para apresentar petição similar ao Distrito Leste.

Nossa ação fora negada. Não havia tempo para apresentar uma nova ação civil no Brooklyn, e fomos forçados a admitir para nós mesmos que havia pouca esperança de reverter a decisão do juiz Ryan em um tribunal de apelação.

Enquanto isso, decidimos trabalhar naquela noite, por toda a noite se necessário, para planejar a posição da defesa no início do julgamento na manhã seguinte.

Discutimos o tipo de júri que queríamos. Lembrei meus colegas de que, naquele caso, "não importa quem se sente no banco, devemos assumir que começamos com ao menos duas derrotas". Contudo, havia problemas especiais apresentados aos que defendiam o coronel Abel.

No Brooklyn, a imensa maioria dos jurados em um painel federal tende a ser judia ou católica. Geralmente, ao defender qualquer caso capital, eu tentaria ter tantos jurados judeus quanto possível. Sua própria história de perseguição os leva a sentir uma simpatia básica pelo acusado. Além disso, seu senso histórico de necessidade de uma lei aplicável a todos os impele a libertar um homem, a menos que sua culpa seja provada para além de qualquer dúvida razoável.

Contudo, a cínica atitude recente da Rússia ao armar os árabes para uma provável agressão a Israel perturbara a grande e influente comunidade judia no Brooklyn. Nessas circunstâncias, logicamente haveria poucas pessoas de fé judaica sem um preconceito bastante inflamado contra qualquer representante do governo soviético. O risco era grande demais.

Quanto aos católicos, sentíamos que abordariam o caso com profunda condenação moral do comunismo e seus seguidores. Definitivamente precisávamos eliminar do júri os católicos extremistas que viam o procedimento como um julgamento do comunismo soviético e não de um réu individual, acusado de um crime específico sob as leis americanas.

Também concordamos que, quanto aos jurados negros, seus problemas raciais em anos recentes, especialmente desde a decisão sobre integração da Suprema Corte, em 1954, preenchiam tão completamente suas mentes e emoções que eles desejariam que todos os direitos constitucionais fossem garantidos a cada homem, por mais impopular que fosse.

Em geral, concluímos que deveríamos avaliar cada jurado potencial como cidadão americano individual, mas conseguir um júri tão inteligente quanto possível, dado que qualquer confusão tenderia a beneficiar a acusação. Isso era particularmente verdade porque nossa principal esperança era que o júri absolvesse Abel da primeira acusação (conspiração para *transmitir* informações, a única com pena de morte), mesmo que o condenasse pelas duas outras.

— Fizemos progressos — disse a meus colegas —, mas o que falei a Rudolf no primeiro dia ainda se aplica. Precisamos de um milagre para salvar sua vida.

Quinta-feira, 3 de outubro

É possível dirigir de nossa casa em Prospect Park West até o tribunal federal, que fica em frente a uma praça arborizada no centro do Brooklyn, em 15 minutos. Quando o tráfego está pesado na Flatbush Avenue e nas ruas laterais, pode-se levar uma hora. Nesse dia, levei meia hora e, ao entrar no velho tribunal, fiquei feliz por estar adiantado. Havia longas filas de curiosos do lado de fora da sala de audiências, que já estava lotada. Guardas ultrazelosos revistavam a todos em busca de armas, como se o julgamento fosse se dar por combate.

— Todos de pé.

Exatamente às 10h30, a porta atrás da mesa do juiz foi aberta por um meirinho de casaco azul, e a alta e ereta figura do juiz Byers caminhou até o estrado de madeira.

Antes que iniciássemos a seleção do júri, pedi ao juiz que nos autorizasse a transferir os documentos de busca e apreensão de Nova York, explicando que a decisão do juiz Ryan sugeria essa atitude. O juiz Byers concordou, dizendo:

— Este tribunal aceitará os documentos e analisará a ação como se tivesse sido originalmente apresentada no Distrito Leste. — Ele afirmou que anunciaria sua decisão mais tarde, explicando: — Quero estudar os documentos.

Então se voltou para o banco dos jurados, já preenchido pelos primeiros doze candidatos. Depois de fazer algumas perguntas preliminares, disse:

— Explicarei brevemente aos senhores de que se trata o caso. Não entrarei em grandes detalhes.

Fiquei imaginando quantas pessoas na sala de audiências lotada, especialmente no banco dos jurados, ainda não sabia do que se tratava o caso. Se realmente não soubessem, não tinham televisores, não liam jornais ou revistas e não conversavam com seus vizinhos no Brooklyn.

— O indiciamento acusa o réu Abel de ter tomado parte de três conspirações separadas — continuou o juiz. — Uma conspiração é um acordo entre duas ou mais pessoas e, a fim de ser punível, deve violar a lei. Às vezes, de modo geral e impreciso, é chamada de parceria. É um empreendimento comunal...

"Alguém aqui prefere não participar do júri de um caso criminal? Sente repulsa por esse tipo de dever? Algum dos senhores esteve, no passado, conectado a qualquer órgão governamental, federal, estadual ou municipal?"

Jurado n. 1 (erguendo a mão): Sou oficial da reserva do Exército.

Jurado n. 10: Há cerca de dez anos, fui funcionário do serviço postal em meio expediente.

Juiz Byers: Para os que prestaram serviços ao governo, esse fato cria em sua mente qualquer preconceito que possa interferir com sua habilidade de chegar a um veredicto justo e imparcial?

Jurado n. 1: Em meu caso, sim, senhor.

Juiz Byers: O senhor está dispensado.

O coronel Abel, vestido de modo elegante e conservador em seu terno cinza-escuro com gravata listrada e estreita da moda, estava sentado atrás de mim. De vez em quando, conversávamos. Um ou duas vezes ele ouviu algo que o fez sorrir. Os jornais o descreveram como "garboso", "completamente à vontade", e um afirmou que "exsudava confiança [...] rindo e conversando animadamente com seu advogado designado pelo tribunal".

O juiz Byers se dirigiu novamente ao painel de jurados e disse:

— O réu deste caso é Rudolf Ivanovich Abel. É assim que se pronuncia?

Abel: Sim, senhor. [Rudolf sorriu ao responder.]

Juiz Byers: Algum dos senhores o conhece?

[Não houve resposta.]

Juiz Byers: Algum dos senhores leu sobre ele? Os que leram sobre ele, ergam a mão. Números 1, 5, 6, 8, 9 e 11.

Seis dos doze candidatos, metade do banco, admitiram ter lido sobre o caso.

— O que leram — perguntou o juiz —, o que quer que tenha sido criou em suas mentes qualquer impressão relacionada à culpa ou à inocência do réu?

Jurado n. 6: Sim.

Juiz Byers: Número 6, o senhor formou uma impressão?

Jurado n. 6: Uma opinião.

Juiz Byers: E essa opinião não poderia mudar após tomar ciência das provas?

Jurado n. 6: Acredito que sim, senhor.

Juiz Byers: Trata-se de algo muito importante e precisarei confiar no senhor.

Deixe-me explicar que, em um caso criminal, supõe-se que o réu é inocente e essa presunção está ligada a ele do início do julgamento até que o júri retorne com o veredicto.

A fim de superar essa presunção de inocência, o ônus da prova pertence ao governo, que deve estabelecer a culpa para além da dúvida razoável. É este o caso aqui.

O senhor disse ter uma opinião. O senhor precisa me dizer se essa opinião se modificaria diante das provas ou se o senhor desistiria dela se o governo falhasse em provar seu caso pela necessária apresentação de provas.

Jurado n. 6: Acredito que, se as provas forem apresentadas em um ou outro sentido, serei capaz de distingui-los, mas ainda terei uma opinião.

Juiz Byers: É importante ter em mente que as provas que apoiam qualquer condenação devem ser fornecidas pelo governo e que isso deve estabelecer a culpa para além de qualquer dúvida razoável.

Se o governo falhar em apresentar tais provas, essa opinião que o senhor afirma ter impediria que realizasse seus deveres como jurado de modo justo e imparcial?

Jurado n. 6: Acredito que impediria, senhor.

Juiz Byers: O senhor está dispensado.

O meirinho chamou outro nome, e um homem se apresentou e assumiu o lugar número 6 no banco dos jurados. Enquanto a troca se realizava, o juiz perguntou aos outros candidatos que haviam admitido ter lido sobre o caso se haviam formado uma opinião. Eles disseram não ter opinião formada. Ele continuou a fazer perguntas rotineiras e mecânicas. Os jurados conheciam algum membro da promotoria? Algum membro da defesa? Algum de seus familiares trabalhava ou queria trabalhar para o governo? Eles conheciam algum juiz ou funcionário do tribunal?

Em seguida, perguntou:

— Os senhores seriam influenciados por cartas, telefonemas ou outras comunicações ameaçadoras que poderiam resultar de qualquer publicidade que possam receber por terem sido escolhidos como jurados deste caso?

A sala de audiências ficou perfeitamente silenciosa durante um momento. Nenhum dos jurados se mexeu em seguida à dramática pergunta. Então uma jurada ergueu a mão. O juiz acenou para ela.

— Uma cunhada está incluída na família? — perguntou ela. — Acabo de me lembrar de que tenho uma no governo.

O juiz respondeu, sorrindo:

— Essa é uma pergunta difícil. Algumas pessoas consideram suas cunhadas como parte da família, outras, não. Por favor, relate os fatos.

A mulher disse que a cunhada era assistente administrativa no FBI, mas ela acreditava poder servir sem preconceitos, a despeito dessa associação.

— Ouçam cuidadosamente esta pergunta — disse o juiz Byers. — Algum dos senhores possui algum membro da família residindo nos países que são descritos como atrás da Cortina de Ferro?

Ele leu os nomes dos países e então olhou para cada um dos jurados. Quando não houve resposta, continuou:

— Entendo, por seu silêncio, que nenhum dos senhores possui um membro da família que resida atualmente atrás da Cortina de Ferro.

Em seguida, falou da pena capital, perguntando:

— Algum dos senhores se opõe à pena de morte?

"Seu veredicto seria influenciado de alguma maneira pelo fato de que a pena de morte pode ser imposta ao réu se ele for considerado culpado da primeira acusação do indiciamento?"

Não houve resposta do banco dos jurados.

A nosso pedido, o juiz fez estas duas perguntas:

— Os senhores dariam grande peso ao depoimento de alguém se ele alegasse ser um ex-espião russo que agora auxilia o governo dos Estados Unidos?

"A recente guerra na Coreia ou a presente situação do mundo afeta sua habilidade de conceder a este réu um julgamento justo sobre a questão de ser ou não culpado das acusações do indiciamento?"

Agora, estávamos prontos para as perguntas que seriam a base das rejeições, peremptórias ou justificadas. Todas as perguntas, como decidira o juiz, seriam feitas por ele.

Quando, em certo momento, Fraiman se levantou e questionou diretamente um jurado, o juiz o interrompeu bruscamente:

— Eu farei as perguntas, como determinado ontem.

Também era óbvio que não dispensaria nenhum jurado, ao menos não sem resistir. Quando observei que o jurado número 12 era funcionário da Marinha e deveria ser dispensado, ele disse:

— Ele é um funcionário civil [...]. Não, não o dispensarei.

— A acusação envolve defesa nacional, Meritíssimo.

O juiz Byers repetiu:

— Ele é um funcionário civil. Não o dispensarei.

O juiz detestava dispensar jurados, e eles estavam igualmente relutantes em desistir de seu lugar no painel. Na maior parte do tempo, davam respostas calculadas de modo que não fossem rejeitados por nenhuma das partes. Ser um dos "jurados de Abel" seria o assunto da cerca dos fundos, dos jogos de buraco e da taberna do bairro. Também era melhor que ser parte do júri em um caso de roubo de veículo.

Uma mulher de cabelos brancos estava notável e suspeitamente determinada a se tornar membro do júri. Ela disse que jamais ouvira falar de Abel ou do caso contra ele. Nem mesmo tinha preconceito contra comunistas. Tentamos adivinhar seus motivos. Finalmente, por meio do juiz, perguntamos se tinha filhos.

— Tive apenas um filho, que foi morto em serviço, e uma filha — respondeu ela em voz baixa.

Não conseguindo ouvir a resposta, o juiz Byers perguntou:

— A senhora disse que tem um filho no serviço militar?

— Ele foi morto — repetiu a mulher. — Era piloto e foi morto pelos comunistas na Coreia.

Por nossa sugestão, o juiz perguntou:

— O fato de ter perdido seu filho da maneira como declarou teria algum efeito sobre seu julgamento deste caso?

Jurada n. 2 (enfaticamente): Não, não teria nenhum efeito.

A insistência em sua imparcialidade e sua incrível falta de conhecimento sobre Abel eram tão vigorosas, que a defesa concordou em que seria a primeira a ser rejeitada peremptoriamente, sem causa justificada. A pobre mulher via o julgamento como maneira de zerar o placar de sua vida. Eu sentia compaixão por ela e pela trágica morte do filho nas mãos dos vermelhos, mas um tribunal americano durante um julgamento capital não é lugar para emoções inflamadas.

Novos candidatos assumiram seus lugares no banco quando as rejeições foram anunciadas; o mesmo interrogatório foi repetido. Quando o juiz perguntou novamente sobre familiares no governo, um jurado disse:

— Minha mãe trabalha no serviço postal em Hoboken.

John T. Dublynn, de 36 anos, assumiu seu lugar como jurado n. 1; disse que trabalhava para o Departamento de Obras Públicas da cidade ("operação e manutenção de esgotos e da unidade de tratamento em Rockaway Park"); e, quando o juiz perguntou se lera sobre o réu, respondeu calmamente:

— Somente sobre ele ter sido preso ou algo assim.

Juiz Byers: Leu que seu caso seria julgado?
Sr. Dublynn: Não, somente que fora preso.
Juiz Byers: O senhor formou uma opinião?
Sr. Dublynn: Não.

O jurado se voltou para o outro lado da sala de audiências, a fim de dar sua primeira olhada de perto no mestre espião. O que viu o surpreendeu, e, meses depois do julgamento, disse a um repórter:

— Ele poderia estar caminhando pela rua e se passar por qualquer um.

Houve 32 dispensas e 8 outros jurados foram rejeitados. Às 15h15, após três horas e meia, o painel de doze jurados foi considerado satisfatório por ambos os lados. O júri fora escolhido rapidamente, sem nenhuma argumentação exaltada ou prolongada.

O sr. Dublynn foi nomeado primeiro jurado.

Em geral, nós da defesa concordamos que o júri era razoavelmente inteligente e que devíamos nos dar por satisfeitos. Mantínhamos os dedos cruzados em relação a dois jurados: o civil trabalhando no estaleiro da Marinha e uma certa sra. Kathryn McTague, cujo marido era médico civil na base do Exército no Brooklyn.

Depois do jantar, revisamos os acontecimentos, fizemos uma análise do júri e seguimos em frente. No dia seguinte, selecionaríamos quatro jurados suplentes.

Sexta-feira, 4 de outubro

Acordei cedo, após uma boa noite de sono, e fiz uma refeição **leve** com os jornais espalhados sobre a mesa. Mary novamente me acusou de conceder mais tempo a Abel que a nossa família. Tinha razão, é claro. Argumentei que ela não estava "em julgamento", mas que, no minuto em que fosse acusada de crime capital, eu imediatamente inverteria minha divisão de tempo. Ela me perguntou como faria isso se eu fosse a vítima do seu crime capital.

Um dos tabloides relatou que Häyhänen poderia não subir ao banco de testemunhas. "Fontes confiáveis" haviam dito que estava com medo de depor, temendo represálias contra sua mãe, contra seus dois irmãos e contra uma irmã que ainda viviam na Rússia.

Tompkins, de acordo com a matéria, se recusava a discutir sua principal testemunha.

A sessão no tribunal foi rápida e tranquila. Em trinta minutos, escolhemos quatro jurados suplentes: três homens e uma mulher. O juiz fez com que prestassem juramento e então concedeu à defesa um adiamento até segunda-feira, 14 de outubro. Antes de dispensar o júri, o instruiu a não falar com ninguém sobre o caso, "incluindo familiares ou qualquer outra pessoa".

— Se qualquer um tentar falar com os senhores sobre o caso, por favor relatem o fato ao tribunal.

"Também espero que evitem ler quaisquer comentários que possam ser publicados [...]. Seu dever, como jurados deste caso, é o de manter a mente aberta, e, a fim de poderem fazer isso, sugiro que nenhuma precaução com vista a esse objetivo seja omitida."

Como o governo apresentara três novas declarações juramentadas relacionadas à nossa petição de busca e apreensão e elas pareciam contradizer nossa versão sobre o que acontecera em 21 de junho, pedimos uma audiência formal com o juiz Byers. Ele nos pediu que retornássemos na terça-feira, quando ia "lidar com a situação como creio que se apresente". E acrescentou, bruscamente:

— Não aceitarei isso como razão adicional para adiar o julgamento.

Sábado, 5 de outubro

Tirei o dia de folga e, depois do almoço, joguei baralho no Montauk Club. Ed Quigley, gerente postal do Brooklyn, perguntou o que eu achara de "seu" tribunal. E explicou que, como aquele era basicamente o edifício do serviço postal americano, ele agia como proprietário. Respondi que não tínhamos uma sala para nos reunirmos, mantermos nossos arquivos etc. Ele deu um telefonema e retornou dizendo que, dali em diante, a defesa poderia usar sua sala de reuniões particular. Durante o restante do julgamento, contamos com sua cortesia, incluindo café fresco todos os dias.

Domingo, 6 de outubro

A defesa se reuniu à tarde em seu pequeno escritório no edifício da Associação dos Advogados do Brooklyn, na Remsen Street. Houve concordância geral quanto a que meu discurso de abertura aos jurados deveria ser breve, mas estávamos divididos sobre quão específico deveríamos ser com relação às provas que a promotoria poderia produzir. Por exemplo, deveríamos descrever o miserável passado de Häyhänen?

Poderíamos declarar que nem o júri nem eu mesmo sabíamos o que o governo tentaria provar, e que deveríamos esperar a apresentação das provas antes de tomarmos uma decisão final. Em contrapartida, uma vez que não tínhamos caso próprio e teríamos sucesso ou não com base em uma vigorosa inquirição, parecia-nos que o júri devia ser alertado sobre Häyhänen.

Concordamos em não chamar nenhuma testemunha. Havia pouco sentido em apresentar testemunhas de caráter, pois essas pessoas não conheciam o coronel Abel da KGB; conheciam um pintor pobre e gentil chamado Emil Goldfus, morador da Fulton Street, Brooklyn. Estava claro que não seria sensato colocar Abel no banco das testemunhas, mas eu dissera a ele que a decisão lhe cabia. Sugerira que esperasse até que o governo terminasse sua argumentação e então me dissesse o que queria fazer. Minha própria opinião é que seria tolice se submeter à inquirição.

Quanto a nossos respectivos papéis na sala de audiências e o melhor modo de trabalharmos em equipe, concordamos que eu faria os discursos de abertura e encerramento, além de inquirir as principais testemunhas, e meus dois colegas lidariam com as objeções técnicas às provas durante a apresentação da promotoria. Em outras palavras, enquanto eu estudava as testemunhas do governo e analisava possíveis linhas de inquirição, comparando seus depoimentos com as informações fornecidas por Abel, meus colegas seguiriam de perto os questionamentos e objetariam à maneira como as perguntas eram formuladas etc.

Nossa única preocupação era que o juiz Byers não nos permitisse realizar efetivamente essa operação conjunta.

Terça e quarta-feira, 8 e 9 de outubro

Com o julgamento a menos de uma semana, fomos ao tribunal na terça-feira de manhã e forçamos o governo a uma audiência para nossa ação de busca e apreensão. Em dois dias, questionamos quatro oficiais da Imigração e um agente do FBI, que participaram da batida no Hotel Latham. O registro dos depoimentos já chegava a 437 páginas.

Registramos o que os jornais estavam chamando de "reunião à meia-noite e encontro no início da manhã" entre o FBI e os investigadores da Imigração. Nosso objetivo era mostrar que, ao fazer a prisão, os oficiais da Imigração haviam sido peões do FBI. Além disso, tentamos estabelecer que a batida e a prisão, feitas sem os mandados criminais adequados, haviam sido um subterfúgio do FBI para apreender Abel e seus bens e manter o fato em segredo por tanto tempo quanto possível. Se o coronel tivesse "cooperado", teria sido um brilhante golpe de contra-espionagem. Quando a ousada manobra falhara, contudo, e o Departamento de Justiça decidira levar o caso a julgamento, ele esquecera — e queria que nós esquecêssemos — que violaria os direitos constitucionais de Abel se ele fosse julgado por um crime sob nossas leis.

Esta foi a história que montamos a partir do depoimento dos cinco agentes do governo:

Em algum momento da semana de 13 a 20 de junho, o oficial do Departamento do Estado que agia como ligação entre o FBI e o INS telefonara para o comissário adjunto de Imigração, Mario T. Noto, contara sobre um estrangeiro ilegal no país e acrescentara:

— O FBI está interessado devido a atividades de espionagem.

Noto disse que fora contatado pelo FBI na mesma semana e informado de que esse estrangeiro "tinha algum tipo de patente no aparato soviético de espionagem; a informação relacionada a sua verdadeira identidade fora estabelecida e ele não era de fato Emil Goldfus [como fingia ser], mas sim Rudolf Abel".

Em 20 de junho, testemunhara Noto, o INS decidira prender Abel em Nova York, onde o FBI soubera que estava operando, e iniciar os procedimentos de deportação. Por volta das 15h, Noto enviara os oficiais da Imigração Robert E. Schoenenberger e Lennox Kanzler para Nova York, a fim de prenderem Abel.

Os dois investigadores, carregando consigo um mandado de prisão sem assinatura e uma ordem de comparecimento ao tribunal, chegaram ao aeroporto de Newark às 22h30 e foram recebidos por dois homens do escritório do INS. Juntos, foram até o escritório local, e o diretor distrital John R. Murff assinou ordens administrativas que lhes concediam poderes para deter Abel. De lá, os quatro homens continuaram até a sede do FBI, onde, imediatamente após a meia-noite, planejaram uma batida matinal no Hotel Latham com "seis ou oito" agentes especiais. Eles dormiram nos escritórios do FBI.

Nossa alegação era que, na verdade, o FBI dirigira os movimentos do Serviço de Imigração. Schoenenberger, do banco de testemunhas, disse:

— Pedimos a eles [ao FBI] para nos mostrar onde estava o suspeito [...]. Eles pediram para ter o primeiro contato [...] para entrevistá-lo antes da prisão.

Às 6h30, os dois grupos de agentes federais partiram para o Hotel Latham. Outros agentes já estavam "de tocaia" no hotel, no mesmo corredor do coronel soviético, que, sem suspeitar de nada, dormia nu sobre as cobertas.

Edward J. Farley, investigador do escritório da Imigração em Nova York, contou sobre os agentes do FBI que encontrou.

    P. Havia aproximadamente seis agentes do FBI?

    R. Diria que esse era o número aproximado, senhor.

    P. Onde o senhor os encontrou?

    R. Eu os encontrei no corredor do oitavo andar e também no quarto ao lado do que Martin Collins estava hospedado, que era um quarto perto do hall.

    P. Entendemos que o sr. Collins estava no quarto 839 e o senhor disse ter encontrado esses agentes no corredor e no quarto ao lado do 839?

    R. Acho que era o quarto 841.

Nesse momento, Farley iniciou um joguinho, e estou certo de que acreditava estar fazendo piada à minha custa.

    P. O quarto estava desocupado?

    R. Estava ocupado, senhor.

    P. Ocupado por quem?

    R. Pelo FBI.

    P. Não havia hóspedes pagantes no quarto?

    R. Não, senhor. Não que eu saiba.

O juiz estava obviamente irritado com o fato de as audiências terem de durar dois dias e impaciente com nosso questionamento detalhado. Ele quis saber qual era "nossa teoria".

— O que tentamos demonstrar nesta audiência — expliquei — é que o homem era suspeito de dois crimes: entrada ilegal nos Estados Unidos e espionagem [...]. O processo legal ordinário de perseguição a uma pessoa suspeita de qualquer um desses dois crimes não foi atendido [...] o principal objetivo do Departamento de Justiça era manter todo o procedimento tão secreto quanto possível [...].

"O mandado civil que foi apresentado ao homem no momento de sua prisão foi emitido pelo Departamento de Justiça e não houve comparecimento perante um comissário ou juiz dos Estados Unidos [...]."

(O chamado mandado administrativo era simplesmente um formulário de dois parágrafos intitulado "Mandado para prisão de estrangeiro" e expedido "A qualquer oficial do Serviço de Imigração e Naturalização dos Estados Unidos". Em linguagem vaga e legalista, declarava que, aparentemente, o estrangeiro estava violando as leis de imigração.)

— A despeito do fato de haver suspeita de dois crimes, eles adotaram essas medidas extraordinárias a fim de servir ao objetivo dominante de contraespionagem do Departamento de Justiça [...] O mandado civil de prisão e esses oficiais de Imigração foram, com efeito, usados como peões [...].

"Que fique claro, Meritíssimo, que de modo algum dizemos que fazer isso foi repreensível. Nosso único ponto é que, tendo entrado nessa rota, a rota da contraespionagem, na qual tudo deve ser mantido tão secreto quanto possível [...] e, tendo feito a aposta no Texas por semanas e perdido, eles não podem voltar atrás nessa mesma rota, como se tivessem emitido um mandado criminal.

"Esse, em resumo, é o objetivo de nossa audiência hoje, porque acreditamos [...] que isso não foi conduzido no que a Suprema

Corte chama de 'boa-fé' e, consequentemente [...], a busca e a apreensão foram ilegais.

"Além disso, no caso de as provas do Hotel Latham serem desconsideradas, faremos uma petição para pedir anulação do indiciamento, pois foram apresentadas provas comprometidas ao grande júri."

O juiz disse:

— Obrigado por explicar seu ponto de vista. Eu ficaria muito relutante em dizer ao FBI como desempenhar suas funções. Acho que o trabalho do FBI é trazer à luz informações relacionadas a violações da lei e não acho que seja dever do tribunal dizer a eles como agir.

— Mesmo que mostremos — insisti — que agiram de uma maneira que viola a Constituição dos Estados Unidos?

— Não estou decidindo sobre a petição — disse o juiz Byers. — Estou apenas dizendo que a atitude que os senhores esperam do tribunal é demasiado extrema.

A audiência confirmou toda a história de Abel de como fora preso, revistado, levado ao Texas, mantido incomunicável por cinco dias e interrogado por três semanas. O fato era que o coronel e suas posses haviam desaparecido da face da Terra enquanto os agentes do FBI, em missão de contraespionagem, executavam seu plano.

Nossa grande dificuldade, é claro, é que o caso não envolvia um cidadão comum preso em casa. Envolvia o coronel Rudolf Ivanovich Abel, da inteligência secreta soviética. Mesmo assim, a questão legal era precisamente a mesma: seus direitos constitucionais não valiam menos que os meus.

No fim do segundo dia, o juiz Byers disse:

— Senhores, espero ter uma decisão amanhã. Se houver qualquer coisa que desejem que eu veja, deve estar em meu gabinete às 11h. Decisão adiada.

Quinta-feira, 10 de outubro

Nesse dia, o governo relatou ter descoberto que um agente do FBI era amigo de um parente da sra. McTague, a jurada número 5. Ela era a mulher cujo marido era médico da base do Exército. Dada a importância da informação, escrevi ao juiz Byers pedindo que fosse dispensada. Expliquei que, se tivéssemos sabido dos fatos durante o questionamento, nós a teríamos recusado.

Protocolamos a que deveria ser nossa última declaração juramentada sobre a petição para suprimir as provas do Hotel Latham; ela foi baseada em um artigo do *Herald Tribune* publicado antes que assumíssemos o caso, mas que acabara de ser trazido a nossa atenção. O artigo confirmava o que havíamos dito sobre a prisão de Abel e citava o tenente-general Joseph M. Swing, comissário da Imigração, que dissera:

— Estávamos conscientes de quem ele [Abel] era ao pegá-lo. Nossa ideia, na época, era detê-lo pelo tempo que pudéssemos [...] e, é claro, o detivemos na esperança de que fossem reunidas provas suficientes para indiciá-lo.

O artigo explicava que o comissário "indicara" que Abel não teria sido preso se nossa "contrainteligência" não tivesse solicitado; por fim, fora preso quando "vários órgãos governamentais" pediram que o fosse.

E continuava:

"Provavelmente, os oficiais da Imigração foram chamados em um estratagema para prender Abel da forma mais discreta possível [...]. Os órgãos [provavelmente o FBI e a CIA] seguiam Abel havia um ano e indubitavelmente sabiam se pretendia ou não fugir do país. Elas podem ter querido uma chance de revistar cuidadosamente suas posses sem revelar suas intenções."

Sexta-feira, 11 de outubro

O juiz Byers negou nossa petição de busca e apreensão. Em uma decisão de 12 páginas, disse que não via razão para que dois braços do governo dos Estados Unidos não cooperassem em um caso daquela natureza.

— Não está aparente para este tribunal — disse ele — que exista qualquer coisa a ser criticada no procedimento. A lealdade primeira do Departamento de Justiça é aos Estados Unidos, e não me parece que um estrangeiro ilegalmente no país tenha sofrido qualquer privação de seus direitos constitucionais em nenhum aspecto.

Ele decidiu que os artigos apreendidos — as falsas certidões de nascimento, os registros bancários e outros documentos — eram "instrumentalidades" usadas por Abel para continuar sua residência ilegal em nosso país.

A decisão, ao menos, era simples e lúcida. Também achávamos que estava errada. Contudo, eu concluíra na semana anterior, e informara a Abel, que nossa melhor chance de sucesso sobre essa questão legal estava nos tribunais de apelação, e não no plano de julgamento.

Sábado, 12 de outubro

Cedi às crescentes demandas de minha família e tirei o dia de folga. Como disse sucintamente minha filha de 8 anos Mary Ellen, uma grande frasista: "Já não era sem tempo. Lembre-se de que pode ser substituído." Pegamos a balsa para Staten Island e passamos o dia com Ed Gross e sua família em sua nova residência, uma casa branca em Emerson Hill com vista para Narrows e o porto de Nova York. Assamos filés na churrasqueira e relaxamos usando camisas esportivas.

— Como o julgamento está prestes a começar — comentei com Ed — é justo passarmos o dia com você. Afinal, foi seu telefonema o que não apenas interrompeu nossas férias no lago Placid, mas também me colocou nessa designação.

Por volta das 16h, telefonei para Abel na Sede Federal de Detenção e o atualizei. Contei da declaração juramentada citando o comissário Swing, à qual o juiz Byers dera tão pouca importância, e do jurado que havíamos pedido para dispensar.

Mantínhamos Rudolf informado sobre cada passo que poderíamos dar. Ele gostava disso e, como se poderia esperar, estava muito interessado em todos os desenvolvimentos. Quando perguntei se precisava de algo, disse que havia se resignado a sua "presente situação", mas, ocasionalmente, gostaria de "um bom filé". Lembrei ao coronel o provérbio sírio que diz: "Eu não tinha sapatos e estava triste, mas então conheci um homem que não tinha pés." Ele disse abruptamente:

— Agora não é hora de citar provérbios.

Eu lhe dei a boa notícia de que Tom Debevoise passara no exame da Associação dos Advogados de Vermont. Ele pareceu genuinamente satisfeito e me pediu que lhe desse os parabéns.

Quando voltei para casa, à noite, encontrei uma carta de um advogado londrino altamente conceituado, chamado Sir Edwin Herbert, na qual falava de minha designação para defender Abel. Eu escrevera a Sir Edwin de modo confidencial para saber como um caso de espionagem seria julgado na Inglaterra, de onde derivara a lei americana.

Sir Edwin disse que não havia pena capital na Inglaterra para espionagem de agente estrangeiro em tempos de paz. Até 1868, a espionagem nem mesmo fora crime. Também informou que, de modo geral, os tribunais ingleses lidavam menos severamente com um estrangeiro espionando para seu próprio país do que com um súdito inglês traindo a Coroa.

Domingo, 13 de outubro

O dia começou mal. No fim da manhã, um cliente presunçoso —
ou talvez, a essa altura, eu deva dizer ex-cliente — telefonou e,
com grande espirituosidade, desejou-me "sinceramente má sorte"
no julgamento do dia seguinte. Minha conclusão foi de que ele
passara a manhã na companhia do uísque.

A maioria de nossos clientes mais valiosos deixara claro que
via a designação do tribunal como um gracioso tributo de meus
colegas advogados. Lorde Middleton, presidente do Yorkshire Insurance Group, na Inglaterra, escrevera uma nota gentil para me
congratular por ter sido "solicitado para a defesa de Abel". Para ele,
um grande cavalheiro, a tradição da *common law* estabelecia que
ser "solicitado" para uma causa importante, ainda que impopular,
era uma grande honra.

Era óbvio, pela correspondência com outros amigos britânicos,
que um advogado em suas ilhas correria pouco risco de desfavor
público ao assumir uma defesa impopular, fosse por vontade
própria ou por designação do tribunal. Isso provavelmente se
devia em grande parte à distinção que fazem entre *barristers*, que
acompanham os casos no tribunal, e *solicitors*, que normalmente
são advogados de escritório. Pelos costumes ingleses, alguns
barristers sequer conhecem seus clientes antes do julgamento. O
público não associa um advogado às opiniões do acusado que ele
pode defender. É um sistema sensato.

Segunda-feira, 14 de outubro

A manhã em nosso apartamento chegou cedo, trazendo um senso
de inadequação. Houvera muito pouco tempo para me preparar.

Tribunal Distrital dos Estados Unidos Distrito Leste de Nova York

ESTADOS UNIDOS DA AMÉRICA

vs.

RUDOLF IVANOVICH ABEL,
também conhecido como "Mark",
Martin Collins, Emil R. Goldfus
et al.

Processo criminal n. 45094

JULGAMENTO

Tʀɪʙᴜɴᴀʟ ᴅᴏs Esᴛᴀᴅᴏs Uɴɪᴅᴏs
Distrito Leste de Nova York,
Brooklyn, Nova York,
Segunda-feira, 14 de outubro de 1957

PRESIDINDO: Mortimer W. Byers, juiz distrital

PELO GOVERNO: William F. Tompkins, *procurador-geral assistente, Washington, D.C.;* (Cornelius W. Wickersham Jr., *promotor, Distrito Leste de Nova York*; Kevin T. Maroney, Anthony R. Palermo, James T. Featherstone, *promotores, Departamento de Justiça, Washington, D.C.*)

PELA DEFESA: James B. Donovan, *Brooklyn, NY;* (*assistentes:* Arnold G. Fraiman, *Nova York*; Thomas M. Debevoise II, *Woodstock, VT*).

Preparar-se é a única maneira de enfrentar um teste difícil, seja um julgamento, uma corrida, uma luta, uma apresentação na Broadway ou a morte. Você pode fingir preparo, apoiando-se na experiência e na bravata. Mas, sem dedicação extrema a um grande evento, você sabe, no íntimo, que não está realmente pronto.

Durante quatro meses, o Departamento de Justiça preparara extensamente a acusação de Abel. Cada testemunha potencial fora infinitamente questionada, inquirida e então questionada novamente pelos promotores, em busca dos pontos fortes e fracos de seu possível depoimento. Cada documento fora examinado por especialistas. As táticas do julgamento haviam sido analisadas; planos haviam sido feitos e então descartados por outros melhores. Memorandos legais haviam sido esboçados sobre o caso e os procedimentos.

Para os objetivos do julgamento, os argumentos do governo também eram os nossos. Estritamente falando, não havia como realizar uma defesa. Abel não podia subir ao banco das testemunhas e enfrentar inquirição, e a natureza das acusações impedia que tivéssemos testemunhas ou documentos para auxiliar a argumentação. Ao mesmo tempo, as medidas em nosso benefício haviam sido ou sumariamente rejeitadas ou reduzidas ao mínimo possível pelo juiz Byers. Nossa investigação independente dos fatos fora incompleta e não houvera tempo para a pesquisa dos pontos legais que qualquer bom escritório desejaria.

Naquela manhã, a segunda xícara de café foi benéfica. Afinal, raciocinei, tudo pode acontecer durante um julgamento. Talvez Häyhänen se recusasse a depor; talvez Rhodes alegasse autoincriminação; talvez o julgamento fosse anulado com base em qualquer um de nossos vinte argumentos. Talvez. Enquanto isso, sempre tínhamos nossa petição de busca e apreensão para a apelação. Não se tratava apenas de uma tecnicalidade. Era uma questão que perturbaria qualquer estudante da lei constitucional.

Podíamos apenas fazer nosso melhor. Além disso, havia a deliciosa expectativa por uma boa briga.

Era um dia muito quente. O ar estava parado no velho tribunal do Distrito Leste, construído em 1889. Suas torres góticas encaravam o número 252 da Fulton Street, onde Abel pintara seu quadro mais bem-sucedido, o de um discreto artista que vive de parcas economias.

Quando cheguei à sala de audiências do juiz Byers, no terceiro andar, uma multidão aguardava do lado de fora. Nos dias de grandes oradores como Clarence Darrow, os julgamentos populares duravam semanas em tribunais lotados. Atualmente, contudo, é raro ver mais que um punhado de espectadores em um tribunal de Nova York, a menos que se trate de um criminoso importante ou de um julgamento de homicídio atípico.

Os advogados já não possuem seguidores pessoais, e o respeito público pelo papel de um advogado de defesa é deploravelmente baixo em nosso país. Alguns tribunais criminais em Nova York possuem frequentadores regulares, funcionários públicos aposentados e pensionistas com maior entendimento da lei. Todos com tempo livre nas mãos. Suas contrapartes femininas se sentam nas plateias de programas de televisão cinco manhãs por semana.

Como a maioria dos advogados civis, eu me acostumara a argumentar perante um punhado de colegas, mas não fiquei surpreso ao ver a sala de audiências lotada naquela manhã. Relatos da prisão de Abel haviam sido publicados em jornais de Tóquio a Johannesburgo, e, agora, essa mesma atenção mundial estava focada no julgamento americano. Somente a imprensa soviética escolhera ignorar o coronel e suas dificuldades. "Deus é testemunha", dissera Kruschev, "de que não temos espiões."

Do lado de fora da sala de audiências e também em seu interior, em locais de onde pudessem observar a plateia, havia delegados do Departamento de Justiça. Escudos de metal estavam presos em seu bolso de lapela, identificando-os como oficiais armados do governo. Uma delegação de agentes do FBI estava sentada em meio à multidão.

Na sala de audiências, havia um inconfundível ar de tensão. A tensão faz parte de qualquer julgamento. Um advogado aprende a viver com ela, controlá-la e fazer com que trabalhe para ele. Mas não é a mesma para pessoas diferentes ou em situações distintas. Há tensão em tempos de guerra, entre os rounds de uma luta e em uma sala de reuniões enquanto diretores se amontoam em torno da mesa para criar estratégias corporativas a fim de destruir um competidor. Estava claro para mim que o julgamento de Abel teria uma tensão especial.

Parecendo recém-barbeado e banhado em seu terno de banqueiro, Abel foi conduzido até seu lugar atrás de nós, na mesa da defesa. O júri veio em seguida e, finalmente, com o cenário montado, surgiu o juiz Byers, o idoso conservador de cabelos brancos. Todos se levantaram ao estentóreo chamado do meirinho, e o juiz se sentou silenciosamente em seu trono de couro de encosto alto. Vinte e oito anos antes, o presidente Hoover indicara Mortimer Byers para o tribunal federal, e ele se dedicara ao cargo durante toda a vida.

O juiz olhou por sobre os óculos.

— Ambos os lados estão prontos?

— O governo está pronto — respondeu o procurador-geral assistente Tompkins.

— A defesa está pronta, Meritíssimo.

Discretamente, o drama começara.

— Há uma pequena questão a ser decidida antes de começarmos — disse o juiz. Ele explicou ao júri que o governo soubera que um agente do FBI e a filha da jurada número 5 eram amigos. — Por favor, entenda — explicou à jurada — que não há nenhuma questão de qualificação envolvida. Assim, a senhora será dispensada e o jurado suplente número 1 assumirá seu lugar.

A jurada número 5 disse:

— Muito obrigada.

Tompkins se levantou para fazer seu discurso de abertura. Ele era um homem pequeno de cabelos escuros, mas, aos 44 anos, tinha uma impressionante carreira de serviço público atrás de si. Fora promotor militar de crimes de guerra em Singapura no fim da Segunda Guerra Mundial e então servira por um ano como promotor em Nova Jersey, o estado em que morava. Sob sua direção, a divisão de Segurança Interna do Departamento de Justiça participara de casos que haviam resultado em mais de cem indiciamentos.

— Senhoras e senhores jurados [...], é nosso dever apresentar as provas que foram reunidas pelos órgãos investigativos do governo e provar a verdade das acusações levadas ao grande júri [...].

"Eu e meus colegas estamos conscientes de nossa obrigação de representar o governo e o povo dos Estados Unidos e de proteger os direitos dos réus individuais, assim como os de todos os cidadãos americanos, ao proceder diligentemente contra os que transgridam nossas leis e talvez tenham se dedicado à destruição de nosso país.

"Quero deixar algo muito claro. O interesse do governo não é vencer o caso, mas fazer justiça. Em outras palavras, não queremos que nenhum inocente sofra e que nenhum culpado escape. De acordo com isso, garanto aos senhores, em meu nome e em nome de meus colegas, que nos conduziremos de modo a garantir que o réu receba um julgamento justo."

À direita do juiz, o júri e os jurados suplentes se sentavam em cadeiras giratórias de madeira, com encostos curvos e apoios para os braços. O relógio acima de suas cabeças marcava silenciosamente a passagem do tempo e informava ao juiz quando interromper a sessão.

À esquerda do juiz, diretamente em frente ao júri e de costas para a janela, sentava-se a imprensa. Os repórteres pareciam um júri muito mais severo, oriundos dos jornais, rádios e estações de TV de Nova York e ao menos seis veículos estrangeiros. Havia um jornalista francês, o editor de uma revista alemã, um especialista em tribunais de um jornal londrino e até um *barrister* de um famoso tribunal inglês, Old Bailey.

A questão na mente de todos era: "É possível que Abel receba um julgamento justo?"

A era do senador McCarthy estava chegando ao fim. A Rússia soviética estava armando os Estados árabes contra Israel. Apenas dez dias antes, os soviéticos haviam lançado com sucesso seu primeiro satélite, Sputnik I. Esse feito surpreendente chocara o público americano e servira para acentuar a Guerra Fria e sua concomitante corrida armamentista, uma corrida em que, aparentemente, os Estados Unidos estavam em segundo lugar. Quando nosso julgamento começou, Sputnik I, uma esfera de 83 quilos, orbitava a Terra a cada noventa minutos.

— A natureza da acusação é incomumente significativa — disse Tompkins — e adquire ainda mais significância quando consideramos que ocorreu durante anos críticos de nossa história. Contudo, a seriedade da acusação não a torna difícil. O indiciamento do grande júri é simples e eu gostaria de falar sobre ele por alguns minutos. Primeiro, quero dizer que o indiciamento é uma acusação, e não prova de algo.

"A primeira acusação do grande júri é de que o réu conspirou para cometer espionagem e, com seus coconspiradores, [...] transmitir informações relacionadas a nossa defesa nacional [...]."

O promotor então resumiu o indiciamento, referindo-se a Abel como "o réu". Jamais o chamou pelo nome. Incluiu em seu resumo toda a parafernália de espionagem que, é claro, impressionaria os jurados — rádio de ondas curtas, recipientes ocos, "coletas" em parques da cidade, grandes somas de dinheiro, certidões de nascimento e passaportes.

Então disse:

— E também foi declarado pelo grande júri que, em caso de guerra entre os Estados Unidos e a Rússia, os conspiradores instalariam radiotransmissores clandestinos e estações de recepção para continuar a fornecer informações à Rússia.

Referindo-se aos atos manifestos listados em apoio ao indiciamento, afirmou:

— Falarei muito genericamente sobre eles, pois acho preferível que os senhores ouçam os depoimentos diretamente das testemunhas, e não por meio de advogados.

"Como sabem, são os únicos juízes da verdade e dos fatos, assim como o tribunal é o único juiz da lei [...].

"As provas e corroborações virão de várias testemunhas. Serão provas diretas. O governo apresentará provas circunstanciais e uma das testemunhas será membro dessa conspiração, um coconspirador que foi selecionado a participar pelos outros coconspiradores.

"Posso lhes dizer que a experiência mostra que, invariavelmente, a defesa o atacará. Contudo, acho que os senhores devem se lembrar do seguinte: o coconspirador deixou a conspiração. Ele já não pratica os atos do passado e está dizendo a verdade. Seu depoimento será corroborado; por corroboração, quero dizer confirmação — confirmação dada pelo depoimento de outras testemunhas, provas documentais e admissões do réu. São provas que, na opinião do governo, não podem ser contraditas por serem verdadeiras e provarão, sem sombra de dúvida, a culpa do réu.

"Provaremos que o réu, um coronel do Serviço de Segurança do Estado Soviético, juntamente com outros oficiais russos de alta patente, colocou em operação um aparato muito elaborado de inteligência e espionagem soviéticas, com o objetivo de se apoderar de nossos mais importantes segredos — segredos de grande importância para este país e para o mundo livre."

O promotor contou que Abel estava nos Estados Unidos desde 1948 ("ele ocultou deliberadamente sua presença aqui") e, mais tarde, contou com a presença de um assistente; "suas atividades secretas e clandestinas; auxiliadas por diplomatas e oficiais russos das Nações Unidas, eram direcionadas a nossos mais importantes segredos".

Mas, em maio de 1957, a conspiração entrara em colapso. Tompkins explicou:

— Um dos coconspiradores desertou e relatou sua história a oficiais americanos no exterior. O FBI, da maneira mais vigilante e eficiente, conduziu uma investigação muito intensa, que resultou na descoberta de confirmações esmagadoras e devastadoras da culpa do réu [...].

"Concluindo, deixem-me dizer o seguinte: o governo sente que as evidências que apresentaremos ao júri provarão a culpa do réu, para além da dúvida razoável ou de qualquer dúvida possível. Em outras palavras, as provas indicarão o único veredicto possível — culpado das acusações feitas pelo grande júri."

Meu discurso de abertura, no qual eu trabalhara durante dez horas, tinha cerca de novecentas palavras, e eu ensaiara para pronunciá-lo em vinte minutos. O da promotoria levara o dobro desse tempo.

— Senhoras e senhores jurados. Neste caso, o júri, após analisar as provas apresentadas e ouvir as instruções do juiz, deve decidir se foi comprovada, para além da dúvida razoável, a culpa do réu em um crime pelo qual ele pode ser sentenciado à morte.

"O promotor destacou a natureza das acusações e descreveu as evidências que, segundo ele, as provarão. É importante lembrar, com respeito às três acusações do indiciamento, que somente pela primeira, conspiração para *transmitir* informações à Rússia, o réu poderá ser condenado à morte.

"Sou o advogado do réu. Fui designado para essa tarefa pelo tribunal e, sob o sistema de justiça americano, será meu dever, durante este procedimento, representar seus interesses em todos os aspectos. Isso é feito, como previsto por nossas leis, para que os senhores possam conhecer a verdade e chegar a um veredicto justo.

"Este caso não é apenas extraordinário; é único. Pela primeira vez na história americana, um homem está sendo ameaçado de morte pela acusação de ter agido como espião para uma nação estrangeira com a qual estamos legalmente em paz.

"O réu é um homem chamado Abel. É muito importante que os senhores mantenham esse fato em mente durante os próximos dias. Este não é um caso contra o comunismo. Não é um caso contra a Rússia soviética. Nossas queixas contra a Rússia foram e ainda são expressas todos os dias nas Nações Unidas e vários outros fóruns. Mas a única questão deste caso, cujo veredicto cabe aos senhores, é se Abel é ou não comprovadamente culpado, para além de qualquer dúvida razoável, dos crimes pelos quais está sendo acusado.

"A promotoria acabou de lhes dizer que, entre as principais testemunhas contra o réu, estará um homem chamado Häyhänen, que afirma ter ajudado o réu a espionar contra os Estados Unidos.

"Isso significa que, em muito pouco tempo, esse homem se sentará no banco das testemunhas e deporá perante os senhores. Observem seu comportamento muito cuidadosamente. Tenham em mente que, se o governo diz a verdade, esse homem esteve aqui durante alguns anos, vivendo entre nós, espionando para a Rússia soviética. A fim de fazer isso, como afirma o indiciamento, ele entrou nos Estados Unidos usando documentos falsos e passou todos os seus dias mentindo sobre sua verdadeira identidade, sobre seu passado e sobre cada fato de sua vida cotidiana. Além disso, segundo o governo, era pago para fazer isso pela Rússia soviética, e podemos presumir que, se a Rússia treina bem os seus espiões, ele foi treinado no exterior sobre seu 'disfarce', significando que foi treinado na arte de enganar. Foi treinado para mentir. Em resumo, presumindo que aquilo que o governo diz é verdade, esse homem é, literalmente, um mentiroso profissional.

"Tenham isso em mente ao ouvir seu depoimento. Também tenham em mente que, se o governo diz a verdade, esse homem cometeu muitos crimes contra nossas leis, incluindo o crime capital de conspirar para transmitir informações à Rússia. Ele ainda não foi indiciado, e, presumivelmente, sua única esperança de clemência é não apenas implicar tantos quantos puder em seus crimes, mas também fazer com que a informação que afirma ter para nosso governo pareça o mais importante possível.

"Simplesmente tenham esses fatos em mente ao considerar os motivos de uma testemunha para dizer a verdade e a motivação ou justificativa para fazer novamente o que tem feito durante vários anos, ou seja, mentir. Observem cuidadosamente o comportamento de todas as testemunhas.

"Lembrem-se, o tempo todo, de que as únicas provas que podem ser apresentadas neste caso, as únicas evidências que os senhores podem considerar, devem vir do banco das testemunhas. O indiciamento não é prova; o que a promotoria pode ou não dizer não é prova."

Olhei para o júri e vi um retrato do condado do Brooklyn, EUA. Havia um secretário, um contador, dois executivos de seguradoras, o dono de um posto de gasolina, duas donas de casa, uma investigadora do Departamento de Previdência Social, um funcionário civil da Marinha, um superintendente do serviço postal, um funcionário público e um engenheiro do sistema de esgotos da cidade, que era o primeiro jurado. Algumas posições importantes, outras mais modestas; alguns na folha de pagamento estatal, outros na iniciativa privada.

Pensei comigo que eram homens e mulheres sinceros e pareciam muito sérios a respeito de sua missão, como se fossem jurados pela primeira vez. Aproximei-me deles.

— Lembrem-se, em todos os momentos — falei — de que a vida de um homem depende de que cumpram seu dever de forma consciente.

"Durante todo o julgamento, os senhores ouvirão o juiz e os advogados referindo-se à acusação como 'o governo'. Isso está precisamente correto. Mas lembrem-se de que, em um sentido mais amplo, o juiz, todos os advogados e especialmente *os senhores* representam o governo dos Estados Unidos. Temos todos precisamente o mesmo objetivo: um veredicto justo de acordo com a lei.

"Sei que este júri cumprirá conscienciosamente seu dever e emitirá um veredicto correto, seguindo a tradição americana de julgamentos justos."

A sala de audiências ficou silenciosa depois que me sentei. O único barulho vinha do lado de fora. As janelas do lado direito da sala estavam todas abertas. Eram antiquadas janelas de guilhotina com manivela. As persianas de um marrom-amarelado desbotado estavam baixadas até a metade. Abaixo de nós, na Washington e Fulton Streets, que corriam paralelamente ao edifício, os grandes ônibus municipais rugiam e engasgavam. A área do parque, em torno do tribunal, servia como terminal.

— O governo — disse Tompkins em voz alta — chama Reino Häyhänen, Meritíssimo.

A corpulenta testemunha, vestindo um terno claro de dois botões e lapela larga, entrou na sala de audiências pela parte traseira e rapidamente caminhou até a frente. A sala tinha cerca de 18 metros. Enquanto caminhava, todos os olhos, com exceção dos do réu, o seguiram. Ele fez o juramento e subiu os dois degraus até o acarpetado banco das testemunhas. Atrás dele estava a bandeira americana, o objeto mais colorido da câmara despojada e funcional.

Eu e Debevoise achamos que o coronel parecia tenso. Como a maioria de nós, ele não tinha ideia do que Häyhänen diria — ou quão longe iria. Abel se aprontou para tomar notas em um bloco amarelo pautado de 23 x 14cm.

Tompkins iniciou o questionamento:

— Peço que o senhor fale alto, para que sua voz seja ouvida no fundo, chegando ao último jurado.

P. Qual seu último endereço permanente nos Estados Unidos?

R. Peekskill, estado de Nova York.

P. O senhor é cidadão russo, correto?

R. Sim, sou.

P. E, de 1939 até praticamente 1957, o senhor esteve a serviço da União Soviética?

Fraiman se ergueu, objetando. Imediatamente tivemos problemas. Fraiman disse:

— Meritíssimo, neste primeiro momento, objeto que o sr. Tompkins conduza a testemunha.

Juiz Byers: Quem conduzirá o julgamento pela defesa?

Tompkins: Também gostaria de saber, por favor.

Juiz Byers: Creio que o sr. Donovan é o advogado-chefe.

Fraiman: Sim.

Juiz Byers: O senhor conduzirá o julgamento, sr. Donovan?

Donovan: Pretendo fazê-lo, mas o sr. Fraiman também foi designado...

Juiz Byers: O senhor fará as objeções. Qual é a objeção?

Fraiman: A objeção é que...

Juiz Byers: Será que o senhor pode permitir que o sr. Donovan fale?

Donovan: Acredito, Meritíssimo, que o sr. Fraiman tenha objetado porque o sr. Tompkins estava conduzindo a testemunha.

Juiz Byers: E qual é sua objeção?

Donovan: A mesma.

Juiz Byers: Não acho que, até esse ponto, a condução tenha sido prejudicial. Objeção negada.

Nossa cuidadosamente planejada estratégia para o julgamento, segundo a qual Fraiman e Debevoise fariam objeções rotineiras às perguntas, estava arruinada. Tompkins pediu que sua pergunta a Häyhänen fosse repetida e então retomou sua linha de raciocínio.

P. Para que órgão do governo da URSS o senhor trabalhava?

R. Nesta última vez, trabalhei para a KGB. Era trabalho de espionagem. Significa Comitê de Segurança Estatal.

P. Sr. Häyhänen, quando o senhor entrou nos Estados Unidos pela primeira vez?

R. Em outubro de 1952.

P. O senhor tinha passaporte?

R. Sim, tinha.

P. Em nome de quem estava o passaporte?

R. Eugene Nicoli Maki.

O governo apresentou o passaporte, Häyhänen o identificou e ele foi oferecido como prova, chamada de Peça n. 1. Häyhänen disse:

— Esse foi meu primeiro passaporte, que consegui na Finlândia e usei para entrar no país.

P. O senhor entrou nos Estados Unidos, em 1952, em conexão com seu emprego no governo da URSS?

R. Sim, entrei.

P. Quais eram seus deveres para com o governo russo neste país?

R. Fui enviado para ser assistente-residente no trabalho de espionagem.

Estávamos nos aproximando de um confronto. Toda a sala de audiências sentia isso. Na galeria de imprensa, havia agitação e disputas por um ângulo de visão melhor. Em seu bloco, Abel escrevera apenas: "Peça 1 — passaporte que conseguiu em Helsinki, Finlândia; usado para entrar nos EUA."

Häyhänen não mencionara Helsinki; dissera apenas Finlândia. Aparentemente, Abel conhecia intimamente a história.

P. O senhor sabe o nome do oficial residente?

R. Só pelo codinome Mark.

P. O senhor o conhece por algum outro nome?

R. Não, não conheço. Não o conheço por nenhum outro nome. Por segurança, conheço apenas seu codinome.

Häyhänen estava sentado rigidamente no banco das testemunhas. Seu corpo gorducho estava tenso. Ele encarou Tompkins através dos óculos de aros de chifre. Seu espesso bigode se movia para cima e para baixo.

P. O senhor o vê nesta sala?

R. Sim, vejo.

P. O senhor pode apontar, por favor?

R. Sim. Ele está sentado na ponta daquela mesa.

P. Na extremidade da mesa?

R. Sim, correto.

Eles jamais estariam tão perto novamente, a uns seis metros de distância. Häyhänen parecia surpreendentemente firme e seguro de si. É possível, é claro, que se sentisse calmo em função de drogas tranquilizantes.

Tompkins: O réu pode se levantar, por favor?

P. É este o cavalheiro? (Tompkins apontou para Abel.)

R. Sim.

Havia acentuado contraste físico entre os dois homens no centro do palco. De pé e parecendo um professor em frente a seu acusador, Abel era magro e parecia até anêmico. Häyhänen era obeso e tinha o rosto avermelhado. O paletó estava apertado em torno de seu grande abdome. Seus papéis na vida real haviam se invertido. Häyhänen podia bancar o soldado superior perante o desconfortável e silencioso Abel.

Tudo o que Abel escreveu em seu bloco para descrever a dramática cena foi: "Enviado para ser assistente do residente chamado MARK. Conhecido apenas por esse nome."

Tompkins continuou:

— O senhor sabe qual era a ocupação dele?

R. Ele disse que trabalhava como fotógrafo, que tinha estúdio fotográfico em algum lugar.

P. O senhor sabe se ele trabalhava para o governo russo?

R. Sim, trabalha... ou trabalhava, na época.

P. E o senhor sabe para qual agência do governo ele trabalhava?

R. Sim. Trabalhava para a KGB.

P. Ele tinha alguma patente?

R. Sim, era coronel.

P. Quando o senhor encontrou Mark pela primeira vez?

R. A primeira vez, em 1954.

P. E o senhor o viu... o senhor o viu depois disso?

R. Sim, duas ou três vezes por semana.

P. Quando o viu pela última vez, antes de hoje?

R. A última vez este ano, em fevereiro; meados de fevereiro.

P. Sr. Häyhänen, eu gostaria de lhe fazer algumas perguntas mais específicas.

O promotor então fez com que a testemunha revelasse seu pedigree. Era uma autobiografia pouco notável em espionagem. Häyhänen disse que nascera em 14 de maio de 1920, no vilarejo de Kaskisarri, a cerca de quarenta quilômetros de Leningrado. Frequentara a escola primária e secundária e, aos 19 anos, formara--se no magistério. Após três meses como professor, fora recrutado pelo NKVD.

P. Naquela época, o NKVD era parte do Exército?

R. Não, era como polícia secreta [...].

P. Quando foi recrutado, em novembro de 1939, para qual ramo do NKVD o senhor foi designado?

R. Era intérprete do grupo de operações em território finlandês, que estava ocupado pelas tropas russas após a guerra russo-finlandesa.

P. O senhor fala finlandês?

R. Falo.

Häyhänen explicou que, quando fora recrutado, recebera um treinamento de dez dias que consistira em palestras sobre como interrogar prisioneiros de guerra e "como encontrar pessoas antissoviéticas ou agentes de espionagem de outros países em território russo".

Quando a guerra terminara (o tratado de paz russo-finlandês fora assinado em Moscou em 12 de março de 1940), ele fora enviado para Karelia, onde continuara a trabalhar como intérprete e "também como oficial do NKVD". Então, em maio de 1943, após uma candidatura de um ano, tornara-se membro do Partido Comunista e, cinco anos depois, fora chamado a Moscou para uma nova designação. Durante esse tempo, o NKVD passara por uma reorganização, e Häyhänen se tornara agente da KGB com patente de tenente.

— Em Moscou — disse ele —, meus chefes explicaram que agora precisavam de mim para trabalho de espionagem, não contraespionagem.

Durante seu depoimento, Häyhänen insistiu em se referir a seus "chefes". Era como uma paródia dos julgamentos de Moscou nos anos 1930. Ao ler depois a transcrição do julgamento, deparei com essa estranha referência. Tive visões de oficiais da KGB no Kremlin assentindo com a cabeça enquanto liam o depoimento e tive certeza de que, se estivéssemos em Moscou, em vez de no Brooklyn, algumas testemunhas teriam dito "meus chefes em Washington".

Häyhänen contou que, em 1948, passara dois dias e meio em Moscou, reunira-se com certos oficiais soviéticos de espionagem (seus "chefes") e descobrira que seria transferido para a Estônia. Após um ano na Estônia, durante o qual recebera treinamento em espionagem, incluindo instruções sobre fotografia, lições de inglês e treinamento para condução e reparo de automóveis, fora promovido a major e soubera que sua futura missão seria nos Estados Unidos.

Para prepará-lo para a mudança, fora chamado a Moscou novamente e recebera o nome de seu disfarce, Eugene Nicoli Maki. De acordo com Häyhänen, Maki era um cidadão americano nascido em Idaho que viajara para a Finlândia com os pais em 1927. Nada mais foi revelado sobre a desafortunada família Maki durante o julgamento nem depois dele. O FBI declarou não saber "o que aconteceu a eles".

Häyhänen então recebera ordens de seus "chefes" para ir à Finlândia e construir sua "lenda", sua nova identidade. Ele afirmou ter viajado até a fronteira e entrado na Finlândia no porta-malas de um carro dirigido por oficiais soviéticos acreditados servindo no país. Um desses homens era um oficial de inteligência que trabalhava no escritório da Tass, a agência de notícias soviética.

Era missão de Häyhänen estabelecer que, como Eugene Maki, vivia na Finlândia desde 1943. Isso exigia dinheiro. Na Lapônia, onde vivera e trabalhara como ferreiro durante três meses ("por um tempo, apenas para mostrar algum tipo de conexão, que realmente trabalhava lá"), ele encontrara duas testemunhas falsas. Pagara 15 mil marcos finlandeses a uma e 20 mil à outra.

Tompkins perguntou:

P. O dinheiro era seu?
R. Não.
P. De quem era?
R. Recebi de Moscou [...].

Häyhänen se mudara para o sul da Finlândia em 1950 e, durante os dois anos e meio seguintes, vivera como Eugene Maki nas cidades de Tampere e Turku. Trabalhara em uma fábrica em Tampere, construindo cofres e reparando lataria de automóveis. Em 3 de julho de 1951, solicitara à embaixada americana em Helsinki um passaporte para os Estados Unidos, como cidadão nativo.

Ele contara às autoridades americanas que nascera em 30 de maio de 1919 em Enaville, Idaho, e apresentara sua certidão de nascimento. Escrevera no formulário que sua mãe, Lillian Luoma Maki, era americana (nascida em Nova York) e que seu pai, August, era americano naturalizado e nascera em Oulu, Finlândia. Em uma declaração separada, necessária para explicar qualquer "residência prolongada no exterior", dissera que, quando tinha 8 anos, ele e o irmão, Allen August, haviam viajado com a mãe para Valga, no sul da Estônia, e vivido com ela até sua morte em 1941. Segundo ele, o pai morrera em março de 1933.

Em novembro, Häyhänen, ainda desenvolvendo sua lenda como Eugene Maki, casara-se com uma finlandesa de 27 anos, de Siilinjarvi. Essa, é claro, era Hannah, a bela loura. Então, em 28 de julho de 1952, seu passaporte fora emitido e ele retornara a Moscou, atravessando a fronteira novamente no porta-malas de um carro. Passara três semanas em Moscou, em uma residência secreta. ("Era uma casa particular, mas não sei o endereço.") Recebera treinamento adicional sobre cifras, codificação e decodificação de mensagens e sobre as técnicas avançadas de fotografia que um espião precisa conhecer: redução de textos a micropontos do tamanho da cabeça de um alfinete e tratamento de filmes, para que fiquem macios e se enrolem a fim de que possam ser guardados em um recipiente oco, como uma moeda ou um lápis.

P. O senhor foi à Estônia seguindo ordens da KGB?

R. Sim, de Moscou.

Donovan: Meritíssimo, não chegamos a um ponto no qual podemos pedir ao governo que não conduza a testemunha?

Juiz Byers: Não acho que seja uma condução prejudicial. Serve apenas para poupar tempo.

Tompkins: Trata-se apenas de estabelecer seu histórico.

Nossa objeção original contra o fato de o governo conduzir a testemunha fora negada porque a condução não era "prejudicial". Agora nos diziam que a acusação estava apenas poupando tempo e que se tratava de histórico. A despeito da garantia de Tompkins, a promotoria já fizera seu primeiro movimento para estabelecer a formação de uma conspiração rastreável até o Kremlin. Essa era parte vital de seu caso e dificilmente apenas "histórico". Como se pode depreender, um advogado "conduzindo" uma testemunha pode facilmente moldar seu depoimento.

Tompkins perguntou:

P. Antes de ser transferido para a Estônia [...], o senhor conheceu o coronel Korotkov?

R. Sim, conheci.

P. O senhor pode nos contar as circunstâncias [...]?

R. Korotkov era chefe-assistente da PGU.

A PGU, afirmou Häyhänen, era a divisão de espionagem do Ministério de Segurança Estatal. Essa referência quase casual, extraída cuidadosa e calculadamente de uma testemunha não muito brilhante, seria, durante todo o julgamento, a única menção ao coronel Aleksssandr Mikhailovich Korotkov, um dos quatro coconspiradores da acusação.

O promotor passou aos outros, Vitali G. Pavlov e Mikhail N. Svirin, que, de agosto de 1952 a abril de 1954, fora primeiro-secretário da delegação soviética junto às Nações Unidas em Nova York. A testemunha contou como recebera um novo codinome, Vic, e que.

— Conversei com meus chefes e recebi novas instruções, instruções por escrito, sobre o que eu fazer nos Estados Unidos.

P. Nessa viagem a Moscou, o senhor conheceu Pavlov?

R. Sim, conheci.

P. O senhor pode nos contar a respeito?

R. Pavlov...

P. Em primeiro lugar, peço desculpas. Sinto muito. O senhor pode começar nos dizendo quem é ele?

R. Em 1952, Pavlov era chefe-assistente da seção americana do trabalho de espionagem [...].

P. Nessa viagem a Moscou, o senhor conheceu Mikhail Svirin?

R. Sim, conheci.

P. O senhor pode nos falar sobre ele? Ele foi designado...

R. Eles me explicaram que Svirin veio de férias para Moscou e faz trabalho oficial nos Estados Unidos e eu preciso procurá-lo quando chegar a Nova York.

Objetei dizendo ser testemunho indireto. O tribunal aceitou que Häyhänen fora instruído a procurar Svirin; o restante da resposta deveria ser ignorado.

A testemunha continuou a explicar suas instruções. Disse ter sido informado de que seria agente-assistente residente em Nova York e deveria recrutar agentes ilegais e "conseguir alguma informação de espionagem desses agentes".

P. Onde o senhor deveria conseguir esses agentes ilegais? As instruções explicavam?

R. Sim, as instruções diziam que vou encontrar agentes ilegais entre pessoas oficiais soviéticas.

P. O que o senhor quer dizer com pessoas oficiais soviéticas?

R. Oficiais soviéticos que entram nos Estados Unidos ou outros países com passaportes soviéticos.

Tompkins então perguntou sobre o salário de Häyhänen como espião.

P. Suas instruções continham algo relacionado a dinheiro?

R. Como?

P. Dinheiro?

R. Sim. Nas mesmas instruções, estava escrito que eu receber cinco mil dólares para operações secretas e receber salário de quatrocentos dólares por mês, mais cem para despesas de viagem. É esse... esse é salário que ganho nos Estados Unidos, e então outro salário em moeda russa, mas diferente, e o deixei para minha família.

P. Suas instruções continham qualquer coisa relacionada a comunicações ou códigos?

Considerei aquela uma condução óbvia e me levantei para objetar, consciente das decisões anteriores do tribunal sobre poupar tempo.

Donovan: Meritíssimo, em que ponto posso objetar adequadamente, considerando suas decisões prévias, com respeito à testemunha estar sendo conduzida?

R. Se o senhor está objetando porque considerou a pergunta uma condução, concordo.

Donovan: Obrigado.

O promotor refez a questão, perguntando se havia algo que a testemunha não nos contara sobre suas instruções por escrito.

Häyhänen: Deixe ver, instruções escritas... é o que eu disse. É tudo sobre instruções escritas.

P. Isso é tudo o que o senhor se lembra sobre as instruções por escrito?

R. Sim.

Minha objeção e a interrupção pareciam tê-lo desequilibrado. O que quer que estivesse prestes a dizer relacionado a códigos e comunicações, havia esquecido. Tompkins então perguntou sobre as instruções orais.

Häyhänen: Pavlov me explicou que, no trabalho de espionagem, estamos em guerra o tempo todo, mas se acontecer guerra real... eu não precisaria voltar... mesmo que não fizessem contato comigo, preciso fazer meu trabalho de espionagem no país que estou. E explicou que, depois da guerra, nosso país e nossos oficiais perguntarão a todos o que fez para vencer a guerra.

O início de um julgamento é como o primeiro ato de uma peça. A cortina sobe e, em condições ideais, desenrola-se uma história, que o tribunal e o júri ouvirão pela primeira vez. Ela é contada e repetida; confirmada, corroborada ou negada. É construída peça por peça, primeiro por um lado, depois pelo outro. Cada testemunha é um novo ator.

Häyhänen ficou no banco por mais de uma hora. Respondeu a 212 perguntas. Seu sotaque báltico e sua maneira desajeitada de falar haviam se tornado familiares, e o júri, cuidando para não demonstrar nenhuma emoção, parecia tê-los aceitado. Talvez essa estranheza contribuísse para o retrato de um agente secreto de inteligência nascido no exterior. Seria mais fácil acreditar nele se falasse inglês corretamente e com clareza? Mesmo assim, por vezes até a acusação parecia se impacientar com a testemunha.

P. Durante essa conversa ou durante a recepção dessas instruções orais, Pavlov deu ao senhor qualquer orientação sobre o tipo de informação?

R. Sim. Ele disse que dependeria do tipo de agentes ilegais que tenho, e depende do tipo de informação que eles dão, onde trabalham, quem são amigos e coisas assim.

Ele disse que eu teria de considerar a ajuda deles em cada situação e com cada agente.

Tompkins insistiu, de modo mais incisivo:

P. Deixe-me perguntar diretamente: que tipo de informações os senhores buscavam?

R. Informações de espionagem.

P. O senhor pode descrever o que entende por informações de espionagem?

R. Por informações de espionagem, quero dizer informações que encontrar nos jornais ou de modo oficial, perguntando legalmente, acho, a algum gabinete, quer dizer informações que se encontra de maneira ilegal. Isto é, é uma informação secreta para...

O juiz se manifestou, interrompendo Häyhänen no meio da frase.

Juiz Byers: Relacionadas a quê? Que tipo de informação?

Häyhänen: Relacionadas à segurança nacional ou...

Juiz Byers (impaciente): O que o senhor quer dizer com isso?

A testemunha (atrapalhando-se): Neste caso, os Estados Unidos da América.

Juiz Byers (em tom resignado): O que o senhor quer dizer com segurança nacional?

Häyhänen: Quero dizer... alguma informação militar ou segredos atômicos.

A resposta era praticamente a definição legal de espionagem como crime capital. Satisfeito de que essa conclusão fosse constar nos autos, o juiz devolveu a testemunha ao promotor, mas Häyhänen disse que não conseguia se lembrar de mais nada em relação às instruções orais. Tompkins rapidamente modificou o cenário e tentou colocar a testemunha em Nova York.

P. O senhor recebeu quaisquer instruções, nesse momento ou em datas subsequentes, sobre suas comunicações com pessoas nos Estados Unidos ao chegar aqui?

Donovan: Objeção. Condução.

Juiz Byers: Suponho que seja condução, sr. Tompkins. Pergunte a ele se o assunto foi abordado e o que foi dito.

Tompkins: Posso fazer isso, Meritíssimo. Se utilizo esse tipo de pergunta, certamente não é para sugerir o teor da resposta, mas apenas como tópico. Temos uma testemunha que não é fluente em inglês como o restante de nós.

Mesmo assim, a pergunta foi retirada dos autos e perguntou-se à testemunha o que se esperava que ela fizesse ao chegar aos Estados Unidos. Häyhänen respondeu que fora instruído a primeiro encontrar um lugar para morar e então, após se assegurar de que não estava sendo seguido, relatar que estava pronto para a missão.

Häyhänen: Quando vi que ninguém me seguia, fui ao Central Park, perto do Tavern on the Green, na trilha para cavalos, e coloquei uma tachinha branca naquele aviso que diz "Cuidado, cavalo na trilha" ou algo assim. Ela significava que ninguém me seguir, que não havia perigo para mim.

Durante o restante do dia, Häyhänen fez um hesitante mas fascinante recital de sua complicada vida como agente soviético de espionagem em Nova York. Foi um espetáculo bizarro, alarmante e às vezes ridículo, com ele falando de pontos de coleta, sinais, encontros visuais, filmes macios, recipientes magnéticos e mensagens secretas em baterias para lanternas.

(Os jornalistas usaram esses detalhes em suas matérias, e uma manchete de primeira página dizia: VIDA DE ESPIÃO VERMELHO EXPOSTA DURANTE O JULGAMENTO DE ABEL. Outro tabloide, em uma manchete maior e mais sombria, afirmava: ABEL APONTADO COMO ESPIÃO SOVIÉTICO.

Um resumo gráfico do depoimento dizia: "A vida e as aventuras de um espião russo nos Estados Unidos — fazendo marcas de giz no Central Park, deixando mensagens em moedas ocas, pegando três mil dólares em um poste de luz, vestindo gravata listrada vermelha e fumando cachimbo em uma estação de metrô — foram narradas no tribunal federal do Brooklyn por um deles. A história, com um quê de suspense de Hollywood [...].")

Häyhänen disse que seus chefes em Moscou haviam designado três pontos de coleta onde ele deveria deixar mensagens e procurar instruções. ("Por ponto de coleta, quero dizer um lugar secreto que apenas você e algumas pessoas conhecem e onde é possível esconder algum recipiente... e outra pessoa pega o recipiente [...].") Um deles era no Central Park, outro na base de um poste de luz no Fort Tryon Park, perto dos limites de Manhattan, e o terceiro em um buraco entre a calçada e a parede na Jerome Avenue, entre as Ruas 165 e 167, no Bronx.

Adicionalmente, disse que havia áreas onde deixar sinais: um poste de luz no Brooklyn e certa parte de uma estação ferroviária em Newark, Nova Jersey. Ele fazia marcas com giz nesses locais. Uma linha horizontal significava que tinha uma mensagem para um de seus superiores, e uma linha vertical confirmava que recebera a mensagem em um dos pontos de coleta.

Com seu depoimento, majoritariamente uma crônica de sua rotina profissional, o governo não apenas revelara um aparato de espionagem em nosso meio, como também sugerira que, se essas eram as atividades de Häyhänen, certamente as idas e vindas do espião mestre Abel eram ainda mais perigosas para nossa segurança nacional.

Em somente um ponto de seu depoimento a testemunha descreveu Abel ("Mark") como parceiro de suas atividades. Ele falou de uma vez em que deixara um recipiente magnético em um ponto de coleta (um poste de luz perto de uma parada de ônibus no fim da Sétima Avenida, perto da ponte Macombs), enquanto Abel vigiava.

> *Häyhänen*: Deixei o recipiente magnético no ponto de coleta, e Mark ficou por perto, e é claro que me vigia, para assegurar de que ninguém nos vê.
> *P.* Por Mark, o senhor quer dizer o réu?
> *R.* Sim, o réu.

Nossa única defesa contra seu depoimento era pressioná-lo e forçá-lo, sempre que possível, a ser explícito, para que pudéssemos desafiar suas explicações durante a inquirição. A grande maioria de suas declarações era vaga e não contava com apoio de fatos: datas, horários, localizações exatas e identificações.

Ele afirmou, por exemplo, que, logo depois de chegar aos Estados Unidos, relatara estar pronto para estabelecer suas operações "secretas" e pedira dinheiro. A resposta fora que ainda era muito cedo para discutir "esse tipo de coisa". (Mais tarde, recebera três mil dólares no ponto de coleta de Fort Tryon Park.)

Donovan: Meritíssimo, poderíamos pedir um esclarecimento com relação a quando recebeu tal resposta, como a recebeu e assim por diante, em vez de deixarmos que a narrativa seja registrada desse modo?

Juiz Byers: O senhor não acha que poderíamos ser pacientes e deixar o sr. Tompkins terminar? Sei que ele será paciente e o deixará conduzir a sua inquirição.

Donovan: Estou tentando ser muito paciente, Meritíssimo.

Tompkins: De acordo com suas lembranças, o senhor poderia fixar uma data para o envio dessa mensagem?

R. Enviei a mensagem no fim de novembro ou início de dezembro de 1952.

P. Foi no ponto de coleta de Fort Tryon ou da Jerome Avenue?

R. Pelo que me lembro, no de Fort Tryon Park.

Tompkins: Lembro-me de ouvir o senhor dizer Jerome... ponto de coleta número três, na Jerome Avenue. O ponto de coleta número três era no Fort Tryon Park, não era?

Häyhänen: Sim, o ponto de coleta número três era no Fort Tryon Park, não na Jerome Avenue.

Tompkins: A Jerome Avenue era o ponto de coleta número um?

Juiz Byers (interrompendo): Que ponto de coleta o senhor usou para sua primeira mensagem? Acho que já depôs sobre o assunto.

Häyhänen: Deixe-me pensar, Meritíssimo.

Donovan: Ele afirmou as duas coisas, Meritíssimo...

Häyhänen: Posso...

Tompkins: Espere um segundo.

Juiz Byers: É muito difícil ouvir mais de duas pessoas falar ao mesmo tempo.

Häyhänen: Afinal, cinco anos se passaram e... quase cinco anos se passaram e não me lembrar exatamente em que ponto de coleta deixar cada mensagem. Pode ter sido o ponto de coleta número um, Jerome Avenue, ou o número três, Fort Tryon Park. Não tenho certeza de onde deixei a mensagem, mas o que importa é que foi em um ponto de coleta.

Donovan: Objeção, Meritíssimo, a essa afirmação ou a qualquer afirmação quanto ao conteúdo da mensagem, a menos que a testemunha possa identificar em que ponto de coleta a deixou.

Bem nesse momento, um ônibus municipal passou rugindo pelo tribunal do Brooklyn, sob as janelas abertas.

Juiz Byers: Aquele ônibus foi um pouco mais alto que sua voz, sr. Donovan. Eu não o ouvi.

Donovan: Eu disse, Meritíssimo, que objeto à admissão do conteúdo de qualquer mensagem que tenha sido mencionada, dado que ele não pode identificar onde a deixou.

Juiz Byers: Ele disse que foi em um ou em outro. O júri saberá como tratar o depoimento. Objeção negada.

O tempo todo, Häyhänen afirmou ter se encontrado com "oficiais soviéticos" e estar em comunicação com "oficiais soviéticos" e que, quando os velhos pontos de coleta deixaram de ser convenientes, recebera novas localizações de "oficiais russos". Quando afirmei que tínhamos o direito de saber quem eram essas pessoas, o juiz novamente sugeriu que, se eu fosse paciente, a acusação "chegaria aos fatos".

Juiz Byers: Não vamos interferir com o sr. Tompkins. Ele pode fazer essa pergunta. Tudo o que estou dizendo é que, se o senhor lhe der uma chance, é possível que ele desenvolva a questão.

O governo entendeu a dica.

P. Sr. Häyhänen, o senhor pode descrever quem eram os oficiais soviéticos a que se referiu em seu depoimento?

R. Conheço apenas um oficial soviético que estava conectado e com quem tive conversas, várias conversas, sobre trabalho de espionagem.

O tribunal: Quem é essa pessoa que o senhor conhece? Qual o nome dessa dela?

Häyhänen: Svirin.

O promotor, não satisfeito com o fato de parecer que ele conhecia apenas um oficial, insistiu:

P. Quando o senhor fala em comunicações com oficiais soviéticos, receber e enviar comunicações por meio de pontos de coleta, a quem se refere? Creio que o senhor os chamou de pessoas oficiais soviéticas?

R. Sim.

P. O que o senhor quer dizer com essa expressão?

R. Quer dizer o que já expliquei, o tipo de pessoa que vem a este país com passaportes soviéticos, cidadãos soviéticos.

Donovan: Meritíssimo, respeitosamente objeto. Em vez de simplesmente definir "o que o senhor quer dizer com essa expressão", ele deveria dizer quem são, especificamente, esses oficiais soviéticos.

Juiz Byers: Ele nos contou que só conheceu um deles.

Donovan: Mas então, Meritíssimo, ele tratou com oficiais soviéticos, como entendemos por seu depoimento, e mesmo assim, aparentemente, não consegue especificar...

Tompkins: Meritíssimo, ele recebeu instruções em Moscou sobre com quem se comunicar.

Juiz Byers: Esses argumentos são divertidos, mas estão interferindo no julgamento. Se o senhor tem uma objeção, sr. Donovan, por favor declare-a e tentarei decidir.

Donovan: Eu objeto, Meritíssimo, à última pergunta e peço que a resposta seja retirada dos autos.

O juiz instruiu o relator do tribunal a ler a questão novamente e disse ao promotor que, em vez disso, perguntasse à testemunha se ela conhecera alguma das pessoas sobre quem estava falando.

Tompkins: Se o senhor permitir, desenvolverei a questão.

Juiz Byers: Muito bem, faça de seu jeito.

P. Entendo, de seu depoimento, que o senhor recebeu a localização dos três pontos de coleta ainda em Moscou, juntamente com suas instruções?

R. Sim, correto.

P. O senhor alguma vez se encontrou com esses oficiais soviéticos?

R. Apenas Svirin, como mencionei, e, por oficiais soviéticos, quero dizer pessoas soviéticas, como disse...

Donovan: Meritíssimo, respeitosamente afirmo que toda essa parte do depoimento é altamente tendenciosa e objetável.

Juiz Byers: Não acho que seja tendenciosa. Concordo com que seja vaga e indefinida, mas não acho que seja tendenciosa. Ele disse, especificamente, que depositou nos pontos de coleta informações destinadas a certas pessoas que nunca conheceu, não é isso?

Häyhänen: Sim, é isso.

Tompkins: Obedecendo a instruções recebidas em Moscou.

Juiz Byers: Sim. Acho que isso é o máximo que ele pode dizer, com exceção de ter conhecido esse Svirin.

Häyhänen continuou, afirmando que todo dia 21 ficava na estação de metrô Prospect Park, perto da saída para a Lincoln Road, para o que descreveu como encontro visual. Para propósitos de identificação, fumava cachimbo e usava uma gravata colorida. Seu depoimento sobre o assunto forneceu um toque de alívio cômico ao julgamento.

P. O senhor consegue se lembrar do que vestia nesses encontros?

R. Eu tinha de vestir uma gravata azul com fitas vermelhas e tinha de fumar cachimbo.

Juiz Byers: Uma gravata azul com quê?

Häyhänen: Fitas ou listras, não sei bem dizer.

Tompkins: Listras.

Juiz Byers: Listras?

Häyhänen: Sim, listras vermelhas.

Juiz Byers: O senhor disse que fumava cachimbo?

Häyhänen: Sim. Mas não fumo, só precisava naquelas ocasiões.

Tinha sido nesse local que Häyhänen e Svirin se encontraram. O oficial soviético nas Nações Unidas dera ao agente secreto um pacote de cartas fotografadas de sua família na Rússia e uma mensagem que, segundo Häyhänen, consistia em felicitações pelo Dia dos Trabalhadores com um bilhete que dizia que sua família estava bem e "desejava sucesso". Houvera dois encontros dessa natureza.

Häyhänen: Encontrei-me com ele ao menos duas vezes, que lembro. Era outono, porque estava chovendo... acho que era outono. Estava chovendo naquela noite, e acho que foi no outono de 1953. Ou talvez tenha sido... pode ter sido na primavera de 1954, porque, durante a primavera, também há chuva. Mas a única coisa de que me lembro sobre aquela noite é que estava chovendo.

P. Eis uma maneira de determinar a data: foi quantos meses depois do primeiro encontro? O senhor disse que o primeiro encontro ocorreu na primavera de 1953. Quantos meses após esse encontro, aproximadamente, se encontrou novamente com Svirin?

R. Não consigo lembrar.

O promotor então passou de Svirin para um marinheiro finlandês (codinome Asko) que servia como mensageiro entre Moscou e Nova York. Häyhänen e o marinheiro tinham pontos de coleta e áreas de sinalização. Um desses pontos era uma cabine telefônica em um bar de Manhattan. A essa altura, o juiz olhou para o relógio e, às 15h50, fez sinal para Tompkins.

— Faremos um recesso, sr. Tompkins, até às 10h30 de amanhã.

Terça-feira, 15 de outubro

O cenário e os atores podiam ser os mesmos, mas cada dia era diferente. Todo o mundo estava exatamente na mesma posição: o juiz por trás da longa mesa à altura do peito, criada para um tribunal federal de três membros; o júri sério, como antes; os advogados com seus papéis e blocos de folha em suas longas mesas de tampo revestido; e, num futuro próximo, a figura agora familiar no banco das testemunhas.

— Estados Unidos versus Abel — anunciou o meirinho.

Tompkins: Faça entrar a testemunha, por favor.

Caminhando rapidamente sobre os desbotados e empoeirados ladrilhos, Reino Häyhänen chegou para seu segundo dia de depoimento.

Fora do tribunal, ele usava grandes óculos escuros. Os óculos, o bigode e, talvez, o excesso de peso eram parte de seu disfarce. Em breve, poderia começar uma nova vida nos Estados Unidos e já tentava criar uma identidade diferente para si mesmo — ou assim me pareceu.

O promotor começou com a recapitulação dos momentos finais do dia anterior.

Tompkins: Sr. Häyhänen, no fim da sessão de ontem, fiz algumas perguntas sobre Asko. Acredito que o senhor disse que o conhecia. Acredito que tenha afirmado ter locais de coleta com Asko [...].

Häyhänen contou dos pontos de coleta que ele e Asko usavam ("no Riverside Park, perto da Rua 80 e sob o posto de luz número 8113") e então, em um curioso trecho de seu depoimento, disse que recebera ordens de Mark para testar a confiabilidade de Asko.

Estávamos em sessão há apenas cinco minutos, mas eu estava determinado a não permitir que a testemunha fosse conduzida pela promotoria, como no dia anterior. Lentamente, fiquei em pé.

Donovan: Meritíssimo, peço que a resposta seja removida, a menos que se diga onde e quando a conversa teve lugar.

Tompkins (obviamente irritado): Eu gostaria de conduzir minha própria inquirição, Meritíssimo. Desenvolverei essa questão. Acho que tenho o direito de desenvolvê-la a meu próprio modo e não como quer o sr. Donovan.

Donovan: Meritíssimo, por sua solicitação, fui extremamente paciente no dia de ontem. Ele não está apenas conduzindo seu próprio caso, ele é sua própria testemunha...

Tompkins (incisivamente): Isso é ridículo.

Donovan: Não objetei à forma como as perguntas foram feitas; fui muito cuidadoso em objetar apenas contra as que conduziam a testemunha. Em contrapartida, com relação a depoimentos vagos, não sabemos quando essa conversa ocorreu, onde ocorreu. Quero simplesmente que isso conste dos autos.

Juiz Byers: Sua objeção foi registrada. Creio que a conversa que ele teve com Mark é admissível.

Repetidas objeções da defesa se tornaram parte do padrão do segundo dia de julgamento. Naturalmente, corríamos o risco de alienar o júri, mas estávamos convencidos de que esse risco era necessário para evitar que os autos ficassem repletos de afirmações irrelevantes, não comprovadas e tendenciosas.

Abel, que adequadamente opinava em sua defesa, apoiou completamente nossa tática. Eu conversara com ele sobre isso no dia anterior, depois que a sessão fora adiada, e ele me lembrara do que dissera ao juiz Abruzzo quando pedira um advogado de defesa designado pelo tribunal. Ele afirmara querer alguém que lutasse por ele, mas não transformasse o julgamento em espetáculo público. O coronel estava surpreendentemente familiarizado com os julgamentos americanos recentes, especialmente os de americanos comunistas. Chamara alguns de "shows à parte" e criticara os advogados de defesa.

Todas as vezes que me levantava para objetar em benefício de Abel, podia sentir a hostilidade em quase toda a sala de audiências. Eu estava tentando impedir que "o governo" estabelecesse a verdade a respeito do espião russo. O ressentimento era como uma reação em cadeia, detonado por meus mais leves movimentos. Se ficasse sentado, tudo permanecia calmo. Se me levantasse da cadeira, a reação começava.

(Muito depois do fim do julgamento, tomei uma bebida e conversei longamente com um agente do FBI que trabalhara no caso e comparecera ao julgamento como observador.

— Costumávamos nos sentar no fundo — disse ele — e o senhor era o inimigo. No início, nós o odiávamos, imaginando como seria estar no banco de testemunhas contra o senhor. Mas, depois de algum tempo, passamos a apreciar a maneira como lutava por seu homem. Alguns de nós até passaram a gostar um pouquinho do senhor.)

Tompkins perguntou novamente a Häyhänen sobre seu primeiro encontro com Abel. A testemunha contou como haviam se encontrado no salão de fumantes do cinema em Flushing.

P. Nesse primeiro encontro, Mark lhe disse onde vivia?

R. Não.

P. Ele lhe disse onde... disse se trabalhava ou não?

R. Não no primeiro encontro. Mais tarde, em outro dia, disse que tem uma lojinha em algum lugar do Brooklyn.

Donovan: Objeção.

Juiz Byers: Ele disse que tipo de loja?

Häyhänen: Disse que era uma lojinha, mas não explicou em cuidado ou detalhes. Mais tarde, depois, disse que tinha um depósito no Brooklyn, para seu equipamento, o que ele tinha e outras coisas.

Donovan: O depoimento da testemunha é que tudo isso ocorreu nesse encontro? O primeiro encontro?

Juiz Byers: Não. Ele disse que foi em um encontro posterior, sr. Donovan.

Donovan: Ele jamais identificou local ou data desses encontros.

Juiz Byers: O senhor sabe o que é inquirição, não sabe? Afinal, é um advogado experiente.

Donovan: Meritíssimo, também sei quando objetar a depoimentos inadequados.

Juiz Byers: Muito bem. Sua objeção foi registrada e negada.

Um segundo padrão começou a tomar forma. No dia anterior, o governo se contentara em estabelecer que Häyhänen era agente soviético e fazer com que relatasse parte de sua rotina. Agora, estava pronto para forjar uma ligação entre ele e Abel e mostrar a autoridade que o coronel possuía sobre ele.

Em maio de 1955, segundo Häyhänen, Mark lhe contara sobre o depósito na Fulton Street.

P. O senhor alguma vez esteve no depósito?

R. Sim, uma vez... uma noite, Mark disse que tinha alguns equipamentos fotográficos para me dar, e vamos pegá-los no depósito. Então fomos para a Fulton Street, n. 252, no quarto ou quinto andar... mas Mark já levara os equipamentos para o térreo, alguns equipamentos, e eu os levei para Newark, Nova Jersey.

O júri não percebeu, mas acabara de ouvir como a carreira de Abel chegara ao fim. Se não tivesse cometido o impensável erro de permitir que o subagente Häyhänen conhecesse a localização de seu estúdio, as coisas poderiam ter sido diferentes. Esse deslize levara à sua prisão e a um julgamento que poderia custar sua vida.

(A despeito do depoimento de Häyhänen dizendo se lembrar do endereço exato do depósito na Fulton Street, o FBI contaria uma história ligeiramente diferente três anos mais tarde. Em um artigo assinado intitulado "O caso do espião sem rosto", publicado em um suplemento dominical em 23 de outubro de 1960, o diretor do FBI, J. Edgar Hoover, escreveu: "Em apenas uma ocasião Abel abriu mão da cautela e se expôs à descoberta. Häyhänen ficara sem material fotográfico e o coronel o levou até seu depósito no Brooklyn, onde mantinha suprimentos. Häyhänen não conseguia se lembrar dos detalhes, mas o quarto ficava no quarto ou quinto andar e ele sabia que o edifício ficava em algum lugar entre as ruas Fulton e Clark. Agentes ocuparam a área [...] e estabeleceu-se a vigilância [...]."

Tompkins continuou:

— Além dos suprimentos fotográficos, o senhor recebeu alguma outra coisa de Mark na Fulton Street, n. 252?

R. Sim, também recebi um rádio.

P. Que tipo de rádio?

R. Um rádio de ondas curtas.

Ele e Abel tinham se dirigido até o condado de Westchester, contou, e testado o rádio perto do reservatório Croton. Abel explicara que precisava de um lugar seguro para receber mensagens. O rádio, contudo, não funcionara ("talvez o fusível estivesse queimado ou alguma outra coisa tivesse acontecido"), e o coronel o dera a Häyhänen, dizendo ter outro no Brooklyn.

Ao determinar a data desse incidente, Häyhänen disse que ocorrera no fim de maio ou início de junho de 1955, "antes de Mark ir para Moscou". Durante todo o dia, repetidamente datou conversas, encontros e mensagens como tendo ocorrido antes ou depois "de Mark ir a Moscou". Com a mesma frequência, objetei. Não havia nada nos registros, afirmei, que mostrasse que Abel já fora a Moscou.

Tompkins: Sr. Häyhänen, em seu depoimento, o senhor se referiu a duas ocasiões, na tentativa de fixar uma data... o senhor usou a frase "antes de Mark ir a Moscou". Sabe se ele foi ou não a Moscou? Vamos colocar assim: o senhor conversou com ele sobre isso?

R. Sim. Tivemos várias conversas sobre sua viagem a Moscou, e ele partiu, se me lembro bem, em 10 de junho de 1955.

P. O senhor sabe como ele foi a Moscou? Navio, trem ou outro método?

Donovan: Objeção.

Juiz Byers: Bem, se a testemunha levou Mark ao local de embarque, ela pode dizer que o viu usar certo método de transporte. Não sei se é o que fará.

Donovan: A menos que ele tenha visto Mark embarcar em um voo sem escalas para Moscou, não sei como pode afirmar que Mark foi até lá.

Tompkins: Retiro a pergunta.

P. Mark disse ao senhor que estava indo para Moscou?

R. Sim, disse. Ele me contou que vai pela Áustria e, quando voltou de Moscou e nos encontramos, explicar que primeiro pega um avião para Paris; de Paris vai de trem até a Áustria, e da Áustria... aí não consigo lembrar exatamente como sai da Áustria.

Mas isso não pôs fim às perguntas e respostas vagas. Elas ocorreram várias e várias vezes.

Donovan: Perdão, Meritíssimo, mas não poderíamos nos referir ao calendário normal, com meses e anos, em vez de nos referirmos vezes sem conta a uma viagem a Moscou que não foi comprovada?

Juiz Byers: Faz diferença para o senhor se nos referimos a junho de 1955 ou à viagem a Moscou? Faz alguma diferença para o senhor?

Tompkins: Não vejo grande diferença.

Donovan: Faz grande diferença para mim.

Tompkins: Se o sr. Donovan me disser qual é a diferença, ficarei feliz em concordar.

Juiz Byers: Melhor não. Temo que ele faça um discurso sobre o assunto.

Tompkins: Muito bem.

Minhas objeções tinham cada vez menos sucesso. Desta vez, não me sentei, fui sentado.

A promotoria continuou, falando dos encontros iniciais entre Abel e Häyhänen. Tompkins perguntou se ele conhecia a localização dos pontos de coleta do coronel, e Häyhänen disse que podia identificar os números dois, quatro, seis e sete. O cinema Symphony, no número 2.537 da Broadway, foi descrito tanto como ponto de encontro quanto como ponto de coleta número dois: embaixo do carpete de um camarote.

— Sei ter ponto de coleta número seis na Riverside Drive, acredito que perto da Rua 104... era para colocar tachinhas no banco. Havia bancos públicos e embaixo... no bedelho [ripa] do meio Mark colocava uma tachinha... Certa vez, deixou mensagem lá e me mostrou como fazer isso.

Para Abel, essa parte do depoimento deve ter sido particularmente humilhante. Ali estava ele, sendo exposto, despido de seu verniz profissional, por esse trapalhão enviado para ser seu *protégé* e em quem ele depositara certa confiança. Havia uma qualidade patética na cena descrita: o velho espião mestre apalpando a parte inferior de um banco de parque para deixar uma mensagem, enquanto, perto dali, o jovem observava para ver como era feito. Agora, o aprendiz incompetente se voltava contra o orgulhoso velho professor.

Ao contrário do dia anterior, seus olhares jamais se cruzaram. Durante esse segundo dia no banco de testemunhas, questionado perante todo o tribunal, Häyhänen jamais encarou Abel. O coronel, por sua vez, raramente tirava os olhos de seu bloco de notas. Ele estava consciente de ser a figura central do drama que se desenrolava na comprida sala de audiências.

Os jornalistas e outros observadores no tribunal, vendo dia após dia Abel tomar notas, desenhar e conversar agradavelmente com seus advogados durante os recessos, achavam que ele era frio, calculista e impassível, pouco preocupado com o resultado do julgamento. Não poderiam estar mais errados. Era somente sua férrea autodisciplina o que lhe permitia ficar sentado calmamente e em silêncio, sem dar nenhum sinal da provação física e emocional que enfrentava. Embora não soubéssemos, ele não estava bem de saúde. Sofria de uma séria desordem estomacal, mas nunca se queixava dela — ou de nenhuma outra coisa, aliás.

Depois, um oficial do governo me contou sobre a preocupação da esposa de Abel com sua saúde. Ela escrevera para a penitenciária de Atlanta:

> Sei e quero acreditar que você pode se adaptar a qualquer circunstância, mas ainda me preocupo muito com sua saúde. Li em algum jornal que, graças à vida muito modesta que costumava levar, como disseram, você agora sente dores de estômago. Que tipo de dor, meu querido? É a dor que costumava sentir quando estávamos juntos? Você lembra? Quanta dor você sentia na época! Não conseguia engolir nem mesmo alimentos líquidos. Que triste será se estiver passando por isso novamente! Sei que não me contará se sua saúde estiver ruim, fazendo-o somente quando a gravidade de seu estado se tornar evidente, mas, por favor, diga a verdade.

Dos pontos de coleta e áreas de sinalização de Abel, Tompkins passou às missões de Häyhänen — missões de espionagem designadas por Abel.

Sob questionamento, o homem falou de cinco dessas missões, todas com o mesmo resultado. Elas eram indistinguíveis e, na maioria, haviam fracassado. Em uma, viajara para Quincy, Massachusetts (não se lembrava da cidade, apenas que ficava perto de Boston) para localizar um engenheiro naval sueco chamado Olaf Carlson. Acreditava ter encontrado o homem certo, mas não tinha certeza, pois fora instruído a somente localizá-lo, sem entrar em contato.

Häyhänen disse que ele e Abel também viajaram para Nova York, Nova Jersey e Pensilvânia ("apenas para... tiramos algumas fotos") e então descreveu duas viagens para fora da cidade, em busca de um bom local para enviar mensagens de rádio. Uma delas os levara a Hopewell Junction, Nova York; uma segunda, a Nova Jersey, perto da Rota 17. Abel rejeitara a propriedade em Jersey por causa do preço: 15 mil dólares. Dissera ser dinheiro demais. E recusara também o local em Hopewell Junction — mas jamais explicara a razão.

Tompkins perguntou à testemunha se o coronel discutira a razão destas duas últimas viagens.

Häyhänen: Sim, ele explicou que a estação de rádio ilegal seria para transmitir mensagens aos oficiais em Moscou.

P. Mark alguma vez disse ao senhor que estava enviando mensagens?

R. Ele fala apenas de enviar mensagens por pontos de coleta, mas não por rádio; só que diz que recebe mensagens por ele.

P. Ele disse ao senhor como recebia as mensagens? Por que método?

R. Sim, disse... Fala que grava as mensagens em uma fita, transcreve para o papel e decifra.

P. O senhor sabe se o réu tinha equipamento de transmissão?

R. Umas duas vezes ele mencionou código, código Morse.

Do ponto de vista do governo, a missão mais importante de Häyhänen fora localizar Roy Rhodes, codinome "Quebec". As ordens de Moscou eram para ir até Red Bank, Nova Jersey, onde a família do agente seria proprietária de três oficinas. Antes que Häyhänen iniciasse seu relato, contudo, nos vimos envolvidos em um jogo de palavras que se tornara típico do julgamento. Inocentemente, eu o iniciei.

Donovan: Podemos saber, Meritíssimo, quando ele supostamente recebeu essas instruções?

Juiz Byers: O senhor quer saber se devemos saber agora ou quando o senhor fizer a inquirição?

Donovan: Acho que devemos saber agora, Meritíssimo, a fim de podermos...

Tompkins: Meritíssimo, perguntei à testemunha se ela recebeu ou não uma missão, ela começou a me contar sobre a missão, e, imediatamente, tivemos uma objeção quanto à data.

Juiz Byers: Sim. O senhor sabe como são os advogados, sr. Tompkins.

Donovan: Meritíssimo, ontem ele afirmou que sabia que era primavera por causa da chuva e então disse que poderia ser outono, porque também chove no outono.

Tompkins: O sr. Donovan já chegou ao discurso final?

Juiz Byers: Não. Foi um pequeno aparte, só isso.

Roy Rhodes, é claro, era o soldado americano que Abel dissera estar ligado aos russos depois de se comprometer durante uma temporada em nossa embaixada em Moscou. Häyhänen explicou que ele e Mark não conseguiram localizar Rhodes ou sua família em Red Bank, e que, por orientação do coronel, ele enviara uma mensagem a Moscou pedindo informações adicionais. A resposta fora que "Quebec" tinha parentes no Colorado. Dessa vez, Häyhänen fora sozinho; ele telefonara de Salida, Colorado, para a família de Rhodes perto de Howard e descobrira, através da irmã, que o soldado estava alocado em Tucson, Arizona.

P. Ao voltar, o senhor relatou a Mark que localizara Rhodes em Tucson, Arizona?

R. Sim, correto.

P. Os senhores discutiram algo mais sobre Quebec?

R. Sim. Nós concluímos que é, afinal, longe demais para ir cada um e providenciar um ponto de encontro leva muito tempo. E Mark diz que tem outros agentes e não pode se ausentar por tanto tempo; então, eu preciso localizar Quebec. [Durante todo o julgamento, essa foi a única referência a "outros" agentes, e eles jamais foram identificados.]

P. Em alguma dessas conversas, Mark contou ao senhor a razão para localizar Quebec?

R. Sim. Antes de eu partir para aquela Colorado, ele me entregar uma mensagem em filme que continha mais informações sobre Quebec, apelido, nome, data de nascimento, local de trabalho e nome dos pais e familiares.

P. Que tipo de filme?

R. Filme comum de 35mm, mas depois eu o fiz em filme macio.

P. Mark discutiu com o senhor o objetivo de localizar Rhodes?

R. Ele disse que Quebec poderia ser agente bom porque está... ele e alguns de seus familiares trabalham em área militar. Ele se referia ao irmão de Quebec, que trabalhava em algum lugar, não lembro exatamente onde, mas em usina atômica.

Häyhänen então identificou a cópia de uma tira de filme que, segundo ele, mantivera escondida em um ferrolho oco em sua casa em Peekskill. A promotoria não a ofereceu como prova; ao que me parecia, decidiram mantê-la para um momento mais adequadamente dramático.

A testemunha encerrou seu depoimento sobre Rhodes com a informação de que, depois, Abel lhe dissera que não se preocupasse com Quebec, pois ele mesmo faria contato a caminho de Moscou. Aparentemente, Moscou mudara de ideia, pois, quando Abel retornara, dissera a Häyhänen que não vira Rhodes nem falara com ele.

Uma nova fase teve início quando Tompkins perguntou a Häyhänen sobre suas viagens com Abel para fora da cidade.

P. Em uma dessas viagens, os senhores foram até Bear Mountain Park?

R. Sim, fomos.

P. E qual era o objetivo de sua viagem ao Bear Mountain Park?

Donovan: Objeção.

Juiz Byers: O senhor teve alguma conversa com Mark relacionada à viagem ao Bear Mountain Park?

R. Sim.

Juiz Byers: O que ele disse?

R. Disse que vamos encontrar lugares para esconder dinheiro.

Tompkins: Quanto dinheiro?

R. Cinco mil dólares.

P. O que mais ele disse?

R. Que vamos dar cinco mil dólares à esposa do agente Stone.

P. Esposa do agente Stone?

R. Sim.

P. Stone era um codinome?

R. Sim, codinome.

P. Qual era o nome da esposa de Stone?

R. Sua esposa era Helen Sobell.

Tompkins (soletrando lentamente): S-O-B-E-L-L?

R. Sim, correto.

Aquilo fora rápido e sem aviso. Mas fora dito e constava dos autos. Abel estava ligado aos Rosenberg, pois Morton Sobell era um membro condenado do grupo do casal. Julius e Ethel Rosenberg haviam sido condenados por fornecer aos russos, durante a Segunda Guerra Mundial, informações vitais sobre as armas atômicas dos Estados Unidos. Haviam sido executados em 1953.

P. O que os senhores deveriam fazer com o dinheiro no Bear Mountain Park?

R. Mark disse que vamos localizar esposa de Stone e pedir que venha até o parque, onde vamos conversar e lhe entregar o dinheiro.

P. Os senhores realmente enterraram o dinheiro no Bear Mountain Park?

R. Sim, enterramos.

P. Muito bem. Em algum momento, os senhores levaram Helen Sobell até o parque?

R. Não, não levamos.

P. Depois que enterraram o dinheiro, o que fizeram? Os senhores partiram do Bear Mountain Park?

R. Sim, tínhamos... Mark disse que eu era instruído para dar esse dinheiro a Helen Sobell.

P. Ele disse de quem eram as instruções?

R. De Moscou.

Häyhänen disse que isso ocorrera em junho de 1955 e que, como Abel estava ocupado preparando a viagem para Moscou, a missão de entregar o dinheiro à sra. Sobell coubera a ele. O coronel lhe contara ter tentado abordar a mulher diversas vezes, mas "quase sempre havia um policial" na esquina de seu apartamento em Manhattan. Häyhänen explicou que se identificaria com uma carta enviada por Abel ao homem que recrutara "Stone" como agente.

P. Como o dinheiro foi enterrado, tudo junto?

R. Não, em dois lugares diferentes; três mil e dois mil.

Juiz Byers: Por que não satisfazer nossa curiosidade a respeito? As notas estavam empacotadas? Estavam embrulhadas em algo?

Häyhänen: Sim, embrulhadas em papel e dentro de uma sacola de celofane.

Juiz Byers: Quem as embrulhou?

Häyhänen: Mark.

Juiz Byers: O senhor o viu fazer isso?

Häyhänen: Não, não embrulhar, mas vi os dois pacotes.

Juiz Byers: Com ele?

Häyhänen: Sim, e então os enterramos no Bear Mountain Park.

Tompkins: O senhor seguiu as instruções de Mark e entregou os cinco mil dólares à sra. Sobell?

Häyhänen: Não, não entreguei.

P. O senhor relatou o que fizera em relação à sra. Sobell?

R. Sim, relatei.

P. E como o senhor relatou sua ação?

R. Eu relatei que localizei Helen Sobell, entreguei dinheiro a ela e disse para gastar com cuidado.

Na mesa da defesa, Abel escreveu em seu bloco: "H. mais tarde relatou ter localizado Sobell e entregado o dinheiro a ela, dizendo-lhe que fosse cuidadosa ao gastá-lo." Então sublinhou a frase. Foi a única vez em que chamou atenção, dessa maneira, para qualquer parte do depoimento de qualquer testemunha. Sua expressão profissional, no entanto, não se alterou.

Häyhänen disse que fizera seu relatório a Moscou por meio de um ponto de coleta. A resposta lhe dissera que voltasse à casa da sra. Sobell, falasse com ela e determinasse se era possível usá-la como agente. O promotor Tompkins perguntou à testemunha se ele sabia se a sra. Sobell já fora agente soviética.

Häyhänen: Quando Mark me explica que o dinheiro deve ser entregue para esposa de Stone, ele diz que, usualmente, no trabalho de espionagem soviética, marido e mulher são recrutados juntos como agentes.

P. Assim, em seu entendimento das palavras de Mark, marido e mulher eram agentes da União Soviética?

R. Sim.

A segunda reviravolta, segundo Häyhänen, ocorreu depois que Abel retornara de Moscou. O coronel relatara que fora instruído a pagar mais cinco mil dólares à sra. Sobell. Assim, ordenara que Häyhänen organizasse um encontro com ela.

P. O senhor se encontrou com Helen Sobell?

R. Não.

P. O senhor se comunicou com ela?

R. Não, mas Mark explicar ter cinco mil dólares no banco.

P. Os mesmos cinco mil dólares que os senhores enterraram?

R. Não.

P. Depois disso, o senhor teve qualquer outra conversa com o réu, Mark, sobre Helen Sobell?

R. Não.

O promotor começou a perguntar à testemunha sobre sua vida em Newark, mas, após vários minutos, ele se interrompeu e disse ao juiz:

— Meritíssimo, posso sugerir um recesso? A testemunha está falando sem pausa. Não sei o que cederá primeiro: sua voz ou minhas pernas.

Sem comentários, o juiz Byers ordenou uma pausa para o almoço, até as 14h.

Várias "cidadezinhas" transformam o condado do Brooklyn em uma metrópole, mas, ao meio-dia, no centro, onde se localizam os tribunais em torno do Centro Cívico, ele é praticamente uma paróquia. Os advogados da Court Street levam seus casos para as calçadas, e, durante essa hora, "todo mundo conhece todo mundo". Saímos do tribunal e cruzamos a praça em direção ao restaurante Joe's, na Fulton Street. Durante o julgamento, jamais nos perguntávamos onde almoçar. O costume local era comer no restaurante mais popular da região, uma relíquia do velho Brooklyn. Ele era grande, cheio, barulhento e havia serragem no chão; o serviço e a comida, especialmente a sopa de feijão, eram muito bons.

Quando nosso intervalo terminou, voltamos ao tribunal, parando para ver as manchetes dos jornais. O julgamento ainda estava nas primeiras páginas, e a manchete mais recente dizia: ABEL LIGADO AOS ROSENBERG. Nesse ínterim, em Manhattan, a sra. Sobell negava que ela ou o marido já tivessem cometido espionagem. Afirmou que "o depoimento sem sentido [de Häyhänen] é apenas uma maneira de me difamar [...]" e que tudo o que queria era o direito de visitar o marido, declaradamente com o objetivo de conseguir engravidar.

De volta ao banco das testemunhas, Häyhänen parecia um palhaço de circo triste. De acordo com suas próprias palavras, era tão atrapalhado e malsucedido, que se tornava cada vez mais difícil pensar nele como agente inimigo perigoso para nosso governo. No corredor em frente à sala de audiências, um agente federal dizia a um repórter de revista:

— O cara não conseguiria emprego como espião nem em um filme dos irmãos Marx.

O promotor queria saber quando e onde Häyhänen se encontrara com Abel depois de seu retorno. Os dois agentes não haviam se visto entre junho de 1955 e julho do ano seguinte. Onde fora a reunião?

> *Häyhänen*: Houve um mal-entendido. Quando recebi a mensagem, ela dizia: "Gostaria de encontrá-lo no mesmo local de antes."

Da última vez em que Abel e Häyhänen haviam se visto, estavam no cinema Symphony, na Broadway. Abel, que enviara a mensagem, queria que Häyhänen esperasse por ele no cinema em Flushing, onde haviam se encontrado pela primeira vez.

> *Häyhänen*: Eu lembro que encontrei Mark pela última vez em cinema, cinema Symphony, então fui até lá e procurei por ele, mas Mark procura por mim no cinema RKO Keith. Então, envio mensagem dizendo que o esperaria onde nos conhecemos.

Quando finalmente se encontraram, Abel disse a Häyhänen que seu trabalho era insatisfatório e que ele devia voltar para casa e visitar a família.

> *P.* Mark [...] estava insatisfeito porque o senhor não abriu a loja de fotografias em Newark?
> *R.* Sim, correto.
> *P.* E ele sugeriu que o senhor tirasse férias em Moscou, certo?
> *R.* Sim, correto [...]. Mark diz que enviou mensagem a Moscou falando que, como eu não abrir loja de fotografias, podia ir embora — ou que estava na hora de férias.
> *P.* O senhor recebeu alguma comunicação o autorizando a partir?

R. Sim. Recebi mensagem de Moscou que dizia que minhas férias eram permitidas e que, o mais rapidamente possível, preciso solicitar passaporte americano e ir para a Europa como turista. [A mesma mensagem também o promovia a tenente-coronel.]

Em 24 de abril de 1957, Häyhänen viajara a Le Havre a bordo do transatlântico francês *Liberté*. Em Paris, seguira as instruções de Abel. Telefonara para um número especial (KLE-3341) e perguntara:

— Posso enviar dois pacotes para a URSS sem interferência da Companhia Mori?

Tompkins: E o senhor obteve resposta?

Häyhänen: Sim, obtive resposta.

P. Após receber a resposta, o que o senhor fez?

R. Fui para o local combinado e me encontro com oficial russo. Eu uso a mesma gravata azul e fumo cachimbo... Caminhamos por vários quarteirões e vamos a um bar, e bebemos conhaque e café.

P. E depois disso?

R. Ele me entrega dinheiro, francos franceses e dólares americanos, duzentos dólares.

Na noite seguinte, Häyhänen e o oficial soviético tiveram um encontro visual. Nenhum deles falou. Como combinado, Häyhänen estava sem chapéu e carregava um jornal. Isso significava que partiria no dia seguinte para Berlim Ocidental e, de lá, para Moscou.

P. No dia seguinte, o que o senhor fez?

R. No dia seguinte, entrei na Legação Americana em Paris.

P. Depois de entrar na embaixada, o que o senhor fez?

R. Expliquei ser espião russo com patente de tenente-coronel e ter informações que podem ser úteis aos oficiais americanos.

Häyhänen só foi até aí. Não forneceu razões para a deserção e, de fato, jamais usou essa palavra. Supostamente, teria dito ao FBI que estava "de saco cheio" de tudo e se desencantara por não ter recebido um posto "seguro" em uma embaixada — no mundo da espionagem "legal".

> *P.* Quando foi à embaixada americana e conversou com esses oficiais, o senhor lhes entregou alguma coisa?
> *R.* Sim, como prova, dou a eles moeda de cinco marcos finlandeses e explico que é recipiente feito de duas moedas.

O governo apresentou como prova a moeda que Häyhänen afirmou ter entregado à embaixada americana em Paris. Ele explicou que ela podia ser identificada por um minúsculo furo, e que, "se enfiar uma agulha nesse furo, conseguirá abrir o recipiente". Então o demonstrou para o júri.

Objetei contra a introdução da moeda, afirmando que, no minuto em que Häyhänen entrara na embaixada, ele deixara a conspiração ("se é que houve uma") e, desse modo, não podia depor sobre o que acontecera depois desse momento em relação ao réu Abel. Também acrescentei uma segunda objeção.

> *Donovan*: Meritíssimo, o governo estipulará que dispositivos similares podem ser facilmente encontrados em qualquer loja de produtos para mágicas e em outras similares?
> *Tompkins*: Meritíssimo, em toda a minha vida, nunca vi algo assim.
> *Donovan*: Não foi o que eu perguntei, Meritíssimo.
> *Tompkins*: Honestamente, não... eu não acho que elas possam ser obtidas em qualquer lugar.
> *Juiz Byers*: Não acho que a solicitação do sr. Donovan seja pertinente neste momento. O senhor pediu que a testemunha demonstrasse como o recipiente pode ser aberto e ela o fez. Sugiro que o feche novamente e deixe que os jurados o analisem; eles

podem querer experimentar o mecanismo. Enquanto isso, tente descobrir se o sr. Donovan está bem-informado quanto aos seus fornecedores. Não acho que isso seja importante.

Faltavam dez minutos para as 16h. A sala de audiências estava fechada e quente. A promotoria apresentou outra prova ao tribunal — algumas anotações que Abel dera a Häyhänen —, e nós disputamos um ponto menor. Häyhänen era competente para identificar a caligrafia de Abel?

O juiz observou os jurados: eles estavam passando a moeda aberta de mão em mão.

> *Juiz Byers*: Faltam três minutos para o encerramento, sr. Tompkins. O senhor quer passar esses três minutos abrindo e fechando aquela moeda?
>
> *Tompkins*: Não. Se falta tão pouco para o encerramento, começaremos um novo assunto e ele será o final de nosso questionamento direto.

Com o monotonamente familiar aviso ("Membros do júri, preciso repetir que não determino isto para minha satisfação pessoal, mas os senhores não devem [...]") de que não deveriam discutir o caso ou falar sobre ele com ninguém, o juiz dispensou os jurados. Saímos lentamente da sala de audiências; Häyhänen havia quase terminado de falar, e a inquirição estava prestes a começar.

Quarta-feira, 16 de outubro

— O governo quer um julgamento longo; três semanas, talvez um mês. Ele quer mostrar, de uma vez por todas, como os russos espionam o mundo livre.

Esse era o boato. Eu o ouvira durante o julgamento, lera em um dos jornais e, mesmo agora, ele circulava pelos corredores do tribunal. A equipe da promotoria me assegurou que era apenas um rumor. Eu esperava que sim.

No início do terceiro dia de julgamento, tinha a sensação de que ficaria dentro da sala de audiências, ouvindo Häyhänen, para sempre. Também parecia que todos nós havíamos estado lá sem interrupção, sem nenhum recesso nas noites de segunda e terça--feira. Havia similaridade em todas as coisas e imobilidade na sala, no elenco de personagens e, especialmente, na corpulenta testemunha.

Durante oito horas e meia, Häyhänen ficou sentado lá na frente. Enquanto isso, todas as noites estudávamos cada fragmento de informação que tínhamos sobre ele e sua fantástica carreira; na noite anterior, havíamos percorrido toda Manhattan em busca de moedas ocas e, dentro dos táxis, lido a transcrição datilografada do depoimento do dia anterior.

Nessa atmosfera, saudamos a distração fornecida pela batalha das moedas. A despeito de o juiz nos ter dito que não a via como importante, lançamo-nos na controvérsia lateral como se o resultado do julgamento dependesse dessa única moeda de cinco marcos finlandeses.

Nossa disputa era tão oca como a moeda, mas nenhum dos lados queria reconhecer isso.

Tompkins: Meritíssimo, no encerramento de ontem acho que o senhor pediu que eu e o sr. Donovan verificássemos se dispositivos similares à moeda estavam facilmente disponíveis. Posso fornecer ao tribunal apenas a informação de que um tipo similar de moeda foi criado do mesmo modo — era um níquel. Fizeram--se investigações, e a moeda foi mostrada ao proprietário de uma loja de brinquedos, que está no negócio há 28 anos e afirma estar completamente familiarizado com todos os truques com moedas. Ele disse não acreditar que aquela fosse uma moeda falsa criada para realização de mágica.

Em outras palavras, ele afirmou que a moeda era diferente das outras, e que o furo no anverso era algo que jamais vira antes.

Donovan: Meritíssimo, nenhuma dessas declarações foi feita por uma testemunha especialista. É impróprio introduzi-las como prova.

Tompkins: A relevância é o fato de que o sr. Donovan disse que elas estavam facilmente disponíveis, senhor.

Juiz Byers: O senhor não está tomando essas declarações como prova?

Tompkins: Não como prova; não, senhor.

Juiz Byers: O senhor está respondendo ao comentário feito pelo sr. Donovan de que esses artigos estão à venda por aqueles que vendem dispositivos usados por larápios...

Tompkins: Mágicos.

Juiz Byers: ... artistas e outros mágicos. O senhor está apenas respondendo a esse comentário.

Tompkins: Isso mesmo.

Juiz Byers: O que o sr. Donovan disse não é prova, e o que o senhor está dizendo não é prova.

Tompkins: Correto, senhor.

Donovan: Meritíssimo, com todo o respeito a quem quer que seja o dono dessa loja de brinquedos, na noite passada vi várias moedas de dólar ocas. Estou preparado para apresentar algumas moedas ocas estrangeiras, que encomendei, e estou pronto, mesmo tendo praticado muito pouco na noite passada, para realizar vários truques baseados no princípio da moeda oca. Tenho algumas aqui comigo. Sugiro que...

Juiz Byers: O que isso provaria?

Donovan: Estou certo de que posso demonstrar, Meritíssimo, que moedas ocas não apenas são conhecidas há anos, mas também são comumente vendidas nos círculos de mágicos. Vi uma na noite passada, Meritíssimo.

Juiz Byers: A declaração da defesa consta dos autos e, repito, não consiste em prova perante o júri.

Tompkins: Meritíssimo, posso fazer uma pergunta ao sr. Donovan? Essas moedas ocas possuem um furo no qual uma agulha pode ser introduzida?

Donovan: Tenho uma que apresenta um furo no qual se pode introduzir uma agulha. Está em meu bolso.

O argumento foi abandonado, e nunca tive a oportunidade de apresentar minhas moedas ocas ao júri. Depois, eu as dei a meus filhos.

Tompkins começou esclarecendo trechos do depoimento do dia anterior. O item principal da agenda eram os cinco mil dólares enterrados no Bear Mountain Park. Algumas pessoas, incluindo um jornalista cuja matéria relatava que o governo americano encontrara o dinheiro, estavam em dúvida sobre o que Häyhänen fizera com ele.

P. Sr. Häyhänen, ontem nos disse que o senhor **e** o réu enterraram cinco mil dólares no Bear Mountain Park com o objetivo de eventualmente entregar esse dinheiro à sra. Sobell. Isso está correto?

R. Sim, está correto.

P. E o senhor também afirmou que não entregou o dinheiro, não é mesmo?

R. Sim.

P. O senhor pode nos dizer o que fez com ele?

R. Fiquei com ele para mim.

P. Depois que o réu retornou de Moscou...

O juiz não estava satisfeito. Ele interrompeu para perguntar:

P. Ele não afirmou que tinha enterrado o dinheiro?

Tompkins: Os dois o enterraram juntos, Meritíssimo.

Juiz Byers: Sim. Mas como pode se enterrar o dinheiro **e** ficar com ele ao mesmo tempo?

Tompkins: Conforme me lembro, o réu, antes de sair do país, o orientou a entregar o dinheiro à sra. Sobell.

Juiz Byers: Sim.

Tompkins: E a testemunha diz que não fez isso.

P. O senhor desenterrou o dinheiro?

R. Sim, desenterrei e peguei para mim.

As sombrias muralhas vermelhas do Kremlin, datadas do século XV, estavam a mais de sete mil quilômetros daquela sala de audiências no Brooklyn. Häyhänen tirou coragem desse fato. Calma e deliberadamente, ele estava afirmando — pela segunda vez — que traíra a KGB e roubara cinco mil dólares. Com a mesma frieza, agora explicava que mentira para Abel ao contar a história sobre três homens que o seguiam. Fora uma desculpa para não deixar os Estados Unidos quando lhe ordenaram.

P. Isso era ou não verdade? O senhor estava sendo seguido?

R. Não, não era verdade.

Em seguida, Tompkins quis saber sobre sua experiência com mensagens secretas enviadas como micropontos. Häyhänen disse que, em novembro ou dezembro de 1954, Abel lhe dera instruções escritas sobre como preparar micropontos e lhe dissera que praticasse.

P. O senhor, em alguma ocasião, transmitiu micropontos por si mesmo?

R. Recebi instruções de Mark para praticar como ele me mostra e pratico durante inverno de 1954 e 1955.

P. O senhor lhe mostrou os resultados de seu treino?

R. Sim, mostro... ele me diz que meus resultados não são bons o bastante, que ele conseguia micropontos melhores e com mais contraste, e então pratico mais.

P. O senhor sabe se o réu enviou micropontos?

R. Sim, ele enviou.

P. O senhor sabe se ele enviou algum desses micropontos pelo correio?

R. Sim, ele me diz com suas próprias palavras.

P. O que ele lhe disse?

R. Diz que envia micropontos pelo correio para Paris, França.

P. Ele os enviou por carta?

R. Não, dentro de revistas.

P. O senhor pode repetir o que ele disse e explicar, se souber, como os enviava?

R. Sem revista, é difícil explicar. Mas ele coloca esses micropontos, os cola por dentro, onde revistas são... como se diz?

P. Grampeadas?

R. Sim, grampeadas, ele escreve onde ficam os grampos... então grampeia novamente e ninguém pode reconhecer os pontos, pois ninguém olha entre os grampos.

P. O senhor sabe que tipo de revista ele usava?

R. Usa *Better Homes* [*Better Homes and Gardens*] e *American Home*. Essas foram as duas que mencionou.

A despeito desse engenhoso método e de Häyhänen afirmar que ninguém olharia entre os grampos, as respeitáveis revistas de decoração e suas mensagens escondidas não foram recebidas. Abel finalmente ouviu "de Moscou" para descontinuar o envio, e "ninguém descobriu o que acontecera às revistas".

Tompkins se sentou, e o promotor-assistente Kevin Maroney questionou Häyhänen sobre as mensagens que recebera e o código em que estavam escritas. A testemunha disse que enviara 25 mensagens e recebera 30 durante os quatro anos e meio em que fora assistente-residente. Todas as mensagens estavam em seu código pessoal.

P. Em outras palavras, nenhum outro agente possuía aquele código específico?

R. Não, ninguém mais.

O governo apresentou o que chamou de mensagens hipotéticas, escritas em russo e cifradas com o código pessoal de Häyhänen. Em seguida, explicou detalhadamente como funcionava o código, decodificando uma das mensagens hipotéticas.

Objetei dizendo que a mensagem, como explicado por Häyhänen, era incompreensível, sem sentido como prova e, consequentemente, irrelevante.

O juiz Byers negou a objeção, comentando causticamente:

— Talvez o júri entenda o que não está claro para mim e para o senhor.

Durante a longa explicação de Häyhänen sobre o código, que ainda me parecia incompreensível, as pessoas saíram da sala de audiências para fumar e um jurado olhou para o relógio. Vários outros olharam em torno da sala e para fora das doze janelas — quatro fileiras de três. Eu as contara mil vezes desde as 10h30 de segunda-feira.

Quando a testemunha terminou, Maroney perguntou se Abel tinha um código similar.

Häyhänen: Mark diz que tem código, mas usa... estava cifrando e decifrando diferente; usa pequenos livros especiais com números, que tornam a codificação mais fácil.

Após dois dias e meio — que por vezes tinham parecido dois anos-luz e meio — o interrogatório direto estava terminado. Até o juiz se mostrou cético.

Juiz Byers: Isso significa que o interrogatório direto está encerrado?

Maroney: Sim, senhor.

Prontamente apresentamos uma petição para que o governo nos entregasse todas as declarações feitas por Häyhänen ao FBI, incluindo as anotações "substancialmente *verbatim*" feitas pelos agentes durante os interrogatórios. Pela nova regra do tribunal federal, uma extensão da famosa decisão Jencks da Suprema Corte, a defesa tinha o direito de inspecionar certas declarações feitas ao FBI por testemunhas do governo. A Suprema Corte declarara que eram "relevantes para o processo de testar a credibilidade do 'depoimento durante julgamento' de uma testemunha".

Por nossa insistência, e somente depois de considerável resistência, o juiz Byers concordou em inspecionar os arquivos do FBI sobre o caso de Abel e decidir que partes constituíam "anotações" e a que materiais teríamos direito. Não houve argumento sobre o fato de que deveríamos receber todas as declarações assinadas de Häyhänen; três delas, juntamente com um diagrama que ele desenhara, foram imediatamente entregues pela promotoria. O juiz disse que iniciaria a revisão às 14h e então se voltou para o assunto de minha inquirição.

Juiz Byers: O senhor não poderia começar a inquirição agora? Pegar os relatórios, estudá-los e então continuar a inquirição?

Donovan: Não, Meritíssimo. Esse homem depôs durante dois dias e meio. Asseguro que, lendo a transcrição, às vezes, quando acho que estamos falando de Moscou em 1951, me deparo com declarações sobre a New Utrecht Avenue na esquina com a Rua 56, Brooklyn.

Isso vai tomar tempo. Trabalhamos nisso a noite passada, mas, dado que o senhor nos disse, no início deste caso, que nos daria tempo suficiente para preparar a inquirição, peço respeitosamente que tenhamos até amanhã de manhã para revisar o que o homem passou dois dias e meio dizendo.

Tompkins disse não ter objeções, explicando que não queria "restringir o sr. Donovan". O juiz olhou para o júri.

— Membros do júri, aparentemente precisaremos fazer um recesso até amanhã de manhã, digamos, 10h40 [...].

Enquanto a sala de audiências esvaziava, começamos a fazer planos. Havia 325 páginas de depoimento direto de Häyhänen, tínhamos de pegar a transcrição da sessão da manhã, e havia ainda as anotações do FBI que o juiz Byers nos permitisse ver. Também tínhamos de conversar com Abel. Debevoise se ofereceu para falar com ele, na ala de detenção do tribunal.

Depois, Tom relatou que Abel parecera aliviado por aquela parte do julgamento estar terminada. Também contara uma história curiosa. Sorrindo, dissera que Häyhänen se esquecera de contar sobre a ocasião em que eles iam de carro pela ponte George Washington e Abel dissera que uma bomba daria conta dela.

— O coronel riu como se fosse uma piada — disse Tom. — Ao menos, espero que tenha sido uma piada.

Quinta-feira, 17 de outubro

Nesse dia, pela primeira vez, a defesa controlaria a ação. Seria nosso show. Era uma repetição do dia de abertura: sala de audiências lotada, excitação, tensão e pessoas conversando no lobby, nos elevadores e nos corredores.

Eu sentia com muita intensidade que não devíamos "exagerar" em nosso caso. Todo advogado de defesa em ações criminais corre o risco de alienar o juiz e os jurados quando inicia uma ofensiva. Se ele ataca cegamente, sem razão ou motivo, fazendo perguntas sem razoável certeza das respostas, mostra ser um tolo desesperado. Essa é sempre uma tentação para os advogados jovens.

Häyhänen se sentou mecanicamente no banco das testemunhas, e o juiz, pronto para o dia de trabalho, disse apenas:
— Inquirição.

Donovan: Sr. Häyhänen, que seja de seu conhecimento, o senhor já foi indiciado nos Estados Unidos?
R. Não entendi a pergunta.

Tompkins (objetando imediatamente): Meritíssimo, se a defesa puder apresentar qualquer condenação, não tenho objeções, mas o indiciamento...

Juiz Byers: Não acho que a pergunta sobre indiciamento seja apropriada. Presume-se que todas as pessoas sejam inocentes.

Donovan: Meritíssimo, ele foi nomeado neste indiciamento como coconspirador. Durante três dias, afirmou ter cometido uma ampla variedade de crimes contra os Estados Unidos.

Tompkins: Meritíssimo, acho que isso é altamente tendencioso.

Donovan: Também tem a vantagem adicional de ser verdade, Meritíssimo.

Tompkins: Quanto a ser nomeado coconspirador, é verdade.

Juiz Byers: Sou contra interrupções. Deixe o sr. Donovan terminar, por favor.

Donovan: Creio, Meritíssimo, que é muito relevante e apropriado perguntar à testemunha se ela já foi indiciada por alguma dessas questões ou acusada por qualquer oficial federal de ter cometido esses crimes.

Juiz Byers: Não entendi que essa era sua pergunta.

Donovan: É minha única pergunta, Meritíssimo.

Juiz Byers: Se sua pergunta for "O senhor já foi indiciado por qualquer um dos fatos mencionados em seu depoimento durante este julgamento?", eu a permitirei.

Donovan (voltando-se para a testemunha): Com relação aos fatos sobre os quais depôs durante este julgamento, que seja de seu conhecimento, sr. Häyhänen, o senhor já foi indiciado nos Estados Unidos?

R. Não entendo a palavra "indiciado".

P. O senhor já foi formalmente acusado de qualquer crime, com relação aos fatos sobre os quais depôs?

R. Que seja de meu conhecimento, não.

P. Antes de 6 de maio de 1957, o senhor teve alguma conversa com qualquer oficial ou policial americano relacionada a suas atividades nos Estados Unidos ou na Rússia?

R. Não.

Então apresentei a Peça A para identificação, uma declaração manuscrita de 37 páginas, escrita por Häyhänen para o FBI em maio e junho e que tínhamos lido pela primeira vez na noite anterior. Estava em russo, e nossa tradução para o inglês foi apresentada como Peça B. A testemunha explicou:

— Os agentes do FBI me pedem que escreva sobre minha vida, e então escrevo. Escrevo em meu quarto de hotel. Não escrevo no mesmo dia porque os agentes estavam me interrogando. Quando tive tempo, escrevo carta.

O juiz e então Tompkins, ao perceber a manobra, solicitaram o nome do tradutor da declaração escrita em russo por Häyhänen. Fiquei extremamente relutante. O tradutor, é claro, era Abel, a quem havíamos solicitado o serviço na noite anterior.

> *Tompkins*: Com licença. A defesa dirá à testemunha? Não vejo nenhuma objeção em dizer à testemunha quem traduziu o documento.
> *Donovan*: Meritíssimo, acredito que a testemunha está pronta para responder à pergunta ["A tradução está correta?"].
> *Juiz Byers*: O sr. Donovan não quer fazer isso; vamos ceder à sua relutância.
> *Donovan*: Posso garantir que não fui eu.

Em seguida, apresentei duas novas peças que traziam a assinatura de Eugene Nicoli Maki. Uma era um formulário de solicitação de passaporte em Helsinki, e a outra, o contrato de aluguel da loja na Bergen Street, n. 806, Newark. Häyhänen admitiu que as assinaturas cram suas.

> P. Acredito, sr. Häyhänen, que testemunhou que, em fevereiro de 1953, sua esposa se uniu ao senhor nos Estados Unidos?
> R. Sim, correto.
> P. E acredito que o senhor testemunhou que se casou em 1951?
> [A informação constava da solicitação de passaporte.]

R. Sim, correto.

P. Não é fato, sr. Häyhänen, que na época em que o senhor disse ter se casado, em 1951, já tinha esposa e filho?

R. Sim.

P. Isso é verdade?

R. Sim.

P. Lerei para o senhor a seguinte passagem [retirada de sua biografia de 37 páginas], que faz parte de sua própria declaração ao FBI:

"Durante o verão de 1948, fui chamado a Moscou [...] para uma entrevista pessoal com alguns colegas e superiores da PGU [inteligência]. Estive em Moscou durante vários dias [...]. Um ex-chefe da seção operativa que tinha a patente de major-general e era chefe de seção da PGU me entrevistou [Häyhänen informou que seu nome era Barishnikov]. [...] Em seguida, consenti formalmente em realizar trabalho de inteligência, com a condição de que pudesse deixar minha esposa e meu filho."

P. Isso está correto?

R. Sim, e a tradução correta também.

P. Assim, entendo de seu depoimento que o senhor é bígamo?

Tompkins (ficando em pé de um salto): Meritíssimo, acho que o depoimento fala por si mesmo.

Juiz Byers (calmamente): Não acho que ele precise caracterizar o efeito legal de seu depoimento.

Tompkins: O sr. Donovan está citando um documento relacionado ao ano de 1948?

Juiz Byers: Sim.

Häyhänen: Eu me casei em 1951.

Donovan: Ele já testemunhou que, em 1951...

Juiz Byers: Eu concordei com a objeção, sr. Donovan.

Recuei, fiz uma pausa e voltei a Häyhänen de um ângulo diferente.

P. Na Rússia, é legal ter duas esposas ao mesmo tempo?

Tompkins nem bem acabara de se sentar e já se levantava novamente:

— Objeção.

Donovan: Acho que ele sabe, Meritíssimo.

Juiz Byers: Talvez saiba, mas é provável que o júri não se importe com isso. Concordo com a objeção.

Olhei para os jurados — Dublynn, Burke, Hughes, Farace, Ellman, Kerwin, Marshall, Clair, Smith, McGrath, Werbell e Scheinin.

Donovan: Acho que o júri está muito interessado.

Tompkins: Bem, então...

Nenhum promotor pode se dar ao luxo de apoiar um argumento que defenda ou seja indiferente à poligamia. Especialmente no Brooklyn, o condado das igrejas.

Juiz Byers: Talvez eu tenha interpretado mal a postura deles. Posso estar errado.

Donovan: Quanto à Peça C, sr. Häyhänen, a qual consiste nas cópias autenticadas de passaportes, não é fato que, no formulário de solicitação de seu passaporte — que lhe foi concedido em 4 de dezembro de 1956 —, assinado pelo senhor, em resposta à pergunta sobre sua esposa legal, o senhor escreveu "Hannah Maki" e forneceu a data de casamento como 25 de novembro de 1951?

P. Sim, é correto.

R. E o senhor admite que, em 25 de novembro de 1951, tinha esposa e filho na Rússia?

Häyhänen (angustiado): Era parte de minha "lenda", porque... é por isso que escrevi... que respondi dessa maneira às perguntas.

R. Fiz uma pergunta simples. Em 25 de novembro de 1951, não é fato que o senhor tinha esposa e filho na Rússia?

P. Sim.

R. Que o senhor saiba, ainda tem esposa e filho na Rússia?

P. Não sei.

R. Com relação a sua afirmação de que, em 1953, uma mulher se uniu ao senhor, quem era essa mulher?

Novamente, o promotor objetou. O juiz me instruiu a perguntar somente:

— Quem se uniu ao senhor nos Estados Unidos em 1953?

Häyhänen: Minha esposa, de meu casamento na igreja.

P. Como ela se chama?

R. Hannah Maki.

P. Foi essa sra. Maki a que assinou o contrato de aluguel juntamente com o senhor na propriedade da Bergen Street?

R. Sim, ela.

P. Em seu depoimento, o senhor afirmou que alugou a propriedade na Bergen Street para servir como disfarce para seu trabalho de espionagem. Isso está correto?

R. Sim... Eu planejo abrir um estúdio e mesmo... e ao mesmo tempo vender equipamentos fotográficos, como filmes, papel fotográfico ou algumas câmeras.

P. E esse seria seu disfarce?

R. Sim, correto.

P. O senhor chegou a abrir tal loja...

R. Não.

P. Não é fato que o senhor pregou tábuas nas janelas da frente, para impedir completamente a passagem de luz?

R. Não usei tábuas.

P. O que o senhor fez em relação às janelas da frente?

R. Passo polidor para vidros nas janelas da frente porque elas estavam sujas, pretendendo deixá-lo até abrir loja. Como não abri, não lavei aquelas... não retirei o polidor.

P. Quanto tempo o senhor esteve lá?

R. Cerca de um ano.

P. Durante esse tempo, enquanto tinha esse disfarce para espionagem, o senhor tinha essa loja fotográfica que nunca abriu e polidor de vidros cobrindo as janelas da frente, está correto?

R. Sim, correto.

P. Agora preciso que o senhor pense com muito cuidado, sr. Häyhänen. Enquanto vivia nesse endereço com a esposa número dois...

O promotor (impaciente): Meritíssimo, por favor, essa caracterização não é justa.

Juiz Byers (com voz neutra): Suponho que, numericamente, ele está correto, não está?

Sem resposta. Objeção negada, sem comentários. O promotor se sentou novamente.

P. Quero que o senhor pense com muito cuidado — vasculhe suas memórias. Enquanto vivia lá, alguma vez uma ambulância foi chamada para atendê-lo?

R. Sim.

P. A polícia chamou a ambulância?

R. Não.

P. O senhor poderia explicar como a ambulância foi chamada?

Na noite anterior, já tarde, nosso detetive particular telefonara de Newark. Ele finalmente encontrara e entrevistara o dono do edifício na Bergen Street. O homem dissera que não "queria se envolver" porque tinha parentes na Rússia e implorara para não se tornar testemunha. Contudo, confirmara tudo o que havíamos ouvido sobre Häyhänen. O senhorio dissera que fora ao apartamento de Maki para cobrar um aluguel atrasado e chamara uma ambulância quando vira Häyhänen sangrando e sangue espalhado pelos cômodos.

P. Senhorio vem nos ver e chama ambulância.

R. Por quê?

Tompkins: Meritíssimo, por favor. Só um minuto. Eu gostaria de saber qual é a materialidade desse questionamento, Meritíssimo.

Donovan: A materialidade, Meritíssimo, se o senhor precisar de alguma...

Juiz Byers: O senhor não precisa fazer um discurso todas as vezes que o sr. Tompkins desejar saber de algo. Todos gostaríamos de saber. Faremos mais progresso se o senhor continuar sua inquirição.

P. Caso saiba, por que razão a ambulância foi chamada?

R. Sim, eu sei.

P. Bem, então nos diga.

R. Estávamos embalando tudo nosso para sair do depósito; quando corto corda para um pacote, minha mão escorrega e corto a perna.

P. Quão severo era o ferimento?

R. Tinha cerca de quatro centímetros.

P. (Mais rapidamente agora, e erguendo a voz): Não é verdade que a razão pela qual o senhorio chamou a ambulância foi o fato de haver sangue por toda parte?

Häyhänen (surpreso): Sim. Não por toda parte, mas em uns dois cômodos.

Donovan: Sim [enfatizando a resposta — *sim*], e não é verdade que a esposa número dois o esfaqueou durante uma discussão embriagada? Não é verdade?

R. Não, não é. Se quer, posso falar mais sobre toda situação.

P. Se o senhor nega que ela o esfaqueou, não há mais nada que eu possa fazer agora.

R. Ela não fez isso. Não fez.

P. Não é verdade que, em várias ocasiões, a polícia visitou seu apartamento?

R. Em várias ocasiões, não.

P. Em algumas?

R. Apenas uma.

P. O senhor poderia explicar as circunstâncias?

R. Como já expliquei, quando chamam a ambulância, policiais vêm com ela.

P. Não me refiro a essa ocasião. Estou perguntando se a polícia de Newark foi até seu apartamento em qualquer outro momento, que seja de seu conhecimento, enquanto o senhor viveu lá.

R. Eles nunca vão em nosso apartamento enquanto moramos lá.

P. Eles tentaram entrar, certa noite?

R. Não sei, mas... acho que ninguém tenta entrar, senão eu abro a porta e pergunto quem estava lá, se estou em casa.

Era como segurar um espelho na frente de Häyhänen e pedir apenas que relatasse o que via. O espelho, é claro, era o relatório de nossa investigação particular. Sua visão estava deliberadamente distorcida. Obviamente, ele não tinha certeza de quanto sabíamos, e, assim, suas respostas eram uma mistura de verdade, mentiras e evasivas, tudo mal traduzido para o inglês por sua lenta mente báltica.

P. Não é verdade que, em uma dessas ocasiões, o senhor espancou sua esposa?

R. Não, não é.

Juiz Byers: Espere um pouco. O senhor terá de refazer sua pergunta. Não sei o que quer dizer com "em uma dessas ocasiões". Ele disse que a polícia só esteve lá uma vez, que ele saiba. Assim, por favor, mude a forma da pergunta. A polícia esteve lá mais de uma vez?

R. Não. Apenas aquela vez, com a ambulância, como expliquei.

Novamente, recuei, fiz uma pausa para deixar que o júri refletisse sobre a última pergunta e reiniciei minha abordagem de outra direção, sem jamais perder meu objetivo de vista.

P. O senhor se lembra da padaria perto da Bergen Street, n. 806?

R. Sim, lembro.

P. Não é verdade que, certo dia, o senhor entrou na padaria com sua esposa, comprou um pão, jogou-o no chão e ordenou que ela o apanhasse? Isso é verdadeiro ou falso?

Eu queria um simples sim ou um simples não. Em vez disso, houve objeção.

Tompkins: Não vejo que materialidade...

Häyhänen (interrompendo): Quando?

Tompkins (continuando): ... jogar um pão no chão possa ter em um caso de espionagem.

Donovan: Meritíssimo, acredito que ele já respondeu.

Häyhänen: Não. Eu fiz uma pergunta: quando? Não consigo me lembrar desse tipo de coisa agora.

Após três dias no banco, mesmo um homem apático como Häyhänen aprende a se proteger. Ele adquirira alguns clichês de tribunal, mas os misturava, dizendo "que eu me lembre" em vez de "que eu saiba".

Donovan (incrédulo): O senhor quer dizer que foi um incidente tão rotineiro que não consegue se lembrar?

Häyhänen: Não, não foi rotineiro, mas sim extraordinário, e por isso não acho que tenha acontecido. Talvez o senhor possa me lembrar de quando ocorreu.

P. O senhor nega que tenha ocorrido?

R. Eu acabei de pedir para, por favor, me dizer quando ocorreu?

P. Se o senhor não consegue se lembrar de algo assim...

R. Não. Talvez eu me lembre de que, na ocasião, estou em outra cidade. É por isso que gostaria de saber.

Passamos por isso três vezes e ele não negou que o incidente ocorrera. Já bastava. Agora era hora de apertar o cerco.

P. Na época em que morava na Bergen Street, o senhor bebia?

R. (francamente) Sim, bebia.

P. Quanto?

R. (de maneira evasiva) Era diferente se semana diferente, era diferente.

P. Qual foi o máximo que o senhor já bebeu em uma única noite enquanto morava nesse endereço?

R. Cerca de meio litro.

P. Meio litro?

R. Sim.

Juiz Byers (demonstrando interesse): De quê?

Häyhänen: Meio litro de vodca.

P. Não é verdade que, enquanto morava na Bergen Street, o senhor costumava jogar no lixo grandes quantidades de garrafas de bebida? Isso é verdade?

Tompkins: O que... Eu gostaria de saber o que o sr. Donovan chama de grandes quantidades de garrafas de bebida.

Donovan: Meio litro de vodca é bom o bastante para mim, mas estou apenas perguntando, Meritíssimo.

Tompkins: O que é uma grande quantidade para o sr. Donovan? Meio litro?

Juiz Byers: Acho que a testemunha tem direito a uma sugestão definida. Uma grande quantidade de garrafas em um longo período de tempo é uma coisa; uma grande quantidade de garrafas em um ou dois dias é outra. Ele tem direito de saber o que o senhor está perguntando.

P. Não é verdade que, ao menos uma vez por semana, o senhor jogava no lixo quatro ou cinco garrafas de uísque e de outras bebidas?

R. Às vezes, jogo uma vez por semana. Às vezes, cada três semanas. Porque tem quatro cômodos e depósito grande, com esconderijos suficientes para guardar as garrafas vazias.

213

A resposta era uma confissão clássica de um alcoólatra. Evocava a imagem de um apartamento de quatro cômodos em que um homem tinha muito espaço para esconder suas garrafas de vodca e uísque: "Porque tem quatro cômodos e depósito grande, com esconderijos suficientes para guardar as garrafas vazias."

P. Pelo que entendemos de seu depoimento, durante todo o tempo em que morou lá com as janelas cobertas de polidor, jogando fora essas garrafas de bebida e...

Juiz Byers (asperamente): Não houve depoimento a respeito de janelas cobertas ou de ele jogar fora o que quer que fosse. Se o senhor o está citando, por favor o faça de maneira acurada. Ele disse que as janelas estavam revestidas. Esse é o número um. Ele não afirmou que jogou fora grande número de garrafas de bebida. Esse é o número dois. Por favor, recomece e seja exato.

Häyhänen cobrira as janelas da frente com polidor para vidros e acabara de afirmar que jogava fora suas garrafas de bebida vazias uma vez por semana ou cada três semanas. Para mim, o juiz estava errado, mas minha batalha era com a testemunha. Ele não estava em uma boa posição e eu queria mantê-lo lá.

P. (ignorando o juiz) E com uma ambulância sendo chamada, acompanhada pela polícia, por causa desse ferimento em sua perna, devemos acreditar que o senhor é um tenente-coronel da inteligência secreta soviética e que estava aqui para conduzir uma operação secreta de espionagem. Correto?

Tompkins: Espere um pouco. Há alguma prova de que a ambulância foi acompanhada pela polícia?

Donovan: Sim. Acredito que ele mesmo declarou isso.

Juiz Byers: Não acho que ele tenha dito que a ambulância foi acompanhada pela polícia. Ele disse que a polícia foi enviada juntamente com a ambulância.

Donovan: Não, Meritíssimo. O senhorio chamou a ambulância. Em função da natureza do ferimento, a polícia estava presente.

P. (para Häyhänen) Não é verdade?

Tompkins: Espere um pouco. Em segundo lugar, acho que a pergunta é argumentativa.

Juiz Byers: Argumentativa e recitativa. Se ele respondesse a uma pergunta simples: "Onde estava no ano de 1953?", isso pouparia tempo e evitaria problemas. É isso o que o senhor deseja?

Donovan: Não, Meritíssimo.

Donovan (mudando de abordagem): Retornando ao assunto da bebida, sr. Häyhänen. O senhor ainda bebe?

R. Sim.

P. Quanto o senhor bebeu ontem?

R. O dia inteiro?

Novamente, perfeito para nosso lado. Häyhänen pensava como um alcoólatra. Era rápido em racionalizar. Eu conseguia imaginá--lo dizendo a seu padrinho nos Alcoólicos Anônimos: "Eu bebi dez ou doze drinques, mas durante o dia todo. Começamos um pouco cedo..."

P. O dia inteiro e à noite.

R. Uns quatro drinques, do tamanho servido nos bares.

P. O senhor bebeu algo hoje pela manhã?

R. (de modo direto e sem malícia) Pela manhã, tomei café e comi pão.

P. [Eu não tinha nada a perder.] Alguma bebida alcoólica esta manhã?

R. Não.

Tompkins: Meritíssimo, ainda não vejo a materialidade dessa linha de questionamento em uma conspiração para cometer espionagem.

Juiz Byers: Pode afetar a credibilidade da testemunha.

E foi só.

Estava prestes a concluir a inquirição. Pegando a declaração de 37 páginas escrita por Häyhänen ao FBI, eu a ofereci como prova e, lentamente, li um trecho para o júri, lembrando à testemunha de que o escrevera de próprio punho:

— "Morei e trabalhei na Finlândia de julho de 1949 a outubro de 1952. Lá, recebi meu passaporte americano e cheguei a Nova York em outubro de 1952. *Não me envolvi em atividades de espionagem e não recebi nenhuma informação secreta de ninguém durante minha estada no exterior, nem na Finlândia, nem nos Estados Unidos da América.*"

Donovan: Não tenho mais perguntas, Meritíssimo.

Tompkins jamais explicou ou atacou essa curiosa e contraditória confissão de Häyhänen. Ele fez apenas uma pergunta rápida — a única durante seu reexame.

P. Sr. Häyhänen, por que o senhor foi enviado aos Estados Unidos?

R. Fui enviado aos Estados Unidos para ser assistente de Mark no trabalho de espionagem.

Häyhänen deixou o banco das testemunhas; quatro anos depois, estaria morto em função de um misterioso acidente automobilístico em uma rodovia da Pensilvânia.

Como um pêndulo, o caso voltou à promotoria. Durante o restante daquela manhã e toda a tarde, a acusação continuou a fortalecer sua cadeia de provas, acrescentando detalhes e construindo o cenário de apoio para o que já constava dos autos. Cinco testemunhas menores subiram ao banco: quatro agentes do FBI e a sra. Arlene Brown, de Radium, Colorado, irmã do sargento Roy Rhodes. A sra. Brown disse que, na primavera de 1955, recebera o telefonema de um homem — "Ele tinha um sotaque muito carregado" — que perguntara por seu irmão Roy.

Depois, no mesmo dia, antes que o juiz encerrasse a sessão, houve outro depoimento sobre Rhodes, aquela enigmática figura. Foi um dramático depoimento "surpresa" que levou o soldado americano para mais perto da sala de audiências e catapultou seu nome para as manchetes do julgamento, as quais ele em breve dominaria.

Dois dias antes, Häyhänen descrevera sua busca por Rhodes e explicara como Moscou enviara uma mensagem microfilmada com um dossiê sobre o soldado. Agentes do FBI se alternaram no banco para afirmar, em sua linguagem clara e exata, que o filme fora encontrado em um ferrolho enrolado em uma embalagem de pão na casa de Häyhänen em Peekskill. O agente especial Frederick E. Webb, especialista em comparações de caligrafia e tipografia, veio do laboratório do FBI em Washington para mostrar ao júri fotos ampliadas do ferrolho e ler a mensagem sobre Rhodes, alegadamente recebida por Abel e entregue a Häyhänen.

Quebec. Roy A. Rhodes, nascido em 1917 em Oilton, Oklahoma, EUA. Sargento sênior do Ministério da Guerra, antigo funcionário dos EUA. Adido militar em nosso país. Era chefe da oficina da embaixada.

Foi recrutado para nosso serviço em janeiro de 1952, em nosso país, que deixou em junho de 1953. Recrutado com base em materiais comprometedores, mas está ligado a nós por seus recibos e pela informação que nos forneceu em sua própria caligrafia.

Foi treinado em criptografia no ministério antes de ser enviado para trabalhar na embaixada, mas não foi usado como criptógrafo por tal embaixada.

Depois que deixou nosso país, foi enviado para a Escola de Comunicações do Exército, na cidade de San Luis, Califórnia. Deveria ser treinado como mecânico de máquinas de criptografia. Concordou em continuar cooperando conosco nos Estados Unidos ou qualquer outro país. Foi combinado que enviaria cartas especiais a nossa embaixada, mas não recebemos nenhuma durante o ano passado.

Recentemente, soubemos que Quebec está morando em Red Bank, NJ, onde é proprietário de três oficinas. O trabalho está sendo realizado por sua esposa. Sua própria ocupação, no presente, é desconhecida. Seu pai, o sr. W. A. Rhodes, reside nos Estados Unidos. Seu irmão também está nos Estados Unidos, onde trabalha como engenheiro em uma usina atômica na Geórgia, juntamente com o cunhado e o pai.

O juiz explicara a mim e a Tompkins que um compromisso previamente agendado faria com que estivesse ausente na manhã seguinte. Concordamos em fazer um recesso até a manhã de segunda-feira, e ele fez o anúncio ao júri.

Deixamos a sala de audiências com ganhos e com perdas. O juiz Byers abrira a sessão naquela manhã negando-nos acesso geral às anotações do FBI (ele examinara as anotações de quatro agentes, seis pacotes no total, descrevendo entre 75 e 100 entrevistas). Contudo, acreditava que a defesa tivera grande sucesso em desacreditar Häyhänen como testemunha confiável.

Um artigo de jornal dizia:

"A inquirição do sr. Donovan revelou que, qualquer que tenha sido a razão de sua [de Häyhänen] entrada ilegal no país em 1952, ele jamais forneceu o menor auxílio ao governo soviético."

Nosso trabalho agora era preparar-nos para encontrar o sargento Roy Rhodes, do Exército americano. Do lado de fora da sala de audiências, a promotoria anunciou que "no início da semana seguinte" o sargento ia depor. Enquanto isso, somando-se ao mistério que já o cercava, circularam relatos públicos de que, na verdade, ele era um contraespião americano.

"Embora não haja nada para dar credibilidade a essa ideia", dizia um artigo, "observadores do julgamento acreditam que o sargento Rhodes se revelará um contraespião que enganou deliberadamente os russos."

Segunda-feira, 21 de outubro

Quinto dia, segunda semana.

Durante toda a primeira semana, a sombra do corpulento Reino Häyhänen pairara sobre o julgamento e a sala de audiências em que era realizado. Será que iríamos mais rápido, agora que havíamos deixado sua confissão para trás? A promotoria afirmara ter mais de cinquenta testemunhas prontas para depor.

Os procedimentos que governam um julgamento e o levam adiante se preocupam muito pouco com unidade dramática, transição ordenada ou sequência. Depoimentos frequentemente são interrompidos ao fim da sessão; testemunhas principais com depoimentos reveladores aguardam nos corredores, à mercê de adiamentos; e, depois de termos enfrentado uma testemunha durante quatro dias consecutivos, subitamente havia 14 delas para preencher os autos com apenas 158 páginas de depoimento.

A primeira testemunha daquela manhã foi Burton Silverman, um artista que fora amigo de "Emil Goldfus" no Brooklyn. Sempre que Abel, em seus papéis como Goldfus ou Martin Collins, se registrava em um hotel, ele colocava o nome de Silverman no espaço reservado para "Notificar em caso de emergência".

Silverman fora a primeira pessoa a quem o coronel pedira para escrever após sua prisão. A pungente resposta do artista fora endereçada a mim:

"Após longa e dolorosa deliberação, cheguei à conclusão de que a correspondência [...] não será possível. Confio que o senhor entenderá os motivos dessa decisão, sabendo que ela contraria meus sentimentos de compadecimento pelo isolamento e pela solidão do coronel Abel."

O representante do governo era agora o promotor-assistente Maroney.

P. O senhor conhece Emil R. Goldfus?

R. Sim.

P. O senhor o vê nesta sala?

R. Sim.

P. O senhor poderia indicar onde o vê?

A testemunha apontou para Abel. Agora, ele estava positiva-mente identificado como impostor. Mas o governo não chamou Silverman para denunciar Goldfus-Abel, o homem com múltiplas identidades, mas sim para identificar sua máquina de escrever, encontrada pelo FBI no estúdio da Fulton Street.

— Aparentemente, esta é a máquina que peguei emprestado do sr. Goldfus. Acho que foi no fim de abril ou por volta disso.

Quando Maroney apresentou a máquina de escrever (Reming-ton portátil, número de série N 1128064), ele encerrou com a teste-munha. Fizemos uma breve inquirição e trouxemos a testemunha para nosso lado.

P. Durante seu relacionamento com o réu, o senhor o visitou em várias ocasiões?

R. Sim.

P. O senhor conversou com ele frequentemente?

R. Sim.

P. E os senhores... o senhor e sua esposa eram amigos do réu durante esse período, não eram?

R. Sim.

P. Qual era a reputação do réu na comunidade, quanto a sua honestidade e integridade?

Houve uma objeção, e o juiz se manifestou.

Juiz Byers: Acho que vou permitir. O senhor alguma vez dis-cutiu a reputação do réu com outras pessoas?

Silverman: Sim. Com certeza.

Juiz Byers: Ele tinha a reputação de dizer a verdade?

Silverman: Sim. Sua reputação era irrepreensível.

P. (repetindo) Irrepreensível?

R. Sim.

P. O senhor alguma vez ouviu algo de ruim sobre o réu, em qualquer sentido?

R. Não.

Juiz Byers: E essas discussões estavam relacionadas a um homem chamado Goldfus?

Silverman: Sim.

Depois veio Harry McMullen, que durante 12 anos fora superintendente dos Estúdios Ovington, na Fulton Street, n. 252. Ele atravessou a rua até o tribunal e se tornou testemunha. Indicou Abel como inquilino da unidade 505 e de um espaço para armazenagem no número 509, no mesmo corredor.

P. O senhor sabe se ele conduzia algum tipo de negócio?

R. Não. Nunca vi ninguém lá.

P. O senhor nunca viu ninguém lá. O que o senhor quer dizer com isso?

R. Ele só pintava.

O objetivo do sr. McMullen, como testemunha do governo, era dizer ao júri que, em meados de 1955, Abel partira de férias e ficara ausente durante cinco ou seis meses. Então, em abril de 1957, ele pagara em dinheiro os meses de maio e de junho, explicando que tinha sinusite e sairia da cidade para se recuperar.

— Jamais o vi novamente— disse o superintendente, concluindo o interrogatório direto.

Esta foi nossa inquirição:

P. Alguma vez o senhor teve oportunidade de discutir a reputação do réu com qualquer uma dessas pessoas [do edifício]?

R. O senhor quer dizer ultimamente?

Depois que Abel fora indiciado e trazido do Texas para julgamento, uma das revistas semanais entrevistara e fotografara seus vizinhos. McMullen, fotografado na frente do edifício em camisa esporte de mangas curtas, dissera que Abel pagava o aluguel em dia e uma vez o ajudara a consertar o elevador.

P. A qualquer tempo.

R. Não, não que eu saiba. Quero dizer, ele era inquilino lá, um bom inquilino.

P. Ele era um bom inquilino?

R. Sim.

Em rápida sucessão, quatro testemunhas foram chamadas e partiram, cada uma delas contando sua parte na descoberta e na identificação, quatro anos antes, da misteriosa moeda que se abrira e revelara uma mensagem codificada soviética.

Fora James Bozart, um entregador de jornal de 13 anos fazendo suas entregas em certo dia do verão de 1953, quem encontrara a moeda, e fora ele quem começara a história.

— E então o troco escorregou da minha mão e caiu na escada; quando o apanhei, uma das moedas estava dividida ao meio. Uma delas... uma metade continha uma peça de microfilme.

A moeda e o filme foram entregues ao distrito policial local, onde um detetive telefonara para o FBI. O escritório de Nova York a enviara ao laboratório de Washington, onde a mensagem microfilmada permanecera indecifrada durante quatro anos, até que Häyhänen fornecesse seu código pessoal. Somente então a mensagem fora decodificada e traduzida. Ela foi lida no tribunal:

Nossas congratulações por sua chegada segura. Confirmamos o recebimento de sua carta ao endereço "V", repito, "V", e a leitura da carta número um.

Para organização do disfarce, demos instruções para entregar-lhe três mil em [moeda] local. Consulte-nos antes de investir em qualquer tipo de negócio, informando sua natureza.

De acordo com sua solicitação, transmitiremos separadamente a fórmula para preparação de filme macio e notícias, juntamente com a carta de sua mãe.

É cedo demais para enviar os gamas [...].

[O FBI não tinha certeza do que isso significava. O tradutor escrevera à margem: "Significado desconhecido; em sentido literal, trata-se de exercícios musicais."]

Codifique as cartas curtas, mas as mais longas devem ser interpoladas. Todos os dados pessoais, local de trabalho, endereço etc. não devem ser transmitidos em uma única mensagem codificada. Transmita as interpolações separadamente.

Os pacotes foram entregues pessoalmente a sua esposa. Tudo está bem com sua família. Desejamos sucesso. Saudações de seus camaradas. Número Um, 3 de dezembro.

Claramente, a mensagem — Número Um — fora a primeira enviada a Häyhänen. O níquel provavelmente fora derrubado ou gasto pelo agente embriagado e distraído.

Tão fascinante e irônica como a história dessa moeda de espionagem perdida era a que a promotoria agora revelava. Novamente, ela começava com a deserção de Häyhänen e a revelação ao FBI de que seu ponto de coleta no Prospect Park, um buraco em uma escadaria de cimento, fora fechado com argamassa. Aparentemente, os reparos haviam sido parte do trabalho rotineiro da conscienciosa equipe do Departamento de Parques.

O FBI abriu o degrau de cimento e encontrou um ferrolho oco contendo uma mensagem. A testemunha, o agente Webb, do FBI, que foi novamente chamado ao banco, leu a mensagem:

Ninguém compareceu ao encontro nem no oitavo nem no nono do 203 às 20h30, como combinado. Por quê? Ele deveria estar do lado de dentro ou do lado de fora? O horário está errado? O lugar parece correto. Por favor, confira.

Webb também afirmou que a mensagem fora datilografada na máquina de Abel, encontrada no estúdio da Fulton Street, e explicou como combinava com outras amostras datilografadas na mesma máquina. Para fins de demonstração, usou uma carta de Emil Goldfus a seu senhorio e alguns panfletos entregues a Häyhänen sobre o "Uso de vácuo para fazer matrizes" e "Fotografia colorida e separação de negativos".

Fizemos uma pausa para o almoço e voltamos às 14h para mais depoimentos sobre a máquina de escrever — "a máquina de escrever está bem aqui, Peça n. 52". Como a maioria dos depoimentos de especialistas, aquele me pareceu interminável, repetitivo e, às vezes, desnecessário:

— A letra M minúscula, que aparece em seguida na linha de cima, a serifa à direita [...] a parte externa da serifa está parcialmente ausente, como também se pode ver [...]. A letra S bate com mais força à direita [...]. A letra P está inclinada para a direita, na parte superior, uma característica já mencionada.

Então o governo chamou um médico. Houve confusão atrás de nós, e alguns dos bancos do fundo se esvaziaram. As pessoas saíram para fumar e respirar um pouco de ar fresco nos longos e amplos corredores de teto alto. Os jornalistas se dirigiram aos telefones da imprensa para "falar com a redação".

Tompkins explicou:

— Meritíssimo, chamaremos o dr. Groopman. Ele estará ligeiramente deslocado, mas o chamamos por causa de sua profissão. Será breve, Meritíssimo.

O dr. Samuel F. Groopman disse que tinha um consultório no Hotel Latham e que, em 21 de maio de 1957, o réu (que dissera se chamar Martin Collins) fora até lá para se vacinar.

P. O senhor o vacinou, dr. Groopman?

R. Sim, vacinei.

P. E o senhor conversou com o réu sobre uma viagem ao exterior?

R. Sim, senhor, conversei. Perguntei para onde ele estava indo.

P. E o que ele disse?

R. Ele disse que estava indo para os países do norte, a fim de pintar.

Duas testemunhas menores se seguiram ao médico. Um agente do FBI disse que fora ao Brand's Bar, na esquina da Rua 58 com a Quarta Avenida, Brooklyn, e encontrara uma tachinha que o suposto mensageiro (Asko) deixara para Häyhänen. O banheiro masculino do bar era a área de sinalização dos dois agentes. Depois, o chefe de registros do Departamento de Estado testemunhou que Abel jamais se registrara como agente de um governo estrangeiro — um depoimento tecnicamente necessário, mas quase cômico, dadas as circunstâncias. O homem do Departamento de Estado foi a 13ª testemunha da promotoria.

Tompkins então se levantou dramaticamente para fazer um anúncio.

— A promotoria chama Roy A. Rhodes, Meritíssimo, o sargento Rhodes.

Ele entrou, um camarada alto, magro e de orelhas grandes. Fazia o tipo Gary Cooper, mas tinha uma aparência dissoluta e poderia facilmente ter interpretado o papel de subdelegado federal em programas militares. Usava roupas civis: um terno grande demais para ele, uma grande gravata colorida e camisa branca com colarinho largo e sem palhetas.

Quando terminou de subir ao banco e prestar juramento, a sala de audiências estava cheia novamente. Tompkins, que interrogara apenas uma testemunha durante todo o dia, postou-se diante dele e começamos.

P. Sargento, seu nome completo é Roy A. Rhodes?

R. Sim, senhor.

P. O senhor é membro das forças armadas dos Estados Unidos?

R. Sim, senhor.

P. Que ramo?

R. Corpo de Sinaleiros, senhor.

P. E qual é sua patente?

R. Sargento-mestre, senhor.

P. Há quanto tempo o senhor é membro das forças armadas?

R. Pouco mais de 15 anos.

Tompkins conseguiu da testemunha uma série de respostas que estabeleceram que o sargento era o homem que Moscou chamava de "Quebec", o assunto da mensagem microfilmada para Abel lida no tribunal na quinta-feira anterior. Rhodes disse ter nascido em 11 de março de 1917, em Royalton, Oklahoma; seu pai se chamava W. A. Rhodes e, em 1955, ele morava em Howard, Colorado, na fronteira com Salida. Acrescentou ter três irmãs e disse que uma delas era a sra. Arlene Brown, de Radium, Colorado, anteriormente de Howard. Seu irmão se chamava Franklin S. Rhodes.

O sargento do Exército afirmou que servira em Fort Monmouth, Nova Jersey (endereço postal: Eatontown, vizinha de Red Bank) e que seu posto permanente era em Fort Huachuca, Arizona. Enquanto estava alocado lá, morava em Tucson.

P. Durante o curso de seu serviço militar, sargento, o senhor foi enviado à União Soviética?

R. Sim, fui.

P. Em que data o senhor chegou à União Soviética?

R. Em 22 de maio de 1951.

O promotor prosseguiu lentamente, espalhando os fatos pelos autos. Rhodes demonstrou que um soldado de carreira quase nunca esquece as datas de seus deslocamentos e quase sempre diz "senhor". Ele ficara em Moscou até junho de 1953 e, durante esses anos, fora sargento de motores da embaixada americana, encarregado da frota de carros mantida em uma oficina a 2,5km de distância.

Ele disse ser casado e pai de uma garotinha de 8 anos e que sua família se unira a ele em Moscou em fevereiro de 1952, dez meses após sua chegada. Ele se lembrava de que o pedido para levar a esposa e a filha para a Rússia fora aprovado em dezembro de 1951.

P. Sargento, dirigindo sua atenção para o dia antes do Natal, no qual o senhor soube que sua família recebera permissão para se unir ao senhor: pode nos dizer brevemente o que aconteceu nesse dia?

R. No dia em questão, segundo me lembro, trabalhei na oficina pela manhã e fui até a embaixada para almoçar. Ao chegar à embaixada, fui notificado pelo Departamento de Estado de que o Ministério das Relações Exteriores russo aprovara o visto de minha esposa e que ela se uniria a mim em breve.

P. O senhor almoçou?

R. Almocei.

P. E o que o senhor fez após o almoço?

R. Bem, durante o almoço, tomei alguns drinques. É isso o que o senhor quer que eu mencione?

Linhas longas e profundas corriam de ambos os lados de sua ampla boca. Quando comprimia os lábios, o rosto assumia um ar duro e frio, e ele parecia mais velho que seus 40 anos. Mesmo assim, estranhamente, um sorriso quase tolo cruzava seu rosto às vezes — como se tudo fizesse parte de uma brincadeira entre soldados.

P. Bem, o que quer que tenha acontecido.

Juiz Byers: Acho que ele deixará a questão a seu critério.

Rhodes: Muito bem, senhor.

P. O que quer que tenha ocorrido após o almoço.

R. Bem, durante o almoço, fui encontrar os fuzileiros navais. Tomamos alguns drinques. Na verdade, vários drinques, antes que eu voltasse para a oficina. Ao chegar lá, dois russos, mecânicos que trabalhavam para mim na oficina [...] [seus nomes eram Vassily e Ivan, disse ele] decidiram que deviam comemorar comigo. Um drinque levou a outro, e, aparentemente, ficamos nisso a tarde toda. Às 15h30 ou 16h, suponho, por volta desse horário... a namorada do mecânico mais jovem estava com o carro dele e foi buscá-lo na oficina. Ainda havia um pouco de vodca, e eu perguntei: "Por que você não convida sua namorada para um drinque?" Quando ela entrou, havia uma garota com ela, uma garota que eu nunca vira antes.

Bebemos o restante da vodca, pelo que me lembro, e então alguém sugeriu que saíssemos para jantar. Não sei quem foi, mas é provável que tenha sido eu. Não me lembro exatamente de como tudo começou, mas saímos da oficina de carro, com essas duas garotas, e fomos até o apartamento do mecânico, acho que era seu apartamento. Nunca entrei. Não sei como era o interior.

De qualquer modo, ele ficou ausente por quinze ou vinte minutos. Tomou banho, trocou de roupa, voltou ao carro, e nós quatro fomos até um dos hotéis de Moscou. A festa durou a noite toda, e sei que dancei, comi e bebi com essas pessoas, mas não me lembro de ter saído do hotel. Não sei... provavelmente desmaiei e eles tiveram de me carregar.

Só sei que, no dia seguinte, acordei na cama com essa garota, no que presumi que fosse o quarto dela.

Quando ele interrompeu a narrativa, eu me levantei.

Donovan: Meritíssimo, a defesa respeitosamente pede que todo esse relato seja removido dos autos, por não ser relacionado ao réu.

Juiz Byers: Não neste momento. Há muito desse material que não conheço. Não tenho como decidir.

Rhodes afirmou que, cinco ou seis semanas "após a festa", recebera um telefonema da jovem com quem passara a noite.

P. Como resultado do telefonema ou em seguida a ele, o senhor se encontrou com a jovem?

R. Sim. Concordei em encontrá-la e fui até ela.

P. Ela estava sozinha ou havia alguém junto?

R. Quando a encontrei, estava sozinha.

P. Muito bem. O que o senhor fez?

R. Fui de metrô até o local combinado. Caminhamos pela rua, e ela me contou que estava com problemas...

Donovan: Objeção.

Juiz Byers: Não relate o que ela disse.

Rhodes: Muito bem. Caminhamos pela rua e fomos abordados por dois homens, dois russos. Achei que eram nativos.

P. Algum deles falava inglês?

R. Um deles falava inglês.

P. O senhor sabe o nome de algum deles?

R. Um deles se apresentou como irmão da garota. Não tenho ideia de qual era seu nome. O outro se apresentou... a garota o apresentou por um nome russo, acho, e ele disse: "Chame-me de Bob Day."

P. Bob Day?

R. Bob Smith ou Bob Day. Não tenho certeza do nome que usou, mas acredito que era Bob Day.

P. Muito bem. Depois de se encontrar com esses dois homens, o que os senhores fizeram? Não nos relate nada da conversa; mas exatamente o que fizeram?

R. Voltamos ao quarto que eu achava ser o quarto em que acordara antes do encontro, onde estivera após a festa.

P. Os três entraram no quarto?

R. Eu e os dois homens, sim, senhor. A garota não entrou.

P. O que aconteceu à garota, o senhor sabe?

R. Ela desceu novamente, depois que subimos as escadas.

P. O senhor a viu novamente depois disso?

R. Nunca mais a vi.

Parecia incrível que Rhodes, com 15 anos no Exército e patente de sargento-mestre, pudesse ser enganado por um esquema tão trivial e tão transparente de "chantagem". Ainda mais difícil, ao menos para mim, era aceitar o fato de ele não ter sido avisado de que, em Moscou, todo russo que trabalha para a embaixada americana — incluindo sua oficina — é agente de inteligência. Vassily e Ivan, os quais Rhodes dissera "conhecer bem", obviamente haviam descoberto sua fraqueza e então preparado uma armadilha.

P. O senhor, Bob Smith — ou o homem que o senhor acha ser Bob Smith — e outro homem estavam no quarto. Pode nos contar o que aconteceu? Os senhores conversaram?

R. Conversamos.

P. Quanto tempo durou a conversa?

R. Creio que umas duas horas, aproximadamente. Talvez um pouco mais.

P. Em seguida, o senhor foi embora?

R. Sim.

P. E para onde foi?

R. Não sei, mas acho que caminhei de volta para a embaixada naquela noite.

Para nós, na mesa da defesa, parecia espalhafatosamente óbvio que o sr. Promotor e a sra. Testemunha brincavam de gato e rato. Eu tinha certeza de que os fatos que Rhodes não narrava eram muito mais prejudiciais a ele do que as coisas que era compelido a admitir.

P. O senhor viu qualquer um desses indivíduos novamente?

R. Sim. Havia apenas um deles, aquele que chamei de Bob Day. Nós nos encontramos três dias depois... cerca de três dias depois.

P. O senhor pode nos dizer o que aconteceu quando se encontrou com Bob Smith?

R. Nesse encontro? Não sei. Nesse encontro, comi, bebi e fiquei embriagado. Não sei o que aconteceu durante o encontro.

P. O senhor se lembra de onde ocorreu?

R. Em um hotel. Não sei o nome.

P. Quando o senhor se encontrou novamente com Bob Smith ou Bob Day?

R. Dois ou três meses depois disso.

P. E onde o senhor o encontrou?

R. Em meu apartamento.

P. Ele estava sozinho?

R. Não. Nesse encontro havia cinco outros russos; acho que eram russos. Dois usavam roupas civis e três usavam uniformes militares.

P. O senhor disse que eles usavam uniformes militares. Uniformes militares de que nação?

R. Da Rússia.

P. Muito bem. O senhor pode nos dizer o que aconteceu?

R. Tivemos uma reunião. Não me lembro bem, pois bebi um pouco. Havia coisas para comer, se eu quisesse.

P. E quanto tempo durou a reunião?

R. Mais ou menos o mesmo tempo, entre uma hora e meia e duas horas.

Rhodes disse que comparecera a um total de 15 reuniões. A quase todas havia comparecido Bob Day; os russos uniformizados foram a apenas duas ou três. Havia praticamente uma reunião por mês.

P. Nessas reuniões, o senhor fornecia informações?

R. Sim, senhor.

P. Em algum momento, o senhor recebeu dinheiro desses indivíduos?

R. Sim, senhor.

P. O senhor pode nos dizer o total, durante o período em que esteve em Moscou?

R. Algo entre 2.500 e 3 mil dólares.

P. O senhor se lembra de quantas vezes recebeu dinheiro?

R. Acredito que cinco ou seis vezes.

P. O senhor se lembra do primeiro pagamento ou da primeira soma, desculpe, que lhe foi dada, sargento?

R. Sim. O primeiro dinheiro que recebi deles, encontrei em minhas roupas [...].

No dia seguinte a seu primeiro encontro com Bob Day, Rhodes partira para a Alemanha para se encontrar com a esposa e a filha, que se uniriam a ele em Moscou. Ficou ausente por 12 ou 15 dias e, ao retornar, subitamente descobriu dois mil rublos cuja origem não conhecia.

P. Quanto são dois mil rublos em dólar?

R. Quinhentos dólares.

P. Então o senhor afirma que, em cinco ou seis outras ocasiões, recebeu dinheiro dos russos?

R. Sim, senhor.

P. Sargento, o senhor forneceu recibos para esse dinheiro?

R. Sim.

P. Os recibos foram assinados pelo senhor?

R. Sim.

P. Que se lembre, sargento, o senhor forneceu a essas pessoas alguma declaração escrita?

R. Não sei dizer, senhor.

Rhodes não era prisioneiro, no sentido legal, mas estava confinado a seu posto militar e recebera ordens para usar roupas civis no tribunal. O Exército aguardava sua vez, e era apenas uma questão de tempo até a corte marcial.

Tompkins: O senhor declarou ter dado informações a essas pessoas.

Rhodes: Sim, senhor.

P. As informações eram verdadeiras ou falsas?

R. Um pouco de cada.

P. O senhor forneceu a eles informações relativas a seus deveres na embaixada?

R. Sim, senhor.

P. O senhor forneceu a eles a informação de que fora treinado em criptografia?

R. Sim, senhor.

P. O senhor se lembra de ter fornecido a eles informações relativas aos hábitos do pessoal militar designado para a embaixada?

R. Sim, senhor.

P. E relativas aos hábitos do pessoal do Departamento de Estado?

R. Sim, senhor.

Rhodes afirmou que, durante sua carreira militar, fora designado para Aberdeen, Maryland; Fort Belvoir, Virgínia; e para o Pentágono, onde recebera seu treinamento em criptografia. O soldado admitiu ter dado aos russos informações sobre seus deveres e sobre os postos em que servira.

P. Sargento, depois de retornar aos Estados Unidos [a San Luis Obispo], o senhor tinha um método de comunicação... quero dizer, um modo de entrar em contato com a embaixada russa nos Estados Unidos?

R. Sim, senhor.

Durante três semanas consecutivas, ele deveria enviar um artigo recortado do *The New York Times* que fosse crítico da Rússia. Os artigos deveriam ter um ponto de interrogação vermelho. Na quarta semana, no mesmo dia em que os recortes eram enviados à embaixada russa em Washington, Rhodes deveria ficar em frente a um cinema na Cidade do México. Seria abordado por um agente soviético.

P. O senhor foi instruído sobre como se vestir?

R. Não havia uma roupa especial, mas eu deveria carregar ou fumar o cachimbo que me entregaram.

P. Depois de voltar aos Estados Unidos, voltando por um minuto a suas instruções, o senhor tentou se comunicar com a embaixada russa?

R. Não, senhor.

P. O senhor se comunicou com alguém daquele país?

R. Não, senhor.

Esse foi o fim do interrogatório direto do governo.

Donovan: Peço que todo o depoimento seja removido e que o júri seja instruído a desconsiderá-lo por ser inadequado, imaterial e não relacionado ao réu.

Como já eram mais de 16h, o juiz Byers dispensou os jurados, e a defesa explicou por que acreditávamos que o depoimento de Rhodes era injusto e não pertencia aos autos.

Donovan: Meritíssimo, 99% do depoimento desse homem nesta tarde diz respeito a uma conspiração, se é que houve uma, totalmente não relacionada às acusações do indiciamento. Não há afirmação, Meritíssimo, de que esse homem tenha conhecido o réu e nenhuma afirmação de que tenha conhecido Häyhänen. Não há afirmação de que tenha conhecido alguém nomeado como coconspirador no indiciamento.

Juiz Byers: Nesse tipo de conspiração, sr. Donovan, não seria surpresa se vários dos conspiradores não se conhecessem. Essa não é uma pequena conspiração para invadir e queimar um edifício. É uma conspiração muito ampla.

Donovan: Meritíssimo, a conspiração do indiciamento foi supostamente planejada pela inteligência militar soviética. A outra conspiração sobre a qual ouvimos nesta tarde parece ser resultado do infortúnio de um homem que ficou embriagado em Moscou e fez todas essas coisas, mas respeitosamente afirmo que não há ligação que torne seu depoimento relevante ao caso.

Juiz Byers: Bem, não estou preparado para dizer nem sim nem não. Adiarei a decisão.

Donovan: Obrigado.

Terça-feira, 22 de outubro

É difícil dizer quando a segunda-feira se transformou em terça e o que preencheu cada hora. Para nós, todas elas pareciam iguais enquanto trabalhávamos durante quase a noite inteira de segunda-feira, preparando-nos para enfrentar Roy Rhodes. O governo atendera nossa requisição das declarações que Rhodes fizera a vários órgãos investigativos. Lemos todas as anotações e ouvimos as gravações dos interrogatórios conduzidos por agentes de contrainteligência do Exército.

À medida que ouvíamos as fitas, percebi por que Tompkins não tentara extrair do homem a história completa de seu crime contra o país. Rhodes dera aos russos informações sobre questões de segurança nacional, e o governo simplesmente não podia lhe pedir que revelasse, em audiência pública, as informações que vendera: se Rhodes dissesse "tudo", isso poderia abalar a representação diplomática americana em Moscou e em outras capitais estrangeiras.

Para piorar o problema apresentado pela testemunha, também descobrimos que dera depoimentos conflitantes em pontos vitais, dizendo uma coisa ao FBI e outra aos investigadores do Exército. O júri tinha o direito de saber sobre essa duplicidade, mas como poderíamos demolir o depoimento de Rhodes sem tornar públicas informações secretas da inteligência?

Eram quase 3h quando me deitei. Dormi até as 9h, tomei banho, fiz a barba rapidamente e li as manchetes da manhã enquanto apreciava meu desjejum de café preto, água gelada e cigarros:

SOLDADO DIZ QUE MULHER E VODCA O LEVARAM A ESPIONAR; SOLDADO CONTA SOBRE VENDA DE DADOS AOS SOVIÉTICOS; SOLDADO ADMITE QUE ESPIONOU PARA OS RUSSOS ENQUANTO ESTAVA EM MOSCOU. Um dos jornais trazia a fotografia de Rhodes sorrindo afetadamente ao deixar o tribunal.

O juiz Byers começou o dia com uma breve declaração. Ele negou nossa petição de que se removesse o depoimento de Rhodes dos autos. Tompkins e eu nos aproximamos e, sem que o júri ouvisse, expliquei o conflito causado pelos depoimentos de Rhodes fora dos tribunais. Ele concordou com meu pedido de conferência em seu gabinete e dispensou o júri, dizendo:

— Membros do júri, faremos um recesso de trinta minutos. Os senhores podem aguardar na sala dos jurados.

Um assistente especial do gabinete jurídico do Exército e um coronel da Força Aérea participaram da conferência. Comecei dizendo ao juiz Byers que partes da confissão que Rhodes fizera aos militares ainda eram "secretas" por razão de segurança e sua revelação seria contra os interesses nacionais dos Estados Unidos.

— Elas estão relacionadas às atividades do homem em Moscou — continuei — e mostram especificamente que forneceu informações sobre nossas próprias tentativas de obter inteligência naquela cidade. Revelar isso mostraria publicamente que nossos próprios adidos na embaixada estavam realizando operações de inteligência em Moscou.

Prossegui dizendo que a promotoria escolhera colocar Rhodes no banco das testemunhas. Agora, eu deveria inquiri-lo. A promotoria me colocara em um dilema ultrajante. Como advogado designado pelo tribunal, eu deveria fazer tudo o que pudesse por meu cliente; mas também era cidadão americano, ainda era comandante da inteligência naval e trabalhara por três anos para o Gabinete de Serviços Estratégicos durante a Segunda Guerra Mundial para ajudar a estabelecer um sistema central de inteligência permanente. A última coisa que queria era prejudicar nosso aparato de inteligência. Contudo, como parte de meus deveres como advogado de defesa de Abel, era compelido a expor ao júri as declarações contraditórias de Rhodes. Argumentei que, por essa razão, assim como pelas que havia exposto no dia anterior, *todo o seu* depoimento deveria ser removido dos autos.

O juiz ouviu atentamente e concordou que o júri, ao decidir se acreditaria nas coisas que Rhodes dissera no tribunal, deveria saber que ele contara mais de uma história sobre suas atividades em Moscou.

— Também estou preocupado — expliquei — com o fato de as declarações desse homem, além das transcrições, mostrarem um chocante relato de sua vida em Moscou. Mas, honestamente, acho que o júri pensa nele como um cara que bebeu demais para celebrar a chegada da família e acabou em uma situação difícil.

"Defendo respeitosamente que a leitura integral das transcrições mostra que esse homem trabalhava no mercado negro em Moscou e que essa foi, primariamente, uma transação comercial. Acredito que o retrato apresentado ao júri, de marido e pai amoroso que se desviou do caminho correto, é absurdo, e acho que tenho o direito de demolir a história e mostrar que ele estava transmitindo informações pelas quais os russos pagavam muito bem."

O juiz Byers disse:

— Eu gostaria de fornecer ao sr. Donovan toda a munição a que ele tem direito como advogado de defesa, a fim de desacreditar essa testemunha aos olhos do júri.

Repeti meu argumento de que, como a testemunha estava ligada ao caso específico de Abel por um elo muito tênue, a solução adequada era suprimir seu depoimento dos autos.

O juiz não concedeu minha petição. O melhor que consegui foi uma decisão (que eu saiba, inédita em um caso capital) de que o Meritíssimo se dirigiria ao júri sobre a questão.

Os jurados retornaram, parecendo um pouco confusos com o recesso, que haviam usado para pedir café. Quando todos se sentaram, o juiz Byers se voltou para eles e leu suas anotações.

Juiz Byers: Membros do júri, como os senhores provavelmente concluíram, o recesso teve o propósito de permitir uma conferência [...]. Como resultado dessa conferência, veio à luz que a testemunha Rhodes prestou certos depoimentos ao Exército e ao FBI durante o mês de junho de 1957 e, acho, em julho e talvez mais tarde.

Esses depoimentos foram a base de nossa conferência. No fim da discussão, que foi bastante informal, os Estados Unidos concederam que, com respeito a um item citado nesses depoimentos, a testemunha fez declarações conflitantes.

A questão envolvida não foi mencionada em seu depoimento direto porque, na opinião do governo, isso vai contra os interesses da segurança nacional.

O conflito se relaciona à versão da testemunha sobre suas atividades em Moscou e sobre um importante incidente que ocorreu por lá.

Ambos os advogados concordaram que, dado que essa concessão está sendo feita perante o júri — nomeadamente, a concessão de que a testemunha prestou depoimentos conflitantes —, *a testemunha deve ser desacreditada quanto a isso*. Esse é o objetivo da inquirição.

Os advogados de ambos os lados concordaram que nada útil seria obtido com o prolongamento dessa questão.

O sargento-mestre Roy A. Rhodes, do Exército americano, vestia o mesmo terno barato, a mesma gravata chamativa e a mesma camisa sem goma. O sorriso incerto estava ausente, e seu rosto anguloso se mostrava composto e duro.

Caminhei até o banco das testemunhas, olhei rapidamente para Rhodes e me virei.

Donovan: Com permissão do tribunal, o réu pode se levantar? [Abel ficou em pé.]

P. Sargento Rhodes, o senhor já viu esse homem?

R. Não, senhor.

P. O senhor o reconhece como alguém que já tenha conhecido, sob qualquer nome?

R. Não, senhor.

P. O senhor conhece um homem chamado Rudolf Abel?

R. Não, senhor.

P. O senhor conhece um homem chamado Emil Goldfus?

R. Não, senhor.

P. O senhor conhece um homem chamado Martin Collins?

R. Não, senhor.

P. O senhor conhece um homem chamado Reino Häyhänen, também conhecido como Vic?

R. Não, senhor.

P. O senhor conhece um homem chamado Eugene Maki?

R. Não, senhor.

P. O senhor conhece um homem chamado Mikhail Svirin?

R. Não, senhor.

P. O senhor conhece um homem chamado Vitali G. Pavlov?

R. Acho que não. Não, senhor.

P. O senhor conhece um homem chamado Alekssandr M. Korotkov?

R. Não, senhor.

P. Algum representante da Rússia soviética alguma vez se comunicou pessoalmente com o senhor nos Estados Unidos?

R. Não, senhor; não que seja de meu conhecimento.

P. Nos Estados Unidos, o senhor transmitiu a qualquer cidadão russo informações relacionadas à defesa nacional?

R. Não, senhor.

P. Nos Estados Unidos, o senhor recebeu alguma informação dessa natureza de algum cidadão russo?

R. Não, senhor.

Donovan: Meritíssimo, respeitosamente renovo minha petição para remover todo o depoimento dos autos.

Juiz Byers: Reitero minha decisão.

Treze perguntas com as mesmas e esperadas respostas. A despeito da decisão (já prevista), nosso ponto sobre a irrelevância do depoimento de Rhodes fora apresentado ao júri e registrado para revisão em um tribunal de apelação.

P. Sargento, ontem, o senhor prestou um depoimento relacionado a informações que transmitiu a oficiais russos enquanto estava em Moscou. Isso está correto?

R. Sim, senhor.

P. Em qualquer momento, o senhor relatou essas atividades de traição a seus superiores, a seus oficiais superiores?

R. Não, senhor.

P. Qual foi a primeira vez em que o senhor admitiu essas atividades a qualquer oficial americano?

R. Ao FBI, acredito que no final de junho deste ano.

Quando o nome de Rhodes fora apresentado pela primeira vez, na semana anterior, sua esposa negara seu envolvimento com os russos. As transcrições do Exército mostravam que a sra. Rhodes sabia exatamente o que o marido fazia à noite em Moscou, mas, em sua casa em Eatontown, Nova Jersey, ela dissera aos jornalistas: "É uma grande mentira. É a maior armação que já vi." Dera a resposta-padrão a uma pergunta-padrão: ficaria "ao lado" do marido inocente. Não a vi no tribunal.

P. Ontem, sargento, o senhor afirmou que seu primeiro encontro com a garota russa ocorreu enquanto celebrava a chegada de sua esposa e filha à Rússia, correto?

R. É do que me lembro; sim, senhor.

P. Não é verdade que, muito *depois* de sua família chegar a Moscou, o senhor compareceu a uma festa em um hotel de Moscou à qual russos uniformizados estavam presentes?

R. Sim, senhor.

P. E não é fato, senhor, que, subsequentemente, na mesma noite, o senhor se viu na cama com uma garota?

R. (de modo evasivo) Eu fiquei sozinho com ela, senhor. Não me lembro de estar na cama com ela, senhor.

Donovan (papéis na mão): Ajudaria a refrescar sua memória se eu lesse uma declaração assinada pelo senhor em 2 de julho de 1957 e entregue ao FBI, que diz, em parte, que "Nessa festa no hotel, também comemos e bebemos, e fiquei embriagado. Lembro que alguém da festa chamou uma garota e eu conversei com ela. Minhas memórias são muito enevoadas, mas me lembro de certo momento em que todo o mundo evidentemente deixara o quarto e eu estava sozinho na cama com a garota"?

R. Isso é verdade, creio.

P. Isso foi depois que sua esposa...

R. Isso mesmo.

P. ... e sua filha chegaram a Moscou?

R. Isso mesmo.

Juiz Byers: Espere um momento. É correto dizer que o sr. Donovan leu um relatório fornecido pelo promotor?

Tompkins: É correto, Meritíssimo. É um relatório que entregamos ontem ao sr. Donovan, após a sua petição.

P. Enquanto estava em Moscou, ligado à embaixada americana, o senhor ingeriu qualquer bebida alcóolica?

R. Sim, senhor.

P. Quais?

R. Uísque, vodca, quase tudo o que se possa nomear.

Juiz Byers: O senhor quer dizer qualquer coisa que encontrasse?

R. Sim, senhor.

O depoimento tinha uma nota familiar. Era uma repetição da história de Reino Häyhänen. Até as interrupções do juiz eram parecidas.

P. Em que quantidades o senhor ingeria essas bebidas?

R. (bruscamente) Não eram moderadas.

P. (severamente) Não é verdade, sargento, que, enquanto estava na embaixada americana em Moscou...

Juiz Byers: Só um minuto. Não é isso o que o senhor quer dizer.

P. Enquanto o senhor estava ligado à embaixada americana em Moscou, não é verdade que, nos últimos dois meses, o senhor se embriagava todos os dias?

R. (calmamente) Acredito que isso esteja correto; sim, senhor.

P. O senhor afirmou ontem, sargento, que, durante o período de tempo em que vendeu informações aos russos, o senhor recebeu, em troca, algo entre 2.500 e 3 mil dólares.

R. É o que me lembro, um valor aproximado.

P. Não é verdade que, no mesmo período, o senhor depositou em sua conta bancária pessoal aproximadamente 19 mil dólares?

R. Não, senhor.

P. Quanto o senhor depositou, de acordo com suas lembranças?

R. Foi... posso explicar?

P. Não. Eu quero uma resposta à pergunta. Quero saber quanto o senhor depositou enquanto estava em Moscou.

R. Tudo bem...

Juiz Byers: O senhor está falando de todo o período?

Donovan: Estou falando, Meritíssimo, do período durante o qual ele afirma ter recebido apenas entre 2.500 e 3 mil dólares dos russos.

Rhodes: É verdade. Mas todo o meu salário ia para casa.

P. Novamente, não é verdade que, no último ano e meio que passou em Moscou, o senhor depositou cerca de 19 mil dólares em sua conta bancária?

R. Não, senhor. Eu fiquei em Moscou durante dois anos, e todo o meu salário era enviado para casa, o que daria cerca de 15 mil, talvez mais, não sei. Jamais fiz as contas. O salário mais as despesas deviam chegar a oitocentos ou novecentos dólares por mês.

P. O senhor está negando, sob juramento, que depositou tal quantia de dinheiro em sua conta bancária?

R. Não. Eu disse que foi depositado.

P. O senhor não está sugerindo que esse era seu salário como sargento?

R. Está correto.

P. O senhor nega ter feito declarações a oficiais do Exército nas quais não apenas admitiu que o valor de 19 mil dólares estava aproximadamente correto, como também tentou explicá-lo afirmando que negociava no mercado negro em rublos russos?

R. Não.

P. O senhor não se lembra de ter feito essa declaração?

R. Certamente fiz essa declaração.

P. Em outubro de 1952, por exemplo, o senhor não preencheu um cheque de sua conta pessoal no valor de 1.100 dólares para certo dr. Backerhock?

R. Preenchi.

P. Com que finalidade?

R. Eu... Eu não me lembro da finalidade.

P. (impacientemente) O senhor é sargento do Exército. Quer dizer que preenche tantos cheques de 1.100 dólares que não consegue se lembrar de por que entregou um deles a um médico russo?

R. Eu não fazia ideia de que era um médico russo. Esse cheque foi feito antes.

P. O senhor simplesmente o preencheu, para qualquer um?

R. É o melhor que posso dizer, pois não me lembro do cheque.

Em sua própria opinião, o sargento Rhodes era um diligente soldado de quartel. Seus acessórios de latão estariam sempre brilhando, seus sapatos estariam engraxados e seu uniforme teria vincos impecáveis. Soldados da Segunda Guerra Mundial tinham uma expressão para se referir a homens como ele. Eles diziam, cinicamente: "Cara, você encontrou um lar no Exército."

Mas Roy Rhodes traíra o uniforme de que cuidava tão bem e vendera seu lar no Exército.

P. O senhor ainda é sargento-mestre do Exército americano?

R. Ainda sou sargento-mestre do Exército americano.

P. O senhor ainda recebe pagamento regular?

R. Ainda recebo pagamento regular.

P. Qual é o valor desse pagamento?

R. Acho que, entre pagamento e despesas, cerca de 350 dólares por mês.

P. O senhor ainda recebe esse valor regularmente?

R. Isso mesmo; sim, senhor.

P. Com relação a traição que o senhor confessou...

Juiz Byers: Acho que o senhor deve refazer a pergunta e dizer "Com relação às atividades que o senhor afirmou ter conduzido em Moscou". Não acho que deva rotulá-las. Traição só é possível em tempos de guerra.

Donovan: Seria satisfatório para o tribunal se eu refizesse a questão e perguntasse a ele sobre a traição a seu próprio país?

Isso causou a primeira objeção do promotor.

Tompkins: Meritíssimo, acho que os fatos falam por si mesmos. Não precisamos caracterizá-los.

Juiz Byers: Acho que, se fizer sua pergunta de maneira a deixar claro que se refere às atividades que ele afirma ter conduzido em Moscou e pelas quais foi pago, o senhor demonstrará seu ponto, sr. Donovan.

P. Com respeito às atividades em Moscou com esses russos, pelas quais recebeu dinheiro, o senhor já foi levado à corte marcial em...

R. Não, não fui.

P. ... conexão com essas atividades?

R. Não, senhor.

P. O senhor já foi preso?

R. Não, senhor.

P. O senhor já foi indiciado?

R. Não, senhor.

P. O senhor ainda recebe pagamento regular?

R. Que eu saiba, sim, senhor.

A essa altura, o verdadeiro caráter de Roy A. Rhodes, sargento--mestre do Exército americano, tornara-se aparente, e era difícil esconder a repulsa.

P. Sargento, acredito que o senhor afirmou ser nativo dos Estados Unidos?

R. Sim, senhor.

P. O senhor foi educado neste país?

R. Fui.

P. O senhor já ouviu falar de um homem chamado Benedict Arnold?

R. Sim, senhor.

P. Como ele lhe parece, como figura da história americana?

R. Não muito bem.

P. Não ouvi sua resposta.

R. Eu disse "não muito bem".

P. Eu lhe perguntei como o senhor pensa nele?

R. Eu respondi. Eu disse "não muito bem".

P. Por quê?

R. Eu...

P. Não é porque ele traiu seu país?

R. Acho que sim.

P. O senhor conhece o suficiente da história para saber que nem mesmo Benedict Arnold fez isso por dinheiro?

R. Conheço.

Donovan: Sargento, Benedict Arnold pode ter sido o maior traidor da história militar americana, mas somente até hoje.

Voltei as costas para o banco de testemunhas e caminhei até a mesa da defesa. A sala de audiências estava imóvel. Então o juiz se manifestou.

Juiz Byers: Isso é uma pergunta?
Donovan: É uma tentativa de afirmar um fato.

Tompkins fez duas perguntas no reexame.

P. Sargento, o senhor está retido no quartel, não está?
R. Sim, senhor.
P. Mais uma pergunta. O que significa retenção no quartel?
R. Significa que não posso deixar meu posto.

O promotor então sugeriu que minha última declaração durante a inquirição fosse retirada dos autos, dizendo:
— Não foi uma pergunta. Acho que o sr. Donovan fez uma declaração...

Donovan: Não quis fazê-la para os autos, Meritíssimo. Apenas quis fazê-la.
Juiz Byers: O senhor teve a satisfação de fazê-la. Está disposto a vê-la retirada dos autos?
Donovan: Sem problemas.

O sargento Roy A. Rhodes foi dispensado. Em uma conversa subsequente diante de sua mesa, o juiz Byers não conseguiu se conter e disse sucintamente, a mim e Tompkins:
— Por favor, notifiquem-me se o sargento for citado para uma condecoração.
O restante do dia foi devotado à prisão de Abel. Havíamos passado por tudo aquilo durante a audiência preliminar, com uma exceção — a vigilância que levara o FBI até o Hotel Latham. Os depoimentos se mostraram fascinantes. A primeira testemunha

foi o agente especial Neil D. Heiner. Era a noite de 23 de maio de 1957 e ele estava observando o quarto de Abel no quinto andar da Fulton Street, n. 252, com binóculos "dez-quinze. Isso significa que ele tem o poder de aumentar dez vezes as imagens, e quinze designa a largura da lente em milímetros".

P. O senhor pode dizer ao tribunal e ao júri onde estava?

R. Eu estava em uma posição a partir da qual podia observar as janelas do estúdio ou suíte 505 na Fulton Street, n. 252. Estava no 12º andar do Hotel Touraine.

P. O senhor pode nos dizer o que viu, se é que viu algo?

R. Bem [...] por volta das 22h45, estava observando o estúdio e vi as luzes sendo acesas... ou melhor, uma luz foi acesa. Vi uma figura masculina se movendo no quarto. De vez em quando, ele passava em frente à luz. A lâmpada estava suspensa em um cordão pendurado no teto, com uma cúpula em torno.

Notei que esse homem, ainda não identificado, era de meia--idade e calvo. Tinha uma faixa de cabelos grisalhos em torno da cabeça. Usava óculos. Como dito antes, ele se mostrou apenas momentaneamente. Minha visão estava... minha visão de todo o quarto estava obscurecida, menos quando ele ficava em frente à janela. As luzes permaneceram acesas e, um pouco antes da meia-noite, vi esse homem, em frente à luz, colocar um chapéu de palha marrom-escuro ou cinza-escuro com uma fita muito branca. A fita se destacava. Um minuto depois, a luz foi apagada... a única luz foi apagada.

P. O senhor poderia descrever suas roupas?

R. Sim, notei que ele usava camisa de mangas curtas. A manga ficava a uns 2,5 centímetros do cotovelo. Parecia ser azul-claro. Usava gravata. Era mais escura que.... era escura. Não consegui distinguir a cor. E, como disse antes, usava óculos. Não conseguia ver *todo o seu* rosto porque ele mantinha a cabeça baixa. Em outras palavras, não estava olhando pela janela para que eu fosse capaz de dar uma boa olhada em seu rosto.

P. O que o senhor fez quando a luz foi apagada?

R. Eu estava me comunicando por rádio com os outros agentes que estavam nas ruas, nas áreas em torno do estúdio. Quando a luz foi apagada, alertei-os [...].

Os outros agentes estavam em frente ao edifício da Fulton Street, n. 252, na praça, sentados em bancos sob as árvores ou se movendo nas sombras. Todos aguardavam. Não podiam ver a janela do estúdio, mas tinham uma visão clara da porta do edifício. O agente Joseph C. McDonald era um dos que aguardavam.

P. De onde estava sentado no parque, o senhor conseguia ver a entrada principal?

R. Sim, senhor.

P. O senhor pode nos contar o que viu, se viu algo?

R. Dois minutos depois da meia-noite, um homem branco desconhecido saiu do número 252 da Fulton Street vestindo chapéu escuro de verão com uma faixa branca de cinco centímetros, muito alva, casaco bege e calças escuras, carregando outro casaco no braço.

P. Em seguida à comunicação por rádio, o senhor estava observando a porta por alguma razão específica?

R. Sim, senhor. Eu estava aguardando para seguir qualquer um que saísse por aquela porta. Ele saiu e eu o segui. O homem virou à direita e caminhou pela Fulton Street até a Clinton, da Clinton até a Montague, virou na esquina da Montague e entrou no metrô. Na estação Borough Hall. [Nessa estação, um elevador leva os passageiros do nível da rua até a plataforma do metrô.] O homem entrou no elevador e eu entrei com ele.

P. Em algum momento, até entrar no elevador com esse indivíduo não identificado, o senhor conseguiu ver seu rosto?

R. Consegui ver no elevador, senhor.

P. E o reconheceria?

R. Sim, senhor.

P. Ele está presente neste tribunal?

R. Sim, senhor.

P. O senhor poderia indicá-lo?

R. Ele está sentado na ponta daquela mesa.

Talvez Abel tenha reconhecido o agente do FBI como alguém que o seguia, talvez não, mas eles entraram no elevador e, juntos, caminharam até o fim da plataforma, ficando a uns nove metros um do outro.

— Havia muita gente naquela ponta — disse o agente Mc-Donald —, e eu me misturei. Ele fez a volta e passou por mim. Então o trem chegou.

Abel entrara no penúltimo carro. O agente ficara no último, mas, como não conseguia ver o suspeito, mudara de lugar na parada seguinte. Eles foram até a estação City Hall, em Manhattan, onde Abel pegara um trem para a Broadway, que o levara até perto do Hotel Latham.

Em 13 de junho, Abel aparecera novamente no estúdio do Brooklyn e os agentes do FBI estavam lá para vigiá-lo. Dessa vez, havia agentes na Agência Postal Geral do Brooklyn, que abrigava o tribunal federal em que o julgamento estava sendo realizado. Ronald B. Carlson fora um dos agentes.

P. Por volta da meia-noite, ou logo antes, o que o senhor viu?

R. Vi um indivíduo deixar aquele endereço [Fulton Street, n. 252]. A melhor maneira de descrevê-lo era o chapéu. Estava vestindo um chapéu azul-escuro com faixa branca ou clara. Vestia um casaco esporte leve e deixou aquele endereço e foi para oeste na Fulton Street.

Todos os agentes mencionaram o peculiar chapéu de Abel Eu não pensara em comprar um novo. Ele ainda o usava no tribunal — ou um muito parecido. De fato, o chapéu escuro com faixa branca aparecia claramente em todas as suas fotos na imprensa, em seu caminho para o julgamento ou saindo do tribunal no fim do dia.

O juiz interrompeu nesse momento para dizer aos jurados:

— Isso talvez os ajude a entender o depoimento. Quando o tribunal encerrar a sessão de hoje, os senhores podem olhar pela janela a sua frente e serão capazes de ver o edifício no número 252 da Fulton Street e também o Hotel Touraine.

Outro agente subiu ao banco e testemunhou que seguira Abel ("que vestia chapéu escuro com uma proeminente faixa clara") até a mesma estação de metrô. Dessa vez, ele fora até a Rua 28, em Manhattan, e caminhara para oeste, "e eu o vi entrar no Hotel Latham".

Uma semana depois, veio a batida à porta do quarto 839 e uma voz baixa chamando: "Martin Collins?"

Quarta-feira, 23 de outubro

Nesse dia, o que não foi dito foi mais importante que o que foi dito; as grandes notícias vieram de fora da sala de audiências e as manchetes dos jornais contaram o que não aconteceria. Encontrei a imprensa no corredor à tarde e fiz a seguinte declaração:

— Revisamos com o sr. Abel todas as provas do governo e indicamos as vantagens e desvantagens de subir ao banco e testemunhar em benefício próprio. Ele está perfeitamente disposto a permitir que o caso vá para análise do júri somente com as provas do governo. Ele decidiu, após cuidadoso exame de todos os depoimentos, que não seria vantajoso se sentar no banco de testemunhas.

"Não chamaremos o sr. Abel e não planejamos chamar nenhuma outra testemunha."

Durante a manhã, o julgamento avançou lentamente, discutindo detalhes necessários, mas desinteressantes. Um agente do FBI contou como vasculhara o quarto de Abel após a prisão; Dave Levine identificou as ferramentas e a parafernália de Abel, do depósito que partilhavam, e, durante a inquirição, disse:

— De modo geral, ele era aceito entre nós como homem honesto.

O especialista do laboratório do FBI, Webb, subiu ao banco pela terceira vez, para falar sobre um lápis oco encontrado na cesta de papéis do quarto de hotel de Abel. Dentro da ponta do lápis, havia microfilmes. Um deles continha um cronograma com datas, horários e siglas de rádio para transmissões de ondas curtas. Usando o cronograma e as frequências listadas, o governo, em 15 de julho e 4 de agosto, realizara uma operação de monitoração. Tompkins apresentou os resultados da monitoração e "a recepção das mensagens em blocos de cinco dígitos".

Objetei a todas as provas, afirmando que eram frutos de uma busca e apreensão ilegal e que não havia conexão entre as mensagens não decifradas e o réu. Em uma mensagem de julho, por exemplo, o emissor usara siglas diferentes das do suposto cronograma.

> *Donovan*: Não há consistência. Isso demonstra completa incon-sistência. Se está procurando um homem chamado John, você não sai por aí chamando Thomas. Foi o que aconteceu aqui.
> *Juiz Byers*: Depende. John pode ser conhecido por Thomas. Então você pode ter de fazer isso.
> *Donovan*: As mensagens não foram decifradas; pelo que sabe-mos, podem ser comerciais da Bulgária.
> *Tompkins*: Nunca vi um comercial da Bulgária em números de cinco dígitos.

O promotor então iniciou uma longa explicação para mostrar como as mensagens de rádio codificadas ouvidas pela moni-toração do governo estavam relacionadas ao cronograma de transmissões em microfilme. Enquanto falava, Abel escreveu um bilhete para Tom Debevoise, indicando erros técnicos em suas explicações.

Quando Tompkins terminou, o juiz disse que não sabia nada sobre o assunto e perguntou:

— É sua posição que essa evidência tende a provar algo?

Tompkins: Meritíssimo, tudo isso corrobora o cronograma que foi encontrado com o réu e mostra que mensagens estavam sendo enviadas de acordo com esse cronograma.

Donovan: Respeitosamente afirmo, Meritíssimo, que, se isso mostra alguma coisa, é que tais mensagens não estavam sendo enviadas de acordo com o cronograma. O fato de que sintonizaram a mesma frequência não é corroboração de nada. Todo dia, toda hora, todo minuto, um operador de rádio amador pode captar um número qualquer de mensagens em código que estão sendo transmitidas [...].

Juiz Byers: Cabe ao júri determinar o peso das mensagens como provas.

Seis dos microfilmes escondidos no lápis eram cartas da esposa e da filha de Abel. O governo escolheu ler um parágrafo de uma delas — com o objetivo de mostrar que o coronel estivera em casa na primavera de 1955 — e isso abriu a porta para fazermos o mesmo. A promotoria se opôs à leitura para o júri porque "são cartas pessoais que não têm nenhuma relação com as acusações do indiciamento". A objeção foi negada pelo juiz Byers.

As cartas eram calorosas e mostravam, muito melhor do que poderíamos ter feito, que o homem "Rudolf Abel" era um marido e pai devotado. Eram sentimentais e tipicamente russas em sua praticidade. Todas as escritas por sua filha, Evelyn, com exceção de uma, estavam em inglês. Sua esposa Elya (ou Hellen, como passou a assinar as cartas mais tarde), escrevia em russo. A nosso pedido, o FBI forneceu as traduções para o inglês.

O primeiro parágrafo da seguinte carta de Evelyn foi o que a promotoria leu para o júri:

Querido papai,

Faz quase três meses que partiu. Embora não seja muito, comparado à eternidade, é um longo tempo e parece ainda mais longo porque tenho muitas novidades para contar.

Em primeiro lugar, vou me casar. Por favor, não fique chocado. Eu mesma estou surpresa e, mesmo assim, é fato consumado.

Meu futuro marido parece ser um bom homem. Tem 34 anos e é engenheiro de rádio. Mamãe gosta muito dele. Nós nos conhecemos durante o aniversário de nosso amigo que vive em nosso bangalô. Em 25 de fevereiro, celebraremos nosso casamento. Espero que goste dele quando voltar. Acho que vocês terão muito que conversar.

Novidade número dois: teremos um novo apartamento de dois quartos. Não é o que deveríamos ter, mas é só nosso e muito melhor do que o que temos agora.

Novidade número três: consegui um emprego, como engenheira de aviação, e agora devo ficar um pouco mais próxima do senhor. O emprego parece decente. Eles prometeram pagar bem, e meu futuro chefe parece ser culto e polido. Fiz alguns trabalhos ocasionais lá e recebi uma boa quantia de dinheiro.

Eu e meu futuro marido estamos muito interessados em fotografia, especialmente fotografia colorida. Ele tem um carro Olympia e nós dois gostamos de mexer nele.

Recebemos suas duas cartas e a chave da valise, mas ela ainda está perdida em algum lugar.

Nossa tia, que veio morar conosco, ainda está aqui. Nosso amigo de infância escreve regularmente e envia os melhores votos, em seu nome e em nome da família.

Todos os nossos amigos lhe desejam saúde e felicidade e uma volta rápida para casa.

Bem, é tudo o que tenho a dizer.

Sua, Evelyn
(20 de fevereiro de 1956)

Lemos para o júri todas as outras cartas. Algumas estavam datadas, outras, não. Esta era a carta mais curta de Evelyn, mal passando de um bilhete:

Querido papai,

Estou me sentindo muito solitária e espero uma carta sua. Estou casada. Meu marido é engenheiro de comunicações, como o senhor, e gosta de brincar com o rádio. Ele gosta de fotografia.

Estamos nos preparando para fazer um medidor eletrônico que determine automaticamente a exposição durante a impressão. Diga-me o que pensa a respeito.

Meu marido envia um olá e seus melhores votos. Ele quer muito conhecê-lo, o mais rapidamente possível. Também quero muito que o senhor volte. Espero sua carta e sua chegada. Nossa criada manda saudações. Grande beijo.

Sua Evelyn.

Alguns dos jornalistas disseram que Abel corou durante a leitura das cartas de sua família, que aparentemente significavam tanto para ele que não conseguira destruí-las. O repórter de uma das revistas que cobriam o julgamento escreveu:

"Enquanto os advogados examinavam as cartas, a autodisciplina de aço de Abel quase se despedaçou. Seu rosto ficou vermelho, e seus olhos aguçados e profundos se encheram de lágrimas."

Outros, contudo, acreditaram que as cartas estavam em código e se recusaram a crer que eram genuínas. Anos depois, o FBI disse que, após exaustivo exame, estava convencido de que as cartas eram *bona fide* e não continham códigos ou instruções secretas.

Debevoise leu para o júri as duas últimas cartas da filha de Abel. Depois, ele disse achar que uma ou duas mulheres do júri tinham lágrimas nos olhos e acrescentou, secamente:

— Assim como eu tinha lágrimas na voz.

Querido papai,

Fiquei muito feliz por receber sua carta e saber que o senhor recebeu a nossa, embora apenas a primeira. Recebemos o pacote em maio; muito obrigada. Gostamos muito dos presentes. Plantamos os jacintos que sobreviveram e três deles estão brotando. O senhor disse que quer saber mais sobre meu marido.

Tentarei não fornecer um retrato melhorado. Ele é baixo, tem olhos verdes, cabelos escuros e é bastante bonito. É alegre e loquaz quando a conversa gira em torno de carros ou futebol. Parece ser um bom especialista (engenheiro de comunicações), embora não tenha educação superior. É capaz, embora seja preguiçoso. Meu primeiro dever é fazê-lo estudar. Temo que seja uma tarefa difícil.

Bem, tenho de dizer que ele é agradável, que me ama e ama a mamãe, embora não seja muito caloroso em relação aos próprios pais. Tem um Opel Olympia e passa a maior parte do tempo livre fazendo reparos no carro.

O senhor me perguntou se sou feliz com ele. Como um de nossos maiores poetas disse certa vez, não existe felicidade na vida, mas sim paz e livre-arbítrio. Quanto à minha liberdade e ao meu livre-arbítrio, não foram tolhidos em nenhum aspecto. Quanto à paz, pareço que possuo uma grande habilidade para encontrar ou inventar problemas.

Meu marido possui toda sorte de ideias fantásticas, como construir um bar de tijolos no lago em nossa floresta. Graças a Deus, ele parece ter esquecido essa ideia. Estou muito feliz por ele gostar de mamãe e de toda nossa família. A única coisa que me preocupa é que, às vezes, eu o acho tedioso.

Agora, sobre meus sogros. Eles são horríveis. A mãe quer me persuadir de que me ama muito, mas não acredito nela. O pai gosta de posar de grande homem e meter o nariz nos assuntos alheios. Tive uma ou duas conversas inflamadas com ele.

Gostaria que estivesse aqui conosco. Tudo seria muito mais fácil para mim. Sinto muito sua falta. Inicialmente, achei que meu marido poderia substituí-lo em alguns aspectos, mas agora vejo que estava errada.

Minha saúde está bem. Às vezes, quando estou muito cansada, tenho dores de cabeça, mas não com muita frequência. Trabalho muito e com prazer. Todos os nossos amigos enviam saudações Meu marido espera que goste dele quando voltar para casa.

Com todo o meu amor.
Evelyn

P.S.: Comecei a escrever poesia nesta língua. Da próxima vez, enviarei uma amostra.

A última carta da filha era para felicitar o pai que, em 2 de julho de 1956, completara 54 anos. Também mostrava que ela estava com sérias dúvidas sobre o casamento — que chegaria ao fim dois anos depois. Em 1958, Evelyn escreveria: "Rompi com meu marido e, até agora, não sinto vontade de me casar novamente." Mas, para o momento, as coisas estavam assim:

Querido papai,

Desejo muitos e felizes anos de vida. Muito obrigada pelo pacote e por todas as coisas que nos enviou. É tudo muito útil. Papai querido, sinto muito sua falta. Não pode imaginar o quanto preciso do senhor.

Fazem quase quatro meses que me casei e, para mim, parece uma eternidade. Às vezes, é tão tedioso. Em geral, ele é um bom homem, mas não é o senhor nem parecido com o senhor. Já me acostumei ao fato de que, de algum modo, todas as pessoas me fazem lembrar o senhor, mas, nesse caso, não é assim.

Tenho um emprego muito interessante. Trabalho como engenheira de aviação. Meu chefe é um homem muito bom e gostamos um do outro. Conversamos frequentemente sobre todo tipo de coisa. Ele é um pouco como o senhor, embora não tenha a mente tão aberta nem seja um grande erudito, mas é muito esperto. Até logo. Por favor, desculpe-me por esta carta horrível. Estou com pressa, pois tenho de ir trabalhar.

Com todo o meu amor,
Evelyn

A primeira carta da esposa de Abel, embora não datada, obviamente fora escrita pouco depois de eles se separarem e era, em grande parte, a carta de uma mulher que sente falta do marido.

Meu querido,

Eis que nossa infinita correspondência começou novamente. Não gosto muito disso. Seria muito melhor nos sentarmos e conversar. Pela carta de Ev, você já sabe de nossas novidades durante sua curta ausência.

Depois de sua partida, fiquei doente. Sofri de endurecimento das artérias do coração ou crise de hipertensão. Fiquei de cama por um mês e meio. Agora consigo me levantar e fazer algumas poucas coisas, mas meus nervos ainda não se recuperaram completamente. Durmo mal e não saio nas ruas. Caminho pela varanda.

Às vezes, eu me aproximo de seu instrumento [um violão clássico], olho para ele e quero ouvi-lo tocar novamente. Nessas horas, fico triste. [Quando Abel estava na prisão em Atlanta, a esposa escreveu dizendo que olhava para as pinturas e se lembrava do passado. "Olho para essas coisas e sempre me vejo esperando, esperando, e confio que estaremos juntos novamente e que você jamais nos abandonará de novo."]

Eu e nossa filha temos tudo, exceto você. Depois de se casar, ela vive dizendo que não há homem como você; desse modo, sei que não ama muito o marido. Você é o melhor do mundo para nós. E não faça careta; todos os que o conhecem dizem o mesmo.

Nossa filhinha está trabalhando. Conseguiu o emprego por meio da sobrinha e do marido. Está muito feliz com o serviço, que paga bem. Mas sempre lamenta que você não esteja aqui. Talvez amanhã eu receba uma carta sua. Quando penso nisso, meu coração morre. Beijo-o com amor e desejo tudo de bom. Tente planejar as coisas de modo a não atrasar nosso encontro. Os anos e a idade não esperarão por nós.

Sua Elya manda beijos. Nosso filho, nossa filha e todos os nossos amigos enviam seus melhores votos. A mudança para o novo apartamento trará problemas e preocupações. Pedi três quartos, mas não consegui. Seria necessário discutir essa questão com você. Essas são as notícias por aqui. Como está você? Como está seu estômago? Penso tanto sobre tudo que nem mesmo a felicidade de Evunya [Evelyn] me deixa feliz. Cuide-se. Quero viver a seu lado, apenas nós dois. Beijos e cuide-se.

Elya

As cartas de Elya Abel seguiam um padrão. Ela era dona de casa e mãe, e escrevia sobre seu mundo: sua saúde e a saúde do marido, a casa de verão, as árvores e flores, a filha, os amigos e a família, os animais de estimação. Ela não pressionava o marido, mas também não o poupava dos detalhes. E nenhuma parte da vida familiar era pequena ou insignificante demais para que Elya Abel escrevesse a respeito; suas cartas eram ternas e cheias de amor. Esta é sua carta de 6 de abril:

Meu querido,

Estou escrevendo uma segunda carta. Até agora, só ouvi sobre a viagem. Quero muito saber de você. Como está sua saúde?

Gradualmente, começo a voltar a ser eu mesma. Sou capaz de fazer algumas coisas em casa e estou pensando sobre a casa de verão. Eu poderia descansar lá, mas tenho medo de ir sozinha e ainda não decidi, embora tenha sido liberada pelos médicos. Como você é necessário neste momento! E que bom que você não sente necessidade de estar comigo.

Tudo está igual conosco. As crianças se dão bem e fazem tudo juntas. Evelyn ainda não começou no emprego, tudo demora muito tempo, mas está fazendo traduções em casa e tem um aluno.

A primavera será tardia novamente. Até agora, o tempo está frio e úmido, com neve. O inverno foi simplesmente horrível, e estou preocupada com as flores. Evunya disse que as pereiras congelaram e que será difícil conseguir peras.

Seu sogro chegou há muito tempo, está bem estabelecido e eles estão muito satisfeitos. Ele agora aguarda seu retorno, e eu, embora saiba que é tolice, conto os dias até sua volta.

Seu presente, o cão, está muito bem e habituado a nós. Um amigo de infância nos visitou: ficou aqui a negócios durante uma semana e todos os dias em que tinha tempo livre nos visitava. Falamos muito, lembrando o passado e sonhando acordados. Não nos decepcione.

As coisas ainda não estão claras sobre o apartamento. Estamos esperando. No geral, nossa vida é uma grande espera. É assim que são as coisas, meu querido. Minha criada está partindo. Estou procurando uma nova e não estou especialmente triste. Escreva tanto quanto puder. As crianças, agora são duas, enviam saudações e seus melhores votos. Nosso "filho" está muito preocupado com a impressão que causará em você; ele pode não agradá-lo no início. Muitos beijos. Desejo sorte, saúde e, acima de tudo, seu breve retorno.

Elya

A família comemorou o aniversário de Abel, mesmo ele estando distante. "Fizemos a tradicional torta com chá sob as árvores em seu aniversário", escreveu Elya Abel certo ano. Mas, em outro, ela não mencionou a celebração, e o coronel escreveu perguntando como a família passara o 2 de julho. A esposa respondeu:

"Você quer saber como celebramos seu aniversário. Fiz uma torta de amoras com creme, do jeito que você gosta. Lydia [Evelyn] trouxe uma garrafa de Riesling e bebemos a sua saúde e a nosso reencontro. Todos os meus pensamentos estavam com você nesse dia."

A carta de 21 de junho felicitava Abel por seu aniversário. Elya não sabia que se tornaria parte do julgamento do marido e seria lida por milhares de americanos nos jornais:

Meu querido,

Finalmente recebemos seu pequeno pacote. Tudo nos agradou muito e, como sempre, o que quer que faça, você faz com cuidado e atenção.

Obrigada, meu bem. Também ficamos muito felizes por receber sua carta e saber que tudo está bem com você. Pena que não receba as nossas há tanto tempo. Enviei várias. [As cartas, por razões óbvias, demoravam muito para chegar até Abel. Elas tinham de ser microfilmadas e passavam de correio em correio até um local de coleta no Prospect Park, uma rachadura no cimento em algum lugar do Bronx.]

Parabéns por seu aniversário. Lembre, hoje faremos um brinde a seu bem-estar e a seu breve retorno.

Estamos na casa de verão. Este ano, nosso jardim sofreu. As melhores macieiras, que ano passado deram bela colheita, só agora começaram a brotar. As pereiras e ameixeiras também mal voltaram à vida. Estou trabalhando muito pouco no jardim e na casa. Sinto-me muito mal e não tenho forças. Que triste que os jacintos tenham viajado tanto e secado. Mesmo assim, eu os plantei e estou esperando para ver se morrerão.

Todos querem vê-lo em breve e beijá-lo. Herman, o marido de Ev, está a meu lado secando os borrões de tinta. A televisão funciona. Toda a família se senta em torno e assiste, mas mal olho para ela. Fico muito cansada e minha cabeça começa a doer.

Estou sem criada; ela saiu de férias. Ainda é a mesma. Embora ela não me satisfaça — é muito rude —, é impossível achar outra.

A cadela, Carrie, que você ganhou do marido de minha irmã, está conosco. [Os Abel gostavam muito de animais. Nos anos em que o coronel esteve preso, as cartas de sua família faziam frequentes menções a cães e gatos. Certa vez, a esposa escreveu: "Nossa casa está sempre cheia de animais. Eles tornam a vida mais agradável e, além disso, continuamos sua tradição."] Ela é uma criatura maravilhosa de olhos doces. Comporta-se muito bem e tem o mesmo temperamento de nosso Spotty. Ela o aguarda, assim como eu. É desejável ter um marido em casa. Agora sinto muito mais sua ausência, especialmente desde que estive com você; lembre-se do que me prometeu em sua partida. [Abel pode ter prometido à esposa que pediria uma missão na Rússia ou, talvez, um posto "legal" de inteligência em uma embaixada, para poder viver com ela. Elya e Rudolf Abel permaneceram separados durante grande parte da sua meia-idade. "Se contássemos a um estranho", escreveu ela certa vez, "que marido e mulher podem viver separados por tantos anos e ainda assim amar um ao outro e esperarem para ficar juntos, ele não acreditaria. Isso só acontece em romances."]

Mando beijos meus e de todos os nossos amigos e familiares. Desejo sucesso e saúde. Nosso novo chef é maravilhoso, atento e diplomático; pode ficar calmo. Beijos.

Elya

A esposa do coronel escrevia sobre seu televisor, seus problemas com a criada, a casa de verão no campo e os jardins. Isso levou um dos tabloides a escrever sobre sua "luxuosa existência". A manchete dizia: ESPOSA DE ESPIÃO VIVE LUXUOSAMENTE EM MOSCOU.

A última carta era de 20 de agosto.

Meu querido,

Fiquei muito feliz por você finalmente receber uma de minhas cartas. Na carta de congratulações, escrevi pouco porque era inconveniente, e certamente não porque não costumo escrever muito; você está inventando isso.

Novamente, obrigada pelo pacote. É uma pena que os jacintos tenham viajado tanto e dois deles já tenham morrido. O restante está plantado e já tem raízes. Além disso, estão brotando, e vou até eles para conversar com você. Sabe que são uma saudação viva a você. No ano que vem, irão florescer [...].

Acabei de chegar daquele resort no norte para onde já tinha ido uma vez. Fui com minha família. Evunya não pôde ir porque

estava trabalhando, e fiquei com medo de ir sozinha. Agora, sinto-
-me melhor; não se preocupe. Cuide-se e retorne rapidamente;
saiba que contamos os meses. Agora temos um hóspede de sua
cidade. Todos se lembram de você, especialmente sua sobrinha.
Eles lamentam não ter ninguém com quem jogar paciência.

Com o fim da leitura das cartas, a sala de audiências ficou em
silêncio. Houve um momento de imobilidade, como se uma pesada cortina tivesse caído sobre o palco. Então Tompkins se voltou
para o juiz.

— Meritíssimo, a promotoria encerra.

Donovan (levantando-se): Meritíssimo, a defesa tem uma variedade de petições a apresentar, e sugiro respeitosamente que
sejam apresentadas sem a presença do júri. Depois disso, a defesa
encerrará.

O júri se retirou, e pedimos a absolvição. Também pedimos que
partes dos depoimentos e do indiciamento fossem retiradas dos
autos. Todas as petições foram negadas. Abel permaneceu impassível, com os olhos firmes por trás dos óculos sem aro. Quando
os argumentos foram encerrados, ele me entregou quatro folhas
pautadas, intituladas "Observações sobre o caso, por R. I. Abel".

Häyhänen, escrevera o coronel, criara o retrato de um bígamo,
ladrão, mentiroso e bêbado e estava "na companhia de seu irmão
espiritual, o sargento Rhodes". Ele criticou a promotoria por ligá-lo
a Rhodes, dizendo que isso fora feito em nome dos "raios" (raios
de uma roda) de uma teoria da conspiração. Aplicando essa lógica,
afirmava Abel, ele indubitavelmente também poderia ser ligado
aos Rosenberg e a Alger Hiss — ou a qualquer um que se acreditasse ter sido conduzido pelo "centro" de espionagem em Moscou.

As provas mostravam apenas que ele e Häyhänen deviam "localizar" Rhodes. Abel sugeriu que alguma outra pessoa ou grupo
poderia ter recebido ordens de contatá-lo:

"Os objetivos da espionagem são vastos. Em um caso, ele pode ser dirigido especificamente a informações militares; em outro, a problemas nucleares; em outros ainda, a informações econômicas e tecnológicas, e também às reações públicas a situações políticas. É razoável assumir que grupos diferentes são designados para objetivos diferentes, por causa da variedade de qualificações necessárias a sua realização."

Ele ridicularizara o depoimento de Häyhänen, dizendo que Abel descrevera Rhodes como um bom agente em potencial, por ser soldado com familiares trabalhando no campo atômico. Ele afirmando que isso era hipotético "e se aplicaria igualmente a qualquer um — J. Edgar Hoover ou o secretário da Defesa, por exemplo, e com ainda mais motivo".

Abel enfatizara em *todo o seu* sumário que nenhuma prova de qualquer informação de importância militar, coletada ou transmitida, fora apresentada ao tribunal durante o julgamento. "Existem apenas conjecturas, que não são comprovadas e não são *provas*."

Eu tinha certeza de que ele escrevera sua tese para me guiar durante o discurso de encerramento.

"Lidando com o caso como um todo", dizia ele, "parece preferível adotar uma atitude 'objetiva e de bom senso' — sem apelos emocionais. Com relação a H e Rh [ele sempre escrevia "H", jamais Häyhänen], alguma emoção parece necessária. H, por suas próprias palavras, foi exposto como incompetente, bêbado, mentiroso e ladrão. Além disso, mostrou completa indiferença por sua família na URSS. Não se demonstrou nenhuma base ideológica para a deserção, somente a conduta covarde de uma pessoa sem fibra moral. Nenhum patriotismo, nenhuma força de caráter — apenas um covarde. O mesmo vale para Rhodes.

"Ao assumir a abordagem do 'bom senso', pode ser aconselhável indicar, de algum modo, que essa é a única atitude razoável para o júri, uma vez que os jurados não possuem treinamento legal."

Quinta-feira, 24 de outubro

A sala de audiências estava lotada e o dia estava quente. Nessas condições, fiquei satisfeito por ser o primeiro a fazer o discurso de encerramento. Meu apelo seria apenas ao júri; assim, aproximei--me dele.

Donovan: Senhoras e senhores jurados.

Sei que este julgamento foi uma grande experiência para mim e, tenho certeza, também para os senhores. Como todas as experiências, esta adquire sentido quando olhamos para ela com o benefício da retrospectiva.

Os senhores se lembram de que, no início do julgamento, falei brevemente sobre seus deveres como jurados. Expliquei que seu dever é determinar os fatos de forma consciente e decidir se as provas apresentadas no tribunal comprovam a culpa do homem chamado Abel em relação às acusações específicas feitas contra ele.

Expliquei que este não é o julgamento do comunismo ou da Rússia soviética. A questão que acabei de declarar é a única que deve interessá-los.

Tendo entendido essa situação, eu e os senhores aguardamos para ver que provas seriam produzidas contra o réu. Vimos todas elas; vimos e ouvimos todas as testemunhas. Tivemos a oportunidade de avaliá-las: ver se estavam ou não dizendo a verdade; quais eram seus motivos para relatar os fatos ou contar a história mais adequada para salvar a própria pele.

É terrivelmente importante, neste julgamento em específico, que os senhores tenham clara compreensão do funcionamento de um júri nos Estados Unidos. Acreditamos que nosso sistema de julgamento por júri é o melhor já criado para se chegar à verdade.

Por que sua função é tão importante?

Os senhores podem se perguntar: "O juiz conhece toda a lei aplicável ao caso e foi treinado durante muitos anos para analisar provas. Por que, então, não deixar casos como este para advogados e juízes?"

A resposta é que, desde o tempo de Aristóteles, há muitos séculos, cidadãos comuns não se contentam em deixar essas questões para advogados e juízes, com seus legalismos e detalhes técnicos.

Nos Estados Unidos, na época da Revolução Americana, nosso país foi construído, entre os intelectuais, por uma série de documentos chamados "O federalista", escritos por um grupo de homens no qual se incluíam as melhores mentes legais da nação. Mas a causa da Revolução Americana foi apresentada ao público não por "O federalista", mas por um panfleto escrito por um homem chamado Thomas Paine e intitulado "Bom senso".

Tudo o que lhes peço neste caso específico, por causa de certos detalhes legais, é que, embora tenham recebido instruções legais do juiz, simplesmente usem bom senso ao considerá-lo.

Os senhores têm o direito, e são os únicos a ter esse direito, de chegar a um veredicto de culpa ou inocência em cada acusação. Esse direito, de chegar a um veredicto após ouvir o juiz, foi estabelecido em 1735 nesta mesma cidade, durante o julgamento de um homem chamado Peter Zenger. Naquele julgamento, um grande advogado chamado Andrew Hamilton, defendendo Peter Zenger, conseguiu para os senhores o direito de chegar a um veredicto de culpa ou inocência após considerar a lei e as provas. Tudo o que lhes peço é que revisem o que ouvimos nas últimas semanas e usem bom senso ao chegar a um veredicto.

Em primeiro lugar, quais são as acusações? A primeira acusação do indiciamento, e única capital, é de, em suma, conspirar para *transmitir* informações sobre defesa nacional e energia atômica.

Eu lhes pergunto agora, como farei repetidas vezes: que provas de informações sobre defesa nacional e energia atômica foram apresentadas aos senhores?

Quando iniciamos este caso, eu e os senhores certamente esperávamos provas de que o réu roubara grandes segredos militares e atômicos. Eu pergunto, pensando nas últimas semanas, que provas sobre tais informações foram apresentadas?

A única razão pela qual essa conspiração particular é punível com a morte, se assim decidir o tribunal, é o fato de ser uma conspiração para *transmitir* informações militares ou informações que afetem a defesa nacional. É essa a acusação. Estou simplesmente pedindo que os senhores se perguntem que provas disso foram apresentadas neste caso.

Em primeiro lugar, vamos presumir — presumir — que o réu é quem o governo diz ser. Vamos presumir isso. Isso significa que ele estava servindo a seu país em uma missão extraordinariamente perigosa. Em nossas Forças Armadas, só enviamos em tais missões os homens mais corajosos e inteligentes que conseguimos encontrar. Cada americano que subiu ao banco das testemunhas neste caso, que conheceu pessoalmente o réu enquanto ele viveu aqui, embora tenha deposto com outro objetivo, tornou-se uma testemunha de caráter para o réu. Os senhores ouviram o depoimento desses homens, um após o outro.

Além disso, na tarde de ontem, ouviram a leitura das cartas da família do réu. Os senhores puderam julgar aquelas cartas. Não os incomodarei com repetições. Obviamente, elas pintavam o retrato de um marido devotado e pai amoroso. Em resumo, um homem de família excepcional, como os que temos nos Estados Unidos.

Assim, por um lado, considerando que tudo isso seja verdade, os senhores têm um bravo patriota servindo a seu país em uma missão militar extraordinariamente arriscada e que viveu entre nós, em paz, durante esses anos. Por outro, há as duas pessoas que os senhores ouviram depor como seus principais acusadores.

Häyhänen, um renegado por qualquer critério. Originalmente, houve rumores de ele ser um homem que, cito, "desertou para o Ocidente". Poderíamos pensar em um indivíduo de ideais elevados que finalmente "escolheu a liberdade" e assim por diante. Os senhores viram quem é ele. Um velhaco. Um renegado. Um mentiroso. Um ladrão.

Ele foi sucedido por alguém que, até onde sei, foi o único soldado na história americana a confessar ter vendido seu país por dinheiro.

Essas são as duas principais testemunhas contra o réu.

Analisemos em mais detalhes o homem que afirmou se chamar Reino Häyhänen. Os senhores se lembrarão de que, em meu discurso de abertura, pedi que o observassem cuidadosamente. Enfatizei que, se o que o governo diz é verdade, o homem foi treinado para viver uma vida ilusória; é um mentiroso treinado, pago pela Rússia para viver essa vida. É um mentiroso profissional. E agora, como os senhores sabem por seu depoimento, está sendo pago por *nosso* governo.

O promotor dirá aos senhores que, para condenar tais pessoas, é necessário usar tais testemunhas. Contudo, peço que, ao avaliarem o depoimento desse homem, mantenham sempre em mente a seguinte questão: ele está dizendo a verdade ou está dizendo não apenas mentiras, mas mentiras importantes o suficiente para salvar sua própria pele?

Das provas apresentadas, digo que os senhores devem concluir que Häyhänen é um mentiroso, um ladrão e um bígamo que, embora diga estar em uma operação secreta de espionagem...

Juiz Byers: Preciso interrompê-lo, sr. Donovan. Não gosto de fazer isso. Se o homem sobre o qual o senhor está falando é ou não bígamo depende das leis russas sobre dissolução do casamento, e não há provas sobre o assunto.

Donovan: Tentei perguntar a ele sobre isso, Meritíssimo, e houve objeção

Juiz Byers: Não há evidência de que ele seja bígamo.

Donovan: O homem está vivendo, presumivelmente até hoje, com a dama finlandesa a quem o senhor me permitiu me referir, por ser numericamente correto, como esposa número dois.

Agora, com respeito ao que esse homem fez enquanto esteve aqui, nossa inquirição consistiu no que um médico chamaria de biópsia, que consiste simplesmente em remover uma pequena amostra de tecido para ver se contém indicações de uma doença que afetaria todos os tecidos relacionados. Para fazer isso, pegamos um segmento de sua vida entre nós, em Newark, Nova Jersey, entre as datas de agosto de 1953 e dezembro de 1954. Investiguei sua vida por lá e, no banco de testemunhas, o questionei a respeito.

Certamente concordamos que, do relato que finalmente foi forçado dos lábios dele... certamente os senhores podem concluir que, se esse homem estava lá em uma operação secreta de espionagem, ele cometeu todos os erros que se poderia cometer.

Uma operação secreta de espionagem, para ter sucesso, deve ser feita de modo que o agente se torne indistinguível da multidão. Ele evita atenção. Esse homem fez todo o possível para chamar atenção.

Seu depoimento foi de que alugou a loja para montar um estúdio fotográfico. Ele permaneceu lá por um ano, jamais montou tal estúdio e, em vez disso, espalhou polidor para vidros nas janelas. Os senhores o ouviram dizer que vivia com sua senhora finlandesa, bebendo vodca aos litros, e, ao menos uma vez, a polícia e uma ambulância foram chamadas porque "apenas dois" dos cômodos estavam sujos de sangue.

Com respeito à senhora finlandesa, os senhores me ouviram perguntar se ele se lembrava de um incidente na padaria ao lado, onde comprou pão, jogou no chão e ordenou que a mulher o apanhasse. Os senhores ouviram suas respostas. Ele não se lembrava de tal incidente.

Perguntei-lhe especificamente: "O senhor nega que isso ocorreu?" Ele jamais negou. Jamais negou.

Digo que, dessa inquirição, os senhores precisam concluir que o incidente ocorreu e o homem mentiu e foi evasivo no banco das testemunhas ou estava tão bêbado quando ocorreu que até hoje não se lembra. Essas são as únicas conclusões a que os senhores podem chegar.

Enquanto ouvíamos narrativas sobre esse tipo de vida, eu e os senhores éramos solicitados a acreditar que o homem era tenente-coronel da inteligência militar russa.

Em certo ponto, com respeito à senhora finlandesa, embora admitisse ter deixado esposa e filho na Rússia, ele pareceu se referir ela como parte de sua "lenda". No início do caso, achei que ele simplesmente estava com medo de voltar para a Rússia. Quando terminou seu depoimento, passei a achar que estava com medo de voltar para a esposa.

Consideremos agora não apenas o caráter miserável desse homem, mas também a sórdida viva que levava aqui. Os senhores devem responder a uma pergunta básica: considerando-se tudo isso, a história desse homem é verdadeira?

Ele estava aqui por alguma razão. Sabemos disso. Além disso, usou todos aqueles fantásticos métodos de comunicação com alguém. Em uma hora, disse usar pontos de coleta, ferrolhos ocos e tudo o mais para se comunicar com o réu. No minuto seguinte, disse que se encontrava com ele todas as semanas e os dois costumavam dirigir pela cidade durante uma hora. Se eles se encontravam toda semana e dirigiam por uma hora, qual era o objetivo de se comunicarem com ele por meio desse dispositivo melodramático e infantil?

Além de Abel, ele usou todos esses dispositivos sobre os quais testemunhou para se comunicar com um grupo de pessoas sem rosto e sem nome que descreveu apenas como "oficiais soviéticos". Eles jamais foram identificados por nome, por patente nem por nenhuma outra descrição.

Como os senhores sabem, o homem foi conduzido, e realmente quero dizer conduzido, por centenas de páginas de depoimento relacionadas a suas atividades. Ele contou o que acho que pode ser caracterizado como história bem-ensaiada. Em duas ocasiões, perguntou-se a ele: "Por que o senhor veio para os Estados Unidos?" "Vim para os Estados Unidos para ajudar Mark em espionagem." Em outra ocasião, perguntou-se: "Que tipo de informação os senhores estavam tentando conseguir?" E sua resposta, praticamente retirada de um livro de legislação sobre o assunto, foi que eram 'relacionadas à segurança nacional dos Estados Unidos".

Com exceção desses tênues elos, verbalizados pela testemunha mais infeliz que alguém poderia colocar no banco, não há provas pertinentes a informações relacionadas à defesa nacional ou a segredos atômicos. Não existe prova disso neste caso. Mesmo assim, é com base nesse tipo de prova que os senhores estão sendo solicitados a condenar um homem, possivelmente à morte. Os senhores só matariam um cão se houvesse prova de que ele mordeu.

Revisemos algumas das coisas que Häyhänen disse ter feito em nome da conspiração.

Ele foi até o Colorado localizar um homem e não conseguiu; foi até Atlantic City localizar outro homem, mas jamais se encontrou com ele; foi até Quincy, Massachusetts, para localizar um terceiro homem e, até hoje, não tem certeza de ter localizado a pessoa correta; recebeu ordens, ou assim nos disse, para abrir um estúdio fotográfico como disfarce, mas nunca o abriu; recebeu ordens para aprender código Morse, mas jamais aprendeu.

Quando esse homem terminou de contar sua história — incluindo o fato de que recebeu dinheiro para dar a uma mulher, a sra. Sobell, mas jamais o fez e embolsou os cinco mil dólares —, tudo em que eu conseguia pensar era naquele best-seller infantil, *Where Did You Go? Out. What Did You Do? Nothing* [*Aonde você foi? Saí. O que você fez? Nada*].

Se esse homem era espião, a história certamente registrará que foi o mais desajeitado, contraproducente e ineficiente espião que qualquer país já enviou em missão. É uma história praticamente inacreditável e devemos acreditar nela, devemos acreditar que ele é um tenente-coronel da inteligência militar russa enviado para cá a fim de obter nossos maiores segredos de segurança.

Aquele velhaco não teria patente de soldado de primeira classe no Exército americano.

Contudo, em vez de nos demorarmos em seu depoimento, que afirmo não ter provado absolutamente nada sobre esse assunto, quero lembrar a prova mais significativa que ele forneceu. Häyhänen recebeu ordens de dizer a verdade — e a disse, nos últimos seis meses, ao FBI.

Os senhores lembrarão que, no fim de sua inquirição, perguntei se ele fizera uma declaração ao FBI no fim de maio e início de junho de 1957. Ele disse que sim. Disse que a fizera em um quarto de hotel aqui em Nova York.

Deixe-me lê-la novamente, com muito cuidado, e lembrem-se de que se trata de um documento do próprio governo. Deixe-me ler o que esse homem disse ao FBI:

"Residi e trabalhei na Finlândia de julho de 1949 a outubro de 1952. Lá, recebi meu passaporte americano e cheguei a Nova York em outubro de 1952. Não me envolvi em atividades de espionagem e não recebi qualquer informação secreta durante minha estada no exterior, nem na Finlândia, nem nos Estados Unidos da América."

Essa foi a declaração do homem ao próprio FBI. E é baseado em seu depoimento que se espera que os senhores condenem um homem por um crime capital.

É ridículo. A declaração, se os senhores notaram, jamais foi esclarecida em qualquer reexame. Até hoje, permanece nos autos. É uma exculpação completa do réu e nenhuma explicação sobre ela foi oferecida aos senhores.

E quanto ao restante das provas?

O sargento-mestre Rhodes apareceu. Todos os senhores tiveram oportunidade de ouvi-lo: dissoluto, bêbado, traidor de seu próprio país. As palavras mal conseguem descrever quão baixo ele chegou.

Lembrem-se de que Rhodes afirmou jamais ter encontrado ou ouvido falar de Häyhänen. Ele jamais se encontrou [apontando] com o réu; nunca ouviu falar dele. Nunca ouviu falar de nenhum dos conspiradores nomeados no indiciamento. Mesmo assim, contou em detalhes sua própria vida em Moscou, vendendo-nos por dinheiro. E como isso se relaciona ao réu? Os eventos em Moscou ocorreram dois anos antes de Häyhänen dizer que Abel o enviou para localizar um homem chamado Rhodes. Como se relacionam com o réu? A resposta é: não se relacionam.

É em provas desse tipo que se pede que os senhores baseiem a condenação desse homem. É com esse tipo de prova que devem enviá-lo para a morte.

Onde está a prova da existência de informações relacionadas à defesa nacional e à energia atômica? A resposta é que, se existe, ela não foi apresentada aos senhores. Se a acusação tem um caso, não o apresentou aos senhores, e os senhores devem decidir baseados no que foi dito e nas provas apresentadas nesse caso.

Se decidirem que o réu é culpado, seria culpa por não associação. O réu jamais conheceu nenhuma dessas pessoas.

É muito importante que os senhores percebam que não estão servindo a seu país e lutando contra o comunismo se condenarem um homem com provas insuficientes. Os senhores só estarão servindo a seu país e lutando contra o comunismo se chegarem a um veredicto justo, de acordo com sua consciência individual.

Digo que, se depois que o caso terminar, os senhores quiserem ser capazes de encarar seus vizinhos e a si mesmos, precisam exercitar suas próprias consciências, a fim de chegar a um veredicto justo.

Pode parecer estranho que os Estados Unidos forneçam esse tipo de defesa a um homem como o réu. Em uma declaração juramentada que submeti durante um procedimento inicial do caso, relacionado à busca e apreensão no Hotel Latham, afirmei, ao final:

> Abel é um estrangeiro acusado do crime capital de espionagem soviética. Pode parecer anômalo que nossas garantias constitucionais o protejam. Os incapazes de raciocínio podem ver a consciente aderência americana aos princípios da sociedade livre como um altruísmo tão escrupuloso que acabará resultando em autodestruição. Todavia, nossos princípios estão gravados na história e são a lei desta terra. Se o mundo livre não for fiel a seu próprio código moral, não restará uma sociedade pela qual os outros possam ansiar.

Peço que os senhores se lembrem disso ao chegarem a um veredicto e peço que exercitem suas consciências individuais ao decidir se as evidências apresentadas neste tribunal provam a culpa do réu, para além de qualquer dúvida razoável, nos crimes especificados. Peço que, ao ouvirem o promotor, ouvirem a acusação proferida pelo juiz e então deliberarem sobre a questão, façam a si mesmos uma última pergunta: onde está a informação relacionada à defesa nacional dos Estados Unidos?

Senhoras e senhores jurados, se analisarem este caso com tal esmero, a fim de que possam deixá-lo para trás com a consciência limpa, não tenho dúvidas de que, quanto às duas primeiras acusações do indiciamento, seu veredicto será: inocente.

Muito obrigado.

Na mesa da defesa, não tínhamos como saber que um escritor mais tarde descobriria que, durante todo o julgamento, um jurado tomava notas meticulosamente em seu bloco, fazendo marcas pretas quando o promotor marcava um ponto e marcas vermelhas quando se criava dúvida razoável. E como poderíamos adivinhar que alguns dos jurados ficariam aborrecidos com os rabiscos de Abel? "Ele parecia à parte, como se estivesse em seu próprio mundo", disse um deles.

Tompkins: Senhoras e senhores jurados. Antes de iniciar meu discurso de encerramento, gostaria de agradecer-lhes sua paciência e a cortesia que demonstraram aos advogados de ambos os lados. Tivemos alguns dias difíceis, mas os senhores foram muito pacientes e, por isso, sou muito grato.

Em meu discurso de abertura, acredito ter feito aos senhores a promessa solene de que o governo faria de tudo para assegurar ao réu um julgamento justo, e acredito que nos conduzimos dessa maneira. Também observei que o governo não almejava simplesmente vencer o caso, mas sim um objetivo muito mais importante: fazer justiça.

Os senhores me ouvirão usar os termos "incontestável" e "inegável" muitas vezes durante meu discurso, pois não consigo pensar em nenhum fato substancial que o governo tenha apresentado e que tenha sido contestado ou que se tenha tentado contestar.

A penalidade foi abordada brevemente antes, e os senhores foram questionados sobre ela antes de prestarem juramento. Cada um dos senhores disse que decidiria o caso com base nas provas apresentadas, sem considerar a penalidade. Ela não é uma questão para a defesa ou para a acusação. É integralmente da competência do juiz.

Quero falar muito brevemente sobre conspiração. Em meu discurso de abertura, disse apenas que era um acordo — uma parceria no crime, se quiserem — e que a realização de um ato manifesto completava esse acordo. O acordo não precisa ser bem-sucedido nem o ato manifesto, em si, precisa ser criminoso.

Em outras palavras, não precisamos permanecer passivos e permitir que um indivíduo cometa espionagem para conseguir nossos segredos. Não somos impotentes em casos assim. Podemos intervir. Podemos impedir a consumação do crime.

Quero falar brevemente sobre Reino Häyhänen, que foi citado como mentiroso treinado. Em meu discurso de abertura, acho que disse aos senhores para esperarem um ataque, e ele ocorreu. "Um mentiroso treinado, um mentiroso profissional. Mentiroso treinado." O mesmo treinamento recebido pelo réu, mas com menos tempo no NKVD.

Häyhänen é um "mentiroso treinado", e o réu é um patriota corajoso que serviu a seu país em uma missão arriscada. E, creiam-me, pretendemos tornar esse tipo de missão realmente muito arriscado. Ele é um bom homem de família e vive bem. Sua família de fato vive muito bem em Moscou, com uma casa de verão e criados, como os senhores ouviram durante a leitura das cartas de sua esposa.

Reino Häyhänen compareceu, testemunhou e foi submetido a inquirição — por quatro dias, no total. A defesa sugeriu que os senhores observassem sua conduta, e espero que o tenham feito. Certamente espero que tenham notado quão prontamente ele respondeu a todas as perguntas, mesmo as pessoais, que incidiam diretamente sobre si mesmo e seus hábitos. Ele admitiu prontamente que bebia. Admitiu prontamente que pegou os cinco mil dólares da sra. Sobell, e ninguém concorda com suas atitudes.

Não me lembro de ele admitir, contudo, um ponto muito importante, que certamente teria afetado sua credibilidade: jogar um pão no chão da padaria.

Häyhänen afirmou que o objetivo de sua vinda aos Estados Unidos era conseguir informações, militares ou atômicas. Uma declaração foi lida — e não há dúvida de que ele a escreveu e assinou —, na qual dizia não ter realizado atos de espionagem na Finlândia ou nos Estados Unidos e, em seguida, afirmou-se que ela não foi contestada.

Depois que a declaração foi lida, os autos mostram o seguinte:

P. Sr. Häyhänen, por que o senhor foi enviado aos Estados Unidos?

Houve vigorosa objeção, mas, finalmente, a testemunha teve permissão para responder:

R. Fui enviado aos Estados Unidos para ser assistente de Mark no trabalho de espionagem.

Häyhänen, quando chegou aqui em 1952, era um agente treinado e hábil. Tinha 13 anos de experiência no uso de armas, em vigilância e em todas as técnicas de espionagem: micropontos, dispositivos, língua inglesa, uso do rádio, de recipientes e de documentos falsos.

Em 1954, como afirmou, ele conheceu o réu e, subsequentemente, realizou certas tarefas para ele. Falou sobre a primeira, localizar o soldado Roy Rhodes em Red Bank. Afirmou-se que Roy Rhodes era um acusador. Roy Rhodes não é nada do gênero. Roy Rhodes afirmou não conhecer Häyhänen. Afirmou não conhecer Abel. E acredito que seja verdade. Contudo, olhemos para a situação sob outro ponto de vista. Abel sabia sobre Roy Rhodes, assim como Häyhänen.

O governo tem a obrigação de provar a verdade da acusação feita ao grande júri. Não estamos orgulhosos de Roy Rhodes. Ninguém poderia estar.

Os senhores ouviram seu depoimento. Ele é um agente de espionagem confesso. Simplesmente apresentamos Roy Rhodes como ele é, para corroborar a mensagem sobre Quebec. Seu depoimento, posso dizer, coincidiu com elementos contidos na mensagem sobre Quebec que o réu entregou a Häyhänen — elementos que Roy Rhodes admitiu ter contado aos oficiais russos em Moscou.

O governo estabeleceu, no interrogatório direto, que, enquanto estava em Moscou, Roy Rhodes forneceu informações ao governo russo. O governo estabeleceu que ele foi pago por tais informações e acho que a inquirição apenas enfatizou isso.

Em outras palavras, creio que a defesa desacreditou uma testemunha já desacreditada, se isso fosse possível após ouvi-lo. Mas o importante é que os fatos contidos em seu depoimento sobre o tipo de informação que forneceu aos russos não foram desacreditados em nenhum momento.

O que estou dizendo é que Roy Rhodes foi apresentado para provar a culpa de um indivíduo, para mostrar que essa pessoa conhecia a mensagem sobre Quebec, e esse fato não deve escapar aos senhores. Se ele não fosse um fraco que vendeu seu país e não fosse suscetível de ser usado pelo governo soviético, a conspiração não teria procurado por ele. Abel não estava em busca de cidadãos decentes. Estava em busca de homens como Roy Rhodes — porque cidadãos decentes não são úteis para uma conspiração soviética, mas um sargento do Exército comprometido, que já fornecera informações aos soviéticos, pode ser de grande ajuda.

Quando consideramos que ele afirmou, e isso não foi contradito, ter fornecido aos soviéticos informações sobre o pessoal do Exército e do Departamento de Estado, podemos avaliar a gravidade de seu crime e, ao mesmo tempo, seu valor potencial para os soviéticos aqui nos Estados Unidos.

Creiam-me: dê a qualquer agente soviético uma oportunidade de conhecer os hábitos, o treinamento, o passado e as conexões de qualquer indivíduo nas Forças Armadas, seja soldado ou general, e terá lhe dado um excelente ponto de partida. Não consigo pensar em nada mais forte que a busca por Quebec na tentativa de conseguir informações militares — informações relacionadas a nossa defesa nacional. Quebec fora treinado em criptografia e informara isso aos russos. E lembrem: na mensagem sobre Quebec, os russos achavam que ele tinha um irmão trabalhando em uma usina atômica.

Eu gostaria de falar um pouco sobre o ferrolho no Prospect Park, pois acho que é uma forte corroboração do depoimento de Reino Häyhänen. Os senhores se lembram de como o FBI foi ao ponto de coleta no Prospect Park e o encontrou selado, e então quebrou o cimento e encontrou o ferrolho. Os senhores ouviram o agente do laboratório do FBI em Washington dizer que, ao abrir o ferrolho, descobriu uma mensagem datilografada.

E isso nos leva a um dos itens mais importantes do caso, a máquina de escrever. Quem estabeleceu definitivamente que ela pertencia a Abel? Quem afirmou que aquela era a máquina de escrever de Abel? Acho que nem mesmo a defesa se queixaria disso. De todas as pessoas, foi uma das testemunhas de caráter do réu. Ele afirmou ter conseguido a máquina de escrever — e forneceu o número de série — com Abel e a entregou ao FBI.

E os senhores ouviram o depoimento do sr. Webb, do agente especial Webb, relativo ao exame da máquina de escrever.

Acho que os pontos de coleta eram chamados de "superficiais". Quem os senhores acham que usava os pontos "superficiais" no Prospect Park para deixar mensagens? O réu! Os senhores ouviram

Webb afirmar que a mensagem contida naquele ferrolho foi escrita na máquina que pertencia ao réu.

Os senhores também se lembram do jovem entregador de jornal de 17 anos, ruivo e sardento, que afirmou ter recebido uma moeda como pagamento. Quando derrubou a moeda, ela se abriu.

Uma dessas moedas usadas para truques que podem ser compradas em qualquer lugar; exceto que as que podem ser compradas em qualquer lugar não contêm microfilmes em seu interior. E o garoto a entregou imediatamente — depois de abri-la e ver o que havia dentro dela — a um detetive de polícia do Brooklyn, que por sua vez a entregou ao FBI. Lembrem-se, a moeda foi encontrada por Jimmy em junho de 1953. A mensagem estava datada de dezembro e continha congratulações por uma chegada segura. Lembrem que Häyhänen chegou aqui em outubro de 1952. Essa moeda não tinha nada a ver com ele, jamais esteve em sua posse, mas afirmo que é uma corroboração muito forte da veracidade de sua história [...].

Eu gostaria de falar, uma vez que houve tanta discussão sobre Häyhänen, sobre algumas das corroborações independentes que prometemos aos senhores — corroborações independentes de seu depoimento.

A substância de seu depoimento não foi contradita, disputada ou desafiada. A inquirição abordou seus hábitos pessoais. Ele não foi questionado sobre os pontos de coleta, as conversas com o réu e nenhuma de suas missões. Para mim, isso é muito importante.

Agora, e quanto aos itens sobre os quais Häyhänen nada sabia, com os quais não tinha absolutamente nenhuma conexão, e que incriminam o réu? Olhem para eles. Saíram do depósito na Fulton Street, n. 252: um ferrolho e uma abotoadura oca. Häyhänen jamais os viu, jamais soube de sua existência. Estes aqui também estavam no depósito do réu: um prendedor de gravata oco, outro ferrolho e uma pilha, uma pilha oca, não a do tipo usado pelos escoteiros. Duvido que esses objetos estivessem disponíveis em qualquer lugar. E acho que é seguro dizer que não há um homem neste júri que já tenha visto um prendedor de gravata como este. Tenho certeza de que nenhuma mulher jamais comprou algo assim para o marido, não do tipo que se abre. Esses itens foram chamados de brinquedos, assim como as moedas. Brinquedos. Não acho que ninguém os chamaria de brinquedos. Não são objetos de diversão. Senhoras e senhores, são ferramentas de destruição, destruição de nosso país; é esse o objetivo dessa conspiração. Esses brinquedos? Ferramentas de destruição, podem acreditar!

Falemos um pouco sobre a conduta do réu. Não sei de ninguém que o conhecesse como Rudolf Abel. Ele era conhecido como Goldfus, Mark e Martin Collins. E nenhum dos inquilinos, nenhuma de suas testemunhas de caráter, o conhecia como Rudolf Abel. Acho que sua conduta pode ser descrita como segredista, com intenção de iludir, uma conduta demonstrando a malícia de um profissional, de um agente de espionagem altamente treinado. A conduta de um espião, de um verdadeiro mestre. Lembrem-se de que essa foi a carreira escolhida por ele. Ele conhece as regras do jogo, assim como sua família, incluindo sua filha, já adulta. Ele não merece simpatia.

Está muito quente e estou certo de que o júri, em seu sábio julgamento e com o uso de seu elevado bom senso, conseguirá chegar rapidamente a um resultado. Tudo o que posso dizer é que nunca, em minha experiência, vi uma situação tão definitiva e uma corroboração tão intensa quanto as apresentadas aos senhores neste caso.

Tudo o que posso dizer é que se trata de um caso sério. De um crime sério. De um crime contra nossa própria existência e, através de nós, contra o mundo livre e a própria civilização, particularmente à luz dos tempos. Afirmo, e não creio já ter afirmado algo com mais intensidade e seriedade, estar convencido de que o governo provou seu caso não apenas para além da dúvida razoável, como exigido, mas para além de qualquer dúvida. Estou convencido de que os senhores, em sua sabedoria e capacidade de julgamento, serão capazes de avaliar a veracidade das declarações das várias testemunhas apresentadas pelo governo. Estou certo de que os senhores serão capazes de avaliar os fatos deste caso como resultados do crime de conspiração e, com a orientação do juiz, chegar ao resultado correto. Não posso enfatizar o bastante que não é necessário ter sucesso para ser culpado. Acho que a sociedade e o governo têm o direito de se proteger quando encontram pessoas conspirando para cometer um crime. Não somos impotentes. Não temos de esperar por um corpo antes de procurarmos pelo criminoso. Podemos nos mover assim que o crime tenha sido estabelecido, e esse crime é a parceria, o acordo, a confederação, além do cometimento de um ato manifesto.

Gostaria de dizer novamente que estamos gratos por sua cortesia e pela atenção que prestaram a este caso tão importante. Estou absolutamente convencido e convicto de que, depois de deliberarem e considerarem tudo, os senhores decidirão que o réu é culpado das acusações do grande júri, em função do peso avassalador das provas e da avassaladora corroboração apresentada pelo governo.

Muito obrigado.

O discurso de encerramento do governo durou 51 minutos. Tompkins, respondendo à pressão de Washington em seu mais importante caso pendente, dedicara muito tempo e esforço a ele. Suas observações haviam sido extensas e enfáticas.

O caso agora era propriedade do juiz presidente.

Juiz Byers: Membros do júri, em parte para poupá-los de minha rouquidão esta tarde e em parte para permitir que o tribunal estude os autos mais cuidadosamente, as recomendações serão feitas às 10h30 de amanhã. Boa noite.

No parque do Brooklyn ao lado do tribunal, ainda era uma tarde cálida e ensolarada, e os bancos estavam lotados. No número 252 da Fulton Street, os nomes Silverman e Levine haviam desaparecido do surrado quadro do lobby. A publicidade afastara os inocentes artistas. E Abel estava na traseira de uma van da prisão, balançando em direção à Sede Federal de Detenção, na West Street, onde aguardaria pela 11ª e última noite antes de ouvir o veredicto.

Enquanto isso, um jurado estava sentado no metrô, lendo as manchetes do jornal de um passageiro desconhecido.

— Acho que os dois advogados fizeram o melhor que podiam com o que tinham para trabalhar — diria ele depois a um repórter. — Mas não é como Perry Mason. Não consigo me lembrar de uma única palavra do que foi dito, mas isso é natural, não é? As coisas são ditas e desaparecem, e você sai de lá com uma impressão. Culpa ou inocência.

Sexta-feira, 25 de outubro

ESTADOS UNIDOS DA AMÉRICA VS. RUDOLF IVANOVICH ABEL ET AL.

BYERS, D. J.

CRIMINAL.

O pequeno letreiro na porta da sala de audiências contava toda a história. Tratava-se de um caso criminal presidido pelo juiz Byers. Em nenhum momento foi algo além disso e em nenhum momento os participantes se esqueceram desse fato.

A singularidade do julgamento, a importância internacional do réu, um espião soviético, a urgência da situação mundial e a pressão dos zelosos e autonomeados guardiões da liberdade dos Estados Unidos não influenciavam os procedimentos por trás das pesadas portas de carvalho.

"A calma na sala de audiências e a ausência de comportamento passional foram notáveis, considerando-se o potencial explosivo do caso", escreveu um jornalista francês. E um repórter nascido no exterior, escrevendo para o *Christian Science Monitor*, afirmou: "Para alguém que não foi educado no sistema anglo-americano de 'devido processo legal', o julgamento foi uma prova da maturidade desse método e de sua capacidade de lidar em seus próprios termos com representantes do sistema que busca destrui-lo."

A sala de audiências do severo e professoral Mortimer W. Byers era um fórum da justiça. Ele estabeleceu o ritmo do julgamento. Todos os olhos estavam sobre ele, e o jurados estavam voltados em sua direção.

Juiz Byers: Membros do júri, chegou o momento de os senhores deliberarem sobre o caso. Sem dúvida, os senhores creem saber muito sobre ele e talvez preferissem não ter de ouvir mais a respeito. Se é esse seu ponto de vista, também é o meu, mas não podemos agir de acordo com nossas preferências. É meu dever fazer estas recomendações e é seu dever ouvi-las.

Os senhores percebem que, subjacentes a este caso, há três provisões da lei sobre as quais devem ser informados, pois o indiciamento contém acusações de três diferentes conspirações.

O meirinho nos contara que o juiz vivia no Brooklyn, a 5 km do tribunal; ele caminhava até lá todos os dias e, à noite, caminhava de volta para casa. Tinha 80 anos e era o juiz mais velho do Distrito Leste, mas permaneceu em pé, com as costas eretas, durante toda a instrução. Essa era uma tradição quase morta que se iniciara há centenas de anos, nos tribunais ingleses. E era motivo de orgulho para o juiz Byers, assim como suas anotações. Ele não leu uma declaração escrita, ele instruiu o júri — com apenas algumas notas manuscritas diante de si.

Leu trechos do código penal americano, do indiciamento e dos atos manifestos e então passou a interpretar o que acabara de ler.

Juiz Byers: Diz-se que a conspiração tem origem nas mentes do que se tornam parte dela, os conspiradores. Assim, uma conspiração é, essencialmente, um contrato, mas isso não significa que seja um tipo formal de contrato, como os encontrados em transações comerciais comuns.

Nunca soube de uma conspiração que envolvesse um contrato escrito. Necessariamente, é uma coisa secreta e clandestina. Dada sua natureza, a única maneira de provar a existência de uma conspiração é provar a conduta daqueles a quem se imputa dita conspiração. Como os senhores sabem, ainda não inventamos um instrumento que nos permita observar o funcionamento da mente humana.

A única maneira de determinar o que se passa na mente é observar a conduta e, às vezes, as palavras do indivíduo sob exame. Assim, para determinar se existe conspiração, como resultado de um objetivo comum ou contrato, examinamos a conduta dos que agem juntos em função do contrato com que concordaram.

O mero contrato não impõe responsabilidade criminal, pois as pessoas podem conspirar para violar a lei, mas serem desencorajadas. Elas podem mudar de ideia e abandonar seu plano original. Assim, a lei, a fim de punir a conspiração, exige prova não apenas da existência de dita conspiração, mas da realização de um ou mais atos, por um ou mais conspiradores, para levar adiante seu plano ou objetivo.

A realização de um ou mais atos para colocar o plano em operação é a parte do caso compreendida nos atos manifestos. Não é necessário que todos os atos manifestos sejam provados. Ao menos um, talvez mais de um, como dito, devem ser provados, mas não necessariamente todo o esquema, toda a lista de atos manifestos.

Outra coisa deve ser explicada em relação a esse tipo particular de crime. O crime está completo na demonstração, com a requerida quantidade de provas, do acordo, de suas partes e da realização de um ou mais atos para colocá-lo em efeito. Isso constitui o crime. A conspiração pode falhar em seus objetivos e, mesmo assim, o crime denunciado pela lei é estabelecido quando os requerimentos que acabei de enunciar são demonstrados.

Para ilustrar esse ponto, o juiz usou um exemplo simples e sem relação com o caso. Ele disse que três homens planejam explodir o edifício do tribunal. Um compra dinamite, o segundo compra brocas de aço e o terceiro compra uma bateria. Mas a dinamite está molhada, a bateria não funciona direito e o terceiro parceiro quebra a perna.

Juiz Byers: Mas, com o acordo original tendo sido demonstrado e com cada homem tendo feito uma coisa específica para levar o plano adiante, com provas de que cada um tentou fazer sua parte, o crime, de acordo com a lei, foi cometido.

O crime foi cometido quando o acordo foi feito e uma ou mais ações foram realizadas para levá-lo a cabo. Espero ter deixado a lei razoavelmente clara nesse aspecto.

Passemos agora ao item seguinte, que é a presunção de inocência deste e de qualquer outro réu em um caso criminal. Ela se aplica a ele do início do caso até o momento em que o júri retorna com o veredicto. A fim de superar essa presunção, o ônus da prova cabe ao governo, que deve provar, para além da dúvida razoável, cada elemento essencial dos crimes que constam do indiciamento. O que significa dúvida razoável?

Exatamente o que as palavras indicam. Significa uma dúvida que se apresenta a suas mentes como resultado do exercício de suas faculdades de raciocínio, quando os senhores aplicam essas faculdades a cada elemento do caso. A ênfase está nas faculdades de raciocínio, e elas, necessariamente, excluem a emoção. Os senhores sabem que duas de nossas emoções favoritas são a simpatia e o preconceito. Os senhores não podem lançar mão de nenhuma delas ou de qualquer outra emoção e chamar o resultado de dúvida razoável.

As emoções — e isso é verdadeiro para todos nós — às vezes interferem com nossos processos de raciocínio, e é por que isso que me parece necessário alertá-los particularmente contra o exercício da emoção, do preconceito, da simpatia. Em razão da natureza deste caso, aventuro-me a dizer algo que espero que seja e acredito ser inteiramente desnecessário.

Enquanto analisam as provas deste caso, nem por um instante se permitam refletir sobre o que poderia acontecer se as condições fossem inversas; especificamente, se um cidadão americano ilegalmente na URSS fosse acusado perante um tribunal daquele país de um crime equivalente ao que o réu é acusado neste caso.

Em primeiro lugar, os senhores não sabem o que aconteceria e, além disso, trata-se tão somente de especulação. Em segundo lugar, não importa a que conclusão essa especulação os conduza, ela não será de valor para o cumprimento de seus deveres. Estamos encarregados, os senhores e o tribunal, da aplicação de nossa legislação. Não estamos interessados na legislação que prevalece em outras partes do mundo. Somos responsáveis somente pela maneira como desempenhamos nossos deveres como cidadãos americanos.

Embora o réu seja a pessoa visível nesta sala de audiências, também há uma presença invisível neste julgamento, especificamente nosso espírito de *fair play*, de administração da justiça de acordo com nossos próprios padrões, que estão aos cuidados do tribunal, do júri e dos advogados.

Quanto aos depoimentos: em primeiro lugar, os senhores foram dispensados da tarefa rotineira de um júri criminal, que é escolher entre versões conflitantes de determinada alegada ocorrência. Os senhores não foram confrontados com nenhum conflito nos depoimentos.

Isso não significa que não precisem examiná-los, mesmo que não tenham sido contestados, com o maior cuidado. Antes o contrário.

No que se refere à própria conspiração: com relação a membros, objetivos, propósitos e objetos, os senhores têm o depoimento de Häyhänen. É o único depoimento do caso sobre o assunto. De acordo com suas próprias palavras, ele é cúmplice. O depoimento de um cúmplice é inteiramente admissível na administração de nosso sistema legal, mas, ao pesar o que cada pessoa diz, os senhores devem aplicar o mais cuidadoso e exato escrutínio, considerando que objetivo ou benefício pessoal ela pode ter ao prestar seu depoimento e até onde se pode acreditar no que diz, tendo-se em vista que é cúmplice.

Em relação a cada uma das testemunhas, se acharem que ela prestou depoimento falso em relação a uma questão material do caso, os senhores têm o direito de ignorar todo o depoimento em função desse elemento falso. Igualmente, têm o direito de aceitar o que acharem crível. Essa é uma questão inteira e exclusivamente pertinente ao júri, para que determine por si mesmo.

Ao examinar o depoimento de Häyhänen e decidir se o aceitarão integralmente ou em parte, os senhores naturalmente se voltarão para os outros depoimentos do caso, que foram apresentados segundo a teoria de que tendem a corroborar o que Häyhänen afirmou no banco das testemunhas.

O juiz disse aos jurados que eles haviam ouvido 27 testemunhas. Então nomeou e identificou cada uma delas. Às vezes, conectava a testemunha a uma peça processual. Suas notas eram boas e sua memória, afiada.

Juiz Byers: Farei alguns comentários sobre a testemunha Rhodes. Meu único objetivo é o seguinte: houve uma petição para remover seu depoimento dos autos, principalmente porque ele disse jamais ter conhecido Häyhänen ou o réu. A petição foi negada e explicarei a razão.

O depoimento de Rhodes foi sobre sua carreira em Moscou. Häyhänen afirmou que, por orientação do réu, tentara localizar Rhodes e que, nesse esforço, fora até o Colorado — e acho que afirmou que o réu pagou suas despesas. Tendo chegado ao Colorado, telefonou para o que achava ser a residência de Rhodes, e creio que a sra. Brown, irmã de Rhodes, afirmou que, em algum momento da primavera de 1955, recebeu um telefonema de uma pessoa que falava com pesado sotaque estrangeiro.

O propósito de reter o depoimento foi permitir que os senhores concluam se ele corrobora ou não as afirmações de Häyhänen.

Além disso, talvez os senhores possam formar uma opinião sobre Rhodes e avaliar se ele é o tipo de pessoa que um poder inimigo tentaria empregar como agente. Essa foi a razão de o depoimento ser admitido e mantido nos autos. Se posso dizê-lo, ainda acho que foi uma decisão correta.

Ao negar essa petição e, de fato, decidir sobre todas as outras petições e objeções, o tribunal não pretendeu expressar nenhuma opinião sobre a culpa ou inocência do réu. Essas decisões foram apenas sobre questões legais e, se o júri achar ter observado uma opinião por parte do tribunal, eu os urjo enfaticamente a ignorá-la, pois a questão cabe unicamente aos senhores.

Algo foi dito em relação a testemunhas de caráter. Em primeiro lugar, a expressão é incorreta. A expressão correta é testemunha de reputação, e esta é a razão pela qual essa distinção é trazida a sua atenção: há muita diferença entre reputação e caráter. Reputação é o que as pessoas pensam sobre nós, e caráter é o que realmente somos. A duas ou três testemunhas foi perguntado, de modo casual, se a reputação do réu era boa, e elas responderam que sim. O depoimento de reputação é considerado importante. Deixem-me dizer que, se os senhores acreditaram nele, o ônus da prova sobre o governo pode ter aumentado. Pode ter se tornado mais pesado do que seria se tal depoimento não estivesse nos autos.

Os senhores sabem que há certo número de peças... acho que cem peças foram exibidas pelo governo e quatro ou cinco pelo réu. Entre as peças exibidas pelo réu, e em relação às quais ambos os lados argumentaram, há as cartas entre o réu e um membro de sua família. Os senhores podem ter ficado impressionados com essa argumentação. Não estou dizendo que não devam ficar, mas chamo sua atenção para o fato de que não há prova, nos autos, da identidade da pessoa que escreveu ou recebeu qualquer uma das cartas. Assim, acho que muito do argumento é puramente especulativo.

Muito depois de o julgamento ter acabado e ser apenas uma página na história do tribunal, eis o que um dos doze jurados disse sobre as cartas: "Talvez eu tenha acreditado nelas porque o governo não as contestou. Por outro lado, eles tinham tantas provas que talvez não se importassem com elas. Tentei me colocar em sua posição. Quero dizer, sendo pai e tudo o mais. Acho que elas tiveram efeito sobre o júri e, se não eram reais, alguém fez um bom trabalho ao inventá-las."

Juiz Byers: Seu veredicto deverá ser unânime: culpado ou inocente da primeira acusação, culpado ou inocente da segunda acusação e culpado ou inocente da terceira acusação. Acho que cobri todo o assunto, como exigido pela lei.

O juiz dispensou os jurados suplentes com os agradecimentos do tribunal. Anunciou que o júri iniciaria sua deliberação e o meirinho proclamou:

— Mantenham-se em seus lugares até que o júri se retire.

Eram 12h15.

Depois que o júri saiu, fornecemos à imprensa o único comentário de Abel sobre o julgamento. Haviam nos perguntado repetidamente se ele achava estar recebendo "um julgamento justo". Eu estava relutante em tocar nesse assunto, temendo prejudicar uma possível apelação. Durante o julgamento por espionagem dos Rosenberg, o advogado de defesa cometera um erro que o perseguira durante cada passo das apelações, agradecendo ao juiz do julgamento pela maneira "justa" como o presidira.

Solicitado a comentar sua defesa, Abel escreveu uma declaração que dizia:

"Aproveito esta oportunidade para expressar minha apreciação pela maneira como meus advogados designados pelo tribunal conduziram minha defesa. Gostaria de expressar meus agradecimentos pela tremenda quantidade de trabalho empregado em seus esforços em meu benefício e pela perícia e habilidade que demonstraram ao fazê-lo. R. I. Abel."

Ele permitiu que os repórteres a copiassem na sala de audiências. Então nos sentamos para aguardar o júri, a quem cabia a responsabilidade final. Mais tarde, soubemos que o primeiro jurado imediatamente convocara uma votação e, para deixar todos à vontade, sugerira que fosse secreta. Onze votos declaravam Abel culpado. Um homem votou pela inocência (da primeira acusação) e, assim, as deliberações recomeçaram. Uma hora se passou e eles saíram para almoçar. Os delegados federais os conduziram pela Fulton Street até o restaurante Joe's, e eles fizeram a refeição em uma sala separada, no andar de cima.

Eram 13h15 quando saíram para almoçar e esse foi nosso sinal. Sabíamos que ficariam fora por algum tempo e que não havia unanimidade — ao menos por enquanto. Era seguro sairmos para comer. Seguimos os jurados pela Fulton Street, até o mesmo restaurante. Comemos no andar de baixo, falando sobre o julgamento, enquanto, no andar de cima, eles se esforçavam para não pensar na tarde que tinham diante de si.

Os oficiais do tribunal, enquanto isso, levaram Abel para almoçar na ala de detenção. No Distrito Leste, não havia instalações para alimentar os prisioneiros e, todas as manhãs, quando saía de sua cela em Manhattan, o coronel recebia um saco com sanduíches e uma fruta. Durante o recesso do meio-dia, ele os comia na ala de detenção do tribunal.

Às 14h30, após uma hora e cinco minutos, o júri retornou do almoço e retomou as deliberações. A primeira coisa que os jurados fizeram foi enviar uma nota ao juiz, solicitando três das provas. Eles queriam a declaração de Häyhänen ao FBI de que nunca cometera atos de espionagem; a mensagem sobre "Quebec"; e a mensagem decodificada encontrada na moeda oca.

Quando soubemos disso, iniciou-se uma rodada de especulações. Então nos sentamos para continuar aguardando. Alan Robinson, presidente da Yorkshire Insurance Companies, juntou-se a nós e me perguntou o que aconteceria se o veredicto fosse "inocente". Eu disse que enfrentaríamos um problema de cada vez.

Durante todo o julgamento, Abel se mantivera ocupado; suas mãos e sua mente estavam constantemente ativas. Quando não estava fazendo anotações, ele desenhava. Desenhou Häyhänen, o júri, o juiz Byers, os funcionários do tribunal e o promotor. (Ele escreveu "Tomkins", sem a letra "p".) Mas agora, com o tribunal vazio e a ação tendo lugar fora de nossa arena, havia pouco a fazer e o tempo parecia pesar sobre ele.

Toda a sua vida fora repleta de esperas — algumas completamente sem sentido. Ele esperara para ter encontros secretos e recolher mensagens em pontos de coleta, esperara o momento certo para recrutar um agente, esperara cartas de sua família e esperara e temera o momento em que seria descoberto. Às vezes, sentia que todos os que passavam por ele na rua o observavam e sabiam quem era. Certa vez, me disse que gostara de ler a autobiografia do ladrão de bancos Willie Sutton, um famoso fugitivo que sofria com pesadelos nos quais centenas de pessoas apontavam para ele e gritavam: "Você é Willie Sutton."

Abel explicou que qualquer fugitivo disfarçado deve lutar constantemente contra a sensação de que o mundo todo está prestes a descobrir seu segredo. O coronel, que geralmente era dado a minimizar seu papel, conseguira controlar sua fobia durante nove anos.

Passou-se uma hora, e duas. Alguém foi buscar café e as últimas edições dos jornais da tarde. Um dos repórteres se aproximou por trás de mim, fingindo ler sobre meu ombro, e sussurrou:

— Jim, prepare-se para correr. Talvez tenha feito seu trabalho bem demais.

Esperar o júri é como fazer uma vigília, e aquela foi a pior que já fiz. Quando o relógio sobre as cadeiras vazias dos jurados marcou 16h30, nosso pequeno bando ficou impaciente, mas subitamente esperançoso, no sentido profissional. Será que o júri chegara a um impasse? A ideia de um novo julgamento, de ter de passar por tudo aquilo de novo, era desencorajadora. O que será que meus colegas pensavam?

— Por que demoraram tanto? — perguntou mais tarde um repórter.

— Acha que demorou? Não acho que tenha demorado tanto — disse o jurado. — Queríamos ser cuidadosos, fazer as coisas devagar e pensar muito a respeito. Não queríamos nenhuma repercussão mais tarde.

"Não houve grandes argumentos. Ninguém arregaçou as mangas ou algo assim. Sabè, há mais argumentação em alguns casos de acidente que em um caso grande assim. Havia muitas provas, e as do FBI eram impressionantes. Mas acho que o maior fator foi o depoimento de Häyhänen."

Uma porta bateu em algum lugar e ouvi alguém dizer: "Lá vêm eles." Eram 16h50 e o júri havia deliberado por três horas e meia, com uma hora adicional para o almoço. A sala de audiências se encheu rapidamente e havia uma desconcertante imobilidade em tudo. Era tudo mecânico, oficial e eficiente.

O meirinho, John Scott, estava em pé. Naquele momento, era a figura central.

— No caso dos Estados Unidos da América contra Rudolf I. Abel — perguntou ao júri —, os senhores declaram o réu culpado ou inocente da primeira acusação?

— Culpado.

Três vezes o meirinho pediu uma resposta, e três vezes o primeiro jurado Dublynn declarou Abel culpado.

A meu pedido, o júri foi questionado individualmente e por mais doze vezes a palavra "culpado" ressoou na sala de audiências. Era como um eco: culpado, culpado, culpado...

O tempo todo, Abel permaneceu completamente imóvel. Seu rosto permaneceu composto e seus olhos, firmes.

Fiz uma petição para desconsiderar o veredicto por ser "contra o peso das provas", e o juiz Byers a negou. Ele ordenou que Abel permanecesse detido e marcou a sentença para o dia 15 de novembro. Então se dirigiu ao júri pela última vez.

— O júri está dispensado, com os agradecimentos do tribunal pela cuidadosa atenção que deram a este caso. E, embora os senhores possam não estar interessados, gostaria de dizer que, se fosse membro do júri, teria chegado ao mesmo veredicto.

"Boa noite e boa sorte a todos."

Do lado de fora do tribunal, Tompkins declarou à imprensa que "o julgamento foi concluído de acordo com as mais elevadas tradições da justiça americana". Ele disse que o veredicto fora decidido à luz de provas esmagadoras e que os Estados Unidos haviam desferido "um severo golpe contra a espionagem soviética neste país".

A declaração final do dia foi feita em Washington, onde o Exército anunciou que o sargento-mestre Roy Adair Rhodes fora confinado à detenção criminal em Fort Belvoir, Virginia. Cinco dias depois, o Exército o acusou de espionagem e de "não revelar associação anterior com agentes soviéticos" em uma declaração juramentada feita aos investigadores militares.

Quinta-feira, 14 de novembro

Os calculistas soviéticos escolherem esse dia — um dia antes da sentença — para romper seu silêncio sobre o caso Abel. Eles sabiam, é claro, que sua declaração seria publicada em jornais americanos e de outros países ocidentais no dia seguinte, quando Abel deveria ser sentenciado.

O artigo foi publicado no *Literary Gazette*, de Moscou, editado por escritores e outros membros da *intelligentsia* soviética.

Descrevia o caso Abel como "ficção criminal de baixa qualidade", uma "farsa fabricada por J. Edgar Hoover e pelo FBI para fazer com que o povo americano esqueça o lado sujo dos negócios do órgão". E dizia como "os autores americanos de ficção criminal" haviam transformado Abel, um fotógrafo, "no cérebro de um anel de espionagem que, muito naturalmente, era sustentado pelo ouro de Moscou".

Enquanto a colônia de artistas e escritores de Moscou lia a versão local do caso do Brooklyn, eu rascunhava uma carta ao juiz Byers, apresentando meus argumentos sobre por que a vida de Abel devia ser poupada.

Nos três meses desde que assumira o caso, eu passara a conhecer Mortimer Byers como um juiz austero, um homem com fortes convicções (ele certa vez decidira que um embargo de armas ordenado pelo presidente Franklin D. Roosevelt era inconstitucional) e, por seus próprios padrões, um patriota orgulhoso.

Eu sabia, por exemplo, que, durante a depressão, ele se voluntariara a devolver 15% de seu salário, depois que uma ordem governamental reduzira todos os salários federais em 15%, isentando, porém, os juízes. Também sabia que, durante a Segunda Guerra Mundial, sentenciara dois jovens que haviam se esquivado da convocação militar a cinco anos de prisão e então surpreendera os observadores ao recomendar que cumprissem a pena em um campo de trabalhos forçados. Certa vez, eu o ouvira sugerir que, se os estrangeiros que se recusavam a se tornar cidadãos carregassem uma marca, o governo não teria problemas para rastreá-los.

O tribunal do Distrito Leste tinha a tendência de enviar casos difíceis e controversos para Byers, sabendo que era impávido e resoluto. Em seus 28 anos como juiz federal, ele sentenciara centenas de prisioneiros, e a questão em minha mente naquele momento era "Será que esse velho juiz durão do Brooklyn tentará impor sua vontade de ferro ao Kremlin e sentenciar Abel à morte?"

Eu me convencera de que a morte do coronel não serviria a nenhum propósito e, na verdade, era contra os interesses de meu país. Quando terminei a carta sobre a sentença, a enviei por mensageiro ao gabinete do juiz Byers. Queria que ele a recebesse e estudasse 24 horas antes da sentença formal. Estava satisfeito de que fizera tudo em meu poder para salvar a vida de Abel.

Sexta-feira, 15 de novembro

Às 10h30, a sala de audiência estava cheia, e estávamos prontos para os procedimentos de sentença. Precisávamos de apenas uma coisa: o prisioneiro. Abel não chegara da Sede de Detenção Federal em Manhattan; os funcionários e oficiais uniformizados do tribunal pareciam preocupados. A grande sala ficou perfeitamente silenciosa enquanto esperávamos dez, quinze e então vinte minutos. Finalmente, logo antes das 11h, o juiz Byers entrou e o meirinho anunciou que o tribunal estava em sessão.

Por outra porta, na parte frontal da sala, entrou Abel. Ele se sentou a nosso lado e sussurrou, com um sorriso constrangido, que a van da prisão quebrara e essa fora a causa do atraso.

Iniciei os procedimentos lendo, em audiência pública e para os autos, a carta que enviara ao juiz Byers, que declarava, em primeiro lugar, que meu pedido assumia a correção do veredicto do júri, sob nossas leis:

Afirmo que o interesse da justiça e os interesses nacionais dos Estados Unidos ditam que a pena de morte não deve ser considerada, porque:

1) Nenhuma prova foi apresentada pelo governo para mostrar que o réu de fato reuniu ou transmitiu qualquer informação relacionada à defesa nacional;

2) A justificativa normal para a pena de morte é seu possível efeito de dissuasão; é absurdo acreditar que a execução desse homem irá impedir os militares russos;

3) O efeito de impor a pena de morte a um estrangeiro, por conspiração para cometer espionagem em tempos de paz, deve ser pesado pelo governo, considerando as atividades de nossos próprios cidadãos no exterior.

4) Até esta data, o governo não recebeu do réu o que se poderia chamar de "cooperação"; contudo, permanece possível que, no evento de várias contingências, essa situação seja alterada no futuro e, assim, parece ser do interesse nacional mantê-lo disponível por um período razoável de tempo.

5) É possível que, num futuro próximo, um americano de patente equivalente seja capturado pela Rússia soviética ou um aliado; em tal ocasião, uma troca de prisioneiros pelos canais diplomáticos pode ser considerada como atendendo aos interesses dos Estados Unidos.

A maioria dos jornais fez menção a este último ponto, mas vários o ignoraram. Indubitavelmente, achavam que isso jamais aconteceria; eu era apenas um advogado de defesa cobrindo todas as contingências.

Com relação ao período apropriado de anos, os seguintes fatos são submetidos, uma vez que o problema é uma novidade na jurisprudência americana:

1) Durante os anos 1920, quando a França era o maior poder no continente europeu e, consequentemente, alvo primário da espionagem soviética, a sentença média dada pelos tribunais franceses aos agentes soviéticos condenados por realmente conseguir informações relacionadas à defesa era de três anos de prisão. (*Espionagem soviética*, Dallin, Yale University Press.)

2) O único estatuto britânico aplicável a um caso similar, de espionagem em tempos de paz cometida por um estrangeiro, é a Lei de Segredos Oficiais, publicada pela primeira vez em 1889, com uma penalidade máxima de prisão perpétua; foi rejeitada

e republicada em 1911 com uma penalidade máxima de sete anos, aumentados para quatorze anos em 1920.

Antes de escrever esta carta, tive a oportunidade de discutir a questão em Washington, com vários departamentos e órgãos governamentais interessados, incluindo o Departamento de Justiça. Isso não significa que qualquer uma das partes consultadas necessariamente concorde com o que foi dito.

Acrescentei algumas observações extemporâneas, como conclusão:

"O réu Abel é um homem de 55 anos. Ele serviu fielmente a seu país. Certo ou errado, é seu país e peço apenas que o tribunal considere que estamos legalmente em paz com tal nação.

Peço que o julgamento do tribunal seja baseado na lógica e que a justiça seja temperada com misericórdia."

Juiz Byers: O réu gostaria de ser ouvido em seu próprio benefício?

Abel: Não, não tenho nada a dizer, Meritíssimo.

Juiz Byers: Sr. Tompkins, o governo tem algo a dizer?

Tompkins: Meritíssimo, é evidente que a imposição da sentença é uma questão inteiramente de sua competência. Contudo, pode ser útil ao tribunal, a fim de chegar a suas determinações, ter o benefício das observações e dos comentários do governo.

Primeiro, uma ou duas palavras sobre o próprio réu. Ele não é novato no campo da espionagem. Por treinamento e profissão, por um período de mais de trinta anos, tem sido agente de espionagem.

Durante sua residência nos Estados Unidos, ele se comunicou direta e indiretamente com Moscou para receber instruções e para ativar agentes e construir o aparato de espionagem.

A extensão das atividades de Abel é conhecida pelo tribunal em função das provas apresentadas durante o julgamento.

Há, é claro, muitas abordagens da sentença: o efeito dissuasivo que teria em outros, a reabilitação e a retribuição. Pode parecer que os conceitos de reabilitação ou retribuição têm pouca aplicação neste caso, e certamente acho ingênuo assumir que uma sentença substancial dissuadiria os soviéticos de continuar suas operações de espionagem neste país e no mundo livre. Mas certamente diria aos homens na União Soviética, ao Kremlin e aos que levam adiante essas missões que a prática de espionagem nos Estados Unidos é um empreendimento arriscado.

O promotor então disse que minhas referências às leis de espionagem na França dos anos 1920 e na Inglaterra em 1911 e 1920 não eram válidas, porque a espionagem era um crime mais sério do que jamais fora.

Tompkins: Acho que a espionagem de 1957 é completamente diferente. A ameaça contra a civilização, contra este país e contra todo o mundo livre é inerente ao crime. Em outras palavras, trata-se de uma ofensa contra todo o povo americano, e não somente contra alguns indivíduos. Assim, a punição deve ser proporcional à magnitude do crime.

Os perigos que esta nação enfrenta, vindos do país cujos líderes afirmam que nos enterrarão, também devem ser considerados. Embora não exista guerra contra os soviéticos, como indicou o sr. Donovan, estamos engajados em uma guerra fria contra esse país, cujo resultado pode muito bem decidir quem seria vitorioso em uma guerra quente. Em tais circunstâncias, o governo deve lidar drasticamente com agentes de poderes estrangeiros que cruzam nossas fronteiras usando subterfúgios, com o objetivo de roubar nossos segredos nacionais mais vitais.

À luz desses fatores e considerações, o governo certamente não hesita em recomendar — e, parece-me, tem o dever de recomendar — a imposição de uma sentença substancial e muito forte neste caso.

Juiz Byers: A questão da sentença não apresenta nenhum problema particular com relação ao réu como indivíduo. O tribunal não sabe quase nada sobre sua vida pessoal ou seu verdadeiro caráter, nem sobre os motivos que podem tê-lo levado a entrar ilegalmente neste país em 1948 e aqui se conduzir, desde então, como agente secreto da URSS, com os objetivos descritos no depoimento de seu assistente e cúmplice.

Sem essas informações sobre o homem conhecido como Abel, as provas exigem que seja tratado como alguém que escolheu essa carreira, sabendo de seus perigos e do preço que teria de pagar se fosse descoberto e condenado pela violação das leis dos Estados Unidos, criadas pelo Congresso para a proteção do povo americano e de nosso modo de vida.

Assim, o problema se resume a como lidar com o réu de modo que os interesses americanos, no presente e no futuro, sejam atendidos, desde que esses interesses possam ser razoavelmente previstos.

Muitas considerações estiveram envolvidas nesse estudo. Não seria sábio citá-las para os autos, mas é suficiente dizer que, no entender deste tribunal, a seguinte sentença, baseada no veredicto do júri sobre a culpa em cada uma das acusações do indiciamento, passou no teste apresentado.

Quanto ao veredicto de culpa em relação à primeira acusação, o réu deve ficar sob a custódia do procurador-geral dos Estados Unidos para prisão em uma instituição federal a ser selecionada por ele, pelo período de trinta anos.

Quanto ao mesmo veredicto em relação à segunda acusação, o réu [...].

O juiz recitou a liturgia legal, sentenciando Abel a trinta, dez e cinco anos e impondo multas de dois mil e mil dólares. As sentenças eram concomitantes e as multas, consecutivas. Isso significava uma multa total de três mil dólares e um termo de prisão de trinta anos, com possibilidade de soltura antecipada por bom comportamento.

A sentença tomara apenas 16 minutos. Agora terminara, e Abel foi conduzido para fora da sala de audiências. Eu o observei partir, pensando que havíamos conseguido salvar sua vida, mas que, para o homem de 55 anos, a sentença de trinta era equivalente à prisão perpétua.

Quando cheguei às celas de detenção no subsolo, subitamente muito cansado, Abel esperava por mim. Reclinado casualmente em uma grande cadeira de madeira, com uma perna cruzada sobre a outra, fumava um cigarro. Seu terno já não era novo e precisava urgentemente ser passado, mas ele dava a impressão de não ter uma única preocupação no mundo.

— Não foi ruim — disse ele, finalmente. — O que você falou foi muito bom. Mas tem razão quanto aos pontos legais e tenho apenas uma pergunta. Quando sua apelação tiver sucesso e o indiciamento for anulado, o que acontecerá comigo?

Minha camisa estava úmida e pesada de suor, colada em minhas costas. Eu estava emocionalmente exausto, e ele tinha a audácia de me dizer que "não fora ruim". Seu frio autocontrole profissional foi demais para mim.

— Rudolf — comecei, encarando-o — se todo o meu trabalho for bem-sucedido, talvez eu mesmo lhe dê um tiro. Não se esqueça de que ainda sou comandante da inteligência naval.

Ele tragou, exalou a fumaça e disse, em voz baixa:

— Sabe, acho que realmente faria isso.

A tensão foi quebrada. O coronel me ofereceu um de seus cigarros e nós voltamos aos negócios. Eu disse que tínhamos dez dias para decidir se entraríamos com uma apelação contra o veredicto. Concordamos que eu o visitaria dois dias depois e chegaríamos a uma decisão.

Ele ofereceu a mão e eu a apertei, dizendo até logo. Para um homem prestes a passar trinta anos em uma prisão estrangeira, o coronel Abel possuía uma calma anormal.

O primeiro jurado Dublynn comprou um jornal em seu caminho para casa naquele dia, procurando um artigo sobre a sentença do

Juiz Byers. "Achei", disse ele mais tarde a um jornalista, "que o caso seria transformado em exemplo e Abel seria morto. Então li como seu advogado dissera que ele poderia ser usado em uma troca por um americano e vi que não havia sentido em matá-lo. Tenho um irmão na Aeronáutica e entendo a possibilidade de uma troca. Quero dizer, e se um de nossos aviões for derrubado?"

Segunda-feira, 18 de novembro

Nesse dia, três após a sentença, visitei o coronel e o encontrei de bom humor, com um jogo completo de plantas baixas da Sede Federal de Detenção da West Street (seu habitat local) debaixo do braço.

— O que tem em mente? — perguntei. — Uma fuga em massa à meia-noite?

Rudolf riu.

— Nada tão dramático. Tenho algumas ideias sobre como o governo poderia utilizar melhor o espaço daqui. O diretor gostou de minhas sugestões e me deu essas plantas, que estou redesenhando para incorporá-las. Ele as enviará para o Gabinete de Prisões, em Washington.

— Se eu fosse o diretor Krinsky — afirmei —, ficaria preocupado com a possibilidade de que, em alguma noite sem lua, enquanto os guardas estivessem olhando para o leste, você descesse por uma recém-construída rampa de lavanderia e fosse para oeste. O diretor sabe que leu o livro de Willie Sutton?

— Sim, mas ele também sabe que não farei minha tentativa de fuga até que sua apelação tenha sucesso — disse Abel, sorrindo.

A apelação, é claro, era a razão de minha visita. Se fôssemos desafiar a decisão do tribunal distrital, tínhamos apenas dez dias para apresentar nossa notificação de apelação. Depois disso, tínhamos quarenta dias para preparar a petição para o tribunal

Nunca houve dúvidas em minha mente de que devíamos testar a constitucionalidade da busca e apreensão de Abel nas instâncias mais elevadas. Contudo, ao apelar, corríamos um risco. Abel poderia ser considerado culpado uma segunda vez e receber uma nova sentença, por um juiz diferente — talvez uma sentença de morte.

— Vou arriscar — disse ele.

Enquanto isso, o coronel retornara a suas várias rotinas. Voltara a desenhar quadrinhos para o jornal mimeografado semanal da prisão da West Street e aplicara sua mente analítica aos problemas físicos do prédio superlotado que ficava ao lado do rio Hudson, no início da Rua 12, às sombras da rodovia elevada de West Side.

Ele completou o que chamou de conjunto de "desenhos práticos", realocando a lavanderia industrial da prisão e fornecendo mais espaço de armazenagem. O diretor lhe disse que os planos eram "muito bons" e, mais tarde, sua opinião foi confirmada pelo Gabinete de Prisões. Mas não havia dinheiro disponível para tais melhorias na época, e os planos do coronel soviético para a prisão foram arquivados.

Falando de seus esforços para melhorar o edifício da Sede Federal de Detenção, um oficial sênior do Gabinete de Prisões me escreveu dizendo: "Ele ficou genuinamente interessado e aceitou o projeto como um desafio [...]. Aborda todos os seus deveres com interesse e com a determinação de fazer bem o que quer que inicie." Esse, é claro, sempre fora seu forte.

1958

Quinta-feira, 16 de janeiro de 1958

Tendo passado pela tensão do julgamento, eu o e coronel estávamos novamente mais relaxados e, nas primeiras semanas do novo ano, nossos encontros foram frequentes e agradáveis. Foi durante essa época que partilhamos mais completamente nosso interesse mútuo por artes, inteligência, espionagem, livros e pessoas. Embora falássemos muito sobre seu caso, Rudolf se parecia cada vez menos com um cliente ou um réu condenado.

Ele estava ansioso por companheirismo intelectual e boas conversas. Eu achava sua companhia fascinante e estimulante, especialmente por causa da honestidade intelectual com que tratava qualquer assunto. Além disso, jamais perdi de vista o fato de que, qualquer que fosse o resultado, o coronel Abel sempre levaria consigo uma opinião sobre como fora defendido por seu advogado americano.

— O povo americano — disse a ele — gostou do resultado de seu julgamento. As pessoas estão satisfeitas porque passou por um julgamento completo e justo, mas também aliviadas porque recebeu uma sentença severa.

— Faz bem a meu coração — respondeu Abel causticamente — saber que forneci tal senso de satisfação ao povo americano.

Muitas de nossas reuniões nesse período foram feitas durante sábados e feriados. Em tais dias, o diretor nos oferecia a privacidade de seu escritório e nós passávamos duas ou três horas apenas conversando. Eu frequentemente levava John comigo (ele tinha 13 anos na época) e o coronel era especialmente gentil e paciente com meu filho.

Rudolf falava sobre ser pai, mas raramente discutia a filha de 27 anos. Estava claro, contudo, que a ligação entre eles era profunda, ao passo que o coronel jamais mencionava a esposa. Informações mais detalhadas sobre sua filha Evelyn vieram de suas cartas. Ela escreveu, por exemplo:

Ainda não parei de fumar, mas mamãe parou há cerca de um ano. Quanto a meus assuntos pessoais, não há nada novo. Estou aproveitando a liberdade. Ainda não perdi a esperança de ter minha própria casa [...].

Agora estou "estudando" os romances de Mickey Spillane. Li três (*Eu, o júri; A grande caçada; A longa espera*). Já leu algum deles? Devo admitir que não são textos muito exigentes, embora os livros sejam excitantes e rápidos. A linguagem é toda em gíria e o enredo é bastante primitivo. O de que menos gostei foi seu senso de humor, muito pobre. Senso de humor conta muito, em minha opinião.

Sobre arte, ela era igualmente volúvel:

Como novidade, o modernismo gera muito falatório, mas, quanto a mim, prefiro pinturas, não quebra-cabeças [...]. Permaneço com o realismo, embora ache que todo bom artista deva aprender (ao menos um pouco) com os impressionistas. Conhecer aqueles elusivos efeitos de luz, como lhe disse, seria uma adição a toda boa pintura. Gosto de Claude Manet, de Cézanne e de Degas e não gosto de Picasso.

Evelyn adorava e imitava o pai, com quem tive longas discussões sobre arte. Rudolf tinha grande conhecimento e fortes opiniões sobre o assunto. Era tanto brilhante quanto ácido em seu antimodernismo. Ele sabia que eu era um dos diretores do Museu do Brooklyn e membro da Comissão de Arte da Cidade de Nova York, um grupo não assalariado de cidadãos encarregados de manter altos padrões no projeto e na decoração de todas as propriedades municipais, incluindo as escolas públicas.

Expliquei a Rudolf que a Comissão de Arte se reunia regularmente na Prefeitura (como era feito desde 1898) e devia aprovar ou rejeitar projetos, esculturas, murais etc. sempre que fundos públicos fossem necessários. Também contei sobre os acalorados debates que tínhamos ocasionalmente sobre o gasto de dinheiro público em arte extremamente abstrata. A obra proposta era realmente arte ou o esforço do dito artista era meramente um confuso substituto para o talento e o estudo disciplinado? Deveríamos comprar arte subjetiva, que poderia significar autoexpressão para o criador, mas não edificaria o público em geral? Será que algumas obras não eram meramente belos objetos de decoração?

Ele me disse que simpatizava com meus problemas e pensaria a respeito. Logo depois, entregou-me na prisão um texto manuscrito sobre o assunto, intitulado "Arte hoje".

Eis alguns trechos do que escreveu:

> Os movimentos artísticos dentro da "arte moderna" mudam praticamente todos os anos. Os favoritos de um ou dois anos perdem seu "apelo" e os artistas têm de aprender novos truques para se manter à frente das demandas da *intelligentsia*.
>
> A arte moderna chegou a um ponto, em termos de técnica e conteúdo, no qual dois habitantes dos zoológicos (um nos Estados Unidos, outro na Inglaterra) podem competir com sucesso com os produtos dos humanos pelo dinheiro dos colecionadores sofisticados. Parece que, se houvesse um número suficiente de chimpanzés

educados com gosto pela arte, eles poderiam substituir os professores que hoje ocupam as cátedras das universidades. Ao menos, não aborreceriam seus estudantes com metafísica e psicanálise.

A arte moderna é uma profissão esnobe. As pessoas que não a compreendem são classificadas como de nível inferior de intelecto. Elas precisam "aprender" a compreendê-la, pois a arte moderna está "acima" delas.

O artista moderno está interessado apenas em encontrar uma alma gêmea (com dinheiro para comprar suas pinturas), e, quanto mais restrito seu público, mais alto o valor aparente de sua obra como arte.

Quando se tratava de educação, aprendizagem e habilidade, Abel era severo e "europeu". Talvez por essa razão, falava bem dos alemães, pois eram muito disciplinados, e disciplina era o pilar de sua filosofia. Tanto que disse a um oficial da prisão que se desperdiçavam os magros fundos disponíveis com treinamento vocacional na prisão — o grosso do dinheiro deveria ir para os mais inteligentes e adaptáveis, em vez de para aqueles com QI mais baixo e menos capazes de absorver treinamento. O oficial me disse:

— Parte de sua filosofia estava sendo expressa ali; ele sempre parecia demonstrar indiferença e leve desdém pelas pessoas que não eram autossuficientes e dependiam de supervisão e orientação.

Eis o que Abel escreveu sobre aprendizagem e técnicas artísticas:

[...] Antes da "arte moderna", um artista tinha de estudar durante muitos anos para aprender os rudimentos de seu ofício. Com esse objetivo, escolas e academias de arte foram criadas, com currículos especialmente adaptados às necessidades do artista. A ênfase estava na pintura, no desenho etc. Como a arte moderna não se interessa pela forma, estudar os rudimentos do ofício se tornou menos necessário. O professor de arte se tornou uma espécie de psicólogo nos novos cursos universitários. Ele tenta ensinar o estudante a "se expressar". A necessidade de treinamento técnico se tornou menos importante que a abordagem psicológica da arte.

A arte moderna se "beneficiou" da popularidade da psicanálise como modo de curar neuroses, tanto imaginárias quanto reais. Pessoas com "tempo nas mãos" e "psicose nos cérebros" receberam a recomendação de estudar arte como modo de autoexpressão e catarse emocional. A retirada da ênfase na habilidade e na técnica permitiu que pessoas que teriam sido excluídas pelos métodos tradicionais de treinamento engrossassem as fileiras de artistas. Qualquer neurótico pode aprender a espremer tinta do tubo (frequentemente sem o benefício de paleta e pincel) e esfregá-la sobre uma tela ou qualquer outro meio que lhe agrade [...].

Se a arte "moderna" terá valor para as futuras gerações é um assunto perigoso de discutir. Certamente algumas obras merecem ser preservadas, quando mais não seja como reflexo da confusão mental de nossos tempos. Separar o que é "bom" do que é "ruim" provavelmente é ainda mais difícil.

Eu disse ao coronel que apresentaria seu texto durante uma reunião da Comissão de Arte na Prefeitura — nem que fosse apenas para iniciar outra discussão.

Quarta-feira, 12 de fevereiro

Durante nossas últimas conversas, o coronel mencionara quão ansioso estava, agora que fora sentenciado, para escrever e receber cartas da família. Ele não tinha permissão para receber correspondência estrangeira, um regulamento que denunciou como "bárbaro". Ele achava que eu poderia conseguir entrar em contato com seus parentes por meio da embaixada soviética.

Decidi que esses problemas, e outros que antecipara, poderiam me colocar em uma posição singular e desconfortável; assim, eu deveria apresentar algumas propostas práticas aos órgãos governamentais adequados. Se fosse ter qualquer contato com os soviéticos, queria esclarecer os passos exatos que pretendia dar em nome do coronel Abel. Eu contei a ele que planejava ir a Washington para conversar sobre meu dilema com amigos e conselheiros na Agência Central de Inteligência: Allen Dulles, o diretor, e seu conselheiro--geral, Larry Houston.

O coronel disse, com sinceridade:

— Mande minhas recomendações ao diretor Dulles. Sempre admirei sua competência.

Ele também pediu que eu abordasse com o chefe da CIA o assunto de uma possível troca. O coronel parecia achar que a Índia ou outro país neutro poderia estar disposto, a fim de diminuir a tensão mundial, a mediar sua troca por americanos aprisionados na China Vermelha.

— Sabe — comecei —, é muito adequado discutirmos os caminhos para sua libertação no dia de hoje. É aniversário de Lincoln, feriado na cidade em homenagem a nosso grande emancipador.

— Se ele é seu grande emancipador — perguntou Abel —, por que não celebram esse feriado no Sul?

— Não há instituições humanas perfeitas — respondi —, mas neste país nossas imperfeições estão expostas para que o mundo todo as veja. Por que a Rússia soviética interfere todos os dias com as transmissões da Voz da América relatando seu julgamento? E por que tornamos pública a extensão do vício em drogas nos Estados Unidos, enquanto os soviéticos tentam esconder tais estatísticas, como se fingissem para si mesmos que esse problema não pode existir no chamado modelo socialista de Estado?

Abel respondeu que, embora muitos problemas fossem de escopo mundial, incluindo o vício em narcóticos, nem sempre era do interesse público publicar tais fatos.

— O governo deve determinar o que é melhor para o povo —
disse ele.

Respondi que não conseguia entender como a verdade podia
variar com as mudanças políticas, como a morte de Stalin.

Era assim que passávamos cada uma de nossas reuniões, hora
após hora.

Sábado, 15 de fevereiro

Nesse dia, apresentamos nossa apelação ao tribunal de apelações
do Segundo Circuito. Grande parte da base legal fora coberta antes,
nos procedimentos iniciais antes do julgamento, mas eu achava
que aquela apresentação era muito mais forte e lúcida. Baseamos
o apelo em quatro alegações, com a ênfase principal na questão
da busca e apreensão. Os pontos remanescentes lidavam com a
conduta durante o julgamento, incluindo o fato de a promotoria
conduzir continuamente as testemunhas, o juiz negar a maioria
de nossas objeções etc.

Disse francamente a Abel, contudo, que, em minha opinião,
nossa melhor chance para uma anulação com bases constitucionais seria obtermos uma revisão final pela Suprema Corte dos
Estados Unidos.

Sexta-feira, 21 de fevereiro

Depois de uma corte marcial perante um tribunal de dez oficiais, o
sargento-mestre Roy Adair Rhodes foi condenado em Fort Meyers,
Virgínia, por conspirar para cometer espionagem. Ele recebeu
dispensa desonrosa e foi sentenciado a cinco anos de trabalhos
forçados. Foi o primeiro militar americano a comparecer perante uma corte marcial por espionagem contra seu próprio país e

poderia ter recebido sentença de prisão perpétua. De acordo com os relatos da mídia, o réu ficou em posição de atenção, uniformizado, para ouvir o veredicto. Sua esposa, presente ao julgamento, chorou durante o pronunciamento da sentença.

A principal testemunha da acusação foi Reino Häyhänen.

Abel reagiu à sentença dizendo ser leve demais. O coronel achava que, se ele recebera uma sentença de trinta anos de um tribunal civil, certamente um tribunal militar americano lidaria de modo igualmente severo com um de seus próprios homens, que traíra o país e o uniforme. Ele disse muito pouco — sacudiu a cabeça várias vezes, no que tomei por repulsa —, mas ambos provavelmente pensávamos a mesma coisa: "Se fosse na União Soviética..."

Sábado, 22 de fevereiro

Outro feriado. O coronel soviético e seu advogado americano celebraram o aniversário do general e presidente George Washington no escritório do diretor da prisão federal de Manhattan, com café, cigarros e uma maratona de discussões de três horas, cobrindo muitos assuntos. (Eu os anotei em meu calendário de mesa mais tarde.)

Começamos com uma revisão de minha apelação ao tribunal do circuito, que pareceu satisfazer Rudolf e mesmo seus amigos "advogados de cadeia", meus críticos mais severos. Ele me disse que estavam todos confiantes em nossa vitória.

Contrariando minhas recomendações de que fosse transferido para uma penitenciária americana e começasse a cumprir (e receber crédito por) sua sentença, o coronel disse que decidira permanecer em Nova York como "detento", pois tinha facilidade para se encontrar comigo e conversar com privacidade. Ele explicou que permaneceria por perto até que eu tivesse a chance, nas próximas semanas, de falar com Allen Dulles em Washington sobre sua correspondência com a família e uma possível troca.

Eu lhe lembrei novamente que mantinha um diário do caso, que suspeitava não estar nem perto da conclusão. Expliquei que, no interesse da justiça americana, poderia algum dia escrever um livro sobre o caso e sobre ele. Sua atitude foi: "Por que não? Alguém certamente vai escrever e prefiro que seja você." Ele pediu apenas que eu o tratasse de maneira justa e acurada, lembrando que era "apenas um soldado".

Isso nos levou a uma discussão sobre estratégias de inteligência e espionagem. O coronel começou por deplorar o fato de os escritores de ficção exagerarem e distorcerem o verdadeiro papel do espião do século XX, que frequentemente é apenas um coletor de fatos.

— A impressão popular criada por esses escritores — disse ele — é desafortunada. As pessoas ficam desapontadas quando não há nenhum elemento de Mata Hari sempre que se escreve ou se discute sobre espionagem.

Eu poderia, se quisesse, ter lembrado a Rudolf de que havia um "elemento de Mata Hari" no exemplo de Roy Rhodes e sua amiga da KGB em Moscou. Contudo, concordei com ele em princípio. Os espiões sempre seriam usados e, às vezes, obtinham sucesso individual brilhante, mas a pesquisa e a análise detalhada de informações facilmente disponíveis continuariam a fornecer o grosso dos materiais de inteligência. Contrariamente ao entendimento popular, a imensa maioria das informações, mesmo as mais importantes, não é resultado de espionagem secreta, sendo obtida por meios públicos. É por isso que a democracia (com a liberdade de expressão e de imprensa) é um alvo vulnerável para a inteligência de cada poder estrangeiro.

Abel concordou com isso e confirmou o fato de que cada relatório do Departamento de Estado ao Congresso sobre força militar, cada publicação científica e técnica dos Estados Unidos, cada artigo de nossos melhores jornais era cuidadosamente coletado, diretamente ou por intermediários, e enviado às autoridades soviéticas competentes.

— Concorda comigo — perguntei — que, com o devido reconhecimento ao brilho individual de certos cientistas soviéticos, um sistema altamente desenvolvido de inteligência aberta foi responsável, mais que qualquer outro fator, pelo lançamento do primeiro Sputnik soviético?

Ele ficou em silêncio por um momento e então disse:

— Não discordo, mas note que, no passado, houve muitos exemplos de cientistas russos fazendo descobertas ou realizando e escrevendo sobre pesquisas que se baseavam em trabalhos similares nos Estados Unidos, mas não eram notados aqui, simplesmente porque os cientistas americanos não estavam alertas para essas atividades. Conhecimento e habilidade não são monopólio de um único país, e a falta de interesse no trabalho científico estrangeiro não sanciona declarações como a que acabou de fazer.

— Eu, por minha vez, não discordo do que diz — afirmei. — Não temos número suficiente de pessoas fluentes em russo ou chinês, e certamente não temos, nem alegamos ter, monopólio do conhecimento. Mas não recuo de minha posição de que, durante muitos anos, a União Soviética, ao tirar total vantagem dos últimos desenvolvimentos científicos dos Estados Unidos e da Europa, poucos dos quais permaneceram realmente secretos por muito tempo, conseguiu propaganda e prestígio internacional nada merecidos. Vejo o Sputnik como exemplo clássico dessa situação. Fomos professores involuntários e vocês foram alunos espertos.

Eu disse a Abel que, baseado em minhas experiências de tempos de guerra no Gabinete de Serviços Estratégicos e em meu trabalho para ajudar a planejar um sistema de inteligência permanente para os Estados Unidos no pós-guerra, escrevera uma breve análise sobre o assunto. Eu frequentemente a usara, durante os anos, em palestras para grupos civis, nas quais expunha, em nome do interesse nacional, o que aprendera sob a sábia tutela do falecido major-general William J. "Wild Bill" Donovan, diretor do Gabinete de Serviços Estratégicos.

Abel disse que gostaria muito de lê-la e eu lhe entreguei uma cópia. De modo característico, uma semana depois, me respondeu com uma análise escrita, que incluía as seguintes e mordazes considerações:

> Acho que fez um bom trabalho, considerando-se as limitações espaciais; eu poderia ser mesquinho e dizer que alguns aspectos foram enfatizados mais que o necessário (ou seja, a liderança soviética em foguetes se dever à inteligência aberta [...]).
>
> O aspecto que me parece menos desenvolvido é o da avaliação. Como advogado, sabe como é difícil obter um retrato verdadeiro a partir do depoimento das testemunhas oculares das ocorrências. Quão mais difícil é avaliar as situações políticas, nas quais as fontes são seres humanos, com suas próprias opiniões colorindo as declarações. Um dos perigos da análise de informações reside na possibilidade de os homens responsáveis influenciarem a ava-liação em resposta a suas próprias opiniões e preconceitos. Isso exige objetividade na avaliação, ou seja, é essencial restringi-la à correção factual da informação.
>
> A determinação da política não é função da inteligência, em-bora alguns — particularmente os alemães durante a Primeira e a Segunda Guerras Mundiais — possam ter tentado influenciar a política distorcendo suas informações. Esse é um dos maiores erros que uma organização de inteligência pode cometer.

Sexta-feira, 28 de fevereiro

Para o advogado do coronel, as longas horas eram mais que com-pensadas pela fascinação pelo caso. Parte dela se devia à natureza e ao desafio das questões legais, mas a maior parte se devia ao homem Abel.

Quando entrei na West Street nessa tarde, o diretor Krinsky me saudou com expressão solene. Disse que recebera queixa do advogado de um interno que a administração fora forçada a transformar em colega de cela de Abel, em função da falta de celas de segurança máxima.

— É punição cruel, não usual e uma atitude totalmente antiamericana — dissera o advogado —compelir meu cliente a partilhar uma cela com um espião russo condenado. As pessoas podem dizer que meu cliente é comuna.

— Quem é o interno? — perguntei.

— Vincent J. Squillante — respondeu Krinsky sombriamente. Não consegui resistir e caí na risada, à qual finalmente se uniu o diretor.

Vincent J. "Jimmy" Squillante tinha a reputação de ser o "rei" da extorsão no multimilionário mercado negro de coleta de lixo na área metropolitana de Nova York. De acordo com os relatos dos jornais, Squillante adquirira prestígio entre os mafiosos afirmando ser afilhado do infame Albert Anastasia, outrora executor-chefe da Murder, Inc. Quando Anastasia fora fatalmente baleado em uma cadeira de barbeiro em outubro de 1957, as coisas começaram a ir de mal a pior para Squillante, agora preso na West Street por violação da liberdade condicional.

Convenci Krinsky de que ele deveria ignorar a queixa. Um momento depois, Abel foi trazido e iniciei a conversa dizendo:

— Ouvi falar que tem um colega de cela.

— Sim — disse Abel — um gângster desafortunado.

— Como estão as coisas entre vocês?

— Bastante bem — disse o coronel, acendendo um cigarro. — Estou ensinando francês a ele.

"Squillante está muito infeliz por retornar à prisão e, nos primeiros dias, parecia um animal enjaulado. Não prestei atenção a suas reclamações, mas, finalmente, ele passou a perturbar meu trabalho em alguns problemas matemáticos com os quais me distraía. Assim, tive uma ideia.

"Notei que, no caso de sujeitos fortes como ele, o esforço físico ajuda a acalmar as emoções. Isso era difícil de resolver em uma pequena cela de segurança máxima. Mas comentei sobre a condição das paredes, do teto e do piso e perguntei se ele gostaria de se manter em forma com um pouco de esfregação. Eu disse que, por meio de um guarda amigável, poderia conseguir uma escova e sabão extra.

"Ele disse que gostaria de fazer isso. Desde então, esfrega várias horas todos os dias e mantém o lugar impecável. Pensei no que eu poderia fazer em troca e me ofereci para lhe ensinar francês; ele ficou deliciado. Com um pouco de paciência de minha parte, por causa da falta de textos, estamos fazendo grande progresso."

— Rudolf — falei, genuinamente perplexo —, o que, em nome dos céus, um gorila como Squillante faria com conhecimentos de francês?

O coronel ajustou os óculos sem aro e respondeu lentamente:

— Francamente, não sei, sr. Donovan, mas o que mais eu poderia fazer para o camarada? Afinal, o que tenho em comum com um coletor de lixo?

Algum tempo depois, Squillante foi transferido para a penitenciária de Lewisburg, na Pensilvânia. O *The New York Times* relatou o bizarro relacionamento em um artigo espirituoso e disse que os outros internos descreviam Abel como estando desapontado com a transferência, pois só pudera ensinar a Squillante a voz ativa dos verbos franceses. (Em setembro de 1963, o procurador-geral Robert F. Kennedy anunciou que, após sua libertação das prisões federais, Squillante fora torturado e morto em Connecticut, por gângsteres rivais. Seu limitado francês presumivelmente não fora de nenhuma ajuda.)

Quinta-feira, 6 de março

Viajei a Washington a fim de manter meu compromisso com Allen Dulles, diretor da Agência Central de Inteligência. Primeiro, fiz uma visita de cortesia ao Departamento de Justiça, almoçando com o procurador-geral assistente Tompkins e, às 14h30, reuni-me durante uma hora com Dulles e seu conselheiro, Larry Houston, na sede da CIA. Eu conhecera ambos no Gabinete de Serviços Estratégicos e sempre admirara as monumentais contribuições de Dulles à nação, durante mais de quarenta anos.

Comecei explicando que, naquele estágio dos procedimentos, eu tinha emoções conflitantes sobre a designação do tribunal: sob nenhuma circunstância faria algo que não fosse nos melhores interesses de meu cliente, mas também era um advogado americano com um posto de comandante na inteligência naval.

— Embora admire Rudolf como indivíduo — falei —, não esqueço que ele é da KGB. Grades e prisões não mudarão sua lealdade.

— Eu gostaria — comentou Dulles, fumando seu inevitável cachimbo — que tivéssemos três ou quatro iguais a ele dentro de Moscou. Quando o senhor foi designado para a defesa, um amigo do Departamento de Justiça me perguntou, um pouco nervoso, como o senhor era. Eu respondi que, em meu julgamento, eles tinham uma batalha nas mãos e teriam sorte se conseguissem condenar Abel.

Eu disse ao diretor que o coronel soviético me pedira para iniciar certas ações para quais eu necessitava de aprovação dos Estados Unidos e que estava ali com seu conhecimento. Mencionei que Rudolf estava ansioso para escrever para a família e queria enviar as cartas por meio da embaixada soviética. Eu disse que planejava escrever para a embaixada em seu nome e pretendia incluir uma cópia de nossa apelação, juntamente com a transcrição do julgamento.

O diretor disse não ver razão para Abel não poder escrever para a família e gostou da ideia de enviar aos russos cópias da defesa com os autos do julgamento. Mas, quando mencionei a questão da troca de prisioneiros, ele disse rapidamente que não sabia de nenhuma proposta sendo discutida em Washington, nem de nenhum americano sendo detido pelos russos e por quem pudéssemos trocar Abel.

Falei da proposta de trocar o coronel pelos americanos cativos na China — por meio de uma terceira nação neutra, como a Índia, agindo como intermediária. A nação neutra poderia conceder "asilo político" a todos os prisioneiros. Isso não envolveria qualquer reconhecimento oficial de Abel por parte dos soviéticos. Dulles disse que estava intrigado com a sugestão, mas queria consultar o Estado (seu irmão, o falecido John Foster Dulles, era então secretário de Estado).

Logo antes de eu partir, o diretor diplomaticamente me preveniu contra qualquer negociação com oficiais soviéticos e sugeriu que, se "achasse aconselhável", eu enviasse cópias de toda a correspondência para o Departamento de Justiça e para a CIA, por meio de Larry Houston. Eu respondi que era essa minha intenção.

Mais cedo naquele dia, durante o almoço, Tompkins me dissera que partilhava meu respeito humano por Abel e pediria que o coronel fosse enviado para uma prisão onde seus talentos pudessem ser utilizados. Ele disse que não via razão, naquele estágio dos procedimentos, para tentar conseguir informação de um prisioneiro mantendo-o deprimido. Concordei plenamente, tanto como advogado de Abel quanto como americano. Se o coronel mudasse de ideia sobre falar, isso não seria conseguido por tais métodos.

Várias semanas após meu encontro com Allen Dulles, fui informado de que o secretário de Estado se opusera a qualquer troca de Abel que não envolvesse o reconhecimento russo de sua posição. Se eles quisessem propor uma troca, fui informado, deveriam falar "pelos canais apropriados" com nosso Departamento de Estado.

Quinta-feira, 20 de março

"O réu do caso Estados Unidos versus Abel solicitou", escrevi ao embaixador soviético Mikhail A. Menshikov, "que eu perguntasse se é possível que ele mantenha comunicação escrita com membros de sua família imediata que residem na URSS. A permissão para isso será solicitada pelas autoridades prisionais dos Estados Unidos se não houver objeção do governo soviético."

Declarei que também era desejo de meu cliente — eu fizera com que o coronel rubricasse uma cópia carbono para meus arquivos — que eu transmitisse a eles uma cópia de nossa defesa e um registro completo de todos os procedimentos relatados, "como questão de possível interesse".

Durante os três meses seguintes, cartas foram trocadas entre a embaixada soviética em Washington e meu escritório na William Street, n. 161, com supervisão do governo dos Estados Unidos, enquanto todos brincavam de gato e rato com os privilégios de correspondência de Rudolf. Se fosse uma transação privada, teria sido resolvida em questão de minutos, mas aquela era uma manobra entre dois poderes mundiais opostos com relações internacionais extremamente frias. Como resultado, era julho quando Abel escreveu para a esposa, setembro quando sua carta foi "liberada" e dezembro quando Hellen Abel recebeu a primeira correspondência do marido desde que ele fora preso, um ano e meio antes.

Os russos responderam minha primeira carta uma semana depois. Era uma nota pia da divisão consular dizendo que, "de acordo com seus arquivos", Abel não estava registrado como cidadão soviético. Eles devolveram a transcrição do julgamento e a apelação como "não sendo de interesse". (Deliberadamente, eu enviara cópias imaculadas e perfeitamente encadernadas; quando foram devolvidas, estavam em um estado tão manuseado e gas to que, obviamente, haviam não somente sido estudadas, como também copiadas.) Mesmo assim, a carta sugeria que, a fim de "esclarecer a questão", fosse realizada uma reunião entre Abel e um membro da equipe consular.

Por sugestão do Departamento de Justiça, informei S. Veschunov, chefe da divisão consular soviética e meu correspondente, que, com relação a qualquer reunião com Abel, ele deveria se comunicar por meio dos "canais apropriados" com o Departamento de Estado. Além disso, expliquei que, enquanto houvesse possibilidade de uma reunião com um oficial consular soviético, Abel permaneceria na West Street, onde não recebia créditos em sua sentença e, é claro, nenhuma palavra da família.

Como conclusão, escrevi:

"Expus esses fatos para que a necessidade de uma resolução rápida se torne evidente."

Quarta-feira, 16 de abril

De manhã me dirigi ao Tribunal de Apelação dos Estados Unidos, onde argumentei sobre o nosso pedido para um segundo julgamento. Tom Debevoise me acompanhou; Fraiman se desligara do caso após ter terminado o julgamento. Os três membros da banca eram o juiz principal Charles E. Clark, e os juízes J. Edward Lumbard e Sterry R. Waterman. Pouco havia a acrescentar ao que já fora dito, mas o tribunal me ouviu com atenção e me fez várias perguntas.

Quinta-feira, 24 de abril

S. Veschunov pôs de lado seu título de oficial da URSS e seu papel timbrado na carta que recebi nesse dia. Era um convite cruamente óbvio para que eu lidasse com os soviéticos de maneira *sub rosa*.

A carta estava em papel branco simples e viera em um envelope igualmente simples, sem endereço de retorno e nenhuma marca externa. Ao contrário de suas predecessoras, carregava um selo postal da cidade de Nova York. Veschunov assinara, mas não se identificara além disso. A carta dizia:

> Gostaríamos novamente de chamar sua atenção para o fato [...] de que não possuímos nenhum dado que confirme a cidadania soviética de Abel. Por essa razão, não temos base legal para apresentar ao Departamento de Estado o pedido relacionado a uma reunião entre seu cliente e nosso oficial consular. Nosso representante está preparado para se encontrar com Abel se tal reunião puder ser arranjada pelo senhor, na capacidade de advogado de Abel. Nesse caso, apreciaríamos ser informados da data e local da reunião [...].

Fiquei desconcertado. Será que eles acreditavam que, como eu fornecera a Abel uma defesa honesta, tentaria tirá-lo da West Street como meu "assistente"? Ou esse era o procedimento padrão, tentado em todos os casos e recompensando o pequeno risco?

Prontamente enviei a carta ao Departamento de Justiça. Fui instruído por telefone a deixá-los "cozinhar em banho-maria" e então repetir minha carta anterior, declarando que deveriam entrar em contato com o Departamento de Estado, e apenas ele. Subsequentemente, fiz precisamente isso, mas acrescentei minha própria observação de que, "qualquer que seja a cidadania de Abel, permanece o fato de ele ter declarado que sua família imediata vive na URSS e, se sua sentença a um longo período de prisão for mantida, ele deseja se comunicar com ela. Assim, peço que essa questão seja considerada de maneira completamente separada de sua cidadania".

Quando relatei o incidente a Abel, ele me deu um sorriso enigmático e disse:

— Não pode culpá-los por tentar.

Sábado, 24 de maio

Esse seria nosso último encontro por algum tempo. O coronel finalmente comunicara ao Gabinete de Prisões que desejava começar a cumprir sua sentença. Ele fora notificado de que, no início da semana seguinte, seria transferido para a penitenciária de Atlanta.

Era manhã de sábado e deixamos as horas passarem, falando de Atlanta e do sul, de arte — suas galerias favoritas em Nova York e os artistas de Brooklyn Heights pelos quais sentia genuína afeição — e de como ocuparia os intermináveis dias que teria pela frente. Ele disse, de seu modo prático, que seu amor e seu talento para a matemática o ajudariam a manter a sanidade. Eu me ofereci para conseguir qualquer livro de que precisasse, dado que a limitada biblioteca da prisão seria nada para ele.

— Como será difícil conversarmos pessoalmente daqui para a frente — disse ele —, gostaria que redigisse um testamento simples para mim.

Seguindo suas instruções, redigi um testamento que estipulava que, se ele morresse na prisão, seu corpo deveria ser cremado e suas cinzas e todos os seus bens deveriam ser enviados a sua família. Fiz com que o testamento fosse datilografado ali mesmo, pedi que dois guardas amigáveis servissem como testemunhas e lhe entreguei uma cópia.

Nada a respeito da vida de espião, pensei comigo, é recompensador para o homem comum. Se for bem-sucedido em sua profissão, seu trabalho permanece desconhecido; se falhar, torna-se notório. Uma vez prisioneiro, toda a sua correspondência, quando permitida, será censurada, um estranho redigirá seu testamento e ele terá de se preparar para morrer em uma terra hostil.

Abel fez vários outros pedidos. Pediu que eu continuasse a trabalhar na questão da correspondência com sua família e também perguntou se eu poderia escrever para ele sempre que tivesse tempo, sobre qualquer assunto. Disse que talvez não fosse "político" para um advogado americano se corresponder muito livremente com um oficial da inteligência soviética e acrescentou: "Escreva sobre temas culturais."

Quinta-feira, 5 de junho

"Estou em Atlanta, Geórgia", escreveu Rudolf.

O coronel chegara e seu endereço de retorno era: "Caixa PMB, Atlanta 15, Assuntos Oficiais, Geórgia." Era sua primeira carta, e ele anunciava que estava "acomodado" na prisão. Incluíra um formulário para que eu me registrasse como seu advogado junto ao diretor da penitenciária, a fim de ser capaz de escrever para ele como "correspondente autorizado".

"Sinto-me bem e estou em boa forma, fazendo mais exercícios que anteriormente", escreveu ele. "Não tendo recebido notícias suas sobre o resultado de nossa apelação, espero que isso não signifique nada ruim — apenas um atraso. Espero que esteja gozando de boa saúde [...]."

Como todas as 58 que se seguiriam (sem contar os quatro cartões de Natal feitos por ele), a carta fora escrita em papel pautado. Ele escrevia a caneta ou a lápis e assinava, dependendo de seu humor, "Rudolf", "Rudolf I. Abel" ou "R. I. Abel". Abaixo de cada assinatura, qualquer que fosse seu humor, estava seu número de registro em Atlanta: "80016". Seu oficial de condicional, W. E. Bush ou algum outro censor lia e carimbava cada carta no canto superior direito. Algumas poucas correspondências foram lidas e postadas em Washington, D.C. Obviamente, haviam sido encaminhadas para "autorização".

Ao ler o formulário que Rudolf me enviara, notei que havia vários regulamentos relativos à correspondência dos prisioneiros. Ele podia receber até sete "cartas sociais" por semana, mas elas eram limitadas a duas folhas e tinham de ser em inglês. (Subsequentemente, soube que aquela prisão, com 2.600 prisioneiros, lidava com meio milhão de cartas por ano.) Eu era aconselhado a não mencionar "acontecimentos criminais, casos judiciais, prisões ou outras questões que possam ser prejudiciais ao bem-estar do prisioneiro".

Abel disse muito pouco e não se queixou de nada em sua carta. Mencionou que fora colocado em quarentena, mas não forneceu nenhuma explicação. Mais tarde, lendo o periódico trimestral da prisão, uma revista surpreendentemente bem-editada, soube mais sobre a "quarentena":

A pessoa é deixada na entrada da prisão e conduzida por um longo corredor, saindo por uma porta lateral, percorrendo uma calçada e entrando no subsolo da Unidade de Quarentena. Tem de se despir e dizer para onde quer que sua propriedade pessoal seja enviada e, no caso de morrer, quem deve ser notificado. Toma banho, é conduzido escadas acima e então entregue a um guarda e a um oficial da prisão. Eles explicam todas as coisas que a pessoa *não pode* fazer se quiser "se dar bem" por aqui.

Três vezes por dia, a pessoa e o restante da unidade são levados ao refeitório principal para comer, enquanto centenas de olhos os encaram. Durante trinta dias, a pessoa ouve palestras, é examinada por médicos, testada por outros médicos e entrevistada por oficiais da condicional, recebendo ordens sobre quando se deitar, quando se levantar e quando se deitar novamente.

A pessoa está confusa, mas sabe de uma coisa: é um prisioneiro. Se for esperta, não gostará disso. Se tiver bom senso, poderá ver que a escolha aqui é entre oportunidade e, talvez, desastre. É fácil "ficar preso" dentro da prisão, pois há muita frustração dentro dos muros de Atlanta.

Seguia-se um artigo sobre os quatrocentos a seiscentos homens — cerca de 20% da população da prisão — que eram classificados como tendo "problemas de adequação" durante a quarentena.

Assim, fiquei feliz ao receber a segunda carta do coronel, que trazia a notícia de que fora retirado da quarentena, integrara-se à população geral e já estava trabalhando:

Recebi um trabalho no departamento de arte comercial que, evidentemente, é muito satisfatório de meu ponto de vista. Meu trabalho está relacionado ao processo de serigrafia e, como nunca trabalhei com isso e ninguém parece saber muito sobre o assunto, estou fazendo experimentos interessantes. Tenho vários livros sobre o assunto e serei capaz de conseguir mais. É um processo muito versátil e deve me dar bastante o que fazer.

Haverá muito trabalho em novembro, pois teremos de fazer seis mil cartões de Natal para os prisioneiros e a maioria será de serigrafia. Tenho vários desenhos em mente e lhe enviarei alguns, e também a Tom [Debevoise].

A correspondência de Abel seguia um padrão. Ele estava interessado em ler todos os artigos de jornais e revistas sobre seu caso, perguntava frequentemente sobre suas magras finanças e me questionava continuamente sobre suas posses, até que finalmente conseguimos enviá-las a sua "esposa" em um endereço na Alemanha Oriental. Escrevia pouco sobre as rotinas da prisão — mencionando principalmente seu trabalho artístico —, mas falava sem parar e com ultraje da correspondência com a família. O problema nos perseguiu durante grande parte do tempo em que esteve preso. Contudo, o coronel estava preocupado principalmente com o caso e a apelação e esperanças e ideias sobre o assunto consistiam em, no mínimo, metade do conteúdo de suas cartas.

Finalmente, elas eram a correspondência de um cavalheiro refinado. Ele jamais se queixava de seu destino ou criticava seus carcereiros. Sempre incluía uma saudação calorosa para minha família, minha esquipe — que às vezes trabalhava para ele (comprando livros, renovando assinaturas do *New York Times* ou da *Scientific American*, enviando suas posses, retirando um par extra de dentes postiços do depósito etc.) — e meu jovem colega, Tom Debevoise. Eu lhe contara que Tom era agora candidato republicano ao cargo de promotor distrital em Windsor County, Vermont, e ele comentou:

Diga a Tom que mando lembranças. Não consigo decidir se devo ou não lhe desejar sorte na campanha pela eleição. Provavelmente sou tendencioso [em relação a promotores] e devo me abster [...].

De suas cartas, deduzi que o coronel se adequara a Atlanta, assim como fizera na West Street. Os oficiais da penitenciária o descreveram como "prisioneiro muito cooperativo" que não causava dificuldades. Ele era aceito pela população prisional, mas a administração temia por seu bem-estar: havia o risco de um jovem criminoso, buscando publicidade fácil e achando que se tornaria um herói "anticomunista" nacional, tentar matá-lo.

O coronel dividia uma cela com sete prisioneiros, um dos quais já cumprira 23 anos de uma sentença de prisão perpétua por sequestro e se ressentia com o mundo, especialmente com as minorias. Abel me disse que ele fora aconselhado a evitar o homem tanto quanto possível.

Quinta-feira, 12 de junho

Nesse dia, o chefe S. Veschunov, da divisão consular soviética, se rendeu. Ele explicou, pela terceira vez, que Abel não estava registrado como cidadão soviético, mas, tendo em vista que pedira para escrever para a família, "que supostamente vivia ou vivera em território da URSS, solicitamos o envio das cartas do réu para a divisão consular da embaixada. A divisão consular tentará tomar medidas para localizar sua família, com o objetivo de entregá-las".

Imediatamente escrevi para Abel, dizendo que considerava isso "uma grande concessão da parte deles e uma aceitação substancial de seu pedido".

O Departamento de Justiça acrescentou sua aprovação, informando-me que Abel tinha de escrever para a família (em inglês) de acordo com os regulamentos costumeiros da prisão e entregar as cartas ao diretor. Elas seriam "adequadamente revisadas" pelo Departamento de Justiça e enviadas para mim, que as entregaria ao cônsul soviético. Tudo isso, é claro, levou semanas para ser decidido.

A primeira carta de Abel era endereçada a "Ellen", uma versão anglicizada de "Elya". A esposa assinou as cartas subsequentes como "Hellen" e a grafia às vezes variava (Helen, Hellene).

Querida Ellen,

Esta é a primeira oportunidade que tenho, em um longo período, de escrever para você e nossa filha Lydia. Sinceramente espero que esta carta chegue até você e que seja capaz de responder.

Presumivelmente, a pessoa que entregar esta carta falará sobre minhas circunstâncias atuais. Contudo, seria melhor que eu mesmo lhe desse a informação: estou na prisão, tendo sido sentenciado a trinta anos por espionagem, em uma penitenciária federal em Atlanta, Geórgia.

Estou gozando de boa saúde e ocupando meu tempo com matemática e arte. Nada de música, por enquanto; talvez, mais tarde, eu possa recomeçar.

Por favor, não se preocupe demais com o que aconteceu; afinal, trata-se de leite derramado! O melhor que têm a fazer é se cuidar e torcer por um breve reencontro.

Cuidar de sua saúde é importante. Por favor, conte-me como estão você e Lydia nesse quesito. Pelo que soube antes (quase três anos?), sua condição não é muito boa. Por favor, faça tudo o que puder para melhorar. Sei que não é fácil, mas você deve tentar.

Escreva e me conte como estão Lydia e o marido. Já sou avô?

Se minha carta parece curta e pouco informativa, isso se deve parcialmente às circunstâncias. Contudo, tentarei escrever tanto quanto possível e espero que você consiga fazer o mesmo. Mande minhas saudações a todos os nossos amigos; quanto a vocês duas, novamente, por favor se cuidem. Com todo o meu amor.

Seu marido e pai,
Rudolf

No canto inferior esquerdo estava sua assinatura na prisão, "R. I. Abel, n. 80016". Ele acrescentara "PS", mas depois mudara de ideia e riscara as duas letras.

Em 18 de dezembro, a sra. Abel respondeu, explicando que acabara de receber a carta e que ela fora entregue pela Cruz Vermelha. Disse:

"Você entende que eles demoraram muito a nos localizar."

Quanto ao destino do marido, afirmou que os jornais haviam publicado a história, "mas não acreditamos [...]. Estamos profundamente convencidos de que tudo o que aconteceu é apenas um mal-entendido, que você certamente é inocente e que sua triste história terá um bom final."

Sexta-feira, 11 de julho

Nesse dia, a condenação de Abel e sua sentença de trinta anos foram unanimemente confirmadas pelo tribunal de apelação.

O tribunal declarou que, embora erros ocasionais tivessem sido cometidos pelo juiz distrital, "não foram prejudiciais a ponto de exigir um novo julgamento do caso, no qual os autos demonstram com bastante precisão a culpa do acusado [...]". Em um julgamento de duas semanas, "seria surpreendente não encontrar alguns erros menores". Os erros não prejudicaram o réu, declarou o tribunal. O parecer, de 33 páginas datilografadas, foi escrito pelo juiz Sterry Waterman. O juiz presidente Clark e o juiz Lumbard concordaram com ele.

Quanto à questão principal, a busca e apreensão de Abel e suas posses, os juízes afirmaram não haver base para distinção entre uma prisão legal por crime e um procedimento de deportação. Se uma busca fosse legal no primeiro caso, quando incidental à prisão, então deveria ser legal no segundo.

("Em minha opinião", escreveu Abel, "a decisão do tribunal do circuito, embora prolífera, na verdade não responde aos pontos que questionamos na apelação. Há alguns argumentos que parecem se contradizer e outros que invertem os argumentos que usamos. Ainda acho que os pontos principais foram não respondidos, mas sim evitados".)

O tribunal do circuito respondeu a nosso argumento de que o governo falhara em provar a transmissão de segredos militares com esta observação: "Homens que pretendem reunir e transmitir somente informações disponíveis ao público em geral não costumam achar necessário o emprego de códigos secretos nem moedas, lápis e caixas de fósforos ocas."

O juiz Waterman encerrou seu parecer declarando graciosamente que o time de defesa designado pelo tribunal "representou o apelante com rara habilidade e na mais elevada tradição de sua profissão. Estamos verdadeiramente gratos pelos serviços prestados".

O coronel não perdeu tempo em me lembrar de minha promessa de levar a apelação à Suprema Corte dos Estados Unidos.

"Em relação à apelação na Suprema Corte", escreveu imediatamente, "presumo que, segundo nosso acordo, está dando os passos necessários."

Rudolf, concluí, deve ter sido um homem difícil de agradar enquanto estava "na ativa". Ser segundo tenente sob o coronel Abel em seu auge deve ter exigido autodisciplina e meticulosa atenção a todos os detalhes. Häyhänen jamais chegara a esse nível.

Além desse enfático lembrete, ele relatou:

"As coisas correm normalmente comigo — nada desfavorável aconteceu."

Terça-feira, 5 de agosto

Alguns dias antes, eu recebera um telefonema de Frank Gibney, editor sênior da *Life*, que escrevera um artigo importante sobre o julgamento de Abel. Gibney dissera estar em contato com um informante confiável chamado Deroubian, um desertor que fora chefe da contrainteligência da KGB em Viena e agora trabalhava com a inteligência americana. Gibney planejava escrever uma série de artigos na *Life* e também um livro com Deroubian, sobre o tema da inteligência soviética. O ex-oficial soviético era casado e precisava de dinheiro, explicou ele.

Deroubian dissera a Gibney que podia provar que as cartas da "família" apresentadas como prova durante o julgamento estavam escritas em código esópico e continham informações sobre o status político do executado Beria, da KGB etc. Gibney disse que eles gostariam de almoçar comigo.

Nessa tarde, o agente especial Bender, do FBI, me entregou a última carta de Abel à esposa, para que eu a enviasse para o exterior. Eu contei a ele sobre o telefonema de Gibney e disse que reteria a carta até ter me encontrado com Deroubian, escrito um relatório ao FBI e obtido aprovação.

Subsequentemente, almocei com Deroubian e Gibney, fiquei insatisfeito com a explicação do desertor, relatei isso a Bender e continuei a encaminhar a correspondência de Abel, com aprovação do governo.

Quinta-feira, 19 de agosto

Um ano antes, eu abandonara abruptamente minhas férias para me tornar o advogado de defesa designado pelo tribunal do coronel Abel. Novamente no lago Placid, agora interrompia as férias para trabalhar na apelação à Suprema Corte. Tom Debevoise gentilmente veio de Vermont e, juntos, esboçamos uma petição por *certiorari*, pedindo que a Corte ouvisse nosso caso e revisasse as decisões das instâncias inferiores.

"Não temos nenhum direito de ser ouvidos", explicara eu em carta a Abel, enviada do lago Placid, "e só seremos admitidos se quatro dos nove juízes votarem a nosso favor [...]. Tenho muitas esperanças, mas tive esperanças similares — embora não tão grandes — em relação ao tribunal do circuito. Se a Suprema Corte conceder nossa petição por *certiorari*, isso será um sinal muito encorajador [...].

"Estou certo de que percebe que nosso caso (especialmente nossa alegação em relação às regras sobre prova de espionagem) é inevitavelmente afetado pelos eventos internacionais. O seu não é simplesmente um caso envolvendo um francês ou um brasileiro nos anos 1930. Contudo, farei meu melhor nessas circunstâncias."

Passando a assuntos mais leves, pedi que o coronel empregasse algumas de suas horas livres desenvolvendo uma fórmula matemática que me permitisse vencer no *buraco*, a fim de que eu pudesse recuperar uma fração dos incontáveis dólares que perdera para minha esposa durante nossos amigáveis torneios.

Também expliquei que me achava na obrigação de comentar sua designação para o departamento de arte comercial da prisão em Atlanta:

"Ela tem alguns aspectos divertidos, como sem dúvida percebe. Seria interessante saber como a notícia dessa designação seria recebida pelo público americano — do qual uma pequena e não pensante parcela sem dúvida acredita que deveria estar pendurado pelos punhos em uma cela solitária, partindo da premissa de que tal seria o destino de um dos nossos na Rússia, em circunstâncias similares."

Sua carta de resposta foi uma das mais leves e uma excelente amostra de seu humor discreto. Primeiro, ele lidou com meus problemas no *buraco*.

"Acredito que descobrir as possibilidades de combinação, as jogadas etc. é algo digno de um atuário. Lembro-me de ler críticas de livros que lidavam com *buraco* (escritos, se me lembro bem, por especialistas em bridge) e eles pareciam mostrar que é possível vencer. Não sou, de modo algum, um jogador de cartas. Minha proficiência começa e termina com algumas poucas variedades de paciência."

(O espião solitário, sentado sozinho em seu quarto barato no Hotel Latham, jogando paciência. Agora estava sozinho, embora cercado por 2.600 homens, e ainda jogava paciência.)

"O baralho é permitido aqui e, recentemente, foi realizado um torneio de bridge. Prometeram-me lições e, mais cedo ou mais tarde, aprenderei a jogar. Enquanto isso, participo do jogo italiano conhecido como 'bocci', que se parece com o boliche jogado na grama. É menos sofisticado, mas, mesmo assim, exige certa habilidade."

Eu sabia que Abel era fã de esportes e, de fato, torcedor dos Dodgers. ("Espero que se divirta em Los Angeles", escrevera ele ao saber que eu compareceria a uma reunião da Associação dos Advogados Americanos na Costa Oeste. "Vai assistir a algum jogo?") Mas vê-lo no pátio da prisão aprendendo a jogar *boccie* era um testemunho da versatilidade do acadêmico de 56 anos e de sua habilidade para se adaptar a todas as situações.

"Minha vida aqui", continuava a carta, "prossegue sem incidentes. Fiz alguns desenhos e os reproduzi em serigrafia, e acho que estou fazendo progressos. Em breve, espero iniciar alguns experimentos com cores — até agora, fiz desenhos monocromáti-

333

cos, mais ou menos no estilo das xilogravuras. O meio apresenta muitas possibilidades, mas também muitos problemas."

Tom Debevoise fora derrotado por estreita margem para a nomeação republicana como promotor distrital de seu condado natal em Vermont, e eu relatara o fato a seu fã na Geórgia. O coronel viu o resultado de maneira filosófica: "Embora hesite em oferecer congratulações ou condolências a Tom por sua derrota nas eleições, estou feliz por saber que sua popularidade foi suficiente para manter a margem de derrota em um nível muito baixo. Isso certamente mostra que ele causou bastante impacto em Vermont."

Segunda-feira, 13 de outubro

O telegrama era judicioso e continha poucas palavras, mas, mesmo assim, causou grande impacto: PETIÇÃO POR CERTIORARI ABEL CONTRA ESTADOS UNIDOS CONCEDIDA HOJE. SEGUE CARTA.

Ao concordar em revisar nosso caso, a Suprema Corte limitou sua revisão a duas questões específicas lidando com a proibição constitucional da busca e apreensão ilegal:

"1) A busca sem mandando é permissível em conexão com prisões envolvendo a lei de imigração, distinta da lei criminal? 2) Os itens apreendidos podem ser admitidos como provas quando não estão relacionados com a ordem judicial do Serviço de Imigração ou um mandado de prisão?"

Essas questões estavam no centro de nosso caso.

Abel ficou preocupado, entretanto, porque a Corte escolhera revisar apenas a questão de busca e apreensão.

"Parece-me", disse ele em uma carta, "que há mérito e substância nos outros pontos".

Tentei acalmá-lo, explicando que "limitar as questões na apelação nos permite desenvolver o argumento da busca e apreensão mais completamente do que jamais teríamos feito. Esse sempre foi o ponto principal de nosso caso.

"Quanto aos outros pontos de nossa apelação, não fique perturbado porque não serão defendidos. Eles foram lidos, estão presentes e tenho certeza de que, embora não tenham sido mencionados, foram um fator importante na decisão da Corte de rever o caso."

Quase não houve reação pública à decisão aceitando nossa petição. Somente um jornal de Nova York fez comentários em seu editorial. O *Herald Tribune* disse que não havia dúvidas quanto à culpa de Abel, mas aplaudiu a Corte, "que, novamente, demonstrou sua preocupação com a proteção das liberdades individuais, sejam de quem forem".

"As questões levantadas são procedurais", dizia o editorial, "mas o devido processo legal está no próprio coração da lei. Qualquer que seja o resultado (e não prejulgamos os méritos da apelação de Abel), a revisão da Corte servirá como lembrete de que a liberdade de todos nós só estará garantida enquanto a liberdade de cada um for protegida."

Sexta-feira, 21 de novembro

Tom Debevoise viera de Vermont e havíamos passado vários dias e noites preparando o primeiro esboço de um sumário para a Suprema Corte. Provavelmente como resultado, fui vítima de uma virose e passei dez dias em casa, a maior parte do tempo na cama, revisando o sumário.

Nesse dia, enviei uma cópia do sumário para Atlanta, com uma nota dizendo que deveria ser nossa apresentação mais eficaz até então. Expliquei que o governo teria trinta dias para a réplica e nós teríamos vinte dias para a tréplica. Seríamos chamados a Washington para a argumentação oral em algum momento de fevereiro e deveríamos ter a decisão da Corte na primavera.

"Enquanto isso, você é o único beneficiário de minha enfermidade", escrevi ao coronel, brincando. "Minha filha mais velha, Jan, é a grande perdedora. Esta noite, eu deveria comparecer a um baile de pais e filhas na Marymount High School, onde ela frequenta o último ano. Para me preparar, durante várias tardes fugi do escritório para ter lições de dança. Estou desanimado por não poder colocar em prática minha recém-descoberta agilidade."

Quinta-feira, 4 de dezembro

Quando concordara em defender o coronel Rudolf, eu não fazia ideia de que também seria seu Papai Noel. Mas fui.

Nessa época do ano, todos os prisioneiros em Atlanta recebem "formulários de presentes", que preenchem esperançosos e enviam para suas famílias ou quem quer que tenham selecionado como seu "Papai Noel". Como representante legal do coronel e seu único correspondente nos Estados Unidos, esse alguém era eu. O formulário chegou nesse dia. Rudolf pedia livros. Ele queria os quatro volumes de *A história social da arte* e dois quilos de chocolate ao leite (do qual gostava muito, explicou, mas que também servia como moeda de troca).

O coronel também escreveu:

"Estive muito ocupado fazendo cartões de Natal para a população prisional. Acredito que, quando terminar, terei imprimido uns 2.500 cartões. Acredite, ficarei feliz ao me livrar deles! Como vários têm cinco cores, isso significa que olhei para cada desenho entre 500 e 2.500 vezes, e isso é suficiente para tornar qualquer imagem horrível!"

(Depois, escreveu que os cartões "aparentemente foram bem-recebidos pelos prisioneiros, pois sobraram muito poucos após a distribuição. Senti certa satisfação com isso".)

Ele fizera sete cartões diferentes, incluindo um em espanhol e um em hebraico. Mas, pelas regras da prisão, pudera me enviar apenas um. Era uma cena de inverno em branco e preto com borda vermelha. A cena poderia ter sido retirada da Nova Inglaterra ou da Sibéria. Uma cabana coberta de neve estava no centro, contra um fundo escuro de pinheiros. Havia um grupo de bétulas brancas em primeiro plano.

"Os melhores votos de boas festas", dizia a saudação impressa no interior. Embaixo, imperceptível para alguém que não estivesse procurando cuidadosamente, estava a assinatura do autor: RIA.

1959

Quinta-feira, 8 de janeiro

A primeira carta do coronel no novo ano estava cheia de esperança. Ele recebera mensagens da esposa e da filha; elas haviam escrito em resposta a sua carta do último verão, que finalmente fora entregue, supostamente por meio da Cruz Vermelha Internacional.

"Não é preciso dizer que estou muito feliz com isso e com a perspectiva de futuras correspondências", declarou ele.

Hellen Abel escrevera:

"Estamos fazendo nosso melhor para libertá-lo e tê-lo novamente conosco. Todos os que o conhecem pessoalmente e nossos amigos, quando conto a história, dizem que você é inocente e acreditam que voltará para nós."

Talvez a sra. Abel acreditasse nisso, mas eu estava inclinado a pensar que o trecho fora incluído para benefício da censura governamental. Ainda mais significativamente, ela perguntara:

"Precisa de dinheiro? Podemos enviá-lo, apenas verifique com seu advogado como fazer isso."

Seguindo a dica da esposa, Rudolf me perguntou sobre o estado de suas finanças — despesas até a data e uma estimativa ("sem compromisso", acrescentou espirituosamente) de despesas futuras. Também pediu que eu o aconselhasse sobre a maneira de a esposa enviar dinheiro, dizendo: "Provavelmente, elas farão uma transferência de fundos *soviéticos* em moeda estrangeira." (Grifo meu.) O coronel jamais pretendera negar de onde viera, onde sua família vivia e quem ele esperava que bancasse suas despesas. A carta da esposa, contudo, fora enviada de Leipzig, na Alemanha Oriental.

Na época de sua prisão, dizia-se que o coronel tinha dinheiro enterrado por toda Nova York. Um dos relatos afirmava que enterrara um milhão de dólares no Prospect Park. Pelo que o FBI conseguira determinar, seus recursos totalizavam 21 mil dólares e nossas despesas legais, principalmente com registros impressos e estenografados, haviam totalizado 13.227,20 dólares. Com o consentimento de Abel e aprovação do tribunal distrital, meu escritório fora integralmente reembolsado. A multa do tribunal de três mil dólares ainda não fora paga, aguardando o resultado da apelação, e meus honorários de dez mil dólares por todo o caso ainda estavam em suspenso.

Quanto às despesas futuras, era difícil julgar. Se, por qualquer razão, o caso fosse anulado, haveria uma devolução substancial à conta de Abel. Contudo, as despesas originais da defesa seriam amplamente duplicadas no caso de um novo julgamento.

Relatei tudo isso a Abel e concluí que, embora houvesse toda possibilidade de que mais fundos fossem necessários, eu não podia lhe dar nem mesmo um valor aproximado.

Havia duas outras questões na mente do coronel, expostas em sua carta. Aparentemente, eu esquecera de renovar sua assinatura do *The New York Times* e ele estava há cinco dias sem as palavras cruzadas, o bridge e as notícias internacionais. Ele me repreendeu por isso. Além disso, "gostaria de incomodá-lo com outro problema. É a disposição de meus bens pessoais". Queria enviar tudo à família, incluindo pinturas, câmeras, livros, partituras, instrumentos musicais, ferramentas — tudo o que o governo liberasse.

Sexta-feira, 13 de fevereiro

Era uma carta muito simples, que começava dizendo:

"Tomei a liberdade de escrever após ler nos jornais sobre sua atitude muito humana em relação a meu marido, Rudolf Abel."

Em si, a carta era trivial. O fato significativo era que fora escrita. Era o primeiro elo de uma cadeia de comunicação entre o governo dos Estados Unidos (a essa altura, eles deviam ter percebido que eu mostraria a carta a Washington) e alguém por trás da Cortina de Ferro, alguém que se importava com o bem-estar do coronel da KGB Rudolf Ivanovich Abel.

A carta estava datilografada em papel branco grosso e sem timbre, com uma distinta marca-d'água alemã. Era assinada por "E. Abel" e o endereço de retorno era aos cuidados de Frau E. Forester ("uma boa amiga"), Leipzig N 22, Eisenacherstr. 24, Alemanha.

A sra. Abel dizia estar grata por minhas tentativas de "aliviar o destino de nosso amado marido e pai". Segundo ela, quatro semanas tinham se passado desde que tivera notícias do marido, e eu era o único que podia informá-la sobre "a saúde de Rudolf, dizer-me se ele precisa de ajuda e se recebeu nossas cartas".

Tomei a expressão "se ele precisa de ajuda" como minha dica, telefonando para o Departamento de Justiça para relatar que recebera uma carta de certa sra. Abel em Leipzig. Previamente, eu pedira que o departamento me aconselhasse sobre a possibilidade de Abel receber dinheiro e enviar seus bens à família. Não recebera qualquer resposta, mas a nova carta parecia demandar pronta ação.

Após várias horas, meu telefonema recebeu retorno e um oficial do governo explicou que não havia objeções ao fato de o coronel receber dinheiro da família e que ele podia enviar seus bens à esposa.

Com essas garantias, escrevi para Frau Abel dizendo que seu marido estava bastante bem, trabalhava no departamento de arte comercial e "produziu alguns cartões de Natal realmente adoráveis para uso de seus colegas prisioneiros.

"A prisão", acrescentei, "é conduzida de maneira muito humana, e a senhora não deve se preocupar com seu bem-estar físico. Neste país, aprovamos apenas os métodos prisionais mais dignos".

Eu disse à "sra. Abel" (eu duvidada que fosse sua verdadeira esposa) que havia um único item que precisava de sua atenção, os honorários do advogado de seu marido. Para que ela não me entendesse mal, expliquei:

"Quando fui designado pelo tribunal, anunciei que quaisquer honorários que recebesse seriam doados à caridade. Assim, acordei com seu marido um valor simbólico de dez mil dólares por todos os meus esforços até a apelação perante a Suprema Corte. Pessoalmente, não receberei nenhuma compensação por representá-lo."

(Tom Deveboise pedia apenas o reembolso das despesas, e o salário de Fraiman fora pago por seu escritório durante o período em que trabalhara conosco.)

Pressionei pelo pagamento dos dez mil dólares porque raciocinei que, se o dinheiro fosse enviado pela família e entregue à caridade, isso teria um efeito saudável sobre a opinião pública e traria créditos à Associação dos Advogados. Se a Suprema Corte anulasse a condenação, a defesa poderia contar com uma pequena proteção contra as críticas: "Esses advogados, sempre achando brechas na lei" etc.

A carta de resposta da sra. Abel não exatamente exsudava espírito de cooperação.

"Farei meu melhor para cumprir as obrigações financeiras de meu marido", disse ela, "embora preveja consideráveis dificuldades".

Essa segunda carta era tão amena quanto a primeira, mas, progressivamente, a correspondência se tornava mais sentimental. Ela escreveu:

"Estou muito feliz por saber que Abel está bem, ao menos fisicamente, e espero que seja capaz de retornar e se reunir a seus amigos e familiares. É difícil para mim julgar seu suposto crime, mas devo dizer, como esposa, que Rudolf é honesto e puro, um homem de coração gentil, e não merece ser punido. O senhor sabe que ele tem mais de 60 anos [Isso provavelmente era verdade; Abel poderia ter subtraído alguns anos ao se tornar Emil Goldfus] e precisa de paz, calma e vida familiar."

Depois que o caso Abel foi encerrado, um agente do FBI que lera todas as cartas de Leipzig, assim como as anteriores, apresentadas durante o julgamento, discutiu comigo as notáveis diferenças de linguagem e estilo entre as cartas que eu recebera da "sra. Abel" e aquelas que Rudolf recebera da esposa antes de ser preso.

Francamente, eu achava que o oficial da KGB em Moscou que escrevera a frase "É difícil para mim julgar seu *suposto* crime" cometera um erro sério. Aquela não era a mesma Elya Abel que também escrevera para o marido em Atlanta: "O clima está bom. As macieiras estão em flor. Os lilases e as tulipas também estão florescendo e, em breve, as roseiras estarão cobertas de flores."

Quarta-feira, 25 de fevereiro

— Hoje, a Suprema Corte enfrentará um de seus casos mais difíceis, a condenação de Rudolf Ivanovich Abel como espião soviético.

Estávamos em Washington, e Tom Deveboise lia em voz alta o jornal matinal.

— Embora o caso esteja repleto de insinuações de conspiração comunista e espionagem — continuou ele — o tópico central perante a Corte é uma questão de procedimento criminal justo, que não tem nada a ver com comunismo. Trata-se de determinar se as provas apreendidas [...].

Viéramos de trem de Nova York na noite anterior e, comendo tangerinas e tomando café no Hay Adams, nos alternamos lendo um para o outro os jornais de Nova York e Washington.

Isso servia para passar o tempo e aumentar nossa autoconfiança durante as últimas horas antes da argumentação oral. Era nossa segunda visita a Washington em um mês. Em 22 de janeiro, havíamos chegado ao tribunal preparados para argumentar, mas o caso fora inesperadamente adiado. Isso não contribuíra para minha tranquilidade.

Argumentar perante a Suprema Corte dos Estados Unidos é uma experiência estimulante para qualquer advogado. O edifício é magnífico, a dignidade da sala de audiências é poderosamente impressionante e os juízes são argutos e representam um desafio formidável. Mas, quando se argumenta na Corte, você está argumentando perante nove homens experientes. Naturalmente, há mais tensão que no tribunal distrital do Brooklyn ou em Montpelier, Vermont.

Do lado de dentro, as pessoas preenchiam os corredores, esperando que a porta dos observadores fosse aberta. Por determinação da Corte, cada pessoa já reservara um lugar. Amigos de Washington haviam me dito que o caso criara certa excitação no que é conhecido como Embassy Row. A sra. John Foster Dulles e membros da embaixada inglesa estariam na sala de audiências quando a argumentação começasse.

Minha argumentação, que apresentei vestindo o fraque tradicional, foi perante o juiz presidente Warren e os juízes associados Black, Frankfurter, Douglas, Clark, Harlan, Brennan, Whittaker e o recém-nomeado Stewart. O muito capaz advogado-geral dos Estados Unidos J. Lee Rankin era meu adversário. Comecei dizendo:

Dado que as questões perante a Corte foram minuciosamente expostas, parece-me que seria mais útil se eu começasse meu argumento explicando brevemente o que este caso não envolve.

Em primeiro lugar, as questões perante a Corte tornam bastante irrelevante se o peticionário Abel é ou não espião soviético. Em um momento no qual acreditou que seria deportado, no Texas, ele declarou ser cidadão soviético e ter permanecido ilegalmente nos Estados Unidos durante nove anos, vivendo com vários pseudônimos. As buscas e apreensões relacionadas ao caso revelaram equipamento radiofônico de ondas curtas, mapas de áreas de defesa dos Estados Unidos e moedas ocas e outros recipientes com microfilmes em russo. Ele solicitou a ajuda do governo soviético, que negou saber de sua existência. Assim, parece justo dizer que um júri de homens e mulheres sensatos poderia muito bem concluir que o homem é um espião russo.

Essa é uma questão inteiramente separada da questão sobre as provas de sua culpa, para além de qualquer dúvida razoável, dos crimes específicos constantes do indiciamento e sobre as evidências competentes. Em resumo, a questão é se o peticionário Abel recebeu ou não o devido processo legal.

Durante os feriados de fim de ano, eu trabalhara em um esboço de minha argumentação oral. Reescrevera várias vezes, ensaiara trechos perante advogados amigos e então deixara tudo de lado. Ali, argumentei com base em nosso sumário:

> Em segundo lugar, este não é um caso em que os advogados do peticionário acreditem ser essencial argumentar que o FBI e sua agência-irmã, o Serviço de Imigração e Naturalização, cometeram violações ultrajantes das liberdades civis de um indivíduo. É verdade que muitos nos Estados Unidos, e talvez alguns nesta Corte, ficariam perturbados com os fatos do caso e também com declarações de *A história do FBI* citadas em meu sumário ("Frequentemente métodos clandestinos são necessários para revelar operações clandestinas, como, por exemplo, obter o diário de um agente de espionagem ou documentos secretos. As provas contidas no diário podem ser inadmissíveis em um tribunal federal, mas podem conter informações [...]"), aparentemente afirmando que buscas e apreensões ilegais são feitas regularmente pelo FBI.

Contudo, quero deixar claro que a anulação do julgamento que solicito à Corte não é necessariamente baseada no argumento de que as liberdades civis do réu foram violadas. Em outras palavras, o argumento que apresento à Corte seria igualmente válido, ainda que presumíssemos — justificadamente, em minha opinião — que o FBI, de maneira extraordinária, pode legalmente conduzir buscas e apreensões que violam a Quarta Emenda.

Então iniciei minha tese sobre como, em meados de junho de 1957, o Departamento de Justiça se vira em um dilema: prender Abel e acusá-lo de espionagem estrangeira da maneira prevista nos estatutos federais ou detê-lo secretamente e tentar induzi-lo a passar para nosso lado:

Uma escolha tinha de ser feita, e foi feita. Afirmo que, mesmo que o Departamento de Justiça tivesse a extraordinária autoridade de conduzir buscas e apreensões ilegais, não poderia percorrer a via dos procedimentos secretos, dignos da Câmara Estrelada — apostar e perder quando Abel se recusou a cooperar —, e então tentar voltar atrás e percorrer a outra via, de imposição normal da lei, tentando cumprir o devido processo legal apenas de forma nominal.

Adicionalmente, o que o caso não envolve é a mera apreensão de alguns poucos itens de propriedade, subsequentemente usados como provas para conseguir uma condenação criminal. Não há como evitar o simples fato de que esse homem e todas as suas posses desapareceram nos Estados Unidos durante vários dias.

Pelo uso de provas obtidas dessa maneira, por meio de busca e apreensão ilegal — ilegal porque nenhum mandado de busca foi expedido —, o réu foi condenado por um crime capital. O único lugar em que procedimentos criminais baseados em tais práticas ocorrem é em Estados policiais como a Alemanha nazista e a Rússia soviética.

Na argumentação e na resposta à argumentação do governo, falei durante uma hora e meia. Minha última declaração foi a que a imprensa decidiu citar:

> Em vez de em qualquer um desses fatos, nossa argumentação reside no simples e claro teste da Quarta Emenda à Constituição, parte da Carta de Direitos, promulgada por demanda específica de estado após estado, temerosos de um governo centralizado forte demais e que impediu a ratificação da Constituição até que tais salvaguardas lhe fossem incorporadas.
>
> A condenação desse homem por um crime capital, com base em provas assim obtidas, precisa apenas ser comparada à simples, mas vinculante admoestação da Quarta Emenda: "O direito do povo à inviolabilidade de suas pessoas, casas, documentos e posses contra busca e apreensão arbitrárias não pode ser infringido [...]."

Desde o início, o governo manteve que a prisão da manhã de 21 de junho fora legal e, desse modo, a busca fora legal, afirmando:

— Não há base racional para distinguir entre prisões para deportação e prisões por crimes [...] alguma autoridade para realizar buscas deve existir em conexão com uma prisão baseada em um mandado da Imigração.

Enviei a Abel cópia de todos os sumários do governo. Ele foi levemente crítico em relação a todos e, após ler a argumentação perante a Suprema Corte, escreveu:

"Parece haver a mesma ideia na apresentação do governo e em todos os sumários anteriores — talvez baseada na teoria de que o que deu certo antes dará novamente."

Em sua insistência em que a busca fora legal, o advogado-geral declarou:

— Quando ocorre uma prisão legal, não é inconstitucional fazer uma busca apropriada, sem mandado, das pessoas e do ambiente imediato, como incidental à prisão e também para apreender artigos que poderiam ter sido apreendidos se uma busca fosse realizada de acordo com um mandado.

O juiz presidente Warren fez uma pergunta ao advogado--geral: O governo acreditava, na época da prisão, que conseguiria provas suficientes durante a busca para apoiar a acusação de espionagem?

— A possibilidade foi considerada muito remota — disse o advogado-geral Rankin — com um operador tão habilidoso quanto Abel. Não se espera que alguém tão habilidoso deixe evidências espalhadas.

Pensei comigo: será que Häyhänen não dissera a eles o que esperar? E não era concebível que os agentes no quarto ao lado do de Abel no Hotel Latham tivessem entrado no quarto 859 enquanto o coronel estava em Brooklyn Heights, com outros homens do FBI observando seus movimentos com binóculos?

Em minha argumentação, narrei à Corte como o FBI entrara no quarto, dirigindo-se a ele como "coronel" e tentando conseguir sua "cooperação". Expliquei que, se ele tivesse concordado em "cooperar", não teria havido prisão e os oficiais da Imigração ainda estariam esperando no corredor, enquanto Abel trabalhava alegremente para o governo dos Estados Unidos.

Neste ponto, o juiz Frankfurter me perguntou se eu não achava que era dever de todo cidadão, assim como de Abel, cooperar com os oficiais da lei, como os do FBI.

— O que o senhor teria feito? — perguntou ele.

— Senhor — respondi —, se alguém entrasse em minha casa sem mandado às 7h de uma manhã quente de verão, enquanto eu dormia nu sobre a cama, não sei o que teria acontecido, mas deixe-me colocar as coisas da seguinte maneira: haveria briga.

— Estou certo disso — observou sucintamente o juiz Frankfurter.

Isso provocou risadas entre os juízes e os espectadores.

Em sua argumentação, o advogado-geral enfatizou os aspectos de defesa nacional do caso. Assim, em minha resposta, fiz o mesmo:

> Peço que a Corte considere o que é nossa defesa nacional em uma era de mísseis intercontinentais, bombas de hidrogênio e satélites feitos pelo homem.
> Algum dia em nossa geração, quando nós, nossos aliados e talvez a Rússia soviética estivermos enfrentando a China Vermelha (que talvez, a essa altura, tenha incorporado a Índia), qual diremos que terá sido — com o benefício do retrospecto — nossa arma defensiva mais poderosa? Nosso estoque de bombas atômicas? O desenvolvimento de gás venenosos ou de raios letais? Ou terá sido que, com quieta coragem, mantivemos firme crença nas verdades da liberdade que levaram nossos ancestrais a migrar para esta terra?

No final das argumentações, a Corte afirmou que deliberaria sobre a apelação. O juiz presidente me agradeceu calorosamente pela defesa, em nome de todos. Disse ele:

> Acho que posso dizer que, em meu tempo nesta Corte, nenhum homem assumiu uma tarefa mais árdua e sacrificante. Sentimo-nos em dívida para com o senhor e para com seu colega. Dá-nos grande conforto saber que membros de nossa Associação dos Advogados estão dispostos a realizar esse tipo de serviço público em casos assim, que normalmente lhes seriam ofensivos.

Às 18h, eu estava de volta ao Brooklyn, em uma reunião de negócios com banqueiros e advogados.

Segunda-feira, 23 de março

Eu enviara uma carta a Abel:

> Segunda-feira é dia de decisão na Suprema Corte.
> Toda segunda-feira, almoço no Clube dos Advogados, na Broadway, n. 115, onde há um teletipo que transmite notícias da Associated Press. O gerente foi instruído a esperar pela decisão.
> Contudo, minha crença pessoal é de que deveria se sentir otimista quanto ao resultado do caso. O que o governo fará em seguida, não posso prever. Entenda, é claro, que pode ser julgado novamente [...].

Nesse dia, a espera terminou. A Suprema Corte, soube eu pelo teletipo do Clube dos Advogados, acabara de ordenar que o caso fosse argumentado novamente em 12 de outubro, dali a sete meses. Eu e o advogado-geral já havíamos argumentado perante a Corte durante três horas, e eles queriam duas horas adicionais. Isso era altamente incomum, para dizer o mínimo.

Novamente, a Corte especificou que deveríamos abordar as questões da constitucionalidade e validade do mandado da Imigração, a prisão realizada de acordo com esse mandado e se ele autorizava a busca e apreensão de Abel, de suas posses e de seu quarto de hotel.

"É uma decisão extraordinária", disse em carta a Abel. "Acho difícil acreditar que a Corte esteja inclinada a manter a condenação e acredito que desejam anulá-la com base em questões fundamentais, mas não querem dar um passo tão dramático neste momento. Como sabe, a Suprema Corte esteve sob pesado ataque público em meses recentes. Mas acho que, desta vez, o tempo está do nosso lado, pois qualquer movimento que diminua a tensão internacional (como a reunião de cúpula proposta) pode ter repercussões favoráveis. Enquanto isso, não temos alternativa senão seguir em frente."

De certa forma minimizando a decisão, um dos jornais de Nova York comentou que a ordem "indica que os juízes permanecem preocupados com a questão legal que concordaram em rever".

Foi Rudolf, contudo, quem sumarizou e interpretou a inescrutável ordem:

"Como sabe, jamais afirmei compreender os procedimentos do processo legal e, esperanças à parte, tento olhar para eles tão objetivamente quanto possível. A decisão de realizar uma argumentação suplementar parece ser um bom augúrio para nosso lado. Parece que a Corte está dizendo ao governo: 'Estamos lhe dando mais uma chance.' Espero sinceramente que nossa opinião prevaleça."

Segunda-feira, 30 de março

Abel tinha a incrível capacidade de se reconciliar com situações e eventos. Também tinha a faculdade de dirigir sua atenção para todos os tipos de detalhe, mesmo na prisão, onde, presumivelmente, estava incomodado, desconsolado e frustrado.

Uma semana depois da ordem da Suprema Corte, por exemplo, o que significava que ele teria de permanecer na prisão pelos sete meses seguintes, até a segunda argumentação, e então vários outros até a decisão, esta era sua principal preocupação:

Quanto a minhas coisas, acho que o volume total ocupará um máximo de 3,4 metros cúbicos, com um peso de não mais que 226 quilos. Tenho em mente roupas, câmeras, lentes, livros, músicas, pinturas. Embora quisesse incluir também algumas das ferramentas menores, acho que seria impossível pedir a alguém para fazer a seleção; assim, não as incluiremos. Contudo, há um densímetro e alguns instrumentos elétricos de mensuração [...].

Ele não esquecera nem por um momento que o governo lhe dera permissão para enviar esses itens a sua família e, gentilmente, lembrava-me do fato.

Qualquer outro equipamento pequeno de fotografia poderia muito bem ser embalado com as câmeras [...]. Silverman está com meu violão e dois projetores, um dos quais pode manter, mas eu gostaria do violão e de um projetor. Um amigo dele tem uma câmera KineExakta de 35 milímetros que eu também gostaria de ter de volta [...]. Não há necessidade de envio rápido desses bens para o endereço de minha família em Leipzig [...].

Seria uma imposição se eu lhe pedisse que conseguisse, junto às transportadoras, estimativas do custo aproximado de embalagem e envio dessas coisas?

Incidentalmente, entre os artigos "descartados" no Hotel Latham, havia alguns livros [...] um livro de matemática e, talvez, um livro de pintura. Gostaria de tê-los de volta, juntamente com os dois rádios pequenos. O grande que apreenderam em meu estúdio está em más condições e pode ser vendido [...].

O coronel era um grande caçador de barganhas e suspeito que fora assim que conseguira a maioria de suas ferramentas e outras posses. Ele disse acreditar que se provaria "mais simples" vender o que não fosse enviado para casa, mas estava disposto a ouvir sugestões. Concedeu-me grande liberdade, escrevendo:

"Se tiver outras sugestões, como doá-los a alguma instituição, não acho que perderemos muito."

Seu senso de caridade, contudo, não se estendia a membros da equipe de acusação do governo, que me pediram algumas lembranças do caso, preferencialmente um desenho ou pintura do coronel·

Quanto às pinturas que lhe prometi, assim como a Tom, são livres para escolher entre as coisas apreendidas pelo Serviço de Imigração. Se me lembro bem, há quatro óleos e duas ou três aquarelas. Em minha opinião, as aquarelas não são boas; os óleos são melhores. Ficarei feliz com o que quer que escolham.

Os advogados do governo, contudo, estão em uma categoria diferente. Não vejo razão para atender a seus desejos, mas, se achar adequado, seria mais apropriado doar a eles algumas das serigrafias que fiz aqui em Atlanta, em vez dos desenhos e pinturas que fiz antes da prisão. Se quiserem as serigrafias, devem obter permissão do diretor, sr. Fred. T. Wilkinson.

Esse foi o fim do assunto.

Relatei ao coronel Abel que a reação à ordem de nova argumentação da Suprema Corte entre os membros da Associação dos Advogados fora unânime, vendo-a como vitória parcial para nosso lado. Mas, com essa gratificante resposta, veio uma crescente pressão para que eu me afastasse do caso após a segunda argumentação, antes de ser pego em um segundo julgamento e, muito possivelmente, uma repetição completa de todas as apelações. A pressão, compreensivelmente, veio de minha família e de meus muito prejudicados colegas de escritório.

Minha esposa Mary me disse certa noite:

— Desde que o conheci, há vinte anos, é uma coisa depois da outra. Você não pode escrever testamentos, formar corporações e transmitir propriedades, como os outros advogados?

Mencionei parte disso em uma carta a Abel, assegurando que "seja ou não possível para mim participar pessoalmente do caso, farei meu melhor, o tempo todo, para que seja representado por um advogado competente e receba o devido processo legal. Após todos os meus esforços, não quero ver o caso cair em mãos erradas, caso se prove impossível para mim continuar".

Ele respondeu:

"Quanto a sua continuação no caso, se houver anulação e novo julgamento, eu ficaria muito satisfeito se conseguisse continuar. Confio em sua integridade e habilidade e sou muito grato por seus esforços. Contudo, não quero causar mais inconvenientes. [...] Infelizmente, não tenho como contratar um advogado. É um grande problema."

Sexta-feira, 15 de maio

Entre outros detalhes, continuamos a levar adiante a tarefa de reunir e embalar os bens de Abel a serem enviados para a Alemanha Oriental. Eu não estava nem um pouco feliz com esse aspecto de minha designação e dissera ao promotor Wickersham que só participaria depois que minha consciência estivesse satisfeita de que não estava cooperando com espionagem.

Observei em uma carta ao Departamento de Justiça que, em minha opinião, minha designação pelo tribunal não exigia que agisse como agente de envio e que, mesmo assim, eu estava disposto a cooperar em uma situação desconfortável, mas insistia em uma busca completa em todas as posses de Abel, realizada pelo governo, antes que fossem enviadas para trás da Cortina de Ferro.

"Em minha estimativa", acrescentei, "tal busca jamais foi feita".

Estávamos prontos para a inspeção do FBI nas propriedades do coronel entregues pelo Serviço de Imigração, que as detivera desde a busca e apreensão. Quando o caixote chegou a meu escritório, dei instruções enfáticas para que não fosse aberto. Meus temores eram que: 1) importantes provas de espionagem tivessem sido ignoradas; 2) o governo descobrisse algo e acusasse Abel ou a mim de tentarmos nos livrar de provas potenciais; 3) se houvesse um segundo julgamento, o governo alegasse que as provas de que necessitava haviam sido enviadas para a Alemanha Oriental.

Às 16h, dois agentes do FBI chegaram e abriram o caixote selado. James Neylon, de meu escritório, esteve presente como observador.

Eles começaram um exame muito minucioso de todos os itens. Com alto grau de habilidade e óbvio prazer, começaram a abrir, rasgar, puxar, sacudir e separar. Depois de uns dez minutos, um deles pegou a carteira de Abel. Um bolso minúsculo, possivelmente selado com alguma substância adesiva, se abriu quando o agente passou a unha sobre ele.

— Ah, não — o homem.

O agente retirou um pequeno filme preto, da espessura de um lenço de papel, e o ergueu para que víssemos. Havia cinco colunas de números, cada um com cinco dígitos.

— Isso deve estar no código de Häyhänen — disse o primeiro agente, familiarizado com todas as fases do caso. Após estudar o filme com uma lupa, concordei.

A essa altura, havia dois agentes do FBI nervosos e um advogado ansioso na sala. Decidimos relatar a descoberta à sede do FBI em Nova York por telefone e, enquanto isso, redigi um memorando narrando o ocorrido. Todas as partes o rubricaram, e o memorando foi incluído no arquivo do caso.

Quando os agentes do FBI terminaram o exame, escrevi uma carta bastante ácida ao Departamento de Justiça:

Nessas circunstâncias, não enviarei nada a lugar nenhum até ter uma carta do departamento declarando que, após exame minucioso, o governo não tem objeções à proposta de Abel. Se não receber tal carta nos próximos sessenta dias, será meu dever, de acordo com minha designação, pedir uma ordem judicial autorizando o envio nas condições impostas pelo tribunal.

A resposta foi imediata e polida. O porta-voz do Departamento de Justiça disse que meu "interesse nessa questão" era muito apreciado e que eles estavam certos de que conseguiríamos chegar a um "acordo mutuamente satisfatório".

Mesmo assim, sete meses se passaram antes que as posses de Abel fossem enviadas para a Alemanha Oriental.

Nunca houve uma explicação satisfatória para o fato de a prova mais incriminatória contra Abel não ter sido descoberta após sua prisão nem apresentada durante o julgamento. Obviamente, uma mensagem microfilmada no código secreto de Häyhänen, escondida na carteira de Abel e encontrada em seu quarto de hotel, seria um elo conclusivo, corroborando o depoimento de Häyhänen sobre seu relacionamento.

Segunda-feira, 18 de maio

Eu cheguei a Atlanta. O táxi partiu e eu fiquei olhando para os maciços muros de pedra, as torres, os guardas em patrulha e o grande portão principal. Aquela era a penitenciária de Atlanta: uma sombria e inóspita fortaleza de pedra. Lembrei-me da primeira impressão de um prisioneiro, relatada em uma das revistas da prisão que Abel me enviara: "Se nunca foi preso antes, o próprio formato dos edifícios pode assustá-lo no início."

Encontrei-me primeiramente com o diretor Wilkinson, que me disse que Abel estava gozando de boa saúde e bem-ajustado à rotina. Ele continuava a se dar bem com seus sete companheiros de cela, incluindo um sequestrador condenado. O diretor repetiu, contudo, que enquanto Abel estivesse sob sua responsabilidade, estaria alerta para a possibilidade de algum jovem prisioneiro tentar matá-lo, na ilusão de que isso o tornaria um herói popular.

O diretor providenciara para que eu me reunisse com Rudolf em uma sala de visitas privada. Ele nos disse que a usássemos pelo tempo que precisássemos.

A vida na prisão envelhecera o coronel. Ele parecia macilento, como se sua figura normalmente esbelta tivesse perdido peso. Mesmo assim, sua postura era ereta no uniforme cinzento da prisão. Quando apertamos as mãos, ele sorriu, o mesmo Rudolf de sempre. Estava de bom humor; talvez porque o caso parecia estar indo bem na Suprema Corte e ele finalmente tinha um visitante.

Fiz com que falasse sobre seu trabalho artístico. Ele ainda estava entusiasmado sobre os experimentos com serigrafia e relatou, com óbvio orgulho, que contribuía com muitos desenhos para a revista da prisão.

Em uma tentativa de humor, eu disse:

— Seu estúdio atual é indubitavelmente superior ao da Fulton Street, no Brooklyn.

O coronel riu e respondeu:

— A luz é muito melhor, assim como o aluguel.

Quando perguntei se ele tinha amigos entre os prisioneiros, o coronel explicou que se aproximara de um único homem.

— Ele é muito interessante — disse ele —, e passamos muito tempo juntos.

Abel disse que o homem era um ex-oficial do Exército que servira com o Gabinete de Serviços Estratégicos durante a Segunda Guerra Mundial e, mais tarde, fora encarregado da equipe que coletava provas das atrocidades cometidas nos campos de concentração alemães. Como eu estivera encarregado desse projeto para o principal julgamento de Nuremberg, contra Goering e seus associados, deveria ter cruzado com o amigo de Abel, mas não me lembrava dele. Antecipando minha próxima pergunta, o coronel disse que o camarada fora condenado por ser parte de uma rede soviética de espionagem na Alemanha, depois da guerra.

(Quando voltei a Nova York, conferi o histórico do homem e descobri que todas as suas declarações a Abel eram verdadeiras.)

Passamos a discutir o caso, e o coronel me pegou completamente de surpresa ao perguntar:

— Acha que seria aconselhável pedir minha soltura sob fiança?

"Afinal", disse ele, "a Suprema Corte, por sua própria iniciativa, ordenou uma nova argumentação de duas horas. Isso estabelece que existem dúvidas substanciais quanto a eu ter sido provado culpado para além da dúvida razoável. Essa não é uma interpretação justa?"

Eu estava convencido de que um pedido de fiança seria desastroso e visto como um golpe de publicidade.

— Não acho — respondi — que em um caso capital dessa natureza o pedido teria a mais remota chance de sucesso. A nova argumentação será somente daqui a sete meses. Além disso, quem pagaria a fiança?

O coronel disse que era forçado a concordar com minha lógica.

Como eu sabia que faria, ele perguntou novamente sobre seus bens pessoais. Isso me levou à história da reunião de sexta-feira com o FBI e de como sua carteira fora vasculhada pela primeira vez, revelando o microfilme incriminador. Ele corou enquanto eu falava e permaneceu em absoluto silêncio.

— Você me deixou nervoso — disse ele, após um momento. Então ficou em silêncio novamente. — Nem sequer me lembro de ter deixado tal papel naquela carteira em particular — continuou, indicando bastante claramente que se lembrava dela.

E comentou:

— Isso é muito suspeito. Quero dizer, após dezoito meses, eles subitamente encontram isso. Não estou preocupado comigo mesmo. Não podem fazer mais nada contra mim. Mas, como o item foi descoberto em seu escritório, isso pode ser uma tentativa de implicá-lo de alguma maneira e, assim, prejudicar minha defesa, especialmente à luz dos últimos desenvolvimentos na Suprema Corte.

Eu não concordava e disse a ele. A carteira estivera inteiramente nas mãos dos órgãos do governo desde a prisão, e sua descoberta tardia constrangia apenas a eles, não a mim.

Abel disse não achar que o microfilme pudesse significar algo para o governo, pois, se fosse seu próprio código, ele não acreditava que pudesse ser quebrado. Expliquei que o microfilme parecia estar no código de Häyhänen.

Não havia dúvidas de que, de alguma maneira, Abel recebia informações "do lado de fora". Quando lhe contei que planejava parar em Washington, D.C. a caminho de casa, ele comentou que ouvira falar de uma nova exibição relacionada a seu caso no Museu do FBI, no prédio do Departamento de Justiça. E sugeriu que eu desse uma olhada.

— Pode encontrar algo para usarmos na nova argumentação — disse ele.

Então acrescentou que o diretor do FBI, J. Edgar Hoover, em seu livro mais recente, *Mestres do embuste*, escrevera que o coronel Abel fora preso por oficiais da Imigração, "a pedido do FBI".

— Isso reforça nossa alegação, não é? — perguntou o coronel. — Talvez encontre algo similar na exibição. A vaidade desse homem pode ser sua perdição.

(De fato, a singela explicação do sr. Hoover se tornou parte útil do sumário de nossa nova argumentação perante a Suprema Corte, mas não havia nada na exposição do FBI em Washington contra o que uma pessoa razoável pudesse objetar. Junto à exposição, havia uma nota explicando que o caso estava em apelação na Suprema Corte. Passeei pelo Museu do FBI com uma dezena de outros visitantes e, sem me identificar, ouvi uma palestra interessante sobre o caso Abel, feita por certo agente especial Sullivan.)

O coronel estava extremamente confiante no resultado da apelação. De fato, nunca o vira tão confiante e expansivo durante a batalha nos tribunais. Quando me preparava para partir, ele disse:

— Da próxima vez em que o vir, será na Sede da Detenção na West Street, a caminho de casa.

Quando apertamos as mãos, ele acrescentou:

— Está me deixando com a feliz memória de uma excelente visita.

O diretor Wilkinson mais tarde fez com que um guarda me levasse por um tour por toda a prisão. Foi uma experiência muito válida, mas sombria. A penitenciária de Atlanta é um monumento à eficiência americana na soturna área da penologia.

Vi os prisioneiros ocupados — fazendo malotes de correio, uniformes e trabalhando na lavanderia e no maquinário — e os observei jogando no campo de beisebol e levantando pesos no ginásio.

No fim da tarde, visitei o departamento de arte comercial e encontrei o coronel presidindo um pequeno estúdio de arte privado em que tinha excelentes pinturas a óleo e algumas belas serigrafias, que produzira segundo os novos métodos que criara. Claramente estava fazendo progressos com sua nova mídia. A luz do estúdio também era claramente superior à de sua residência anterior na Fulton Street, Brooklyn.

Segunda-feira, 15 de junho

Uma curta nota do vice-meirinho da Suprema Corte nos informara, na semana anterior, que a nova argumentação do caso Abel havia sido adiada de outubro até no mínimo novembro, para não causar inconveniências nem sobrecarregar indevidamente o advogado-geral, que tinha outra argumentação agendada para outubro.

Eu imediatamente escrevera um longo protesto sobre o atraso ao juiz presidente Warren, explicando que, desde o início, o governo estivera ansioso para estabelecer uma data para o julgamento, escolher o júri e iniciar os procedimentos. Agora, com meu cliente na prisão, ninguém parecia se importar. Sugeri uma conferência para determinar "o que melhor avançaria a causa da justiça americana aqui e no exterior".

Assim, às 16h desse dia, estava em Washington, e eu e o advogado-geral nos encontramos com o juiz presidente Earl Warren em seu gabinete. J. Lee Rankin, o advogado-geral, começou dizendo que simpatizava com nossa posição, mas sua outra questão, envolvendo os importantes direitos de cinco estados no problema da exploração de petróleo no litoral, havia sido adiada por um ano, e a argumentação levaria uma semana inteira.

O caso, Estados Unidos versus Louisiana, estivera pendente desde 1955, e 26 advogados de cinco estados haviam tomado providências para estar em Washington para a argumentação oral, marcada para 12 de outubro.

O sr. Rankin disse que ele precisaria de tempo adicional para descansar e se preparar para nosso caso, "pois há muitas questões novas na situação de Abel".

Quando chegou minha vez, observei que um caso de direitos humanos, com um homem aprisionado, devia ter precedência sobre direitos de propriedade. O juiz presidente pareceu estar inclinado a favor de meu argumento, mas indicou que, se eu insistisse em minha posição, isso seria profissionalmente constrangedor para os muitos advogados envolvidos. Mencionei meus próprios compromissos em meu escritório particular.

Sugeri que, se a Corte estabelecesse uma data definitiva, não muito depois dos argumentos sobre o petróleo no litoral, não teríamos objeção razoável. O juiz presidente Warren então fixou a data de 9 de novembro para a nova argumentação, assegurando-me de que não haveria novos atrasos. Ele disse novamente que queria que eu soubesse que todos os membros da Corte estavam cientes do tremendo fardo que havia sido depositado sobre a defesa de Abel e que apreciavam minhas contribuições pessoais.

O advogado-geral afirmou que o FBI fora notificado de que as cartas de Abel para sua "família" continham informações para os russos — e que a permissão para escrever para a família fora concedida a pedido meu. Rapidamente o corrigi, observando que minha função na questão se limitara a transmitir a solicitação de Abel e que não argumentara que fosse atendida com base em razões humanitárias ou por qualquer outro motivo. Fora uma decisão do governo, com amplo conhecimento de todas as circunstâncias.

— Acho — falei — que há bastante diferença entre os dois cursos de ação.

O juiz presidente interrompeu para dizer, muito enfaticamente:

— Há toda a diferença do mundo.

Segunda-feira, 20 de julho

Queria que a questão de meus honorários fosse esclarecida (eu os prometera a instituições de caridade específicas) e lembrara Abel que "acredito ser bastante importante para o caso que sua família envie os fundos necessários antes de novembro. Eu estarei em posição de fazer as doações que prometi, e isso deve aliviar a atmosfera de hostilidade emocional que prevaleceu originalmente".

O correio da tarde trouxe uma carta afirmando que a esposa do coronel tinha os dez mil dólares e esperava instruções sobre a forma de realizar o pagamento. Eu a instruí a depositar o dinheiro em seu banco em Leipzig, na conta de meu escritório em um banco de Nova York, que por sua vez debitaria a conta do banco na Alemanha Oriental em dez mil dólares.

Segunda-feira, 27 de julho

Nesse dia, para minha surpresa, um advogado da Alemanha Oriental com o impressionante nome de Wolfgang Vogel, de Alt--Friedrichsfelde 113, Berlin-Friedrichsfelde, escreveu:

Prezado colega,

A sra. Hellen Abel, da República Democrática da Alemanha, contratou-me para proteger seus interesses. Minha principal função será conduzir toda a correspondência entre a sra. Abel e o senhor. Tenha a gentileza de se corresponder somente comigo no futuro.

O advogado anunciou que um primeiro "pagamento de honorários" no valor de 3.500 dólares já estava a caminho e "eu lhe asseguro pessoalmente que todas as outras despesas nessa conexão serão cobertas por minha cliente, assim que o senhor nos notificar do recebimento da quantia mencionada".

Em alguns dias, meu banco (First National City) notificou-me do recebimento de 3.471,19 de certa sra. Hellen Abel, de Leipzig. Enviei um cabograma a Herr Vogel, relatando que recebera o primeiro pagamento de meus "honorários simbólicos".

O coronel, enquanto isso, escreveu que "o fato de que somente parte do dinheiro foi enviado não deve preocupá-lo, pois eu mesmo recomendei que minha esposa enviasse primeiro uma soma menor, para ver se a transferência seria bem-sucedida".

Terça-feira, 28 de julho

A história do caso nos mostrara que cada "positivo" era equilibrado por um "negativo". Quando as coisas corriam suavemente, devíamos prestar atenção. Nesse dia, recebi uma carta inesperada.

"Desejamos informá-lo de que este departamento determinou, por questões políticas, que o privilégio de Abel de trocar comunicações escritas com qualquer um fora dos Estados Unidos, incluindo suas pretensas esposa e filha, deve ser encerrado."

O Departamento de Justiça estava retirando os privilégios de comunicação de Abel, acreditando que ele enviava informações aos soviéticos. Aparentemente, era a isso que o advogado-geral Rankin se referira quando nos encontramos com o juiz presidente em junho.

A carta do Departamento de Justiça concluía: "Essa determinação foi baseada em nossa opinião de que não seria do interesse nacional permitir que Abel, um agente soviético de espionagem condenado, continuasse a se corresponder com pessoas no bloco soviético."

A proibição provocou a raiva do coronel como nada mais o faria durante os quatro anos e cinco meses em que o representei. Ele negou a acusação e a censurou.

"Devo admitir", escreveu Abel, "que a fraseologia da notificação do governo provocou-me profunda admiração. A carta é uma pérola".

Ele lentamente ganhou ânimo, começando com a interpretação:

Essa situação pode ter importante influência na questão de pagamento de seus honorários, entre outras. Estou certo de que minha esposa ficará muito preocupada com essa decisão, o que pode fazer com que reconsidere a sabedoria de transferir grande quantidade de dinheiro quando não tem informações sobre o bem-estar do marido [...].

Que isso é discriminatório contra mim é óbvio, pois há muitos prisioneiros que se correspondem com suas famílias na Europa, na América Latina e em outros países. Estou extremamente convencido de que essa proibição foi motivada não pelo desejo de me impedir de transmitir informações (afinal, o que seria de valor após mais de dois anos? A situação da penitenciária de Atlanta?), mas para evitar que eu seja auxiliado e me forçar a "cooperar". A questão da ajuda financeira será importante se um novo julgamento for realizado. A falta de fundos seria um sério impedimento à realização adequada de minha defesa.

Pode ser um entre vários motivos, mas a decisão parece contradizer a razão para conceder privilégios de escrita aos prisioneiros — o fato de que tal correspondência tem efeitos benéficos. Pelo que posso me lembrar do que li nos jornais, semelhantes restrições não foram aplicadas aos quatro americanos detidos na China por espionagem.

Eu gostaria que iniciasse os passos que achar necessários para reverter essa ordem, tendo em mente todas as implicações que possam ter sobre a questão da apelação perante a Suprema Corte Estou certo de que concordará comigo que essa ação incomun merece cuidadosa consideração e que os passos apropriados devem ser dados para contrapô-la.

Domingo, 30 de agosto

Depois de obter a decisão formal do Departamento de Justiça, eu aconselhara a Abel:

— Sob nossa lei, sua correspondência é um privilégio, não um direito. Não conheço nenhum passo prático que possa ser dado nessa questão. A clara inferência é de que esteve se comunicando em alguma forma de código e, em meu julgamento, não seria aconselhável tentarmos interferir nessa determinação.

Em resposta, Abel escreveu sua carta mais longa — duas folhas inteiras —, opondo-se vigorosamente à ideia de que enviava informações para a Alemanha Oriental. Ele acusou o governo de hipocrisia, em uma refutação que, a meu ver, apresentava várias observações sensatas:

Em relação a minha correspondência, é difícil escrever com objetividade, pois naturalmente me fere perder todo contato com minha família. Não posso evitar sentir que isso é uma punição extra, adicional à imposta pelo juiz.

Como disse, a troca de correspondência entre um prisioneiro e sua família é chamada de privilégio; mesmo assim, é uma atividade encorajada pelas autoridades, e o livro de regras para prisioneiros enfatiza isso.

As cartas são censuradas e qualquer material julgado impróprio é devolvido. Uma vez que minhas cartas, enviadas por correio aéreo, levam de 25 a 30 dias em trânsito, dos quais não mais que cinco podem ser razoavelmente atribuídos ao serviço postal, parece-me que há tempo suficiente para o mais minucioso escrutínio [...]. A inferência, então, não é que uso código para enviar mensagens para "pessoas no bloco soviético", mas que não o faço, uma vez que todas as cartas passam por censores antes de serem enviadas. Privilégios de correspondência geralmente são suspensos por infrações às regras de conduta na prisão.

Observo ainda que meus privilégios foram concedidos em primeira instância em Washington, logo depois de minha chegada aqui. As razões citadas pelo governo certamente existiam na época e com certeza eram mais fortes, dado que a passagem do tempo as tornaria menos válidas. Realmente não entendo que perigo para a segurança nacional representa minha estadia na penitenciária de Atlanta, onde meus contatos com o mundo externo são inexistentes. É razoável assumir que o perigo (se algum!) seria produto de minhas "atividades" antes de minha prisão, em junho de 1957 — mais de dois anos atrás. Qualquer "informação" tão velha já não é informação [...].

No lado moral, não pode haver justificativa, em vista da amplamente declarada atitude do governo dos Estados Unidos com relação à superioridade de seu comportamento, comparado ao do governo chinês, por exemplo [...].

Eu gostaria que reconsiderasse toda a questão e me desse uma opinião ponderada sobre os méritos de levar o caso aos tribunais, se necessário com outro advogado, para que não haja animosidade contra você. Por favor, não veja isso como expressão de insatisfação — muito pelo contrário! Estou pensando nisso em conexão com a questão principal e não desejo causar nenhum tipo de aborrecimento [...].

Segunda-feira, 14 de setembro

Simplesmente não podíamos arriscar outra ação na qual o governo poderia acusar Abel publicamente de enviar informações em código para os soviéticos, logo antes da nova argumentação de sua apelação. Embora simpatizasse com sua posição, não via nem o tribunal, nem o público se erguendo em indignação porque seus privilégios de correspondência haviam sido suspensos. No que me dizia respeito, o coronel podia muito bem estar passando informações em suas cartas — algo tão simples quanto o fato de não estar "cooperando". Escrevi em resposta:

> Embora aprecie sua frustração, creio que qualquer movimento para resistir à remoção de seus privilégios de correspondência será impróprio neste momento. De fato, a ação pode ter sido calculada para levá-lo a tal atitude.
>
> Estamos em posição frágil, e não acredito que qualquer tribunal vá ordenar que a prisão permita sua correspondência com pessoas no bloco soviético. Assim, o único propósito de tal procedimento seria permitir que o governo, logo antes da nova argumentação perante a Suprema Corte, confundisse a questão com alegações relacionadas a sua conduta na prisão [...].
>
> Com a possibilidade de me dirigir à Suprema Corte em condições melhores, fortalecidas por nosso novo sumário, detesto contemplar o início de qualquer procedimento que permita que o Departamento de Justiça o ataque com algum material novo não constante dos autos do julgamento.
>
> Isso pode exigir alguma paciência de sua parte, mas acredito que é de seu interesse atender à presente decisão até que a argumentação tenha sido encerrada.

A despeito do medo (ou da ameaça) de Abel de que o embargo de sua correspondência interferisse com o pagamento de meus honorários, um segundo cheque foi depositado nesse dia. A sra.

Abel enviou a quantia restante (6.529,81 dólares). Protocolei uma petição formal no tribunal federal do Brooklyn pedindo autorização para aceitar os fundos (explicando sua origem) e uma declaração detalhando como pretendia empregá-los.

"Acredito", escrevi, "que em uma terra de plenitude como os Estados Unidos, o meio mais efetivo de combater o totalitarismo está no fomento ao treinamento moral adequado e ao verdadeiro entendimento da justiça sob a lei". Assim, declarei que o dinheiro seria doado da seguinte maneira: 5 mil dólares para o Fordham College e 2.500 dólares para as faculdades de direito de Columbia e Harvard. Eu me graduara no Fordham College e em Harvard, ao passo que meus dois colegas designados (dois para o julgamento, um para a apelação) eram alunos de Columbia.

Quando os repórteres telefonaram pedindo detalhes, disse:

— Há mais na prática do direito que ganhar dinheiro.

No dia seguinte, um amigo advogado me perguntou:

— Por que não acrescentou: "mas não muito mais"?

Como escrevi mais tarde ao coronel, "Doar os honorários serviu para que o público se conscientizasse de que seu caso é um teste para a justiça americana".

Gostasse ou não, o oficial soviético estava recebendo instrução de excelente qualidade sobre o direito americano.

Segunda-feira, 19 de outubro

Durante esse período, recebi três cartas da Alemanha Oriental, pois Frau Hellen Abel subitamente se tornara uma correspondente regular. Como sempre, as cartas eram cruamente construídas e altamente emotivas. A mulher lamentava a proibição de se corresponder com Abel e o atraso da Suprema Corte, e descrevia seus supostos sofrimentos emocionais.

Jamais achei que as cartas vinham da esposa de Rudolf e, desse modo, queixas e pedidos ("Tanto depende do senhor — não exagero ao dizer que é uma questão de vida ou morte para mim e minha família — e imploro [...]") caíam em ouvidos moucos. Eu as via como o trabalho amador e transparente de uma unidade de inteligência soviética. Para mim, significavam apenas uma coisa: alguém estava muito interessado no futuro de meu cliente.

Durante esse período, eu não sabia que a sra. Abel "real" escrevia para o marido prisioneiro (logo antes da proibição do governo) cartas muito diferentes das enviadas a mim pela falsa Hellen Abel da KGB. Muito mais tarde, fui capaz de compará-las. A mulher escreveu a Rudolf, em Atlanta:

> Encontro satisfação, embora melancólica, em minha tentativa de aliviar seu destino (contratando um advogado, pagando honorários) [...]. Nossa vida continua como sempre. O clima está bom, mas minha alma está sombria e triste [...]. Você escreveu que tem 57 anos. Tampouco sou jovem e talvez seja essa a razão de meu humor e do clima sombrio em minha alma. Todos envelhecemos; até meu gato, que agora raramente sai e fica dentro de casa [...]. A despeito de meus humores, fazemos nosso melhor para nos aprontarmos para seu retorno, e isso preenche nossa vida.

Enquanto isso, as cartas para mim, com marcas postais de Leipzig, eram pesadas e soavam assim:

> É com muita impaciência e angústia que aguardo notícias sobre o resultado da nova argumentação do caso de meu marido. Tantos dias sombrios já se passaram, e ainda ignoro os acontecimentos[...]. A expectativa prejudica meus nervos. Não tenho sono nem apetite, sinto-me nervosa e ansiosa, e acho que essa é a razão pela qual fiquei doente e devo permanecer na cama. Minha filha também está arrasada.

> PS: Se vir meu marido, não lhe conte sobre minha doença.

Segunda-feira, 9 de novembro

"O caso de Rudolf Abel", disse o jornal de Washington, "fornece um raro espetáculo da proteção oferecida a um réu, qualquer que seja seu crime, pela Carta de Direitos americana [...].

"Ele é beneficiário, pela Constituição, dos mesmos direitos, em seus julgamentos, que qualquer cidadão americano, e os está recebendo integralmente perante a Suprema Corte [...]. Pela segunda vez hoje, a Corte ouvirá a argumentação legal sobre se os direitos constitucionais do coronel russo foram ou não violados quando ele foi preso [...]."

Ainda era cedo e eu estava sentado na cama, no quarto de hotel em Washington, lendo os jornais da manhã. Já revisara minhas notas para a argumentação oral e, como a Corte só se reuniria ao meio-dia, tinha tempo para revê-las novamente após o café da manhã.

Mas, ao ler o artigo, fui lembrado de um jantar na semana anterior, com um velho amigo e cliente. Durante a reunião casual, tive de suportar boa quantidade de abuso, pois, como afirmou meu companheiro bebedor de martínis:

— Você desperdiçou todo esse tempo (milhares de horas de trabalho) na defesa daquele espião russo.

"Esse tempo", repreendeu-me, "deveria ter sido devotado aos problemas dos executivos americanos ou outra causa válida."

Meu amigo de visão estreita jamais entenderia por que a Constituição protegia Abel até que, certa noite, ele ou alguém de sua família fosse preso por dirigir bêbado e talvez causar um acidente fatal. Então ele procuraria o melhor advogado do país para defendê-lo e exigiria cada direito constitucional previsto. Muitas pessoas jamais pensam sobre direitos e privilégios até que sintam necessidade pessoal deles. Até que isso aconteça, denunciam advogados e juízes por encontrarem "brechas" ou "tecnicalidades" na lei.

Eu ainda achava — e acho — que, quando o Departamento de Justiça prendeu Abel com uma ordem judicial de detenção de estrangeiro e mais tarde o condenou com base em provas obtidas dessa maneira, violou seus direitos sob nossa Constituição. Ordens judiciais similares, chamadas ordens de assistência, foram usadas pelos ingleses para perseguir americanos nos anos 1770. Significativamente, John Adams disse que, quando o grande advogado de Boston, James Otis, denunciou essas ordens em audiência pública, "nasceu a independência americana".

Perante a Suprema Corte nesse dia, argumentei novamente que o mandado administrativo (interno e secreto) usado para levar Abel sob custódia fora um subterfúgio para permitir que a Imigração e agentes do FBI tentassem obter sua cooperação e obtivessem provas de espionagem.

— Se a Corte mantiver a condenação — afirmei —, estará permitindo que oficiais do governo ignorem os requerimentos para mandados de busca em qualquer caso criminal envolvendo deportação.

Durante cada argumentação e ao fim dela, a Corte fazia dezenas de perguntas. Em resposta a uma questão do juiz Whittaker, o advogado-geral concordou que a busca teria sido ilegal se seu real objetivo fosse revelar provas de espionagem. Contudo, disse Rankin, os agentes procuravam materiais para apoiar a deportação. *Que cinismo*, pensei comigo.

No que pareceu uma lembrança tardia, o advogado do governo disse que os itens encontrados no Hotel Latham tinham pouco significado se comparados à massa de provas apresentadas durante o julgamento. Lembrei a Corte de que a "batida" original no quarto de hotel de Abel levara à descoberta da maioria das provas apresentadas no tribunal.

Para meu espanto, o governo sugeriu que alguns de nossos argumentos jamais haviam sido apresentados ao juiz Byers e a Suprema Corte não devia considerá-los. Resisti firmemente a essa linha de argumentação e produzi uma cópia de nosso sumário no tribunal distrital, com todos os pontos.

(Depois, escrevi a Abel: "Aparentemente, o governo recorreu a esse argumento por desespero. Foi um óbvio esforço para permitir que a Corte evitasse a questão, pois ela indubitavelmente gostaria de confirmar a condenação, mas acha extremamente difícil refutar nossos argumentos legais.")

Quanto a determinar se os dois agentes do FBI haviam entrado ilegalmente no quarto de Abel, o sr. Rankin disse que haviam entrado sem serem convidados. O juiz presidente Warren perguntou:

— Eles usaram uma linguagem um pouco mais forte, não foi? Eles forçaram a entrada.

O advogado-geral concedeu o ponto.

Quando as duas horas terminaram, a Corte adiou a decisão uma segunda vez.

Anos atrás, quando um advogado de cidade pequena viajava para a sede do condado para defender um caso importante, alguns poucos amigos e familiares faziam a jornada com ele, e havia certo clima de feriado nessas expedições. Nove amigos haviam vindo de Nova York a fim de ouvir o caso de Abel. Ann e Frank Bushey lideraram um grupo de Manhasset, Long Island; Elizabeth e Frank Van Orman vieram de Short Hills, Nova Jersey. Duas horas após a argumentação, estávamos em um trem para Nova York, felizmente com um vagão só para nós. Alguém do grupo fora previdente o bastante para colocar uma garrafa de uísque na mala e esperara até estarmos no trem para abri-la. Enquanto nos dirigíamos para Nova York, trocando opiniões e brincadeiras sobre a argumentação oral, senti-me cada vez mais como o advogado do interior dos velhos tempos, voltando de um julgamento na sede do condado.

Quinta-feira, 19 de novembro

Abel deixara duas cartas minhas sem resposta. Obviamente, ainda estava ressentido com a ordem do governo que restringia sua correspondência, pois escreveu:

"Lamento o atraso e posso dizer apenas, à guisa de explicação, que pareço ter perdido meu apetite pela escrita."

Sua carta era objetiva:

"Presentemente, estou engajado na produção de cartões de Natal para os prisioneiros e o administrador. Estou certo de que a ironia da situação não lhe escapará [...]. Não fiz nenhuma tentativa de enviar cartões para minha família.

"PS: Seria possível pedir a sua secretária para comprar um pacote de guloseimas e me enviar no Natal?"

O cartão de Rudolf que chegou na semana de Natal era impressionante e muito diferente do cartão do ano passado. Fora feito em azul e preto e retratava três pastores devotos em uma colina de Belém, olhando para a "estrela" no céu. Um de meus sócios, um católico devoto, me disse:

— Você o está conquistando.

1960

Segunda-feira, 11 de janeiro de 1960

No início dessa semana, o FBI completou uma busca minuciosa e final em todos os bens de Abel. Tudo o que valia a pena ser embalado foi colocado em duas grandes malas, segurado no valor de 1.750 dólares e enviado a Leipzig. O restante de suas coisas (tornos, ferramentas) foi vendido por cem dólares, o que nem começou a cobrir os 244,82 dólares de custo de envio para a Alemanha Oriental.

Reportando-me ao coronel, escrevi:

"Depois de todo tipo possível de atraso burocrático, dispus de todas as suas posses [...]. Após encontrar várias pessoas que queriam ser pagas para remover os equipamentos pesados, conseguimos cem dólares por eles. Em anexo, envio o recibo de embarque e uma lista dos bens [...]. Isso deve concluir a questão."

Eu estava sendo otimista demais. Em sua próxima carta, Abel disse que, percorrendo a lista, sentira falta de dois itens: "meu violão e uma câmera Speedgraphic 3,5 x 4,5 polegadas, sem lente."

Checamos com o FBI e descobrimos que o violão "foi irreparavelmente danificado durante o exame em busca de micropontos. A Speedgraphic foi julgada sem valor e excluída do envio. Há de entender que tivemos de tomar uma decisão quanto aos itens que não eram de valor suficiente para justificar o pagamento das taxas de envio".

Abel fez mais uma tentativa.

"Quanto ao violão", escreveu, "imagino que qualquer tentativa de obter desagravo envolveria formidáveis procedimentos legais, muito mais dispendiosos que o violão em si [...]."

Eu lhe assegurei que tentar litigar sobre essa questão seria tanto dispendioso quanto desaconselhável, "por causa das alegações que o governo certamente fará".

Tenacidade, contudo, era o sobrenome de Rudolf. Somente em março nossa correspondência deixou de tratar do violão e da Speedgraphic.

Segunda-feira, 25 de janeiro

Onze meses antes, havíamos argumentado perante a Suprema Corte pela primeira vez. Todas as segundas-feiras eram dia de decisão na mais alta instância do país. Por volta do meio-dia, eu ritualisticamente deixava meus negócios e ia até o Clube dos Advogados para almoçar e observar o teletipo, esperando notícias da Suprema Corte.

Queixei-me em carta a Abel, enviada nesse dia, dizendo invejar sua equanimidade. A julgar por sua última correspondência, ele parecia mais preocupado com o violão que com a decisão da Corte.

Respondeu:

"Naturalmente, pergunto-me quando a Suprema Corte publicará sua decisão; ao mesmo tempo, tento não deixar que isso me afete demais. Às vezes, consigo. Em outras, fico preocupado. Como disse, as condições são mais propícias este ano. A situação política está mais relaxada, tanto interna quanto externamente, e isso a torna mais esperançosa, de nosso ponto de vista [...]."

Também mencionei seu problema com a correspondência:

"Acho que tudo o que podemos fazer é exercer as virtudes cristãs da paciência, coragem e esperança. Inicialmente, pode parecer fácil para mim dar tais conselhos a um homem na prisão, enquanto retenho minha liberdade. Na verdade, contudo, por causa da natureza do caso, quase não se passa um dia sem que eu receba questionamentos, tentativas de piada (algumas bondosas, outras não) e variados lembretes de minha participação em sua defesa. Recebi uma carta anônima de Houston, Texas, no outro dia, na qual escreveram que um homem que rouba a verdade com sofismas é pior que o ladrão comum. Simplesmente tenho de estar sempre pronto para esse tipo de coisa."

Sábado, 20 de fevereiro

Frau Abel, descrevendo-se como "uma simples mulher infeliz cujo coração está partido", enviou-me um apelo por clemência e misericórdia endereçado ao juiz presidente Warren. A carta mantinha-se no mesmo padrão piegas estabelecido anteriormente:

> Uma desconhecida para o senhor, uma mulher doente e de coração partido, toma a liberdade de desperdiçar um pouco de seu precioso tempo para pedir que a ajude em uma questão de vida ou morte [...]. Infelizmente, não sei nem as circunstâncias, nem a extensão da culpa de meu marido, [...] mas estou certa de que ele não poderia ter feito nada criminoso, pois há poucas pessoas no mundo tão honestas, amáveis e nobres quanto Rudolf. Parece-me que o problema não está nele, mas nas relações anormais e tensas entre os países do Oriente e do Ocidente. Meu marido — um homem simples, comum e muito bom — é somente uma vítima, um peão do destino cruel [...].

A carta estava datilografa em papel branco comum e continha quinhentas palavras mal escolhidas. Havia uma nota de interesse:

Ouvi recentemente que, em setembro de 1955, três cidadãos americanos foram entregues às autoridades americanas em Berlim. De acordo com o que ouvi, foram condenados na Rússia por suas atividades antigovernamentais e libertados antes do fim de suas penas [...]. Acredito que suas famílias nos Estados Unidos entenderam o gesto como uma manifestação de humanidade. Serão os Estados Unidos um país menos humano? Não parece claro que uma boa ação pede outra em troca? [...]

Rezarei pelo senhor até o fim de meus dias.

Evidentemente, encaminhar a carta ao juiz presidente estava fora de questão. Havia apenas um lugar para enviá-la — ao Departamento de Justiça para estudo e análise. Então respondi a Frau Abel:

Com respeito a seu apelo pessoal ao juiz presidente Warren, não acredito que eu deva encaminhá-lo. Em minha opinião, não faria nenhum bem e, muito possivelmente, causaria graves danos ao caso de seu marido. Se a decisão for favorável, a razão menos provável para tal resultado será a mais leve simpatia da Corte pela situação de seu marido.

Quanto a sua referência à transferência de pessoal americano em 1955, essa é uma questão que pode ser mais adequadamente discutida com nosso Departamento de Estado [...]. Os únicos casos que receberam ampla publicidade e interesse público aqui foram os dos americanos detidos na China Vermelha.

Segunda-feira, 28 de março

JULGAMENTO ESTADOS UNIDOS CONTRA ABEL CONFIRMADO HOJE.
O telegrama, recebido em Nova York às 15h59 e transmitido por telefone a meu escritório, estava assinado pelo meirinho-chefe James R. Browning da Suprema Corte dos Estados Unidos. A

mensagem me foi passada no verso de um envelope enquanto eu falava sobre problemas atuariais relacionados à energia atômica perante o comitê executivo do Conselho Nacional de Seguradoras contra Incêndios.

Mais ou menos ao mesmo tempo, Abel me escrevia de Atlanta:

"Ouvi no rádio que, por cinco votos a quatro, a Suprema Corte confirmou as decisões das instâncias inferiores. Aguardo ansiosamente sua opinião, especialmente em vista do resultado. Acredito que poderia haver um pedido para uma nova audiência com base nessa votação.

"Posso apreciar seu pesar com o resultado, mas acredito haver circunstâncias mitigantes para aliviar o golpe."

Incrível Rudolf. Após dois anos e nove meses — do verão de 1957 ao inverno de 1960 —, ele perdera na Suprema Corte por um voto e tentava me consolar. Mas, no parágrafo seguinte, dizia:

"Seria possível vir até Atlanta para uma conversa pessoal a fim de discutirmos possíveis ações legais? Tenho uma ou duas coisas em mente [...]."

Quanto a mim, sentia emoções conflitantes. Estava aliviado por tudo ter terminado — especialmente por causa de minha família. Estava desapontado por não termos vencido, mas contente por termos ido até o fim e satisfeito por termos feito nosso melhor.

Mais de um ano antes, quando havíamos argumentado em Washington pela primeira vez, eu preparara uma breve declaração a ser publicada quando o caso fosse decidido pela Corte, qualquer que fosse o resultado. Agora, os repórteres começavam a telefonar para meu escritório, alguns claramente na expectativa de que eu denunciasse a decisão como "erro judiciário". Meu escritório publicou a declaração escrita no ano anterior, sem mudanças:

O próprio fato de Abel ter recebido o devido processo legal nos Estados Unidos é muito mais significativo, tanto aqui quanto atrás da Cortina de Ferro, que o resultado particular do caso.

O sr. Donovan afirmou que faria este mesmo comentário qualquer que fosse o resultado. Quando perguntado sobre como se sentia sobre a decisão de hoje, disse simplesmente: "Cansado."

Havia três pareceres separados dos membros da Suprema Corte. Isso, é claro, era uma indicação da batalha que deve ter ocorrido na sala de conferências, talvez causada pela segunda argumentação. Além disso, a linguagem dos pareceres era afiada.

O juiz Felix Frankfurter, que fora meu professor em Harvard (dedicamos nosso anuário a ele quando foi nomeado para a Suprema Corte), escreveu o parecer majoritário. Os juízes Tom C. Clark, John Marshall Harlan, Charles E. Whittaker e Potter Stewart concordaram.

O juiz William J. Brennan apresentou um parecer dissidente, ao qual se uniram o juiz presidente Earl Warren e os juízes Hugo L. Black e William O. Douglas; o juiz Douglas também escreveu um parecer separado, endossado pelo juiz Black.

Dez anos antes, em um famoso caso de busca e apreensão (Estados Unidos v. Rabinowitz), a Suprema Corte afirmara que oficiais federais fazendo uma prisão criminosa válida sem mandado de busca podiam realizar uma busca no suspeito e em suas premissas, mesmo que tivessem tempo para conseguir um mandado. O juiz Frankfurter discordara veementemente da decisão Rabinowitz em 1950. Contudo, em sua decisão no caso Abel, disse que a Corte não estava sendo solicitada a reconsiderar o caso e, desse modo, fazê-lo seria "injustificável legislação retrospectiva".

Ambos os dissidentes se esforçaram para incluir o caso Rabinowitz (chegando mesmo a citar as palavras do juiz Frankfurter em 1950) em seus pareceres, por inferência investindo contra o colega por abandonar suas antigas opiniões. Ele escrevera que "casos menores têm uma tendência ainda maior" que os proverbiais casos difíceis "de criar jurisprudência ruim". O juiz Douglas iniciou seu parecer afirmando:

"Casos de criminosos notórios, assim como os dos pequenos e miseráveis, tendem a criar jurisprudência ruim. Quando a culpa permeia os autos, até os juízes às vezes relaxam e deixam a polícia tomar atalhos não sancionados pelos procedimentos constitucionais. Essa prática, em certos períodos de nossa história e certos tribunais, baixou nossos padrões de administração da lei. O prejuízo no caso em questão pode parecer desculpável. Mas as práticas geradas pelo precedente têm consequências extensas, incomensuravelmente danosas e injuriosas. A presente decisão é um excelente exemplo."

O juiz Brennan citou o juiz Frankfurter, no caso Rabinowitz, para apoiar seu próprio parecer:

"A prisão sob um mandado para acusação menor ou forjada foi prática familiar no passado, é lugar-comum nos Estados de polícia da atualidade e muito conhecida neste país [...]. O progresso é muito fácil, da ação policial sem escrutínio por autorização judicial até o Estado de polícia."

Falando pela maioria, o juiz Frankfurter rejeitou a alegação de que a prisão fora um pretexto. Ele afirmou:

"No pior dos casos, pode-se dizer que as circunstâncias do caso revelam uma oportunidade para o abuso da prisão administrativa. Mas tornar ilegítima, na ausência de má-fé, a cooperação entre INS e FBI seria ignorar o escopo da cooperação correta entre dois ramos de um único Departamento de Justiça, preocupado com a imposição de diferentes áreas da lei, sob a autoridade comum do procurador-geral [...]." [Fora precisamente esse o raciocínio do juiz Byers, no tribunal distrital.]

"Enfatizamos novamente que nossa opinião sobre a questão seria totalmente diferente se as provas tivessem estabelecido [...] que o mandado administrativo foi empregado como instrumento de imposição da lei criminal para evitar restrições legais, em vez de um passo preliminar de boa-fé em um procedimento de deportação. O teste é determinar se a decisão de proceder administrativamente no sentido da deportação foi influenciada e realizada com o propósito de reunir provas para o julgamento do crime. Os autos excluem tal descoberta por este tribunal."

O juiz Douglas viu as coisas de modo diferente:

"Com a devida deferência às duas instâncias inferiores, acho que os autos mostram claramente que os agentes do FBI eram a força motriz por trás da busca e apreensão. Por ao menos um mês eles investigaram as atividades de espionagem do peticionário. Receberam uma informação em relação ao homem e seu papel em maio; a busca e apreensão foi feita em 21 de junho. O FBI teve muito tempo para conseguir um mandado de busca [...]. O mandado administrativo de prisão foi escolhido com cuidado e cálculo como veículo por meio do qual a busca e apreensão seria realizada [...]. Assim, o FBI usou um mandado administrativo para fazer uma prisão em uma investigação criminal, violando tanto a Lei de Imigração e Nacionalidade quanto a Carta de Direitos [...].

"A questão não é se os agentes do FBI agiram de má-fé. É claro que não o fizeram. A questão é quão longe se pode permitir que o zelo conduza os oficiais da lei. Como disse o juiz Brandeis certa vez, 'A experiência deveria nos ensinar a permanecer de máximo sobreaviso para proteger a liberdade quando os objetivos do governo forem beneficentes' [...]. Os fatos parecem estabelecer claramente que os agentes do FBI vestiram a máscara do INS para fazer o que, de outro modo, não poderiam ter feito. Agiram de forma que só seria correta se tivessem ido até um oficial judiciário, obedecendo aos requerimentos da Quarta Emenda, revelado suas provas e obtido o mandado necessário para as buscas que realizaram.

"A tragédia de aprovarmos esses atalhos é que a proteção fornecida pela Quarta Emenda é removida de um segmento importante de nossa vida [...]."

Em seu parecer majoritário, o juiz Frankfurter disse que havia salvaguardas contra o uso indiscriminado da ordem judicial de detenção do Serviço de Imigração. Ele salientou especificamente o fato de que o pedido para emissão da ordem deve ser feito a um oficial responsável independente (o diretor distrital do INS), a quem um caso *prima facie* de deportação tem de ser demonstrado.

O juiz Brennan, contudo, atacou esse procedimento, dizendo: "Esses procedimentos de prisão, como exemplificado aqui, diferem como a noite difere do dia dos processos de prisão por crime. Quando o poder de realizar uma busca ampla e sem mandado é acrescentada a eles, criamos uma concentração completa de poder nos oficiais executivos, sobre a pessoa e os bens do indivíduo [...]. Eles podem tomar qualquer homem que achem passível de deportação sob custódia, detê-lo sem citação ou fiança e, tendo tido o cuidado de apreendê-lo em casa, fazer uma busca generalizada em sua propriedade.

"Não consigo ver como isso pode ser consistente com o comando da Quarta Emenda; foi contra tal concentração de poderes executivos sobre a privacidade do indivíduo que a Quarta Emenda foi criada [...].

"Como a maior parte da Carta de Direitos, ela [a Quarta Emenda] não foi criada para abrigar os criminosos, mas sim como proteção básica para todos; com certeza, deve ser defendida quando evocada por criminosos, a fim de que seja efetiva, mas 'atinge a todos do mesmo modo, acusados de crime ou não'."

Não é necessário dizer que concordei com os dissidentes sobre a regra adequada da lei, embora entendesse a relutância do tribunal em libertar o réu. Contudo, recusei-me a ser arrastado ao criticismo público da decisão da Corte, reiterando minha declaração de que Abel recebera o devido processo legal, mesmo tendo perdido o caso.

Quinta-feira, 29 de março

De todo o país, chegaram os editoriais. Estou certo de que foram escritos sem o benefício dos três pareceres e alguns eram extremamente deprimentes. A maioria ignorava completamente o fato que nós — e os quatro juízes minoritários — havíamos lutado tanto para estabelecer. Além disso, alguns mostravam pouco entendimento da função da instância superior; a escrita fora construída sobre a emoção.

"Os dissidentes ignoraram inocência ou culpa", disse um artigo especialmente estranho. Outro agitador escreveu: "Ao proteger a vida de uma grande nação contra o comunismo, não se pode esperar que os oficiais sejam técnicos demais. Se tivessem esperado para conseguir um mandado de busca, poderiam não ter obtido as provas para condenar o espião."

A Quarta Emenda estava no próprio âmago da questão de busca e apreensão e jamais houve qualquer dúvida de que a proteção constitucional se aplicava aos estrangeiros, assim como a todos os cidadãos. A despeito disso, editoriais declaravam:

> É uma desgraça nacional que quatro membros da Suprema Corte queiram libertar esse homem [...]. Esses quatro juízes queriam conferir a um espião comunista a proteção especial que a Constituição dá aos cidadãos dos Estados Unidos [...].

> É de fato uma situação perigosa quando um espião soviético, apreendido com materiais de sua profissão em sua posse, quase se vê livre devido a uma tecnicalidade [...].
> Libertar um espião mestre russo por uma *mera tecnicalidade* teria sido um grave erro judiciário [...].

A Suprema Corte, é claro, não lida com tecnicalidades. É difícil compreender como americanos maduros podem igualar a Quarta Emenda ao clichê de "mera tecnicalidade".

Houve dois editoriais que não engrossaram o coro contra a Corte. Um deles, do *Post and Times Herald* de Washington, mesmo assim criticava a decisão — mas por uma razão completamente diferente.

A decisão da Suprema Corte [...] pode ter aprimorado a segurança nacional, mas certamente não aprimorou a segurança dos americanos contra buscas e apreensões não justificadas. Desta vez, o relaxamento dos padrões da Quarta Emenda foi aplicado a um estrangeiro — um estrangeiro odioso e perigoso, aliás. Mas a história indica claramente que os atalhos constitucionais sancionados em relação aos estrangeiros logo são sancionados em relação aos cidadãos [...].

É essencial que os espiões sejam apreendidos e levados à justiça. Mas é ao menos igualmente essencial que a privacidade decente dos lares americanos seja protegida contra a invasão arbitrária de policiais ultrazelosos. Seria irônico que o tribunal tivesse ameaçado essa proteção ao reafirmar os métodos utilizados para condenar um espião soviético.

Finalmente, houve o comentário sóbrio do *Telegram*, de Worcester, Massachusetts:

Há especial significância no caso do coronel Abel. A Quarta Emenda, sob a qual a apelação foi feita, permanece no oposto extremo da filosofia de Estado de polícia apoiada pela União Soviética [...]. Embora nossos tribunais nem sempre falem em uníssono sobre a questão, ou com perfeita sabedoria, o fato de que podem deliberar sobre ela, aberta e livremente, não deve ser ignorado. Quando até mesmo um espião soviético pode, com bases constitucionais, comandar uma sóbria revisão à mais alta instância do país, isso dá testemunho da força e da integridade subjacentes a nossas fundações democráticas.

Terça-feira, 5 de abril

O coronel parecia abatido e exausto, e suas roupas estavam largas. Havia círculos escuros sob seus olhos fundos. *A prisão o transformou em um velho*, pensei comigo. Fazia quase um ano desde a última vez em que o vira e, quando o levaram até a sala, fiquei perplexo com sua visível deterioração física.

— Estou bem — disse ele rapidamente. — É o calor da Geórgia. Ele me derrubou e perdi quase cinco quilos.

Para facilitar nossa reunião, o Departamento de Justiça cortesmente concordara em trazer o coronel até Nova York e mantê-lo na West Street enquanto durassem nossas conferências. Abel solicitara um encontro rápido, em seguida à decisão da Suprema Corte, e eu simplesmente não podia deixar de lado compromissos anteriores com o tribunal. Ele explicou que fizera a longa viagem desde Atlanta de carro, quilômetro após quilômetro no tórrido sul. Eles haviam parado somente em Washington, onde o coronel fora colocado em uma prisão federal.

— Estou começando a conhecer o interior das prisões americanas — disse ele. Mesmo em Atlanta, não perdera o espírito leve.

Abel começou relatando que, apesar de sua aparência, as coisas estavam indo bem em Atlanta. Ele estava em uma cela com apenas três outros prisioneiros, o que tornava a vida mais confortável e satisfatória. Explicou que continuava a ocupar a maior parte de seu tempo com trabalho artístico — dava aula para várias turmas — e passava as longas horas na cela entretido com desafios matemáticos.

A questão estava em nossas mentes, então perguntei:

— O que achou da decisão?

Ele hesitou, sorriu brevemente e disse:

— Não fiquei surpreso. Jamais acreditei que o caso fosse ser decidido com base apenas na lei. Eu a vi como uma decisão política, porque, francamente, seus argumentos legais eram irrefutáveis.

Discutimos a ideia de pedir uma nova audiência à Suprema Corte. Eu disse que, embora achasse ser um movimento fútil, era tudo o que nos restava.

— Então eu gostaria que o explorasse — disse o coronel. — Enquanto houver possibilidades, quero tirar partido delas.

Chegamos mais uma vez a um tópico perigoso quando passamos a discutir a possibilidade de pedir uma redução da sentença de trinta anos. Eu a discutira recentemente com oficiais do Departamento de Justiça e estava preparado.

— Isso só pode ser feito — expliquei — se a Corte souber que está realmente cooperando com o governo. Posso fornecer qualquer outra razão para fazer o pedido em audiência pública, mas, de acordo com nossas práticas, o juiz deve saber que está cooperando. De outro modo, a sentença original não será modificada.

Ele balançou a cabeça.

— Isso está fora de questão. Jamais farei isso — disse. — Naquela primeira meia hora, enquanto fiquei sentado na cama do Hotel Latham, tomei uma decisão. Não volto atrás de minhas decisões.

— Nessas circunstâncias — afirmei — seria inútil levar tal petição ao juiz Byers. De fato, isso poderia até se provar prejudicial para seus futuros direitos.

Abel apenas meneou a cabeça e não disse nada.

Eu lhe contei que vinha recebendo cartas que supostamente eram de sua esposa, mas que francamente não acreditava virem dela. O coronel deu de ombros.

A linguagem dessas cartas, continuei, indicava que essa "Hellen Abel" me considerava algum tipo de evangelista tentando converter sua alma — e, se não fosse o caso, devia me ver como um simplório por assumir o caso e defendê-lo com tal perseverança.

Rudolf riu com gosto.

— Realmente tem esposa e filha? — perguntei, provocando-o um pouco.

— É claro que sim — respondeu ele enfaticamente. Mas parou aí, não acrescentando nem explicando nada.

Em outras palavras, embora enfatizasse ter uma família bastante interessada em seu destino, não contradisse minha declaração de que as cartas que eu recebia vinham de uma fonte oficial — e não de sua família.

— Acha que seu governo fará algo para libertá-lo, agora que toda esperança legal foi exaurida?

— Simplesmente não sei — respondeu ele. — Acho que meu maior problema é o fato de não haver nenhum americano suficientemente importante preso na Rússia.

Permiti que a conversa morresse e então, lentamente no início, passei a contar uma longa história. Narrei como fora apresentado a um consultor da CIA que anteriormente fora chefe da contraespionagem russa em Viena, explicando que esse "desertor" estava extremamente interessado no futuro de Abel.

— Ele afirma — contei — que, se retornasse à Rússia, seria considerado politicamente pouco confiável e sujeito a longos interrogatórios, talvez durante anos, e, se fosse liberado, seria colocado em um emprego no qual poderia fazer pouca diferença e não causar nenhum prejuízo.

"Tudo isso deriva", continuei, "da completa descrença soviética no processo judicial americano. Na verdade, esse homem afirma que, se tivéssemos vencido o caso na Suprema Corte, isso lhe teria sido muito ruim. Se a Imigração o deportasse, a KGB certamente teria deduzido que falara e concordara em se tornar agente duplo. Tudo isso, segundo o desertor, faz parte da desconfiança oriental pelos costumes ocidentais."

Abel ouviu, observou-me atentamente durante todo o tempo e, quando terminei, permaneceu em silêncio. Acho que recebeu tudo muito bem. Finalmente, disse:

— É sempre uma possibilidade. Acredito que pode ter sido verdade há cinco ou seis anos. Já não é agora.

Segundo ele, desde 1953 houvera "tremendas reformas" em seu país, e o coronel acreditava que a polícia secreta na Rússia tinha menos poder que sua contraparte em uma democracia, pois suas atividades haviam sido deliberada e forçosamente restringidas.

— Não acredito que minha lealdade seja mais questionada que a de um oficial americano retornando para casa em circunstâncias semelhantes.

Tendo dito isso, ele mudou de assunto e me pediu para renovar — enfaticamente — seu pedido pelo privilégio de se corresponder com a família.

— Falei com eles pela última vez em agosto — disse Abel — e ainda acho que a proibição é injusta.

Conversamos sobre um guarda amigável na prisão da West Street que, como eu descobri nesse dia, pedira demissão depois de minha última visita. "Não tinha estômago para isto", dissera o chefe dos guardas. Abel se lembrava bem dele e disse entender.

— Eu poderia ser prisioneiro por muitos anos — comentou —, mas jamais guarda. É preciso um tipo especial e sem imaginação para pastorear outros seres humanos.

Quarta-feira, 20 de abril

Protocolei a petição por uma nova audiência, pedindo que os cinco juízes da Suprema Corte que haviam votado pela condenação "examinassem rigorosamente suas consciências judiciais". Tom Debevoise recentemente se tornara procurador-geral de Vermont e achou melhor não aparecer nos documentos, embora endossasse meus esforços. Um de meus sócios, contudo, ficou chocado com a maneira como abordei a Corte e me informou severamente que, a despeito de meu zelo, eu deveria ser acusado de desacato.

Minha petição declarava ser feita em nome dos milhões de residentes nos Estados Unidos sujeitos às leis de Imigração e Naturalização, cujas liberdades pessoais agora estavam "severa e injustamente restringidas pela decisão no caso Abel". O documento tinha apenas quatro parágrafos.

Finalmente, o caso parecia estar chegando ao fim.

Domingo, 1º de maio

Às 4h30 (horário de Moscou), Francis Gary Powers, um piloto americano de 30 anos, de Pound, Virgínia, decolara com seu avião "Utility 2" com asas de planador da pista de Peshawar, no Paquistão, e se dirigira para a fronteira soviética. Powers voara em 27 missões, totalizando quinhentas horas a bordo do U-2, mas o "sobrevoo silencioso" da União Soviética seria a mais rigorosa de todas elas. Mais tarde, ele admitiu estar "amedrontado e nervoso".

O voo solitário e extenuante começou em Peshawar, uma cidade fronteiriça não muito longe do passo Khyber, e devia terminar seis mil quilômetros depois, em Bodo, na Noruega. Quase 4.800 quilômetros da rota eram sobre território soviético. O voo sempre era feito acima de 70 mil pés, onde o piloto podia respirar apenas oxigênio puro e cada movimento exigia grande esforço. O trajeto levaria oito horas.

Chamado de "dama negra da espionagem" pelos russos, o U-2 era um avião-espião pilotado por oficiais da CIA. Era equipado com câmeras, gravadores, radares e rádios. A principal missão de Powers era conseguir fotografias de silos de mísseis perto de Sverdlovsk.

Quando estava a 32 quilômetros a sudeste do centro industrial soviético, ele mudou de curso. Fez uma volta de noventa graus para a esquerda. Houve um barulho, um flash (um brilho alaranjado ou avermelhado), e o avião começou a cair. Após se recuperar momentaneamente, iniciou um mergulho. Powers perdeu o controle, foi jogado "para fora" e saltou de paraquedas. Não tentou destruir a aeronave (o botão de destruição estava perto dele) e não usou o medicamento de autodestruição fornecido, mas não obrigatório. Quando tocou o solo soviético, foi capturado e, em questão de horas, era prisioneiro sob interrogatório na famosa prisão Lubianka, na rua Dzerzhinsky, n. 2, Moscou.

No devido tempo, Francis Gary Powers e o incidente com o U-2 no Dia dos Trabalhadores se tornaram o maior triunfo de propaganda da União Soviética desde o início da Guerra Fria.

Quarta-feira, 11 de maio

Em resposta às acusações soviéticas de que os Estados Unidos eram culpados de "espionar deliberadamente" com os sobrevoos dos U-2, o presidente Eisenhower sugeriu, durante um de seus discursos no rádio, que os russos revisassem o caso de Rudolf Ivanovich Abel e as provas de sua culpa apresentadas no tribunal.

O presidente admitiu os voos, assumiu total responsabilidade por eles e os defendeu, declarando: "[...] desde o início de minha administração, promulguei diretivas para reunir, de qualquer modo possível, a informação necessária para proteger os Estados Unidos e o mundo livre de ataques-surpresa [...]."

Para aqueles de memória ruim, ele revisou o caso Abel e usou o coronel da KGB como exemplo das missões de espionagem da União Soviética em nosso país.

Retratos e histórias de Abel surgiram novamente em jornais de todo o país. Seis semanas depois de a Suprema Corte presumivelmente encerrar o caso, ele estava de volta às primeiras páginas. E o *Daily News* de Nova York propôs uma troca: "Abel por Powers."

O editorial declarava:

> "É seguro assumir que Abel já não possui valor para nosso governo como fonte de informações sobre as atividades dos vermelhos. [Jamais o possuíra.] Depois que o Kremlin tiver retirado de Powers toda propaganda que puder [...] tal troca parece natural."

Segunda-feira, 16 de maio

Os soviéticos, contudo, haviam apenas começado a usar o jovem Powers como propaganda. Em Paris, o premiê Kruschev, pálido e tremendo de raiva, exigiu que os Estados Unidos se desculpassem e condenou os responsáveis pelas "inadmissivelmente provocativas ações da Força Aérea dos Estados Unidos". Caso contrário, abandonaria a reunião de cúpula dos Quatro Grandes, prestes a começar.

Os quatro líderes de Estado se reuniram por três horas e cinco minutos e só conseguiram concordar com um adiamento. Eisenhower, é claro, recusou-se a pedir desculpas, e a reunião de cúpula fracassou antes de realmente começar.

> Em Washington, a Suprema Corte decidiu que a condenação de Abel deveria prevalecer. Também negou nossa petição por uma nova audiência em uma breve ordem. "A ação se deu", disse um dos jornais, "em meio a uma crise internacional sobre a queda do U-2, 1.900 quilômetros no interior das fronteiras russas".

Quarta-feira, 8 de junho

No centro da crise internacional, estava o tímido e discreto filho de um agressivo ex-mineiro e agora sapateiro. Oliver Powers, que jamais passara da quinta série, disse a respeito do filho:

— Ele sempre fez o que lhe mandaram, mas era um menino aventureiro. Eu queria que fosse médico, mas ele preferiu ser piloto.

Escrevendo da prisão, Powers disse que estava sendo tratado "muito melhor do que esperava. As refeições são maiores do que consigo comer e durmo muitas horas [...]. Também caminho ao ar livre todos os dias, quando não chove. Certo dia, até tomei banho de sol".

Allen Dulles, seu chefe como diretor da CIA (Dulles se aposentou no outono de 1961 e foi sucedido por John A. McCone) descreveu Powers como bom piloto, excelente navegador e fotógrafo excepcional. Ele era apenas incidentalmente um espião. Nesse sentido, era absurdo compará-lo ao coronel Abel, mas, nos meses que se seguiram, seus nomes continuaram quase inextrincavelmente ligados. Além disso, Powers era atacado nos editoriais por não ter dado fim à própria vida e não ter destruído o avião. A fuselagem do U-2, cuidadosamente remontada, estava sendo exibida no parque Gorki, de Moscou, como símbolo dos "bandidos americanos".

Domingo, 12 de junho

Abel me escrevera apenas uma curta mensagem desde março, incentivando-me a pressionar pela reinstauração de seus direitos de correspondência, dado "que há evidências de que Powers escreve para a família". Mas o correio desse dia trouxe uma carta cheia de animação.

"Recebi uma carta do sr. Powers, pai do piloto do U-2", começou ele. Seguia-se uma cópia da carta e sua resposta:

Prezado coronel Abel,

Sou pai de Francis Gary Powers, que está conectado ao incidente com o avião U-2, ocorrido há várias semanas. Tenho certeza de que o senhor está familiarizado com o incidente internacional e também com o fato de que meu filho está detido na União Soviética, acusado de espionagem.

O senhor pode entender a preocupação de um pai com seu filho e o forte desejo de vê-lo libertado e trazido para casa. Eu ficaria mais que feliz em abordar o Departamento de Estado e o presidente dos Estados Unidos pedindo uma troca pela libertação de meu filho. Com isso, quero dizer que insistiria e faria todo o possível para que meu governo o libertasse e o devolvesse a seu país, se os poderes de sua nação libertassem meu filho e o deixassem voltar para mim. Se estiver inclinado a colaborar com essa ideia, gostaria que o senhor me escrevesse dizendo isso e também que escrevesse aos poderes de seu país, nessas mesmas linhas. Eu apreciaria se me respondesse o mais brevemente possível.

Sinceramente,
Oliver Powers

Abel respondera:

Prezado sr. Powers,

Por mais que aprecie e compreenda sua preocupação com a segurança e o retorno de seu filho, lamento dizer que, considerando a situação, não sou a pessoa a quem o senhor deve dirigir sua solicitação. Obviamente, essa pessoa deveria ser minha esposa. Infelizmente, por ordem do Departamento de Justiça, não tenho permissão para escrever para minha família e não posso transmitir diretamente sua solicitação.

O coronel jamais perdia uma chance de repreender o Departamento de Justiça pela restrição de sua correspondência. Mesmo o sapateiro do interior montanhoso da Virgínia teve de ouvir a respeito. Rudolf teria sido um bom político em nosso país.

Em sua mensagem a mim, Abel pedia que eu enviasse cópias das cartas para Vogel, o advogado de sua esposa em Berlim Oriental, e a informasse sobre os acontecimentos recentes.

Anteriormente, eu o informara de que estava indo à Europa a negócios, e isso o levou a sugerir que "pode ser benéfico se puder se encontrar com o advogado de minha esposa, [...] poderia lhe dar um retrato muito mais claro dos acontecimentos que qualquer troca de cartas".

"Espero que faça boa viagem."

Abel claramente sentia que um acordo era possível. Os russos finalmente tinham uma isca.

Fiz cópias de todas as cartas para o FBI em Nova York e para a CIA em Washington e, a conselho do governo, enviei um resumo das cartas de Powers e Abel às agências de notícias. Isso devolveu a história à primeira página (POSSÍVEL TROCA DE ESPIÕES; POWERS POR ABEL; EUA ESTUDA PROPOSTA DE PAI DE PILOTO), mas os departamentos de Justiça e de Estado se negaram a prestar declarações. Uma daquelas fontes anônimas em alta posição teve o cuidado de explicar, contudo, que havia dois obstáculos à troca: 1) Powers ainda não fora julgado por espionagem; 2) Os russos jamais haviam reconhecido Abel como seu agente ou cidadão russo. Se os soviéticos tentassem negociar a troca por Abel, estariam admitindo que usavam espiões.

Por essa razão, o coronel ficou aborrecido com os artigos nos jornais e me enviou uma ácida nota a respeito: "Não estou em posição de iniciar ou participar das negociações de uma troca. A cópia da carta de O. Powers e minha resposta eram apenas para informação de minha esposa. Quero que o sr. Vogel saiba que a divulgação para a imprensa não foi minha iniciativa [...]. Tenho preconceitos contra a publicidade e acho que a melhor política é não fazer nada para gerá-la."

De modo geral, a publicidade produziu resultados salubres. Editoriais apoiando a troca proposta apareceram em jornais em Providence, Atlanta, Filadélfia, Dayton, Denver, Winston-Salem, Orland, Terre Haute, Roanoke, Richmond e Nova York. O sentimento, em resumo, era: "Gostaríamos de ver Francis Gary Powers de volta a este país." Enquanto isso, é claro, as notícias das agências telegráficas eram cuidadosamente estudadas em Moscou, de acordo com nosso plano.

Às 10h da manhã seguinte, eu e meu filho John partimos em uma viagem de negócios para Londres, a bordo do *Nieuw Amsterdam*.

Sexta-feira, 24 de junho

Nesse dia, o Departamento de Justiça suspendeu as restrições à correspondência de Abel. Um telegrama sobre o assunto chegou a meu hotel em Londres. Com a notícia em mãos, telefonei para a embaixada americana e soube que, nessas circunstâncias, já não era necessário que eu marcasse um encontro com o advogado Vogel enquanto estivesse na Europa. Abel podia escrever para a esposa e o advogado, e eles poderiam lidar com o problema da troca da maneira que achassem melhor. Também fui informado de que todas as embaixadas americanas haviam sido notificadas de minha presença na Europa e que, se fosse abordado por Vogel (na Suíça, digamos), deveria contatar imediatamente a embaixada mais próxima.

Durante o restante da viagem — que nos levaria a Zurique, Paris, Dublin e então de volta a Londres —, relaxamos e fingimos que eu não tinha nenhum cliente russo chamado Abel. Em Paris, contudo, passei meia hora deliciosa com o embaixador americano Amory Houghton, a seu convite, e discutimos o caso em linhas gerais.

Quarta-feira, 17 de agosto

Sempre achei que um julgamento público na Rússia pode ser comparado a uma peça medieval de fundo moralista. É uma performance teatral, apresentada com o definido objetivo de edificar o público em geral ao exibir o triunfo do bem sobre o mal. No julgamento de Francis Gary Powers, o propósito óbvio era o fomento dos temas correntes da propaganda soviética. Como qualquer outra boa produção teatral, foi bem-ensaiado.

Powers foi confinado e mantido incomunicável por 108 dias. Em seu 31º aniversário, foi vestido com um terno azul de abotoamento duplo e levado a julgamento (sob o artigo dois do código penal soviético) como espião. Se condenado, poderia receber pena de morte ou ser sentenciado a passar entre sete e quinze anos na prisão.

O cenário do julgamento era perfeito: a Casa dos Sindicatos, onde, durante os anos 1930, a maioria dos notórios julgamentos de purga teve lugar. Do lado de dentro, o salão brilhava sob a camada fresca de tinta e 44 candelabros de cristal ajudavam a iluminar a imensa "sala de audiências".

Era claro que os soviéticos haviam encorajado e excitado o interesse público. Havia uma mesa com bebidas (café, chá, refrigerantes, rocamboles e sanduíches de salame) no andar principal, e os cerca de dois mil espectadores, chamados a seus lugares pelo sino do teatro, eram auxiliados por lanterninhas. Era mais como uma noite de estreia na Broadway do que como o início do julgamento de um homem acusado de crime capital.

Com os pais do piloto, Oliver e Ida Powers, e sua esposa Barbara em assentos especiais, o elenco estava completo. As câmeras de televisão começaram a gravar a *extravaganza*, e Powers se levantou e disse:

— Sim, declaro-me culpado.

O tribunal, composto por um colegiado militar de três membros, recebeu a confissão e instruiu o promotor, Roman A. Rudenko, procurador-geral da União Soviética (de quem eu me lembrava como promotor no principal julgamento de Nuremberg) a iniciar o questionamento.

Os três juízes militares eram simplesmente outros atores do drama. As decisões sobre a condução do julgamento e seu resultado haviam sido tomadas nos mais altos níveis do Partido Comunista. Seus objetivos de propaganda e seus prováveis efeitos haviam sido estudados à luz da reação pública, tanto na Rússia quanto nos satélites soviéticos.

Toda justiça criminal, é claro, é inerentemente imperfeita, dado que é uma tentativa de efetivar julgamentos divinos em uma sociedade humana. Contudo, com suas salvaguardas procedimentais e o direito de julgamento por um júri, a lei criminal nos

Estados Unidos é bem equipada para conseguir justiça abstrata. Quanto à lei criminal soviética, precisamos distinguir entre os casos que afetam a segurança de Estado e os outros crimes. Com respeito aos últimos, acredito que foi feita uma tentativa razoável de conseguir justiça abstrata com a estrutura da jurisprudência bizantina, na qual a lei soviética é amplamente baseada. Mas, quando a segurança de Estado está envolvida, na União Soviética ou em qualquer outra ditadura absolutista, os direitos humanos são suprimidos ou obliterados ao nível que se acredita ser exigido pelos interesses nacionais. A segurança de Estado é considerada um valor que transcende os direitos naturais e constitucionais que um réu sempre possui em uma sociedade livre.

Mikhail I. Griniev, de 55 anos, era o advogado de Powers designado pelo tribunal. Sua defesa foi totalmente inadequada. Nos Estados Unidos, diríamos que "vendeu" seu cliente. Griniev afirmou que o piloto americano era meramente uma ferramenta, um cúmplice em um crime fétido (como Rudenko caracterizara o sobrevoo), ao passo que os Estados Unidos eram os reais culpados. Powers foi levado a fazer estranhas admissões, incluindo o fato de que jamais votara em eleições americanas.

Também fez um discurso contrito:

— A situação em que estou agora não é boa. Não tive muitas notícias do mundo desde que cheguei aqui e entendo que, como resultado direto de meu voo, a conferência de cúpula não ocorreu e a visita do presidente Eisenhower [à Rússia] foi cancelada. Suponho que tenha havido grande aumento na tensão mundial e lamento sinceramente estar relacionado a isso. Agora que conheço algumas das consequências de meu voo, estou profundamente arrependido de tê-lo realizado.

Griniev anunciou que a defesa não contestaria os fatos ou a "avaliação do crime" realizada pelo promotor.

Tudo isso era esperado. Como os juízes, o advogado de defesa interpretava seu papel designado na peça. Seu pleito por Powers provavelmente fora preparado por um comitê de propaganda. Essa é uma das razões, por exemplo, para ele nunca ser visto consultando seu cliente durante o julgamento. Teria sido inútil e poderia até se provar uma interferência arriscada no ritmo do drama.

Para mim, essa fase do julgamento foi especialmente irritante. Era minha crença, e eu não estava sozinho, de que, sob nosso sistema, uma defesa intelectualmente honesta de Powers poderia ter sido oferecida.

Assim como existe um limite de três milhas na lei marítima e, para além dela, todos gozam da liberdade dos mares, também deve haver alguma distância lá em cima que permita a liberdade do espaço. A Rússia jamais concordara com uma convenção internacional para determinar os limites da soberania no espaço, e poderia muito bem ser afirmado que, dado que os Estados Unidos haviam realizado voos com U-2 durante vários anos, com conhecimento da Rússia, mas sem obstáculos, a Rússia não controlava efetivamente o espaço aéreo sobre suas fronteiras na altitude de cruzeiro de um U-2. Assim, aquela região era livre, no mesmo sentido em que o mar é livre para além do limite de três milhas, e Powers não cometera nenhum crime contra a soberania nacional da Rússia soviética.

O julgamento na Casa dos Sindicatos continuou durante três dias e, quando terminou, Powers foi sentenciado a dez anos de confinamento — três anos na prisão e sete em um campo de trabalhos forçados.

"O resultado do julgamento de Powers", escreveu Abel, "foi até certo ponto surpreendente. Eu não esperava grande severidade e achei que seria imposta uma pena de dez anos em uma penitenciária. Contudo, em minha opinião, três anos em uma penitenciária e sete em um campo de trabalhos forçados são bastante lenientes quando consideramos o caso, especialmente porque Powers pode ser libertado em cinco anos e talvez antes, se for deportado. Não vejo como se poderia classificar essa sentença como 'muito severa', em comparação com os trinta anos que recebi. Que adjetivos poderiam ser usados para descrever minha situação? Imagino se o juiz Byers conseguiria encontrar as palavras adequadas.

"Às vezes, pergunto-me o que aconteceria aqui — no Congresso, na imprensa, no rádio e na TV — se algo comparável ao incidente com o U-2 tivesse ocorrido no Kansas, com algum piloto russo como vilão."

Sábado, 10 de setembro

Com o julgamento de Powers fora do caminho, a sra. Abel voltou à cena. Após três meses, ela escreveu para comentar a troca de cartas entre Oliver Powers e seu marido:

> Eu e minha filha desejamos passionalmente que Rudolf seja libertado da prisão e se junte a nós o mais rapidamente possível, mas os meios sugeridos [a troca] nos parecem não apenas irreais como também perigosos. A carta de meu marido diz que o caso do piloto não tem nenhuma relação com ele. Assim, não entendemos por que essa questão foi suscitada. Para contemplar nossos passos futuros, obviamente terei de me encontrar com meu advogado em Berlim [...].

Não havia nada a fazer senão participar do jogo de espera e ver para onde os ventos soprariam.

Quando a Suprema Corte se recusou a nos conceder uma nova audiência, pagamos a multa de três mil dólares de Abel — parte da sentença imposta pelo juiz Byers — e pedimos que sua esposa enviasse cinco mil dólares adicionais para cobrir despesas futuras. Rudolf precisava de 250 dólares por ano para suas necessidades básicas. A "sra. Abel" escreveu dizendo estar ocupada vendendo coisas e emprestando dinheiro para honrar as obrigações do marido.

Domingo, 4 de dezembro

Chegou novamente a época da mensagem anual de Natal do coronel, juntamente com sua solicitação:

"Enviarei um cartão de Natal em breve", começou ele, e então explicou o que queria. "Gostaria de dois quilos de chocolate ao leite e, quanto ao livro, de um texto sobre a teoria das formas quadráticas ou *Introdução à teoria dos números*, de Leonard E. Dickson."

Sempre meticuloso, ele também nos lembrou de que devíamos renovar suas assinaturas de revistas e de jornais.

1961

Quarta-feira, 4 de janeiro de 1961

Na conferência de cúpula, Kruschev sugerira um adiamento de oito meses — com a clara inferência de que o presidente Eisenhower, que já cumprira dois mandatos e não poderia se candidatar novamente, já teria deixado o cargo. Em 8 de novembro, John Fitzgerald Kennedy foi eleito presidente, e o premiê soviético informou querer que o U-2 "se tornasse coisa do passado", pois esperava "que um novo vento começasse a soprar" com a chegada do novo chefe de Estado americano.

Esses pronunciamentos, é claro, não escaparam aos amigos do coronel Abel, e não fiquei surpreso quando, em sua primeira carta no novo ano, ele escreveu:

"Incidentalmente, em uma de suas últimas cartas, minha esposa sugeriu que eu apelasse ao novo presidente. Declarei não achar possível fazer isso por mim mesmo, nas presentes circunstâncias, mas sugeri que ela o fizesse, do mesmo modo que os familiares de Powers e outros fizeram no passado [...]. Ficaria grato se pudesse aconselhá-la nessa questão."

Meu conselho a Frau Abel foi endereçar uma petição simples e sem termos legais à Casa Branca, mas a preveni para enviá-la

apenas depois que a nova administração tivesse tempo de se aco-
modar em suas novas responsabilidades.

Como sempre, mantive o governo informado.

No vigésimo primeiro dia do mês, o presidente Kennedy tomou posse. Quatro dias depois, o novo chefe executivo concedeu
sua primeira entrevista coletiva e anunciou a libertação dos capi-
tães da Força Aérea Freeman D. Olmstead e John R. McKone, os
pilotos do RB-47 que havia sido atingido por um caça soviético
em 1º de julho de 1960. Seu avião de reconhecimento estivera
sobrevoando o mar de Barents, e eles eram os sobreviventes de
uma tripulação de seis membros. Esse fora o gesto de boa vontade
de Kruschev em relação à nova administração. Lentamente, o ar
ficava mais leve.

Quarta-feira, 8 de fevereiro

A petição por clemência da sra. Abel não era nem simples, nem
privada de termos legais. Era ofensivamente emocional:

Sra. Hellen Abel
a/c Sra. E. Forster
Leipzig 22 Eisenacherstr. 24
Alemanha

A Sua Excelência, sr. John F. Kennedy
Presidente dos Estados Unidos da América
8 de fevereiro de 1961

Prezado sr. Presidente,
Por favor, perdoe-me por distraí-lo de suas importantes questões de Estado para considerar meu problema pessoal, mas realmente se trata de um problema de vida ou morte para mim.

Sou a esposa de Rudolf I. Abel, que foi condenado a trinta anos de prisão em 1957 [...]. Meu nome é Hellen Abel. Nasci na Rússia em 1906. Sou professora de música e vivo na Alemanha com minha filha Lydia Abel [...].

Quando o destino me separou de meu marido, há mais de dez anos, sofri amargamente durante todo o tempo em que esperei por seu retorno. Não conheço todas as circunstâncias do caso, mas estou convencida de que meu marido não poderia ter feito nada imoral ou criminoso. Creia-me, é um homem muito honesto, nobre e gentil. Eu o conheço melhor que ninguém. Estou certa de que foi difamado e caluniado por pessoas perversas, com objetivos que me são desconhecidos [...]. Nem uma única prova exata de sua culpa por roubar segredos de valor para os Estados Unidos foi produzida. Por que ele foi punido tão severamente? Estou escrevendo não para tentar convencê-lo de que ele é inocente — sei que isso está além de meu poder —, mas para pedir que Vossa Excelência seja humano e misericordioso com meu infeliz marido, mesmo estando certo de sua culpa [...].

Fui inspirada pela boa notícia, publicada nos jornais, de que os pilotos americanos Olmstead e McKone foram libertados na Rússia e entregues às autoridades americanas. Isso me fez ter esperanças de que meu pedido para a libertação antecipada de meu marido seja considerado favoravelmente. Estou certa de que, no caso de o senhor ser misericordioso com meu pobre marido, essa ação será entendida não apenas como evidência de sua humanidade e generosidade, mas também como prova do desejo de Vossa Excelência de contribuir para o início de uma era de paz na história da humanidade. Estou certa de que tal ação humana afetará favoravelmente o destino de alguns americanos que tiveram problemas no exterior e não conseguem voltar para casa [...].

Eu imploro, senhor presidente, que atenda a minha petição [...].

Com extremo respeito,
Sinceramente,
Hellen Abel

A mensagem era clara para mim: Kruschev esperava que Kennedy libertasse Abel como resposta à libertação dos pilotos do RB-47.

Terça-feira, 4 de abril

Durante os anos, o FBI fizera várias viagens de negócios até Atlanta para se encontrar com Rudolf. De tempos em tempos, eles o sondavam sobre a possibilidade de "cooperação". Isso era rotina: estavam conferindo se ele amolecera na prisão. Precisavam saber, e agora, com a possibilidade de uma troca, era apenas lógico que nossa contrainteligência fizesse outra tentativa antes de possivelmente libertá-lo.

Adicionalmente, eles tinham duas boas alavancas com as quais aplicar nova pressão. Havia a questão da petição ao presidente, ainda pendente, e o julgamento de um espião em Londres — chamado de "julgamento secreto" — durante o qual seu nome fora mencionado.

Cinco pessoas, incluindo dois americanos, haviam sido condenados por roubar segredos navais da ultrassecreta base inglesa de Portland, onde era conduzida a pesquisa sobre armas submarinas da Marinha Real. Os americanos, Morris e Leona Cohen, foram identificados como espiões soviéticos profissionais e antigos colegas do coronel.

Quando Abel fora preso no Hotel Latham, tinha fotografias dos Cohen em uma valise. Essas eram as fotografias, sem sentido na época, marcadas como "Shirley e Morris". Cinco mil dólares em dinheiro haviam sido anexados às fotografias com um elástico, supostamente para entrega.

O coronel me escreveu contando sobre a visita mais recente do FBI, começando casualmente:

"Incidentalmente, recebi uma visita do FBI. Eles estavam interessados em informações e usaram tanto o julgamento de Londres quanto a petição de minha esposa como pontos de pressão, sugerindo que minha atitude recalcitrante seria prejudicial. *Como não é necessário dizer, recusei-me a falar.*

"Sobre uma questão (o julgamento de Londres), fiz uma declaração. Eles disseram que poderiam processar algumas pessoas e que eu deveria lhes contar o que sabia sobre elas, para talvez exonerá-las. Respondi que duvidava que houvesse um caso contra essas pessoas, mas que, se houvesse, eu poderia me encontrar com seus advogados e tentar ser de alguma assistência."

Parecia-me que o coronel estava amolecendo. Ele parecia incomumente cooperativo.

Ele encerrou a carta com um conselho para seu advogado, que estivera litigando em todo o país nos últimos meses.

"Às vezes me pergunto", escreveu, "se os benefícios compensam o ritmo que estabeleceu para si mesmo (ou está apenas seguindo a maré?)."

Apreciei sua preocupação, mas, considerando-se o endereço do remetente, achei engraçado. Minha esposa Mary, contudo, concordou enfaticamente com ele.

Segunda-feira, 8 de maio

A "desolada" sra. Abel voltou ao trabalho. Após esperar três meses por uma resposta do presidente Kennedy, Frau Abel reiniciou o assunto da troca. Desta vez, ela tinha algo a dizer:

> Tentando encontrar algo que pudesse ser feito para precipitar a solução da questão, lembrei-me da carta enviada a meu marido no ano passado pelo pai do piloto Powers. Eu não a li, mas, se não estou enganada, ele sugeriu uma ação mútua que ajudaria seu filho e libertaria meu marido. Rudolf, na época, escreveu dizendo que o caso Powers não tinha nenhuma relação com o seu e não vi nenhum benefício, nem para nós, nem para os Powers [...].

Eu gostaria de escrever ao sr. Powers, mas temo que todo o caso receba publicidade indevida e influencie negativamente o resultado de minha petição. Sem saber como agir, decidi pedir seu conselho [...]. O que deve ser feito para acelerar o caso?

Por favor, não me deixe sem resposta.

Comunicando-me imediatamente com nosso governo, escrevi: "Acho perfeitamente evidente que, pela primeira vez, temos uma oferta para trocar Powers por Abel."

Em minha mente, enquanto escrevia a carta para Washington, estava a sombria tarde de 15 de novembro de 1957, quando eu me apresentara ao juiz Byers, no tribunal federal do Brooklyn, e pedira pela vida de Abel, alegando, entre outras coisas:

É possível que, num futuro próximo, um americano de patente equivalente seja capturado pela Rússia soviética ou um aliado; em tal ocasião, uma troca de prisioneiros pelos canais diplomáticos pode atender aos interesses nacionais dos Estados Unidos.

Estávamos chegando a algum lugar, mas o progresso seria lento. Nos nove meses seguintes, eu receberia mais três cartas da sra. Abel. O coronel foi informado de todas as comunicações. Um amigo em Washington me aconselhou a ser paciente, explicando: "O que vocês da prática privada conseguem fazer em três semanas, nós no governo precisamos de nove meses."

Como sempre, o coronel reagiu com agilidade. Ele escreveu: "Pessoalmente, acho que é uma boa ideia, e, se o sr. Powers concordar, ajudaria a esclarecer a situação mais rapidamente. Escrevi para a sra. Abel dizendo que concordo com sua decisão [...]."

E indicou que, para ele, o único problema era encontrar um país que concedesse asilo tanto a ele quanto a Powers.

Quinta-feira, 25 de maio

Washington me informou de que o advogado de clemência americano, Reed Cozart, escrevera para a sra. Abel dizendo não haver base para conceder perdão ao coronel Abel. Com ligeiro incentivo do governo, escrevi a Frau Abel, mencionando principalmente o caso de Igor Melekh, um oficial soviético nas Nações Unidas preso por espionagem em 28 de outubro do ano passado. Melekh estava nos Estados Unidos desde 1955 e trabalhava nas Nações Unidas como chefe da seção soviética de tradução.

Li com interesse o artigo de jornal sobre a libertação de Melekh (um soviético), que foi indiciado, mas não julgado, pelo crime de espionagem. Também notei que ele retornou à URSS. Embora o artigo diga que os Estados Unidos não estabeleceram conexão entre Melekh e o sr. Powers, em vista da similaridade das acusações contra eles, suspeito que os oficiais americanos esperam algum gesto das autoridades soviéticas. Se nenhuma ocorrer, pode ser que os oficiais americanos não estejam inclinados a demonstrar qualquer interesse em gestos futuros. De qualquer modo, acredito que o caso Melekh indica que os Estados Unidos têm interesse no desenvolvimento de melhores relações entre as duas nações e espero que o governo soviético tenha interesses similares.

Desse modo, eu estaria disposto a ir até o Departamento de Justiça e ver o que pode ser feito por seu marido, nas linhas de sua solicitação. Contudo, acho que deve haver alguma indicação de boa-fé por parte do governo soviético, como houve por parte do governo americano no caso Melekh. Sugiro que a senhora entre em contato com o governo soviético para determinar que interesse ele teria em tal ação [...]. Se algo tiver de ser feito em relação a isso, deve ser feito imediatamente.

Sábado, 17 de junho

As cartas continuaram a chegar. Menos de um mês se passara e, nesse dia, houve outra carta, no agora familiar envelope azul-claro de Desolada Hellen:

> Tendo recebido sua longamente esperada carta, tão importante para mim, fui imediatamente a Berlim. Visitei a embaixada soviética e pedi que me ajudassem na questão de libertar meu marido, pois, pessoalmente, já não havia nada que eu pudesse fazer. Fui ouvida com atenção e me pediram para voltar alguns dias depois.
>
> Em minha segunda visita, disseram-me que meu pedido fora visto com simpatia e me recomendaram prosseguir com os esforços nessa linha.
>
> Em relação a isso, tenho certeza de que, se meu marido for perdoado, o sr. Powers também será anistiado [...].

Quarta-feira, 26 de julho

Após discutir com o governo, escrevi à "sra. Abel":

> Ao receber sua carta [de 17 de junho], fui a Washington e discuti a questão com os oficiais apropriados. Como resultado, sou da opinião de que estão interessados nas possibilidades sugeridas em sua carta, embora, como afirmei anteriormente, o caso Melekh ainda esteja na mente deles. A ação do governo ao abandonar as acusações contra Melekh resultaram em considerável reação pública adversa. Consequentemente, posso entender por que os oficiais estão relutantes em contemplar qualquer ação adicional, a menos que o caso Powers seja resolvido primeiro.

Por nossa lei, qualquer ação para conceder clemência para seu marido deve partir do presidente. Acredito que provisões similares para clemência executiva estejam disponíveis na lei soviética e possam ser usadas em benefício do sr. Powers. Assumo que esse tipo de ação foi contemplado pelos oficiais com quem a senhora discutiu a questão.

Espero que tenhamos sucesso em nosso entendimento, mas estou convencido de que, em vista da situação mencionada, os oficiais daqui não considerarão uma petição por clemência para Rudolf até que Powers esteja de volta aos Estados Unidos.

Para tornar patentemente claro que não estávamos falando apenas por falar, escrevi a mesma carta a Abel, incluindo uma cópia do último exercício de sentimentalismo de sua "esposa", e concluí:

"Acredito ter feito tudo o que podia em seu benefício. O próximo movimento, como pode ver, depende inteiramente dos oficiais soviéticos. Tenho todas as razões para acreditar que, após a libertação de Powers, receberá clemência executiva seguida de deportação."

Quinta-feira, 17 de agosto; segunda-feira, 11 de setembro

Havia duas cartas de Frau Abel de Eisenacher Strasse, 22, Leipzig. Uma era para a sra. Barbara Powers, aos cuidados de meu escritório. A sra. Abel obviamente ficara impaciente em julho e escrevera:

"A senhora pode esperar ver seu marido em nove anos e ainda ser jovem, ao passo que, para mim, cada dia de separação é mais um passo em direção à morte. Já somos pessoas idosas, nossa saúde não é boa e não esperamos viver muito. Desculpe-me por essa queixa involuntária [...]."

Ela então fez seu comentário usual sobre Rudolf estar preso por crimes que não poderia ter cometido e repetiu a petição que enviara ao presidente Kennedy, finalmente urgindo a família Powers a telefonar para o presidente americano "para tomar medidas definitivas para a libertação de seu marido. AGORA, TANTO SEU CASO QUANTO O MEU DEPENDEM COMPLETAMENTE DAS AUTORIDADES AMERICANAS — se tomarão ou não medidas para libertar o piloto".

E a mim, escreveu:

Seguindo seu conselho, visitei a embaixada soviética em Berlim e mostrei sua carta de 26 de julho. Fico feliz em dizer que, como antes, o representante soviético mostrou grande simpatia por meu caso e me assegurou de sua disposição em ajudar.

Quanto ao caso Melekh, eles ficaram surpresos quando o mencionei. Segundo concluí de sua carta, esse agora é o único obstáculo possível, mas eles me explicaram que esse assunto não tem nenhuma relação com o caso de meu marido ou o de F. Powers e se recusaram completamente a negociar essa questão.

Pensando em nossa conversa, acho que só há uma maneira de ter sucesso agora: A LIBERTAÇÃO SIMULTÂNEA DE F. POWERS E DE MEU MARIDO, O QUE PODE SER PROVIDENCIADO.

Ali estava. Era isso o que eu estivera esperando. Ela assinava "Ansiosa por sua resposta [...]".

Quarta-feira, 6 de dezembro

Rudolf escreveu sua carta habitual de fim de ano, na qual confessou que a prisão estava "se tornando uma espécie de aflição". Era sua quarta mensagem de Natal. Novamente, ele lembrou aos mortais da William Street para renovarem suas assinaturas e, novamente, pediu sua ração de dois quilos de chocolate.

Em relação aos cartões de Natal, disse:

"Em geral, eles são bons e mostram melhorias constantes. As coisas permanecem as mesmas. Espero que esteja gozando de boa saúde e desejo a você, a sua família e a sua equipe, que cuida de minhas necessidades, o mais feliz dos Natais e o mais próspero dos anos novos."

Essa foi a última carta enviada de Atlanta, Geórgia.

1962

(O relato a seguir se refere a uma missão realizada sob os auspícios do governo dos Estados Unidos e, por razões de segurança, foram necessárias certas exclusões e alterações de detalhes.)

Quinta-feira, 11 de janeiro de 1962

A pedido do governo dos Estados Unidos, compareci a uma reunião em Washington e soube que, "no mais alto nível", fora determinado que era de interesse nacional realizar a troca Powers-Abel.

— Se estiver disposto — disseram-me —, gostaríamos que fosse à Alemanha Oriental para negociar a troca.

Concordei imediatamente e discutimos as implicações da missão. A pergunta óbvia, é claro, era se estávamos sacrificando muito ao libertar Abel, o "mestre espião". A resposta parecia ser: nem tanto. Em primeiro lugar, quase cinco anos de prisão haviam demonstrado que Abel não tinha a intenção de "cooperar" com nossas forças de contrainteligência. Em segundo, dado que é função de um agente de espionagem não apenas reunir informações, mas também transmiti-las a seus chefes o mais rapidamente possível, podíamos supor que os únicos relatórios que Abel faria a Moscou seriam sobre a vida nas prisões americanas. Qualquer informação adquirida antes da prisão já seria conhecida de seus superiores. Finalmente, após receber publicidade internacional, era inconcebível que ele fosse usado novamente fora da Cortina de Ferro.

— E quanto a seu valor para avaliar informações daqui? — perguntei. — Com seu conhecimento dos Estados Unidos, ele poderia ser o homem ideal para liderar a seção norte-americana na sede da KGB em Moscou.

— Achamos que não — disseram-me. — Se pegássemos um homem assim de volta, no exterior e isolado de nós durante tantos anos, sempre haveria dúvidas sobre sua lealdade. Não se pode arriscar com coisas assim. Se nós hesitaríamos em ter tal homem em uma operação secreta, certamente os soviéticos, sempre tão neuróticos, serão ainda mais relutantes. Abel esteve aqui durante quase nove anos e seu próprio assistente desertou. O próprio fato de que concordamos em libertá-lo criará dúvidas na mente russa, e eles se perguntarão se fez um acordo. A maior probabilidade é de que sirva apenas para ensinar técnicas aos outros. Mesmo assim, com sua idade e saúde debilitada, sua utilidade será limitada, se é que decidirão usá-lo.

A análise fez sentido para mim.

Concordamos que, como era normal que eu viajasse a negócios para a Europa, faria uma viagem a Londres da maneira usual. Avisaria aos amigos, faria reserva em um hotel, viajaria por uma companhia aérea comercial e esconderia a missão tanto de meu escritório quanto de minha família.

Escrevi e enviei de Washington uma carta a "Frau Abel" em Leipzig, dizendo que houvera "desenvolvimentos significativos" que pediam um encontro. Concluí:

> Minha proposta é encontrá-la na embaixada soviética em Berlim Oriental no sábado, 3 de fevereiro de 1962, às 12h. É imperativo que ambas as partes mantenham o encontro em segredo. Assim, se esses termos forem satisfatórios, por favor envie um telegrama a meu escritório dizendo apenas "Feliz Ano Novo".

O advogado de clemência de nosso Departamento de Justiça rejeitara bruscamente o pedido da sra. Abel ao presidente Kennedy em maio. Eu acreditava ser necessário carregar uma carta oficial que convencesse os russos de que o governo dos Estados Unidos honraria o acordo de libertar Abel. Nessa mesma tarde, recebi a carta, que critiquei por ser tão cautelosa a ponto de se tornar ambígua. Contudo, eles se recusaram a modificá-la, e aquilo era tudo o que eu podia levar para a Alemanha Oriental como prova de meu status e de minha boa-fé. A carta estava em papel timbrado do Departamento de Justiça e dizia:

Prezado sr. Donovan,

Com respeito a nossa recente conferência sobre a clemência executiva para seu cliente, esta serve para assegurá-lo de que, no caso de realização das circunstâncias destacadas, a razão oferecida na carta para a esposa de seu cliente sobre por que a clemência executiva não poderia ser considerada já não existirá.

Sinceramente,
Reed Cozart
Advogado de clemência

Quinta-feira, 25 de janeiro

Nessa manhã, às 10h, recebi em meu escritório um cabograma de Berlim que dizia FELIZ ANO NOVO e estava assinado HELLEN. O encontro em Berlim estava marcado.

Imediatamente fiz todos os preparos para uma jornada a Londres e enviei os telegramas necessários. Expliquei a minha família que a viagem seria breve e prometi presentes ingleses para as crianças. Mary resmungou, de modo bem-humorado, que eu deveria encontrar mais clientes com negócios no Brooklyn.

Sábado, 27 de janeiro

Compareci ao almoço anual da Associação Internacional de Advogados de Seguradoras no Hotel Plaza. Contei a tantos amigos quanto possível sobre minha viagem a Londres, a fim de discutir a fusão entre uma seguradora americana não nomeada e certos interesses ingleses. Meus amigos concordaram que combinações entre o capital americano e a experiência inglesa com seguros internacionais era desejável. Prometi a várias esposas de membros o envio de lenços de seda da Liberty.

Um advogado me perguntou:

— O que aconteceu àquele espião russo Sobel, ou como quer que se chamasse?

Eu disse que Abel cumpria pena de trinta anos em Atlanta. Ele meneou a cabeça sabiamente, refletindo satisfação com a justiça de uma longa sentença e discreto prazer em me ver perder um caso.

Após o almoço, peguei um táxi para o Harvard Club, a fim de me encontrar com o contato de Washington para as orientações finais. Forneci-lhe o itinerário detalhado de minha viagem e ele me informou quando eu poderia esperar instruções oficiais em Londres.

O homem me disse que os alemães orientais estavam detendo um jovem estudante de Yale, um americano de Michigan chamado Frederic L. Pryor, para julgamento por espionagem. Antes que o Muro de Berlim fosse construído, Pryor estivera fazendo pesquisas em Berlim Oriental para completar sua tese de doutorado sobre comércio atrás da Cortina de Ferro. Ele acabara se metendo onde não devia, obtivera material considerado confidencial e agora os alemães orientais planejavam um julgamento para propaganda política. O promotor anunciara publicamente que pediria a pena de morte para o jovem americano. Acreditava-se que todo o caso estava sendo divulgado na esperança de agitar a opinião pública americana em favor de Pryor e obrigar o governo dos Estados

Unidos a fazer algum tipo de reconhecimento do governo da Alemanha Oriental.

Outro jovem estudante americano, Marvin Makinen, da Universidade da Pensilvânia, também fora preso por espionagem, pois supostamente fizera fotografias ilegais de instalações militares enquanto viajava pela Rússia. Ele fora julgado por um tribunal soviético, condenado e sentenciado a oito anos de prisão.

Meu contato me disse que o advogado alemão oriental Vogel agora alegava representar as famílias Abel e Pryor. Há alguns dias, ele enviara uma mensagem à Missão dos Estados Unidos em Berlim Ocidental dizendo que a sra. Abel estava confiante de que Pryor e Makinen seriam libertados se os Estados Unidos libertassem Abel em troca de Powers. Contudo, nosso pessoal achava Vogel pouco confiável. A orientação do governo foi de que, embora eu devesse tentar libertar os três americanos, minha missão básica seria a troca de Abel por Powers. Para além dessa troca, eu deveria usar meu próprio discernimento e "ir sentindo o terreno". Resolvi tentar a sorte com os três americanos.

Meu amigo no Harvard Club também me informou que eu deveria cruzar o muro até Berlim Oriental sozinho. Lembrei-lhe que o plano original em Washington era de eu ser acompanhado por um oficial da missão americana fluente em alemão e russo. A teoria fora que, além da companhia, sua imunidade diplomática poderia me oferecer algum tipo de proteção.

— Eu sei — respondeu ele —, mas os planos mudaram. Houve incidentes demais no muro recentemente. Você entende que, se algo der errado em sua missão em Berlim Oriental e um oficial da missão americana estiver envolvido, isso será diplomaticamente constrangedor para nosso governo. Afinal, não reconhecemos a Alemanha Oriental.

Digeri a notícia por um minuto e então disse que, indubitavelmente, a possibilidade de algo "dar errado" enquanto eu estava lá sozinho era muito remota.

— Bem — disse ele —, sua situação é muito diferente. Não haveria constrangimento para o governo, uma vez que você não possui status oficial.

Possivelmente notando a expressão perplexa em meu rosto, ele se apressou em me assegurar que, se qualquer coisa "desse errado", uma posição muito grave sobre o assunto seria assumida por nosso governo, "no nível mais alto".

Em resposta a minhas perguntas, fui aconselhado a não carregar gravador ou arma em qualquer parte da viagem.

Terça-feira, 30 de janeiro

Cheguei a Londres bem cedo, após um voo normal partindo de Idlewild em um jato da Pan American. Registrei-me no hotel Claridge's e logo em seguida fui visitado por um jovem e muito competente "sr. White", que me alertou sobre minha partida para Berlim na próxima sexta-feira. Ele me disse que, durante o restante da jornada, eu seria conhecido como "sr. Dennis", por razões de segurança. Então me entregou alguns marcos alemães, e eu lhe ofereci, como tônico matinal, um pouco do conhaque do Claridge's.

Descansando no quarto, lembrei-me da Segunda Guerra Mundial, quando costumava ficar no Claridge's com o falecido general Donovan. O Gabinete de Serviços Estratégicos tinha de manter uma suíte no hotel para conveniência dos governantes no exílio cuja clandestinidade apoiávamos. Peter da Iugoslávia e Michael da Romênia moravam em nosso andar, e éramos continuamente visitados por um grupo muito inabitual de pessoas querendo conversar com o general. Algumas delas provavelmente se apresentaram como "sr. Dennis".

Quarta-feira, 31 de janeiro; quinta-feira, 1º de fevereiro

Passei dois dias e noites deliciosos em Londres, visitando velhos amigos da fraternidade de seguradoras. Almocei com David Evans, jantei com Jim Silversides e, em outra noite, com o jovem David Coleridges. Expliquei a todos os que deveria partir para Zurique na sexta-feira, mas esperava parar em Londres novamente a caminho de casa. Também fiz uma gratificante visita às livrarias de obras raras e deixei vários itens para reparos com um encadernador londrino.

Sexta-feira, 2 de fevereiro

Antes do alvorecer, o sr. White chegou e eu fiz check-out no Claridge's. Pedi ao recepcionista que guardasse qualquer correspondência até meu retorno e enviei um cabograma a Mary, dizendo que amigos haviam me convidado para passar o fim de semana na Escócia. Ela estivera me pressionando para descansar.

Na praça Connaught, ainda antes do alvorecer, apanhamos uma jovem representante da segurança inglesa. Ela se sentou silenciosamente no banco de trás de nosso pequeno veículo. Durante duas horas, White dirigiu em direção a uma base aérea no interior enquanto conversávamos sobre assuntos triviais, como as delícias do arenque defumado no café da manhã, especialmente se acompanhado por uma fatia de salmão escocês defumado. Choveu durante toda a viagem.

Quando chegamos à base aérea, a jovem identificou nosso carro para um guarda uniformizado. Logo em seguida, emergiu da guarita um cavalheiro com o rosto obscuro e em roupas civis escuras, vestindo um chapéu-coco muito apropriado. Ele tocou a aba do chapéu em direção ao "sr. Dennis" ao se sentar no banco de trás, reclamou do clima e pediu meu passaporte. Conforme instruções prévias, eu o abri na página do visto — que não mostra nome ou fotografia — e ele meticulosamente afixou o carimbo oficial atestando que eu acabara de deixar a Inglaterra. Dirigimos pela base e, alguns minutos depois, estávamos ao lado de um C-45 americano. Desci do carro com minha mala. A jovem inglesa acenou e disse alegremente: "Deus o abençoe, sr. Dennis." O cavalheiro com rosto obscuro tocou novamente a aba do chapéu.

O capitão MacArthur, da Força Aérea americana, apresentou-se e decolamos imediatamente. O "sr. Dennis" era o único passageiro. Durante a pausa para café e donuts, o capitão explicou que, por causa do mau tempo, teríamos de passar sobre Amsterdã a caminho da base aérea de Wiesbaden, Alemanha Ocidental. Passei as três horas seguintes lendo um livro recém-publicado, *My Life in Court* [*Minha vida no tribunal*], de um advogado americano chamado Nizer.

Reabastecemos em Wiesbaden, comemos sanduíches e tomamos café no avião e então, em meio a uma neblina terrível, fizemos um voo de duas horas pelo estreito corredor atravessando a Alemanha Oriental até Berlim. Finalmente pousamos no aeroporto Tempelhof, onde nos esperava um americano chamado Bob, cujo carro estava estacionado por perto. Nevava muito. Ninguém pareceu lamentar quando começamos a nos afastar rapidamente.

Viajamos em silêncio até uma casa escura em uma parte residencial de Berlim Ocidental. Entramos, acendemos as luzes, baixamos as persianas, retiramos nossos casacos cobertos de neve e, pela primeira vez, nos encaramos sob as luzes.

— Saudações — disse meu motorista. — Lamento por não ter falado muito durante o caminho, mas achei que, após o voo vindo de Londres, você gostaria de relaxar um pouco antes de conversarmos.

Ele era alto, tinha boa aparência, uns 40 anos e ar confiante.

— Ficará sozinho aqui. Todas as manhãs, uma criada alemã confiável virá fazer o café da manhã e arrumar a cama. Tentamos deixá-lo confortável, e encontrará tudo de que precisa, incluindo cigarros americanos, uísque doze anos e revistas.

"Desfaça as malas e descanse por algumas horas. Voltarei mais tarde para o jantar."

Três horas depois, jantamos juntos, em um excelente restaurante em uma ruazinha discreta. Conversamos sobre tudo, menos minha missão. Mais tarde, fomos até o hotel Berlim Hilton, lotado de viajantes comerciais, e Bob me mostrou o parcamente iluminado Golden City Bar. Enquanto íamos para casa em meio à neve, ele explicou que, após minha viagem a Berlim Oriental no dia seguinte, eu deveria telefonar, do Hilton, para um número que ele me fez memorizar. Enquanto eu estivesse em Berlim, o número serviria somente a esse objetivo.

De volta à casa vazia, subi as escadas e dormi em uma cama gelada, pensando no calor e na música do Claridge's na noite anterior.

Sábado, 3 de fevereiro

Acordei literalmente rígido de frio. Do lado de fora, o granizo caía sobre a neve, com aquela escuridão deprimente que cerca Berlim em dias de clima desagradável. Contudo, minha preocupação imediata era o quarto congelante.

Levei uma hora para analisar a mecânica da casa e a parcimônia alemã que ditara seus planos de construção. A habitação tinha duas fontes separadas de aquecimento, uma para o andar de cima, outra para o andar de baixo, para que nenhuma delas fosse usada desnecessariamente. Durante o dia, nenhum ocupante com bom senso desperdiçaria combustível aquecendo os quartos; durante a noite, não havia razão para aquecer as salas; pela lógica alemã, somente um tolo manteria a casa aquecida o tempo todo, por mais extremo que fosse o inverno em Berlim. Para assegurar a eficiência desse esquema diabolicamente esperto, o vestíbulo tinha duas portas separadas — uma dando para a sala e a outra para a escadaria que levava aos quartos no andar de cima. Na noite anterior, eu e Bob não havíamos ligado o aquecimento do andar de cima, embora a temperatura estivesse próxima do zero.

Rapidamente descobri que pegara um resfriado: minhas costas doíam e eu parecia ter uma pleurite. Quando Bob chegou, nos asseguramos de que eu não tinha febre e ele me prometeu um linimento. Concordamos que seria complicado consultar-me com um médico do Exército americano ou um civil alemão. Tentamos imaginar — e o xingamos em silêncio — o austero burguês alemão que construíra a casa e agora provavelmente tomava sol em alguma praia argentina.

Antes de Bob chegar, eu saíra para uma caminhada e encontrara uma igreja católica. Chegara a tempo da missa das 8h. Havia poucos fiéis na igreja escura, talvez por causa do clima. Notei que quase não havia jovens. Havia muitas mulheres e vários homens idosos usavam braçadeiras negras, presumivelmente por filhos perdidos na Segunda Guerra Mundial. A igreja era quase tão fria quanto meu quarto.

Após um bom café da manhã em casa, servido pela silenciosa criada alemã, Bob explicou, com o auxílio de mapas, as únicas rotas ainda abertas para atravessar o muro. O plano selecionado para minha jornada era simples. A S-Bahn, ou ferrovia elevada, saía de Berlim Ocidental e passava pelo muro, permitindo que passageiros desembarcassem em Friedrichstrasse, em Berlim Oriental. Segundo Bob, essa viagem era feita diariamente pelos poucos alemães orientais com vistos de trabalho e ainda menos visitantes "neutros" Uma vez que desembarcasse do trem, eu deveria usar meu próprio discernimento ao passar pelos guardas de fronteira da Alemanha Oriental e chegar até a embaixada soviética em Unter den Linden. Bob explicou que as condições da fronteira variavam diariamente e não podiam ser previstas. Ocasionalmente, os guardas se recusavam a permitir a entrada de qualquer visitante; em outras vezes, submetiam-nos a intermináveis esperas, talvez acompanhadas de revistas individuais.

Dirigimos em meio à tempestade de neve até a estação da S--Bahn em Berlim Ocidental, onde comprei uma passagem de ida e volta (para dar sorte, como disse a Bob). Subi as escadas e embarquei no primeiro trem.

Registrei os detalhes da viagem em meu relatório formal a Washington, escrito tarde da noite. Diariamente, ao retornar, eu ia até o Golden City Bar, telefonava para o número não listado e esperava por Bob. Enquanto aguardava, eu escrevia à mão um breve resumo do dia. Ele me levava para casa, enviava o resumo a Washington imediatamente e, após o jantar, trazia uma estenógrafa, a quem eu ditava um relatório detalhado. Todas as entradas que se seguem foram retiradas de tais relatórios. Alguns detalhes vieram de meu diário.

Por volta das 11h15, entrei na S-Bahnhof na estação Zoo e tomei o trem para uma viagem de vinte minutos até Friedrichstrasse. No caminho, passamos pelo "Muro", que estava fortemente patrulhado por policiais uniformizados (localmente conhecidos como VOPOs, uma abreviatura de seus títulos oficiais). Todos estavam armados com carabinas e pistolas. Na maioria dos lugares, no lado oriental de Berlim, dinamite e escavadeiras haviam nivelado o solo por quase 180 metros atrás das cercas de arame farpado.

Em Friedrichstrasse, minha passagem foi autorizada pelo primeiro guarda uniformizado a inspecionar meu passaporte, mas, quando virei à direita e entrei em um corredor cercado por cordas, encontrei aproximadamente cem pessoas esperando liberação. Após dez minutos, apenas uma ou duas haviam sido atendidas, e a demora parecia ser deliberada.

Como eram quase 11h30, deixei meu lugar na fila e me dirigi ao VOPO [*Volkspolizei*, polícia do povo] mais próximo. Com um olhar fulminante e em alemão, disse em voz alta que tinha uma reunião às 12h na embaixada soviética. Ele bateu os calcanhares e imediatamente me escoltou até o início da fila.

Dois oficiais alfandegários uniformizados perguntaram quanto dinheiro eu carregava. Mostrei-lhes meus 20 marcos alemães ocidentais. Em resposta a outra pergunta e seguindo instruções de Bob, declarei que estava hospedado no hotel Hilton-Berlin. Finalmente, eles me fizeram assinar um cartão impresso contendo minhas respostas, que chamaram de meu "visto" e grampearam a meu passaporte. Não houve interferência posterior e tive permissão para sair da estação e entrar no frio mordente de Berlim Oriental.

Eu estivera em Berlim pela última vez no verão e outono de 1945. Nós do Gabinete de Serviços Estratégicos havíamos emprestado uma equipe fotográfica da Marinha da unidade de fotografia de campo do capitão John Ford. Ela era liderada pelo comandante Ray Kellogg e incluía Budd Schulberg, seu irmão Stu e outros doze profissionais de Hollywood. Nossa missão era reunir filmes nazistas capturados e outras evidências visuais que pudessem ser utilizadas como prova nos julgamentos por crimes de guerra em Nuremberg. Berlim estava demolida e desolada, como se tivesse sido desenhada por Goya. Berlinenses famintos e desesperançados ficavam longe das ruas, com medo das tropas russas. Elas incluíam um regimento mongol trazido para aterrorizar os alemães. Vivíamos em uma vila berlinense na região do Wannsee, cercados por um destacamento especial da infantaria americana que nos protegia dos desertores russos. O teto de nossos quartos ficava forrado de grandes moscas, gordas de tanto se banquetearem nos corpos dos soldados mortos que flutuavam no Wannsee.

Em fevereiro de 1962, Berlim Oriental parecia não ter mudado. Tão longe quanto a vista alcançava, em qualquer direção, os edifícios estavam em ruínas. Buracos de bombas ainda podiam ser vistos nas paredes despedaçadas. As ruas estavam estranhamente desertas e pareciam tomadas por um medo opressivo. Era como se os russos tivessem decidido, em 1945, que Berlim Oriental deveria continuar a experimentar a morte, para que os alemães nunca se esquecessem.

Caminhei sob a neve até Unter den Linden. Ao virar uma esquina deserta, dei de cara com um grupo de dez ou doze jovens usando capas de chuva esfarrapadas ou pesados suéteres de gola rulê e sem chapéus. Alguns tinham cigarros presos aos lábios. Pareciam uma matilha de lobos. Endireitei as costas e, com a face sombria de um oficial alemão oriental ou soviético que precisa apenas de sua valise como arma, passei por eles. Pareceu-me um longo minuto. Mais tarde, soube que tais gangues de jovens sem teto vagueavam por Berlim Oriental dia e noite. Catavam coisas nas ruas e os berlinenses acreditavam que eram tolerados pelos soviéticos para serem ocasionalmente usados para atos de violência; mais tarde, suas ações seriam categorizadas como "vandalismo", sem responsabilidade oficial.

Ao chegar a Unter den Linden, fiquei horrorizado. Olhando para os dois lados do que já fora um dos maiores bulevares do mundo, vi pouco além de desolação. Algumas pessoas vagueavam pela neve. Lembrei-me de quando ficara em um alegre hotel naquela mesma rua, no verão de 1936, durante as Olimpíadas. A Alemanha estivera no auge de um falso júbilo por ter reconquistado uma posição de poder mundial e poucos dos que passeavam por Unter den Linden na época poderiam ter previsto sua ruína.

Localizei a embaixada soviética, mas a recepcionista, após consultar alguém, informou-me em excelente inglês que eu deveria seguir até a porta seguinte, o consulado, onde ocorreria minha reunião. Caminhei até lá, toquei a campainha e uma porta formidável se abriu.

— Como vai? — perguntou uma jovem sorridente no vestíbulo.

— Sou a filha de Rudolf Abel. Essa é minha mãe, Frau Abel, e seu primo Herr Dreeves.

Apertei a mão dos três, mas nada disse. A "filha" tinha cerca de 35 anos, falava inglês com fluência e parecia ser muito inteligente. Achei que era eslava. "Frau Abel" aparentava uns 60 anos e era a dona de casa típica. Ela me fez lembrar uma atriz alemã. O "primo Dreeves" jamais disse nada, limitando-se a sorrir. Era um homem magro e rijo de uns 55 anos, que abria e fechava as poderosas mãos o tempo todo; mentalmente, chamei-o de Oto, o Estrangulador. Provavelmente era da força policial da Alemanha Oriental. Todos usavam roupas gastas.

Após alguns minutos de silêncio, eu acendia um cigarro quando Frau Abel subitamente se levantou e gritou, em um inglês precário: "Como está meu pobre marido Rudolf?" Quando eu disse "bem", ela irrompeu em lágrimas por vários minutos. A filha lhe dava tapinhas nas costas e o primo foi buscar um copo de água. Permaneci sentado, impassível.

— Por que — perguntou abruptamente a filha — a última carta de meu pai estava em papel diferente das outras e por que tanto ela quanto sua própria carta foram postadas de Washington?

Após um momento, respondi:

— A minha foi enviada de Washington para que não passasse por meu escritório. Eu queria evitar qualquer possiblidade de vazamento. Quanto a seu pai, enviei a ele uma carta contando sobre minha viagem a Berlim, mas, a meu pedido, ela não foi entregue da maneira habitual. Foi lida para ele no escritório do diretor, em Atlanta. Fiz isso para evitar boatos entre os outros prisioneiros, e a resposta foi enviada a Washington para ser postada.

Ela pareceu satisfeita.

— O senhor pode fazer a troca? — perguntou a esposa, novamente como se recitasse uma fala decorada em um filme estrangeiro.

— Hoje mesmo — respondi —, se todos forem razoáveis e agirem de boa-fé.

— Como tem passado meu pai na prisão? — perguntou a filha.

— Nunca esteve melhor — respondi. — É uma prisão decente e ele tem um estúdio, no qual pinta o dia todo.

— Mesmo uma gaiola dourada é uma gaiola — respondeu a filha, dando a deixa para que a mãe chorasse novamente. Comecei a me perguntar quando aquele melodrama chegaria ao fim.

Durante nossa espera de 15 minutos, fumei vários cigarros. Por duas vezes, a filha disse em voz alta: "Eu gostaria de um cigarro." Nas duas vezes, não fiz nenhuma oferta, e Dreeves lhe entregou um. Em ambas as ocasiões, ela disse, "Preciso de um isqueiro" e, quando novamente não me movi, Dreeves acendeu seu cigarro.

Exatamente às 12h, a porta da antessala se abriu e por ela entrou um homem alto, de boa aparência, elegantemente vestido e usando óculos sem aros. Ele se apresentou a todos, com ar confiante, como Ivan Alexandrovich Schischkin, segundo-secretário da embaixada soviética.

— O senhor fala alemão? — perguntou-me em inglês.

— Muito mal — respondi.

— Ótimo — disse ele. — Nós dois nos sairemos melhor em inglês.

Ele nos convidou para uma sala de conferências privada, onde se posicionou atrás da escrivaninha e, com um gesto, nos convidou a sentar. As cadeiras eram em número exato. Do momento em que entramos na sala até partirmos, uma hora depois, ninguém da suposta família disse uma palavra, com exceção da filha, que respondeu "sim" quando perguntada se poderia retornar na segunda-feira para uma nova reunião. Schischkin os aceitou como uma estrela no palco aceita os adereços necessários.

Comecei explicando a Schischkin que era advogado privado, com muitas questões urgentes a tratar, e que comparecera com considerável sacrifício de meu tempo pessoal. Expliquei que precisava ganhar o sustento de minha família e, desse modo, não poderia ficar em Berlim por muito tempo. Assim, gostaria de uma resposta imediata a minhas propostas.

— É claro — respondeu ele. — Compreendo perfeitamente. — Seu inglês era impecável.

Ele me perguntou como eu chegara a Berlim, vindo de Nova York, e se o tempo inclemente causara dificuldades. Respondi que minha profissão exigia que fizesse uma visita anual a Londres e que eu chegara por meio de uma companhia aérea comercial.

Após alguns dias, partira para Berlim em um voo militar especial providenciado por meu governo. Acrescentei que meu transporte e minha rota tortuosa até Berlim haviam sido planejados de modo que minha localização era conhecida apenas por alguns poucos oficiais do governo.

— Onde o senhor está hospedado em Berlim Ocidental? — perguntou ele.

Respondi que a Missão dos Estados Unidos me hospedara em uma casa particular, mas eu não sabia o endereço ou localização.

— Secretário Schischkin — falei —, vim a Berlim por uma única razão. Um advogado alemão oriental chamado Wolfgang Vogel me enviou uma mensagem dizendo que a sra. Abel acreditava que, se eu conseguisse providenciar a libertação de seu marido, isso libertaria Powers, o estudante americano Pryor, detido na Alemanha Oriental, e o estudante americano Makinen, agora na prisão em Kiev. Assim, consegui uma promessa de meu governo de que entregaremos Abel em qualquer ponto designado de Berlim, 48 horas depois de chegarmos a um acordo.

Schischkin tamborilou com os dedos na mesa. Entreguei a ele a carta do advogado de clemência do Departamento de Justiça. Ele a leu cuidadosamente, colocou-a de lado e disse:

— Muito vaga.

Respondi que qualquer falta de detalhes na carta fora deliberada, para evitar conversa entre as estenógrafas, o que poderia resultar em um "vazamento para a mídia". Então me reclinei novamente na cadeira.

Após uma pausa, Schischkin removeu os óculos sem aro, começou a poli-los e então disse:

— Há mais de um ano, os Abel me procuraram em meu escritório no consulado, porque são alemães orientais. Ouvi sua história e disse que intercederia junto ao governo soviético para ver se Powers poderia ser trocado por Abel. Mais tarde, recebi uma resposta favorável de Moscou, porque algumas facções fascistas nos Estados Unidos haviam tentado ligar esse alemão Abel à União

Soviética. Essa invenção foi fonte de propaganda antissoviética nos Estados Unidos. Gostaríamos que fosse eliminada, a fim de promover maior entendimento entre nossos países.

"Contudo, quanto a esses estudantes americanos Pryor e Makinen, jamais ouvi falar de seus casos. O senhor introduziu uma nova questão, e não estou autorizado a discuti-la."

Expressei minha surpresa. A única razão de minha viagem a Berlim fora a mensagem de Vogel, supostamente citando a sra. Abel. Se Schischkin não estava preparado para discutir a proposta, eu não tinha instruções de meu governo e podia simplesmente voltar para casa.

— O senhor não tem *nenhuma* instrução? — perguntou Schischkin, perplexo.

— Nenhuma — respondi. — Por outro lado, gostaria de contar ao senhor os preparativos que foram feitos para entregar Abel aqui, se a promessa de Vogel for cumprida.

"Comunicarei nosso acordo a Washington. Abel será enviado imediatamente, em avião militar, acompanhado pelo diretor--adjunto do Gabinete de Prisões. Ele estará carregando o perdão presidencial, já assinado pelo presidente Kennedy, mas necessitando da assinatura do diretor-adjunto. Isso será feito no local da troca (sugerimos a ponte Glienicke), depois que eu atestar que estamos recebendo os homens corretos. Um homem para identificar Powers já está em Berlim; a família de Pryor está aqui, como o senhor sabe; e pessoas que conhecem Makinen estão disponíveis. Tudo de que precisamos é seu consentimento e Abel será libertado."

Schischkin ouviu atentamente. Depois perguntou:

— O senhor tem certeza de que tal documento já foi assinado pelo presidente Kennedy?

— Absoluta — respondi. — É claro que ela tem uma cláusula afirmando que Abel jamais poderá voltar aos Estados Unidos, ou sua pena será renovada.

"Gostaria de acrescentar outro detalhe. Tal troca vem sido defendida por nossa imprensa já há algum tempo e, em minha opinião, se o senhor quer a libertação de Abel, agora é a hora de agir. Se postergarmos, o clima favorável pode ser modificado por um incidente internacional ou nossa política doméstica."

— O senhor acredita — perguntou Schischkin, pensativo — que as opiniões que expressou também representam as opiniões do governo dos Estados Unidos?

— Com certeza — respondi.

Schischkin afirmou novamente estar preocupado com o fato de eu não carregar nenhuma credencial para além da carta "vaga" do advogado de perdão. Eu lhe disse que, se fosse necessário, poderia lhe encaminhar as credenciais do chefe de nossa missão em Berlim Ocidental.

— Contudo — comentei —, acho óbvio que nenhum cidadão ocupado viajaria milhares de quilômetros em tal missão se não tivesse autorização.

Também demonstrei considerável irritação com o fato de a questão não ser resolvida ali mesmo.

— Depois de vir até aqui com grande sacrifício pessoal — disse —, se Vogel me enganou com mentiras, terei certeza de que ele é um velhaco que deve ser severamente punido pelas autoridades adequadas.

— Entendo seu ponto de vista — respondeu Schischkin —, mas, nestas circunstâncias, é impossível discutir suas propostas no dia de hoje. Preciso me comunicar com meu governo.

Subitamente, voltei-me para a sra. Abel e disse, furioso:

— Vogel afirmou que a senhora o autorizou a fazer essas declarações. Ele estava dizendo a verdade ou não?

A mulher pareceu surpresa e assustada, mas permaneceu em silêncio.

Schischkin rapidamente interrompeu:

— Não há mais nada a discutir. Acredito que o senhor está muito aborrecido.

Então ele disse que desejava manter a carta do advogado de clemência. Perguntei se ele não poderia fazer uma cópia e me deixar com o original.

— Sou um oficial da embaixada soviética — respondeu Schischkin, tenso. — Se disse que a devolverei, não deveria haver
dúvidas a respeito.

Concordei e sugeri que, em vista de meu cronograma apertado,
adiássemos a reunião enquanto eu almoçava em algum lugar de
Berlim Oriental. Entretempos, ele poderia passar um rádio para
Moscou e obter seu consentimento, para que pudéssemos concluir
o acordo à tarde.

— Hoje é sábado — respondeu ele. — Fazer as coisas da maneira
que o senhor sugeriu seria ir rápido demais. Não poderia retornar
na segunda-feira, às 17h?

Disse que sim, mas que só poderia permanecer muito depois
de segunda-feira, lembrando que precisava de 48 horas para trazer
Abel. Até lá, se ele recebesse notícias de Moscou, poderia se comunicar comigo em um número de telefone em Berlim Ocidental.
Anotei o número de Bob em um cartão e lhe entreguei. Schischkin
perguntou se poderia telefonar à noite ou no domingo. Disse que
ele poderia telefonar a qualquer momento durante minha estada
em Berlim. Meu governo reconhecia que meu tempo era valioso
e tivera a cortesia de facilitar minha tarefa.

Schischkin disse, pensativo:

— Então eles querem três por um.

Respondi, sorrindo:

— Um artista sempre vale mais que três mecânicos.

Com um olhar orgulhoso por minha referência a Abel, ele
devolveu meu sorriso.

— Gostaria de expressar uma opinião pessoal — continuei.
— Com os Abel agora alegando possuir cidadania alemã oriental e Pryor estando detido pelos alemães orientais, certamente a
libertação de Pryor eliminaria qualquer dificuldade que a Rússia
soviética pudesse ter para explicar publicamente o que, de outro
modo, pareceria preocupação indevida com o cidadão alemão
oriental Abel.

Ele concordou com a cabeça, pensativo, como se considerasse uma nova ideia.

Schischkin me perguntou se eu tivera algum problema para entrar em Berlim Oriental. Respondi que minha única dificuldade fora a multidão na estação ferroviária. Se retornasse, eu ficaria muito agradecido se pudesse eliminar esse aborrecimento. Ele disse que tais multidões geralmente estavam presentes apenas aos sábados, mas, se fosse importante para mim, providenciaria privilégios especiais. Por que meu governo não disponibilizava um carro para que eu pudesse cruzar por Checkpoint Charlie? Expliquei que viajara pela rota dos trabalhadores a fim de passar despercebido e evitar a imprensa. Ele pareceu satisfeito com a resposta.

Ofereci meu cartão profissional e, para ser amigável, também lhe entreguei meu cartão de vice-presidente do Conselho de Educação da Cidade de Nova York. Ele o leu cuidadosamente e então comentou:

— Isto é muito bem-feito.

Pedi seu cartão e ele perguntou, surpreso:

— Isso é necessário?

Respondi:

— Não, mas desejável.

Ele então me entregou seu cartão, que guardei no bolso. Apertamos as mãos, e saí do escritório, com a "família Abel" atrás de mim. A conferência durara uma hora.

Quando chegamos à rua, a suposta filha me perguntou:

— O senhor não quer falar com Herr Vogel?

Respondi que isso seria determinado pela embaixada soviética, no momento adequado. Ela então disse:

— Pryor é uma questão da Alemanha Oriental e não vejo por que deveríamos envolver meu pai.

— Vogel fez com que eu viesse até aqui — respondi — supostamente com autorização de sua mãe. Se a mensagem era falsa e não autorizada, ele me trouxe sob falso pretexto, e eu o aconselho a ficar fora do meu caminho.

Ela riu e acrescentou:

— Se for um falso pretexto, é melhor que ele fique fora de nosso caminho também!

A família me deixou na esquina seguinte, com a filha explicando que estavam hospedados em um hotel de Berlim Oriental.

Retornei via S-Bahn, mas com dificuldades consideravelmente maiores. Minhas credenciais foram examinadas três ou quatro vezes por policiais armados em várias barreiras na estação. Havia pouco tráfego humano na direção oeste. Em uma barreira, mantiveram meu passaporte por cerca de dez minutos, jogando-o em uma fenda na parede da cabine, para inspeção. Esperei em uma antessala e encontrei uma coleção de folhetos de propaganda alemães orientais e soviéticos em uma prateleira. Peguei dois de cada. Quando finalmente fui liberado, tive de esperar uma hora pelo trem.

Voltando pelo muro, vi policiais fortemente armados ao longo dos trilhos elevados, observando através de binóculos, em busca de possíveis fugitivos. Vários eram mulheres. Como um canal separava Berlim Oriental de Berlim Ocidental nesse ponto, um fugitivo teria de nadar após passar pelas cercas de arame farpado do lado oriental, o que tornava a fuga muito improvável. A escuridão estava caindo e os holofotes do lado oriental começaram a percorrer o canal.

Domingo, 4 de fevereiro

Dormi até tarde, aquecido pelo forte linimento que Bob conseguira para minhas costas doloridas. Fui à missa na igreja mais próxima, que estava bem mais movimentada que no dia anterior. O clima, contudo, ainda estava horroroso. Na noite anterior, eu ditara meu primeiro relatório detalhado, e o esboço me fora entregue à tarde. Passei um tempo considerável fazendo correções.

Bob me trouxe alguns jornais em inglês e a criada fez frango assado no estilo alemão. Foi quase como um domingo tranquilo em casa.

Segunda-feira, 5 de fevereiro

Às 17h retornei a Berlim Oriental e à embaixada soviética. Dessa vez, não havia fila para cruzar a fronteira e tive pouca dificuldade para chegar aos postos de controle.

Cruzando o muro, notei, do lado oriental, várias torres de observação e plataformas para metralhadoras. Com os guardas vigiando os trilhos elevados, quase se podia pensar que temiam uma invasão em vez de um êxodo. Todos os policiais nos trilhos e os guardas na estação Friedrichstrasse carregavam coldres pretos de tamanho e formato que indicavam uma arma parecida com nossa pistola calibre .38. Com exceção de alguns oficiais de supervisão, os guardas pareciam jovens camponeses com menos de 20 anos.

A caminho da embaixada na Unter den Linden, as únicas pessoas que pareciam à vontade nas ruas eram as uniformizadas, especialmente os oficiais do Exército soviético. Caminhei pela Unter den Linden deserta até Brandenburger Tor, lembrando-a de outros tempos. O topo do monumento aos triunfos militares alemães aparentemente estava sendo usado como posto de observação. Não se podia chegar a menos de novecentos metros dele, pois estava cercado por cordas com sinais de VERBOTEN. Não vi evidências de infantaria pesada, como tanques ou tropas, em nenhuma parte. Mesmo assim, prevalecia uma inconfundível atmosfera de ocupação militar.

A embaixada soviética era um grande edifício branco de pedra, com belas linhas clássicas, em formato de "U" raso. À esquerda, ficava a entrada da embaixada e, do outro lado do pátio, a entrada do consulado. A frente do edifício era patrulhada por sentinelas do Exército soviético. Uma campainha tinha de ser tocada na porta frontal a fim de se ganhar admissão à embaixada ou ao consulado. Quando a recepcionista me deixou entrar, vi-me em um vestíbulo repleto de propaganda soviética; no lado da embaixada, havia murais fotográficos de manifestações públicas recentes em Moscou, com destaque para Kruschev.

Em ambos os edifícios, havia várias portas para antessalas e oficiais discretos entravam e saíam, carregando pastas. Todo o pessoal da embaixada com que falei, incluindo as recepcionistas, parecia ser fluente em russo, alemão e inglês. Sua conduta poderia ser descrita como "correta", mas notei que certo ar de superioridade era empregado para manter os visitantes alemães em seu devido lugar.

A seção central de todo o edifício parecia ser dominada por um grande hall ou salão de jantar; da rua, podia-se ver uma enorme janela de vitrais, com decorações elaboradas em torno do martelo e da foice. O edifício tinha quatro andares.

Nessa tarde, entrei no consulado um pouco antes do horário marcado. Na antessala, estavam a srta. Abel e o primo Dreeves, que me deu um de seus sorrisos menos simpáticos. A meu pedido, a srta. Abel soletrou o nome do primo, que era "Drews" (pronunciado "Dreeves" em alemão). Ela me informou que a mãe permanecera no hotel, pois estava "muito nervosa" desde a reunião de sábado.

— O senhor recebeu alguma boa notícia? — perguntou-me.

Respondi que a questão deveria ser discutida somente com a presença do secretário Schischkin.

Ele apareceu subitamente. Curvou-se rigidamente para a srta. Abel e Drews, mas apertou cordialmente minha mão. Então pediu para eu me juntar a ele em uma conferência privada em seu escritório, ignorando completamente meus companheiros.

Entreguei a Schischkin uma breve nota de Alan Lightner, chefe da Missão dos Estados Unidos em Berlim Ocidental, declarando que eu estava autorizado a viajar para Berlim Oriental para reuniões na embaixada soviética, e que ele fora informado integralmente dos objetivos de minha viagem. A carta continha o timbre do Serviço de Relações Internacionais e estava assinada por Lightner como ministro americano.

Schischkin permaneceu em pé e leu a nota em voz alta, cuidadosamente. Então disse:

— Embora jamais tenha duvidado de sua integridade durante nossa reunião de sábado, é preciso ser cuidadoso com essas coisas.

Declarei que, além de ter me encontrado com o sr. Lightner naquela manhã, também fora apresentado a seu vice, o sr. Howard Trivers, que acreditava conhecer Schischkin. O homem respondeu que não se lembrava de ter sido apresentado ao sr. Trivers, embora, de tempos em tempos, tivesse "alguns negócios com os americanos".

— Vamos direto ao assunto — continuou ele. — O senhor relatou nosso último encontro a seu governo? Que instruções recebeu?

— Relatei imediatamente — respondi —, e minhas únicas instruções foram para retornar hoje, de acordo com seu pedido, e ouvir a mensagem enviada por seu governo, se houver alguma.

Schischkin se sentou à mesa e, muito formalmente, abriu uma grande pasta de couro, declarando ter recebido instruções de Moscou. Em resposta à minha pergunta, disse que não tinha objeções ao fato de eu registrar a nota *verbatim*. Então leu o seguinte:

1. O governo soviético é compadecido e, nesse espírito, concorda em trocar Powers por Abel.
2. Essa ação humana de ambos os lados e a eliminação de uma fonte permanente de propaganda antissoviética devem contribuir para melhores relações entre os dois países.
3. Se o governo americano estiver interessado em libertar Makinen, que se encontra em Kiev, o governo soviético está pronto para trocá-lo por Abel, mas uma troca simultânea de Abel por Powers e Makinen é impossível. Cabe aos americanos fazer a

escolha. Se a questão for adequadamente concluída e resultar em melhores relações, futuros desenvolvimentos podem ter lugar.

4. Quanto ao caso de Pryor, a questão está fora da jurisdição das autoridades soviéticas e deve ser negociada com o governo da Alemanha Oriental. Isso pode ser feito por meio da sra. Abel e de seu advogado Vogel, que já comunicou a Donovan que sua petição recebeu consideração favorável do governo da Alemanha Oriental.

Schischkin declarou não ter outras instruções. Eu e a sra. Abel poderíamos elaborar um plano para a troca, que seria então analisado pelos soviéticos. Na opinião de Schischkin, contudo, a sugestão americana de usar a ponte Glienicke (que eu mencionara em nossa última reunião), "não era má".

Eu lhe disse estar mais interessado em Marvin Makinen. No caso de outras libertações serem realizadas, resultando em melhores relações internacionais, eu podia supor que a URSS concederia clemência a Makinen no futuro próximo? Schischkin disse que não podia confirmar minha interpretação, mas se informaria a respeito.

Eu disse que comunicaria a contraproposta a meu governo e esperava retornar com uma resposta em 24 horas. Schischkin sugeriu que, em vista de minhas costas machucadas (bastante fáceis de notar), não seria necessário que eu retornasse em pessoa. Ele pediu que eu enviasse a resposta de meu governo por meio de mensageiro diplomático para a embaixada soviética.

Tendo repassado sua mensagem formal, Schischkin relaxou e, de modo descontraído, perguntou se eu me voluntariara para defender Abel. Expliquei que o coronel não fizera o pedido habitual de um advogado "designado pelo tribunal", mas sim que o tribunal designasse "alguém recomendado pela Associação dos Advogados". Relatei como isso desagradara ao juiz federal, que concluíra que Abel não confiava nele. Schischkin sorriu de modo compreensivo.

Ele me perguntou sobre minha compensação. Expliquei que combinara com Abel honorários de dez mil dólares e que doara esse valor a três universidades. Schischkin comentou que fora uma ação "muito louvável" de minha parte.

— Diga-me — perguntei por minha vez —, por que permitem que a embaixada permaneça cercada de prédios arruinados e paredes destruídas, sem conserto desde a Segunda Guerra Mundial?

— Não consideramos aconselhável — respondeu ele — eliminar de Berlim todos os danos da guerra. Não fizemos nenhum esforço para isso e não temos intenção de fazê-lo no futuro próximo.

Falei de minha última visita à cidade, em 1945, em conexão com os Julgamentos de Nuremberg, enquanto ainda estava na Marinha. Schischkin imediatamente quis saber minha patente. Quando disse "comandante", ele repetiu a palavra e pareceu impressionado.

Mencionei o marechal Nikichenko, que fora o juiz militar soviético no julgamento principal de Goering, Von Ribbentrop, Kaltenbrunner, Streicher etc. Eu o encontrara muitas vezes durante a negociação, em Londres, do Tratado de Crimes de Guerra do Eixo e, mais tarde, durante o julgamento em Nuremberg. Schischkin disse que conhecia sua reputação, mas rapidamente acrescentou que não era advogado.

Quando me levantei para partir, ele notou que o fiz com considerável desconforto e perguntou se a dor muscular em minhas costas havia melhorado. Quando disse que não, ele me contou, rindo, que me recomendava uma receita médica de "conhaque ou vodca". Eu afirmei que vodca seria preferível, uma vez que não produz hálito alcoólico, e Schischkin concordou. Contei-lhe uma história corrente em Nova York segundo a qual o presidente de um banco enviou um memorando a seus vice-presidentes, dizendo:

"A todos os vice-presidentes que têm bebido martínis de vodca durante o almoço, solicito que, daqui para frente, bebam apenas uísque. O banco prefere que seus clientes da tarde vejam nossos funcionários como bêbados, não estúpidos."

Schischkin pareceu gostar da piada e, sorrindo, conduziu-me até a antessala.

Do lado de fora da embaixada, a srta. Abel e o primo Drews perguntaram o que havia sido decidido. Fiz um resumo e a srta. Abel disse:

— Devemos ir imediatamente ao encontro de Herr Vogel, que prometeu permanecer no escritório a nossa espera.

Quando perguntei por que Vogel não se unira a nós na embaixada, ela declarou que ele tinha tantos clientes que não podia deixar seu escritório. Ela chamava seu escritório de *bureau*, à maneira francesa.

Chamamos um táxi e, durante a corrida de meia hora, eu e a srta. Abel discutimos possíveis procedimentos para a troca. Finalmente concordamos em marcar para a noite de quarta-feira, 7 de fevereiro, na ponte Glienicke, às 22h. No caso de mau tempo ou qualquer outra contingência atrasando a chegada de um dos prisioneiros, o encontro seria adiado para a noite seguinte, no mesmo horário e local.

Finalmente chegamos ao escritório de Vogel e o primo Drews pagou a corrida. Quando desci do táxi e olhei em torno, na semiescuridão, fiquei perplexo. O escritório parecia estar estranhamente situado para um advogado supostamente proeminente de qualquer país. Ficava em Alt-Friedrichsfelde, n. 131, no que parecia ser uma vizinhança residencial de segunda linha. O edifício tinha um recuo de uns setenta metros em relação à calçada e, em frente, havia um terreno vazio com mato crescido. A estrutura fora construída recentemente: era quadrada, tinha dois andares e fachada de tijolos. Quando nos aproximamos, notei que o andar térreo consistia em moradias baratas, com cobertores cobrindo as janelas, no lugar de persianas ou cortinas. Caminhamos até os fundos e abrimos uma porta lateral, com a srta. Abel na frente e o primo Drews atrás de mim.

A entrada estava mal iluminada. Entrevi uma escada levando a um corredor estreito, com paredes absolutamente nuas de ambos os lados. Parecia tão pouco com o escritório de qualquer advogado que, conforme subia as escadas com primo Drews atrás de mim, fiquei apreensivo e olhei para trás uma ou duas vezes. Fui confortado pela ideia de que não havia razão para me preocupar, uma vez que não tinha para onde fugir.

No alto da escada, a srta. Abel apertou uma campainha e fomos admitidos a uma pequena antessala, que levava a uma sala de espera ainda menor. Várias pessoas estavam sentadas quando entramos, mas rapidamente se levantaram e partiram. Herr Vogel apareceu e nos levou a seu pequeno, mas bem-mobiliado, escritório. Tinha cerca de 37 anos, boa aparência e cabelos escuros, além de sorrir muito. Vestia um terno de flanela feito à mão, camisa branca, gravata de seda com lenço combinando e abotoaduras elaboradas. Parecia-se com muitos executivos de vendas bem-sucedidos nos Estados Unidos.

Vogel imediatamente me perguntou se eu falava alemão e respondi, em inglês: "Muito mal." (De várias maneiras durante o dia, indicou-se que eles acreditavam que meu alemão era muito melhor do que eu admitia.) Para minha surpresa, o primo Drews se ofereceu para agir como intérprete e traduziu para Vogel meu resumo dos acontecimentos no escritório de Schischkin. O advogado assentiu e disse que tinha o prazer de me apresentar um comunicado oficial do procurador-geral da República Democrática Alemã. O texto estava em alemão e dizia:

> Por meio deste, certifica-se que a petição para libertação de seu cliente às autoridades americanas pode ser concedida se as condições que lhe são conhecidas forem cumpridas pelos americanos.
>
> Procurador-geral:
> Oficial: Windlisch
> Procurador

A mensagem obviamente seguira o modelo da carta do advogado de clemência dos Estados Unidos que eu apresentara a Schischkin em nossa primeira reunião e que ele achara "vaga". Perguntei-me por um momento como o procurador Windlisch vira a carta do advogado de clemência.

A mensagem estava datada de 5 de fevereiro de 1962 e me foi apresentada somente no original em alemão. Drews disse que não sabia traduzi-la literalmente, mas poderia fazer um resumo em linguagem leiga. Pedi uma cópia fotostática do original, assim como uma tradução exata para o inglês. Vogel respondeu que não tinha uma copiadora e, após chamar a secretária, informou-me que, embora ela pudesse traduzir a carta para o francês ou o italiano, não podia fazê-lo para o inglês. A meu pedido, a garota datilografou uma cópia do documento original em alemão e Vogel pessoalmente certificou sua correção.

Após discutirmos a carta, com a srta. Abel falando de sua alegria por todos os empecilhos à troca terem sido removidos, disse a Vogel que, a fim de fazer meus próprios planos, queria uma resposta simples a uma pergunta simples: Se o plano para a troca na quarta-feira à noite fosse aprovado por todos os envolvidos, Vogel garantia que os alemães orientais apresentariam Pryor no mesmo horário e local, para uma troca tripartite?

— Com certeza — respondeu ele.

Declarei que desejava ser informado sobre seu status atual como advogado da família Pryor. Para evitar complicações ou dar ensejo a falsas esperanças, a família não deveria saber sobre minha presença em Berlim ou sobre as negociações. Vogel disse que esperava o sr. Pryor em seu escritório no dia seguinte e que lhe diria o que quer que eu sugerisse. Sugeri que informasse ao sr. Pryor que sua petição ao governo da Alemanha Oriental progredia tão favoravelmente quanto se poderia esperar e que, se tudo corresse bem, Vogel poderia ter uma decisão na sexta-feira. O homem concordou. Eu lhe disse que notificaria imediatamente meu governo sobre todos os desenvolvimentos do dia e enviaria minha resposta tanto para Schischkin quanto para ele antes do meio-dia seguinte (terça-feira).

Durante toda a reunião, fui reservado, porém amigável. Por causa de uma indicação em uma mensagem de Washington de que eles acreditavam que eu fora enfático demais ao censurar a conduta de Vogel durante a reunião com Schischkin no sábado, não fiz nenhuma referência às promessas quebradas. No fim da conferência, Vogel chamou um táxi e todos apertamos sua mão antes de partir. No alto da escada, polidamente indiquei que o primo Drews deveria me preceder. Ele o fez.

A srta. Abel e Drews me acompanharam até a estação Friedrichstrasse no táxi. No caminho, a moça perguntou repetidamente sobre minha reação aos desenvolvimentos do dia, dizendo que sua mãe estaria "ansiosa por notícias". Eu lhe disse que, honestamente, não podia prever a reação de meu governo, pois Vogel afirmara que poderia nos entregar os três americanos em troca de Abel. Contudo, disse que, se as promessas feitas durante o dia fossem cumpridas de boa-fé e imediatamente, não era impossível que esses termos fossem aceitos.

Expliquei a ela que, como meu governo estava ansioso para ajudar os três americanos, permaneceria inquieto enquanto qualquer um deles estivesse sob custódia. Ela disse que nosso governo deveria se lembrar de que as autoridades da Alemanha Oriental haviam declarado que, se Pryor fosse julgado, receberia ou a pena de morte, ou muitos anos de prisão. Eu afirmei que, embora Powers fosse o objetivo básico e primário da missão, isso não significava que nosso governo abandonaria qualquer um dos outros americanos e que tentaríamos proteger seus interesses ao máximo possível. Na estação Friedrichstrasse, Drews e a srta. Abel se despediram.

Novamente, passei pelo controle de fronteira, mas, dessa vez, eles detiveram meu passaporte durante muito tempo, já na primeira barreira alfandegária. Juntamente comigo no trem, havia uma estranha mistura de pessoas: alguns trabalhadores alemães pobremente vestidos, um jovem chinês, um balcânico de ar professoral e barba pontuda e um *cockney* bêbado saído diretamente de Piccadilly, de capa de chuva azul, acompanhado por um jovem alemão de ar desonesto. Da parada Zoo fui diretamente ao hotel Hilton, chegando por volta das 19h10. Quando telefonei para Bob, ele disse que estavam muito preocupados com meu retorno tardio.

Depois do jantar em um café silencioso, voltei para casa e me preparei para ir para a cama. Subitamente, Bob chegou. Uma mensagem para mim fora recebida no número não listado de Berlim Oriental que eu dera somente a Schischkin. Era um homem falando em alemão de uma cabine em Berlim Ocidental:

> Surgiram dificuldades inesperadas. Preciso falar com o senhor urgentemente, em meu escritório, às 11h de amanhã, 6 de fevereiro.
>
> Vogel

Eu e Bob discutimos as implicações da mensagem. Ficamos ambos desconfiados. Senti que, se retornasse à Berlim Oriental no dia seguinte, não deveria visitar Vogel, mas sim confrontar Schischkin inesperadamente e exigir uma explicação. Bob concordou e notificamos Washington, que aprovou a manobra no fim da noite.

Terça-feira, 6 de fevereiro

Às 10h, voltei a Berlim Oriental pela rota usual e apertei a campainha do consulado soviético. Uma voz áspera me perguntou, em alemão, o que eu queria, mas eu não conseguia entender de onde via. Finalmente, encontrei uma fenda sobre a campainha e disse:

— Eu gostaria de falar com o sr. Schischkin.

Após uma pausa, a voz perguntou:

— O senhor fala inglês?

Respondi alto:

— Estou falando inglês e quero ver o sr. Schischkın.

A porta se abriu com um zunido, e eu entrei.

Na antessala, encontrei um negro africano, usando um chapéu redondo de pele e um casaco com gola também de pele, dormindo sobre uma fila de cadeiras. Logo em seguida, o porteiro apareceu e, depois de me dizer que eu devia aguardar, sacudiu o africano rudemente, dizendo-lhe algo em uma língua estranha. O africano se sentou, mas permaneceu ali, de casaco e chapéu. Encontrei nova propaganda comunista em inglês sobre uma escrivaninha e peguei dois exemplares de tudo.

Quinze minutos depois, Schischkin entrou na sala. Desculpou-se pela demora, mas expressou sua surpresa por minha "visita inesperada". Ele me conduziu até seu escritório. Lá, expliquei que, após partir de seu escritório no dia anterior e seguindo sua sugestão, acompanhara a srta. Abel e o primo até o escritório de Vogel. Descrevi a visita, mostrei a carta do procurador-geral da Alemanha Oriental e disse que, após retornar a Berlim Oriental, fizera um relatório para Washington. Meu relatório declarava que, embora nosso governo tivesse sido levado a esperar Powers, Makinen e Pryor em troca de Abel, eu recomendava a aceitação da oferta atual por Powers e Pryor, uma vez que acreditava, em função da mensagem de Moscou que me fora entregue por Schischkin, que, com a melhoria das relações entre americanos e soviéticos, podíamos esperar clemência para Makinen no futuro próximo. Em seguida, falei que meu governo demonstrara o desejo de aceitar a oferta de trocar Powers e Pryor por Abel, com nosso entendimento de que Makinen seria libertado de modo separado.

Finalmente, contei a Schischkin sobre o misterioso telefonema de Vogel na noite anterior e como, ao ser relatado a Washington, ele perturbara todos os planos. Entreguei a Schischkin uma cópia da mensagem e o homem disse:

— Que mensagem estranha! O que significa?

Disse que esse era um de meus objetivos ao visitá-lo essa manhã, pois a mensagem chegara por meio de um telefone que eu dera somente a ele, em nossa primeira reunião no sábado.

— A família Abel estava presente quando o senhor me deu o número — disse ele inexpressivamente.

— O número foi escrito por mim em um cartão que entreguei diretamente ao senhor — lembrei.

— Algumas pessoas têm visão aguçada — respondeu Schischkin.

Eu disse confiar que os soviéticos não tinham intenção de recuar da posição expressa no dia anterior na mensagem de Moscou. Acreditando em sua boa-fé, eu finalizara os preparativos com Vogel e com a srta. Abel, recomendara o plano a Washington e recebera aprovação. Acrescentei que tudo estava pronto para trazer Abel até Berlim, a fim de realizarmos a troca.

Schischkin se reclinou na cadeira e declarou, bastante solenemente, que o governo soviético não tinha o hábito de alterar posições manifestas. Ele reafirmou sua disposição em trocar Powers por Abel, mas reiterou que o problema com Pryor estava além da autoridade do governo soviético.

— Contudo — disse —, gostaria de fazer algumas observações pessoais. O senhor acabou de me dizer que fez um acordo com o governo da Alemanha Oriental para libertar Pryor em troca da libertação de Abel. Antes disso, o senhor acordara com meu governo libertar Abel em troca de Powers. Parece-me que o senhor é como um comerciante que está tentando vender a mesma mercadoria para dois compradores diferentes, pedindo pagamento aos dois.

— Isso é ridículo, e o senhor sabe — respondi. — Aceitei sua posição declarada de que qualquer ação por parte do governo da Alemanha Oriental está totalmente além de sua autoridade ou controle. A Alemanha Oriental está concedendo clemência a Pryor em reconhecimento de dois fatos: que os soviéticos estão libertando Powers por causa de seu "compadecimento" e que os Estados Unidos, em resposta, estão libertando Abel. Em vista da posição declarada de seu governo sobre a independência da Alemanha Oriental, por que seria de seu interesse o que os alemães orientais

— ou qualquer outro governo independente — decidam fazer em reconhecimento do louvável acordo entre soviéticos e americanos? Se, em razão do "compadecimento", os alemães orientais decidirem libertar Pryor ou um rebanho de ovelhas na mesma ponte e ao mesmo tempo em que será realizada a troca Powers-Abel, por que essa seria uma questão de interesse para o senhor ou para seu governo?

Schischkin quase sorriu, mas permaneceu em silêncio.

— Permita-me esclarecer uma coisa — continuei. — Se o acordo que fizemos ontem estiver sendo repudiado, informarei imediatamente a meu governo. Não posso dizer qual será a posição oficial, mas minha recomendação pessoal será para que eu retorne a Nova York e que nós abandonemos todas as negociações sobre essa questão.

Schischkin digeriu isso por um momento e então disse:

— Em meu julgamento, por causa da mensagem que recebeu de Vogel, o senhor deveria ir até seu escritório imediatamente. Depois de conversarem, sinta-se livre para voltar aqui, se quiser.

Perguntei se ele não poderia telefonar para Vogel e fazer com que viesse até a embaixada soviética, a fim de agilizar as coisas. Schischkin disse que lamentava, mas, embora ocasionalmente falasse com o ministro da Justiça da Alemanha Oriental sobre assuntos oficiais, seria altamente impróprio para um oficial soviético conversar com um advogado privado daquele país.

— Sei, por experiência, que precisarei de um intérprete para conversar com Vogel — disse —, e o senhor seria de grande valia nesse sentido se nos reuníssemos aqui. Além disso, eu teria de pegar um táxi até seu escritório e não poderia pagar, pois só tenho alguns marcos da Alemanha Ocidental e eles são ilegais aqui.

Schischkin respondeu que não poderia atuar como intérprete, mas tinha certeza de que eu não teria dificuldades. Com respeito a minhas finanças, disse que eu deveria pegar um táxi e pagar o motorista com marcos ocidentais, pois, "embora sejam ilegais, eles serão amplamente aceitos".

Após quinze fúteis minutos esperando por um táxi do lado de fora da embaixada, caminhei pelos montes de neve até a estação Friedrichstrasse e encontrei um. Dirigimos até o escritório de Vogel, com o motorista silenciosamente aceitando meus marcos ocidentais. No escritório, encontrei Drews sozinho. Ele explicou que a srta. Abel não poderia comparecer. Ela estava aborrecida com as dificuldades relatadas por Vogel e, além disso, "cuidava da mãe".

Drews começou a ler uma longa declaração em inglês que, segundo ele, fora preparada pela srta. Abel. Interrompi e sugeri ler a declaração por mim mesmo e levá-la comigo. Vogel objetou e eu disse que precisava de uma cópia. O documento, escrito à mão e em inglês em papel pautado barato, dizia o seguinte:

Na noite passada, depois que nos separamos, fui procurada pelo sr. Vogel, e ele me deu más notícias.

O sr. Vogel se encontrou com alguém do escritório do procurador-geral e, quando mencionou suas palavras sobre ter o consentimento da União Soviética para uma troca por outra pessoa, o oficial ficou muito surpreso. Ele enfatizou que, originalmente, havia concordado em trocar Pryor por Abel, uma pessoa por outra. Agora, parece que os termos da troca são diferentes e esse homem antecipou certas complicações. A RDA [o governo da Alemanha Oriental] concordou em trocar Pryor por Abel, nada mais. Esse acordo deve ser seguido fielmente.

Caso contrário, a RDA se sentirá livre para agir como julgar necessário e não pode dar seu consentimento à troca de uma pessoa por duas, uma delas sendo de um país diferente.

O sr. Vogel me pediu para expressar ao senhor sua preocupação com o assunto, pois se sente incapaz de adiar o julgamento de Pryor e, no gabinete do procurador-geral, deu-se a entender que, em caso de recusa americana de trocar Pryor por Abel, eles iniciarão o julgamento e o transformarão em sensação, pois possuem provas suficientes para condenar Pryor, o que, como o senhor entende, pode ter resultados negativos para os EUA e para a família Pryor, em particular.

Quando Drews terminou de ler, fiquei furioso e chamei toda a mensagem de "baboseira maliciosa". Disse que tanto a Alemanha Oriental quanto Vogel estavam obviamente agindo de má-fé e que nem meu governo, nem eu mesmo tínhamos tempo para jogos fúteis como aquele. Eu desejava deixar claro que qualquer ideia de trocar Abel por Pryor, somente, estava fora de questão e que, a menos que a Alemanha Oriental aderisse ao compromisso firmado oficialmente no dia anterior, por carta do procurador-geral, eu interromperia todas as negociações imediatamente e recomendaria a meu governo meu retorno a Nova York. Acrescentei ter a impressão de que Schischkin e Vogel tentavam me fazer de tolo e declarei que não toleraria isso.

Vogel deu um sorriso nervoso e disse:

— O que está acontecendo aqui é uma luta entre a Rússia soviética e a Alemanha Oriental, uma espécie de competição pelo privilégio de obter a libertação de Abel.

— Que tipo de competição seria essa? — redargui. — É como se seu berlinense Max Schmeling lutasse contra um peso-mosca.

— Pode ser — respondeu Vogel —, mas posso assegurá-lo, de boa-fé, que tal luta está ocorrendo. O procurador-geral da Alemanha Oriental assumiu uma posição firme em relação à questão, como o senhor pode ver pela mensagem.

— Que baboseira — afirmei. — Se Schischkin dissesse ao procurador-geral da Alemanha Oriental para caminhar sobre as mãos, ele se abaixaria e tentaria. Repito, não tenho tempo para jogos infantis. Ou a Alemanha Oriental se mostra à altura de seu compromisso oficial, fornecido por escrito no dia de ontem, ou interromperei todas as negociações e pedirei a meu governo para me levar para casa.

Levantei-me e comecei a vestir o sobretudo.

Vogel rapidamente apertou uma campainha em sua mesa. Como em uma peça de teatro, a porta de seu escritório se abriu e um assistente entrou na sala. Ele se postou rigidamente em frente à mesa e, meneando a cabeça como um papagaio, anunciou que Vogel acabara de receber um telefonema do procurador-geral da Alemanha Oriental. O procurador-geral, disse a última adição a nosso elenco de atores, desejava que Vogel comparecesse a seu escritório às 13h, para uma discussão sobre "a questão Pryor".

— Que boa notícia! — exclamou Vogel, levantando-se e olhando para o relógio. — Por favor, permaneça em Berlim Oriental até que meu compromisso esteja concluído. Prometo fazer meu melhor para que o procurador-geral mude de ideia.

Declarei que, como tomara café da manhã muito cedo, gostaria da indicação de um bom hotel para almoçar. Depois que Vogel conversasse com o procurador-geral, poderia me encontrar lá. Ele concordou e me entregou cinquenta marcos orientais (eu explicara não ter dinheiro). Drews perguntou se poderia almoçar comigo. "É claro", respondi. Quando me preparei para partir, Drews ficou para trás a fim de "reservar uma mesa no restaurante" (que estava praticamente vazio quando chegamos). Ele provavelmente queria telefonar para Schischkin. Vogel, espiando sobre o ombro para ver se Drews conseguia vê-lo, ergueu os polegares e disse:

— *Nicht zurückgehen* (sem recuar).

Ele obviamente tentava servir a dois mestres. Drews desceu as escadas e entramos no carro de Vogel, um atraente modelo esportivo.

Tomamos a direção de Friedrichstrasse, rumo ao restaurante, mas, após cinco minutos, um sedã preto subitamente se aproximou por trás e nos forçou a parar junto ao meio-fio. Quatro grandes policiais alemães orientais, todos armados e usando uniforme, desceram do sedã e cercaram nosso carro. Após um momento de choque, Vogel saiu e passou vários minutos em uma conversa inflamada.

Quando ele retornou e ligou o motor, perguntei:

— O que aqueles palhaços queriam?

— Recebi uma multa por excesso de velocidade — respondeu ele.

Por sua resposta, eu lhe daria uma multa por perjúrio. Contudo, se o objetivo era me abalar antes do almoço, confesso que foram razoavelmente bem-sucedidos.

Vogel nos levou até um restaurante muito agradável, o Johanneshof, perto da estação Friedrichstrasse. O cardápio impresso era excelente, mas muitos dos pratos estavam em falta. Escolhi uma boa sopa e salada fresca, seguidas de queijo e café. Drews comeu algum tipo de ensopado.

Durante o almoço, Drews foi muito polido, mas tentou continuamente saber minha opinião sobre a exequibilidade da troca Pryor-Abel. Eu lhe disse que qualquer discussão a respeito seria uma perda de tempo. Em certo momento, ele perguntou se eu me reportava ao Departamento de Estado e, quando confirmei, disse:

— A decisão de não libertar Pryor foi comunicada ao secretário da defesa McNamara, que é de Michigan e amigo da família?

Respondi que não sabia, mas que isso seria altamente incomum, pois uma missão como a minha era de competência exclusiva do Departamento de Estado.

Desde que saíra da embaixada, eu não mencionara novamente o fato de que a mensagem de Vogel na noite anterior chegara por meio de um número não listado que eu dera apenas a Schischkin. Mesmo assim, durante o almoço, Drews disse que "depois que Vogel deu a má notícia às Abel na noite passada, a srta. Abel teve a sorte de se lembrar do número que o senhor dera a Schischkin". Ele também disse que um amigo estrangeiro estava em Berlim Oriental e, ao saber das dificuldades, concordara em levar a mensagem para Berlim Ocidental e dar o telefonema.

Em outro momento, de forma bastante inesperada, ele perguntou:

— Por que o senhor acha que, em várias ocasiões, Schischkin insistiu em vê-lo sozinho, deixando-nos do lado de fora?

Respondi que não fazia ideia, e ele abandonou o assunto.

Comentei com Drews que "lamentava" pela família Abel e perguntei os nomes da sra. Abel e da filha. Ele respondeu "Lydia" para a mãe e "Helen" para a filha. Perguntei se Helen era casada e ele respondeu:

— Infelizmente, não.

Imediatamente depois, perguntou se Abel não falara da família e eu respondi:

— Nunca houve oportunidade.

(O fato é que, de acordo com correspondências e registros apresentados durante o julgamento de Abel, incluindo cartas microfilmadas apreendidas em seu quarto no momento da prisão, as declarações do primo Drews eram completamente falsas. Ele invertera os nomes. Além disso, uma das cartas apresentadas como prova durante o julgamento, aparentemente da filha de Abel, descrevia seu marido com muitos detalhes.)

Perto do fim do almoço (por volta das 15h15), Drews pediu licença "para ir ao banheiro", provavelmente para telefonar. Logo depois, Vogel apareceu e pediu a conta. Quando chegou, entreguei a Drews a nota de cinquenta marcos orientais que Vogel me dera mais cedo e pedi que pagasse tudo e ficasse com o troco. Drews produziu um maço de notas e disse:

— Fique com os cinquenta marcos.

Expliquei que não queria carregar dinheiro da Alemanha Oriental, para evitar dificuldades na fronteira. Vogel sorriu e disse:

— Ainda bem que o senhor é tão cuidadoso com essas questões monetárias, ou o governo da Alemanha Oriental teria de trocá-lo por alguém.

Sorri também, bem-humorado.

Drews pagou a conta (quarenta marcos) e guardou o troco. Vogel anunciou que tivera uma "terrível batalha" com o procurador-geral, mas, finalmente, saíra vitorioso. Ele disse que todas as dificuldades relacionadas à libertação de Pryor durante a troca Powers-Abel haviam sido removidas. A causa do problema fora que o procurador-geral se ressentira gravemente pelo fato de, no sábado anterior, durante minha visita à Alemanha Oriental, eu ter procurado Schischkin na embaixada soviética, em vez de primeiro visitar Vogel.

Observei que, em meu último telegrama dos Estados Unidos para a sra. Abel, eu afirmara claramente que ficaria feliz em me encontrar com ela ou "seu representante" na embaixada soviética, e, se Vogel tivesse desejado, poderia ter estado lá. Também disse que essa nova posição do procurador-geral era estranha, em vista da carta oficial assinada em seu nome e aprovando a libertação de Pryor que me fora entregue no dia anterior.

Vogel respondeu que essas questões já não importavam; o fato importante era que o procurador-geral consentira em libertar Pryor. Eu e ele deveríamos seguir até a embaixada soviética e, após a conferência com Schischkin, Vogel relataria ao procurador-geral que o acordo fora aprovado pelos oficiais soviéticos. Ele declarou que já agendara uma reunião com Schischkin às 16h.

Perguntei se isso significava que todas as objeções da Alemanha Oriental à troca simultânea de Abel, Powers e Pryor haviam sido abandonadas. Ele respondeu que sim.

Deixamos o restaurante e seguimos imediatamente para a embaixada soviética, onde fomos recebidos por Schischkin na antessala. Ele se apresentou formalmente a Vogel, como se os dois fossem completos desconhecidos, e perguntou como estava a situação. Falando em alemão, Vogel lhe fez substancialmente o mesmo relatório que me fizera à mesa, declarando que todas as dificuldades impostas pela Alemanha Oriental haviam sido removidas. Schischkin não fez nenhum comentário, mas, subitamente, pediu para conversar comigo em particular em seu escritório.

Depois de fechar a porta, Schischkin se sentou à mesa e informou que, em nosso primeiro encontro, no sábado anterior, no qual ele afirmara que Powers era um indivíduo suficientemente importante para ser trocado por Abel, ele me perguntara se Powers não era um "herói nacional" nos Estados Unidos por causa de seus feitos. Eu respondera que, a julgar pela imprensa americana, Powers não era visto como "herói nacional", mas como alguém que realizara uma missão aeronáutica por compensação adequada e cuja conduta, durante o julgamento em Moscou, deixara um pouco a desejar. Também declarara que havia uma corrente substancial nos Estados Unidos, especialmente entre aqueles responsáveis pela contrainteligência americana, que achava que Abel não deveria ser libertado sob nenhuma circunstância, uma vez que poderia se decidir a falar.

Schischkin declarou que ele comunicara minhas observações a seu governo e, naquela tarde (terça-feira), recebera uma nova mensagem de Moscou. A mensagem declarava que, a partir das observações feitas no sábado, parecera que o governo americano via Makinen como mais valioso que Powers e, assim, a oferta de trocar Powers por Abel deveria ser retirada e substituída pela troca Makinen-Abel.

Foi então que explodi. Levantando-me, disse que Schischkin retirara as observações de seu contexto; ele sabia muito bem, desde o início, que a troca Powers-Abel era a base das discussões e que obter Powers era condição *sine qua non* para qualquer acordo. Eu disse que ele não apenas sabia disso e reafirmara o fato naquela mesma manhã (terça-feira), como também a mensagem de Moscou que lera no dia anterior reconhecia minha posição. Em primeiro lugar, ela dava aprovação total à troca de Powers por Abel e somente depois se referia a Makinen como uma possível escolha alternativa por parte dos americanos. Reiterei que minhas instruções, desde o início, haviam sido de que não haveria acordo sem Powers e que a única questão era o que os soviéticos ofereceriam além dele.

Schischkin respondeu calmamente:

— A mensagem que recebi de Moscou nesta tarde anula todas as outras. Não estou autorizado a discutir nenhuma questão, com exceção da troca de Abel por Makinen.

Eu disse que, após a mensagem que me fora lida no dia anterior e a confirmação oral de Schischkin sobre o compromisso naquela manhã, seu último anúncio significava que os soviéticos não estavam seriamente interessados em obter a libertação de Abel.

463

— O senhor tem jogado xadrez comigo desde sábado — afirmei. — Embora goste de jogar ocasionalmente, não tenho tempo para isso agora.

— Eu? — respondeu Schischkin. — Eu só jogo vôlei.

Expliquei que, qualquer que fosse o jogo de que ele gostasse, eu estava interessado em uma única questão: o acordo de ontem, trocando Abel por Powers e Pryor, ainda era válido? Se não, eu relataria isso a meu governo e iria imediatamente para casa. Schischkin declarou que precisava se comunicar com Moscou para obter instruções. Pediu que eu retornasse no dia seguinte, entre as 14 e 15h, para que ele pudesse me informar a resposta.

Respondi que não via razão para fazer outra viagem exaustiva através do muro até sua embaixada, uma vez que ele tinha meu telefone em Berlim Ocidental e podia se comunicar comigo quando quisesse. Assim, não retornaria até lá e, em vez disso, pedia que ele me telefonasse quando recebesse as instruções. Acrescentei que, se não tivesse notícias até a noite seguinte, pediria permissão para voltar para casa. Schischkin disse "Muito bem" e garantiu que eu receberia uma mensagem no dia seguinte.

Despedi-me de Schischkin consideravelmente aborrecido e sem apertar sua mão. Drews, que esperava na antessala, saiu comigo da embaixada e me acompanhou durante toda a distância até a S-Bahn em Friedrichstrasse. No caminho, insistiu em saber minhas reações pessoais, para que pudesse "relatar à srta. Abel e sua família". Disse que minha reação básica era de que as negociações no lado não americano haviam sido conduzidas, desde sábado, com irresponsabilidade e má-fé.

Acrescentei que, se o acordo "Powers e Pryor por Abel" falhasse e meu governo aceitasse minha recomendação de voltar para casa, eu me sentiria obrigado a relatar ao coronel Abel que sua "família" aparentemente o abandonara e que talvez ele devesse reconsiderar sua posição de "não cooperação" com os Estados Unidos. Concluí, do modo mais significativo que consegui:

— Estou confiante de que ele aceitará meu julgamento.

Drews falou muito pouco. Quando nos despedimos, murmurou:
— Boa sorte na viagem de retorno.
Respondi:
— Obrigado pelo almoço.
Fora um longo dia.

Quarta-feira, 7 de fevereiro

Dormi até tarde e, ao meio-dia, ainda não havia resposta de Schis-chkin. Meu relatório sobre os eventos do dia anterior fora enviado a Washington, e haviam chegado várias mensagens de resposta. Elas portavam duas ideias principais: a primeira, que eu estivera desempenhando meu papel com tanta ênfase que pusera em risco minha missão primária, trocar Abel por Powers; a segunda, que se retornasse a Berlim Oriental, seria por minha conta e risco.

Às 15h15, alguém telefonou para o número não listado em Berlim Ocidental e deixou a seguinte mensagem:

Donovan,

Infelizmente, não tivemos resposta hoje. Esperamos consegui--la amanhã. Informarei imediatamente.

Schischkin

A partida de xadrez estava sendo jogada, mas parecia-me que uma ação decisiva era necessária, a despeito da cautela urgida por Washington. A menos que déssemos um passo ousado, a missão fracassaria completamente ou os soviéticos concluiriam que, se demorassem tempo suficiente, somente Powers teria de ser libertado.

Discuti os eventos dos últimos dias com Bob e ele sugeriu que consultássemos não apenas Lightner, o oficial do Departamento de Estado que era chefe da missão americana, mas também o general Lucius Clay, que era o representante pessoal do presidente

Kennedy em Berlim, com o cargo de embaixador. Como não podíamos colocar meu alojamento em risco, a reunião foi realizada na residência de Bob.

O dia estava deprimente, escuro e com chuvas de granizo. A lareira na sala de estar de Bob era agradável, especialmente considerando-se minhas costas doloridas. O general Clay ouviu pacientemente enquanto eu revisava os conselhos de Washington e minha própria avaliação da situação. Eu tinha convicção de que, se conseguisse recuperar a ofensiva da negociação, Pryor viria juntamente com Powers. Em contrapartida, todos concordávamos com Washington que seria tolo de minha parte atravessar o muro e fazer outra visita inesperada a Schischkin.

Finalmente, concordamos com uma tática que poderia dar certo. O general Clay escreveu uma mensagem, que enviamos a Schischkin:

> Recebi sua mensagem telefônica e lamento o atraso, pois, infelizmente, o tempo que posso permanecer aqui é limitado. Como minhas costas ainda me incomodam, gostaria que viesse até a residência do sr. Howard Trivers, de nossa missão, entre as 16 e as 18h de amanhã, quinta-feira, 8 de fevereiro de 1962. O endereço é Vogelsong, n. 12, Dahlem.
>
> Donovan

Bob saiu para despachá-la por mensageiro diplomático. Eu e o general Clay conservamos sobre nosso último encontro, que fora no lago Placid, Nova York. Ele estivera visitando o agradável acampamento nas Adirondack do falecido Carle Conway, presidente do conselho da Continental Can Company. Concordamos que estávamos agora em outro mundo.

Quinta-feira, 8 de fevereiro

Fui acordado ao alvorecer por um mensageiro de Bob. Uma mensagem acabara de ser recebida no número especial de Berlim Ocidental. Ela dizia:

Donovan,
    Recebi uma resposta favorável. Espero vê-lo em meu escritório às 16h, se sua saúde permitir.

Schischkin

Durante o café da manhã, Bob e eu consideramos esta última mensagem. Será que deveríamos acreditar nela? Seria outra escaramuça de Schischkin em sua óbvia guerra de nervos? Seria uma armadilha montada por Vogel ou Drews, pela qual os soviéticos negariam qualquer responsabilidade?

Eu achava que devia aceitar a aposta e voltar após enviar confirmação a Schischkin. Disse a Bob que via os últimos dias como uma típica tática pavloviana.

Pavlov, o grande cientista russo, condicionara os reflexos de animais ao lhes oferecer recompensas em forma de comida e subitamente retirá-las. Essa abordagem "primeiro doce, depois amargo" estava sendo aplicada pela Rússia em suas negociações internacionais, a fim de desmoralizar seus oponentes. Eu achava que o experimento de Schischkin comigo havia acabado.

Bob se comunicou com o general Clay, que concordou com minha decisão. Assim, enviei a seguinte nota, por mensageiro:

Schischkin,
    Irei às 16h, mas, em função de minha saúde, apreciaria se houvesse um carro na estação às 15h30.

Donovan

Cheguei a Berlim Oriental às 15h45, mas não encontrei nenhum carro esperando por mim. Por causa da neve pesada, peguei um táxi até a embaixada soviética e ofereci ao motorista meus marcos ocidentais. Ele aparentemente achou que eu montara uma armadilha para flagrá-lo em violação da lei, talvez por termos parado em frente à embaixada, pois protestou com veemência. Eu o conduzi até o consulado soviético e disse ao porteiro que cuidasse dele. O porteiro o pagou em marcos orientais.

Um ou dois minutos depois, Schischkin entrou e me conduziu até seu escritório. Quando entrei, vi que uma pequena mesa fora posta com peças muito delicadas de cristal e prata, uma garrafa de conhaque armênio, água mineral alemã, cookies e uma tigela de belas maçãs. *Obrigado, professor Pavlov*, pensei comigo.

Schischkin imediatamente serviu o conhaque (que descreveu como "nosso melhor" e "muito caro") e sugeriu um brinde de "boa sorte". Após tocarmos as taças, ele declarou ter recebido uma resposta favorável de Moscou, aprovando todo o acordo. Isso significava que Powers seria trocado por Abel e, simultaneamente, a Alemanha Oriental libertaria Pryor. Contudo, embora a libertação de Pryor pelos alemães orientais devesse ser simultânea à troca Powers-Abel, as duas ações não poderiam ocorrer no mesmo local, dado que a Alemanha Oriental era um governo separado.

Eu respondi que, em minha opinião, aquilo era uma complicação desnecessária. Embora não tivesse objeções a tal procedimento, não conseguia ver por que não seria mais conveniente levar os três homens ao mesmo local. Ele afirmou que devia ser assim.

Eu disse a Schischkin que recomendaria a meu governo a aceitação do acordo. Ao fazer isso, desejava deixar claro meu entendimento de que, se as relações entre nossos dois países melhorassem, um ato de clemência para Makinen poderia ser esperado no futuro próximo. Schischkin declarou que comunicara minhas "ideias" sobre isso a seu governo, que os aprovara em princípio.*

Com respeito ao horário e lugar, Schischkin inicialmente sugeriu, com o rosto sério, que a embaixada soviética em Berlim Oriental seria um "local conveniente". Eu lhe disse que, em meu julgamento, isso seria altamente inadequado e que a troca deveria ocorrer em algum ponto da fronteira. Ele retirou a sugestão.

Schischkin disse estar aberto a qualquer proposta em relação ao horário, mas achava que o sábado seguinte seria o melhor dia. Quando perguntei a que horas, ele respondeu:

— Quanto mais cedo, melhor.

Inicialmente, sugeri meio-dia, mas ele perguntou:

— Por que não mais cedo?

Quando sugeri as 7h30, Schischkin achou que seria excelente, pois haveria menos pessoas nas ruas nesse horário.

Ele disse que, após revisar a questão, não achava que a ponte Glienicke fosse o melhor local, pois fora fechada com arame farpado. Segundo minhas informações, retruquei, ela permanecia aberta ao tráfego. Ele perguntou se eu chegara a vê-la. Respondi que adiara qualquer viagem de inspeção até que o acordo sobre a troca fosse definitivo. Segundo ele, os soviéticos acreditavam que a Oberbaumbrücke, perto de Warschauer Strasse, seria preferível, pois era um ponto de fronteira usado apenas por alemães ocidentais. Afirmei que, embora dependesse de uma revisão da questão por meu governo, não tinha objeções. Schischkin disse que, ao mesmo tempo, Pryor seria libertado em Checkpoint Charlie, na Friedrichstrasse.

Ele perguntou quantas pessoas deveriam comparecer à troca Powers-Abel e eu declarei acreditar que o grupo oficial não deveria conter mais que seis pessoas. Ele indicou sua concordância.

---

* Durante 1962 e o início de 1963, enviei a Schischkin e outros repetidos lembretes desse compromisso. Em 11 de outubro de 1963, Makinen foi libertado pela Rússia. Um padre americano, detido durante 23 anos, também ganhou a liberdade. Em troca, dois cidadãos soviéticos que deveriam enfrentar acusações de espionagem nos Estados Unidos foram deportados.

Segundo Schischkin, Moscou solicitara que eu interviesse pessoalmente junto a meu governo para tentar assegurar um mínimo de propaganda antissoviética quando a troca se tornasse pública. Repliquei que, por causa de nossas garantias de liberdade de imprensa, essa era uma questão extremamente difícil. Ele disse que seu governo compreendia esse fato, mas gostariam de sugerir que as autoridades dos Estados Unidos publicassem uma breve declaração dizendo que Powers fora libertado pelo governo soviético a pedido de seus familiares e por causa do desejo de americanos e soviéticos de melhorarem as relações entre os dois países. Sugeriu que nenhum anúncio fosse feito simultaneamente em relação à libertação de Abel e que, após alguns meses (que, mais tarde, diminuiu para algumas semanas), o governo dos Estados Unidos anunciasse que, em reconhecimento pelo ato soviético e no mesmo espírito, Abel fora libertado. Segundo ele, não havia razão para qualquer referência do governo americano ao caso de Pryor, mas, de qualquer modo, tratava-se de um assunto pertinente à Alemanha Oriental.

Eu lhe expliquei que, embora pudesse assegurar (como dissera em nosso primeiro encontro) que o governo dos Estados Unidos não pretendia fazer alarde da troca, ele tinha de compreender que a situação seria delicada, para dizer o mínimo, e não podíamos garantir nada. Eu disse estar afirmando isso para que, se meu governo tivesse de publicar uma declaração de esclarecimento, os soviéticos não a vissem como ato de má-fé. Ele pareceu satisfeito, mas pediu que eu retornasse às 12h do dia seguinte para "discutirmos os detalhes". Concordei.

Schischkin nos serviu outra dose de conhaque, fechou sua pasta e começou a relaxar um pouco. Eu perguntei quantas línguas falava e ele respondeu que "apenas quatro" — russo, alemão, inglês e sueco. Contou que frequentara a Universidade de Moscou durante a Segunda Guerra Mundial. Estava completando seu décimo ano no exterior e gostaria de viajar por seu próprio país, dado que, com exceção de Moscou, estivera apenas na Criméia, para curtas férias.

Disse ter uma filha. Contou-me que havia setenta linguagens diferentes na União Soviética e mais de doze nacionalidades. Nenhum esforço estava sendo feito para criar línguas comuns, mas todo o mundo tinha de aprender russo.

Eu lhe disse que, em nosso país, havia pouquíssimos linguistas, em função de nosso isolamento geográfico e do uso difundido do inglês. Expliquei que estávamos fazendo esforços para remediar essa situação, fazendo com que as crianças aprendessem línguas estrangeiras, inclusive russo, enquanto ainda eram jovens.

— O senhor deveria estudar russo — disse ele.

— Em meu país — respondi com um sorriso — apenas os otimistas estudam russo. Os pessimistas estudam chinês.

Ele riu, mas pareceu nervoso.

Informei-o de que o Gabinete de Prisões movera Abel temporariamente para Nova York. Eu desejava avisar que era provável que os jornais nova-iorquinos soubessem de sua chegada, levando a especulações sobre a troca. (Isso não ocorreu.) Falei sobre os fascinantes fluxos de informação que ocorrem mesmo nas prisões de segurança máxima, contando como Abel me informara, em Atlanta, que havia uma nova exibição relacionada a seu caso no Museu do FBI, no prédio do Departamento de Justiça, em Washington.

Schischkin declarou que os problemas com a imprensa americana eram muitos difíceis e que, na Rússia, eles não tinham tais aborrecimentos com os jornais.

— Estou certo disso — respondi.

Ele perguntou sobre minha família e eu a descrevi. Perguntou minha idade e, quando respondi "45", disse:

— Lamento dizer isso, mas o senhor parece muito mais velho.

Foi uma declaração que, na ocasião, não tive como contestar.

Bebemos mais conhaque, fatiamos uma maçã e, ao fim de nossa visita, ele chamou um carro da embaixada com motorista. A despeito do frio e da nova chuva de granizo, insistiu em me levar até a porta e cruzar a calçada até o carro.

Retornei pela forma habitual e cheguei a Berlim Ocidental às 18h10. Entreguei a mensagem para Washington a Bob no Golden City Bar, dizendo que o acordo estava finalizado e "o pacote" deveria ser transportado imediatamente. Mais tarde, visitei o general Clay em sua residência e ele ficou satisfeito com meu relatório.

Sexta-feira, 9 de fevereiro

Encontrei-me com Schischkin na embaixada por volta do meio-dia e relatei a concordância geral do governo dos Estados Unidos na troca de Powers e Pryor por Abel, com a expectativa de clemência para Makinen no futuro próximo. Schischkin declarou que uma revisão do tráfego em Oberbaumbrücke naquela manhã os levara a retornar à minha proposta original, a ponte Glienicke. Contudo, por causa da viagem de quarenta quilômetros que os russos teriam de fazer até a ponte, a troca não seria possível antes das 8h30.

Quanto a Frederic Pryor, Schischkin argumentou longamente que ele deveria ser entregue a sua família no "escritório" de Vogel em Berlim Oriental. Recusei totalmente sua libertação em qualquer lugar de Berlim Oriental. Schischkin finalmente concordou em libertá-lo no ponto de fronteira da Friedrichstrasse, simultaneamente à troca Powers-Abel. Eu disse que haveria um carro esperando por ele, com um rádio bidirecional que nos notificaria na ponte. Ele assentiu. Eu o urgi, em seu próprio interesse, a libertar Pryor naquele mesmo dia, de modo a manter os acordos separados, mas ele respondeu que isso seria contrário a suas instruções.

Schischkin disse que a principal preocupação dos soviéticos era a declaração oficial dos Estados Unidos. Eles não nos responsabilizariam pelo que a imprensa pudesse fazer, mas Schischkin enfatizou a importância do texto de nossa declaração oficial para as futuras relações entre nossos países. Respondi que não pretendíamos fazer nenhuma declaração em Berlim e que eu podia assegurar que não haveria propaganda oficial nem nada que pudesse desacreditar a URSS. Dois pontos eram importantíssimos para os soviéticos: que não se usasse a palavra "troca" e que nada em nossa declaração oficial os conectasse a Abel. Respondi que comunicaria os dois pontos a meu governo.

(Subsequentemente, por cabo, insisti enfaticamente em que nossa declaração oficial evitasse esses dois pontos, pelas seguintes razões: primeiro, não deveríamos pôr em risco a esperança de clemência para Makinen, que poderia depender da boa conclusão do acordo; segundo, o uso dessa linguagem em um texto oficial era bastante desnecessário, dado que toda a imprensa descreveria a "troca" e ligaria Abel aos soviéticos. Isso não seria nossa responsabilidade, desde que não estivesse presente em nossa declaração oficial.)

— Uma declaração ideal por parte dos Estados Unidos — disse Schischkin — mencionaria a clemência a Abel como resultado da petição de sua família e uma deferência a sua idade, sem nenhuma referência à União Soviética.

Ele expressou seu desejo de que nossa declaração oficial em relação a Abel fosse publicada mais tarde, mas me recusei a assumir qualquer compromisso. O anúncio do governo soviético, disse ele, falaria apenas de Powers e atribuiria a clemência a um gesto de consideração por sua família e ao desejo de melhorar as relações entre os Estados Unidos e a União Soviética. Nenhuma declaração oficial soviética, no presente ou no futuro, faria menção a Abel ou Pryor.

Schischkin disse que compareceria à troca Powers-Abel com dois oficiais soviéticos. Lightner, o vice-diretor do Gabinete de Prisões e eu mesmo, juntamente com os três representantes soviéticos, nos encontraríamos no centro da ponte às 8h20 para nos assegurarmos de que tudo estava bem. Dois guardas trariam os respectivos prisioneiros e, quando identificados, cada homem seria libertado para o lado oposto. Os oficiais apertariam as mãos e todos partiriam. Ele fez um esboço do encontro, que guardei.

Concordei em que o plano era sensato, mas precisava ser revisado por meu governo. Se houvesse proposta de alguma mudança, eu a comunicaria imediatamente. Em resposta a sua pergunta, assegurei que nenhum repórter ou fotógrafo teria permissão de comparecer à troca.

Voltei para Berlim Ocidental às 13h30. Bob me levou para ver o major-general Watson, comandante das Forças Armadas americanas em Berlim, para discutirmos os planos de segurança para a manhã seguinte. O general Watson era um dos quatro homens que sabia que eu estava na cidade. O "sr. Dennis" chegou discretamente e entrou na sede fortemente guardada por uma porta traseira. Enquanto aguardava na antessala, um coronel muito afável entrou e, provavelmente achando que eu era um congressista em visita, disse, de modo bastante agradável:

— Olá, sou o coronel Foote, como vai?

O sr. Dennis apertou sua mão e respondeu, friamente:

— Como vai?

Pude sentir que ele me achou um chato.

Mais tarde naquela noite, Bob me disse que Abel chegara a Berlim Oriental e que, se eu desejasse, podia vê-lo. Respondi que dormir era mais importante e pedi para ser acordado bem cedo.

Sábado, 10 de fevereiro

Levantei-me às 5h30 e fiz as malas, exausto. Era meu oitavo dia em Berlim e, se tudo corresse bem, o último. Depois do café da manhã, fui com Bob até o complexo militar dos Estados Unidos. A pequena casa de guarda, onde Abel estava detido em uma cela de segurança máxima, fora esvaziada dos outros prisioneiros e estava fortemente guardada. Do lado de dentro, encontrei-me com o vice--diretor do Gabinete de Prisões, que descobri ser Fred Wilkinson, o diretor da penitenciária de Atlanta na época em que eu visitara

Abel. Ele acabara de ser promovido. Tomando café, discutimos os preparativos finais e eu pedi permissão para falar com Abel a sós.

Rudolf se levantou quando entrei na cela subterrânea. Sorriu, estendeu a mão e disse, para minha surpresa:

— Olá, Jim.

Ele sempre me chamara de "sr. Donovan". Parecia magro, cansado e subitamente velho. Mas estava cortês como sempre e me ofereceu um cigarro americano, dizendo, de modo ligeiramente irônico:

— Sentirei falta deles.

Conversamos de maneira relaxada. Perguntei se ele estava apreensivo de voltar para casa e o coronel respondeu, rapidamente:

— É claro que não. Não fiz nada desonrado.

Ele sabia tudo sobre Francis Gary Powers, mas não conhecia o caso de Frederic Pryor. Mencionei os preparativos feitos para a troca e Abel disse que lhe pareciam sensatos. Afirmou jamais ter ouvido falar de Schischkin, embora nosso pessoal tenha me dito que, em sua opinião, eu não estivera negociando com o "segundo-secretário da embaixada soviética na Alemanha Oriental", mas sim com o chefe da KGB na Europa Ocidental.

Quando nos aproximamos da hora da partida, ele segurou minha mão e disse, com grande sinceridade:

— Jamais poderei agradecer o suficiente por todo o seu trabalho e, acima de tudo, por sua integridade. Sei que seu hobby é colecionar livros raros. Em meu país, tais tesouros culturais são propriedade do Estado. Mas, de algum modo, farei com que receba uma manifestação adequada de minha gratidão no ano que vem.

Fui com Bob da prisão até nosso ponto de encontro na ponte Glienicke. Quando chegamos, o tempo estava claro, mas terrivelmente frio. Policiais militares americanos estavam por toda parte de nosso lado da ponte. Eles haviam dispensado os guardas de fronteira alemães, os quais descobri na guarita, bebendo café e parecendo confusos e ligeiramente apreensivos. Obviamente, não sabiam de nossa missão. Abel chegou às 8h15 em um carro cheio de guardas. Um deles, que mais tarde marchou pela ponte com Abel e Wilkinson, era um dos maiores homens que eu já vira. Devia ter 2 metros e pesar uns 140 quilos. Nunca descobri quem era, mas, presumivelmente, viera do Gabinete Federal de Prisões.

Exatamente às 8h20, caminhei até o centro da ponte, flanqueado por Alan Lightner, da Missão do Departamento de Estado em Berlim, e um jovem civil que fora colega de Powers durante seu tempo pilotando o U-2. Schischkin caminhou a nosso encontro, vindo do outro lado, acompanhado por dois civis. Encontramo-nos sozinhos no centro da ponte, apertamos as mãos com formalidade e trocamos garantias de que tudo estava pronto, de acordo com nossos planos. Apresentei-o a Alan Lightner e ele me apresentou ao "sr. Pryzov" ou algo assim.

Retornamos a nossos respectivos lados da ponte e então um trio partiu de cada extremidade. O nosso incluía Abel, o vice-diretor Wilkinson e o "homem-montanha". O trio russo consistia em Powers, com uma barretina de pele na cabeça, e dois homens que pareciam lutadores aposentados. Tanto Abel quanto Powers carregavam malas abarrotadas.

Schischkin anunciou que, uma vez que Pryor fora libertado pelos alemães orientais em Friedrichstrasse, a troca de Powers por Abel poderia ocorrer. Eu lhe disse que precisava confirmar isso e pedi tal confirmação a nosso lado da ponte. Alguém finalmente gritou em resposta:

— Ainda não há notícias de Pryor.

Schischkin disse que meu lado estava errado e que precisávamos completar a troca imediatamente, antes que surgisse tráfego civil na ponte. Respondi:

— Esperaremos aqui até que meu pessoal confirme que Pryor foi libertado.

Expliquei que, na noite anterior, havíamos dito aos pais de Pryor que poderia haver um desenvolvimento favorável e, bem cedo pela manhã, vários oficiais de segurança os haviam levado a Checkpoint Charlie para identificar e receber o filho.

— Minha informação — disse Schischkin — é que Vogel acompanhou Pryor até a fronteira e o jovem foi liberado.

— Talvez Vogel esteja discutindo com Pryor sobre honorários — sugeri com um sorriso. — Isso poderia levar meses.

Schischkin explodiu em gargalhadas e disse:

— Confio em sua experiência como advogado. Sem dúvida, passou por isso muitas vezes.

Agora relaxado, ele disse que fora um prazer negociar comigo e que eu deveria assumir um papel mais ativo nos assuntos governamentais.

— Precisamos de homens com entendimento — falou. Comentei que os altos impostos que pagava me impediriam de fazer isso num futuro próximo. — Entendo — disse ele —, e é por isso que vocês têm tantos homens com fortunas herdadas em seu governo.

Perguntei se ele achava que homens com fortunas herdadas deveriam permanecer na praia em vez de contribuir com seus serviços para o bem comum.

— Não — respondeu Schischkin —, mas vocês têm gente demais assim.

Subitamente, ouvimos um grito de nosso lado da ponte:

— Pryor foi libertado.

Eram 8h45. Fiz um sinal a Wilkinson, que produziu um documento de ar oficial e o assinou. (A identidade de ambos os prisioneiros já fora confirmada por acenos amigáveis.) Obedecendo aos sinais feitos por Schischkin e por mim, Powers e Abel pegaram suas malas e cruzaram a linha central. Nenhum deles olhou para o outro. Powers disse, "Nossa, como é bom ver você", e apertou a mão de seu antigo colega. Eles caminharam para nosso lado da ponte.

Abel fez uma pausa. Ele pediu a Wilkinson o perdão oficial, dizendo:

— Eu o guardarei como uma espécie de diploma. — Então colocou a mala no chão, estendeu a mão e disse: — Adeus, Jim.

Respondi:

— Boa sorte, Rudolf.

Schischkin permaneceu indiferente, até me estender a mão e perguntar:

— Quanto tempo você e Powers permanecerão em Berlim?

Dei de ombros e, pensando na jornada pelo corredor da Alemanha Oriental, respondi:

— Acho que merecemos alguns dias de folga aqui, não é?

— É claro — disse ele, sorrindo. — Adeus e boa sorte.

Separamo-nos.

Em nossa extremidade da ponte Glienicke, fiz uma breve pausa para agradecer a Bob, Lightner, Wilkinson e ao coronel encarregado da segurança. Então entrei no sedã já ocupado por Powers e seu colega. Enquanto nosso carro corria até o aeroporto Tempelhof, fui apresentado a Powers, que parecia atordoado. No aeroporto, nos aguardavam meu velho C-45, com os motores já ligados, e o capitão MacArthur. Embarcamos, decolamos imediatamente e tomamos a direção de Frankfurt. Pouco foi dito até que MacArthur retornou e anunciou que havíamos saído do corredor e estávamos na Alemanha Ocidental. Todos apertamos as mãos e rimos. MacArthur me congratulou calorosamente, mas não falou com Powers.

O avião tinha um cirurgião a bordo, que levou Powers para o compartimento de carga e realizou um exame médico. Em Frankfurt, fomos rapidamente transferidos para um Super-Constellation, que, como fomos informados ao decolar, era o avião designado ao comandante-geral da Força Aérea na Europa.

Uma vez no ar, relaxamos. O avião estava magnificamente equipado, com beliches acolchoados e cozinha. Um comissário de paletó branco perguntou se queríamos algo para beber e comer.

— Eu gostaria de um martíni — respondeu Powers. — Há algumas semanas, em minha cela, sonhei com um martíni.

Pedi um uísque duplo.

Sentei-me à mesa, de frente para Powers, e sorri para ele. O homem queria saber tudo a meu respeito, especialmente se eu fora enviado por seu pai. Rapidamente descobri que seu pai na Virgínia rural dominava seus pensamentos e afeições. Expliquei que nunca o encontrara, mas falara com ele ao telefone há muitos meses, para assegurá-lo de que faria todo possível para ajudar seu filho.

— O senhor é advogado — disse Powers —, e acho que posso precisar de um quando voltar aos Estados Unidos.

— Bem, Frank — respondi —, se acha que representei bem seus interesses nas últimas semanas, pode me considerar seu advogado. Meu pagamento anual será um presunto defumado da Virgínia, entregue todos os Natais.

Ele riu.

Conversamos por horas, com seu colega se unindo a nós. Powers me pareceu especial. As pessoas nos EUA haviam criticado seu desempenho ao ser abatido e, mais tarde, ao ser julgado em Moscou. Contudo, suponha que se deseje recrutar um americano para pilotar um precário planador de espionagem sobre o centro da Rússia hostil a 75 mil pés, da Turquia até a Noruega. Powers era um homem que, pelo pagamento adequado, faria isso e, ao passar sobre Minsk, comeria calmamente um sanduíche de salame. Somos todos diferentes e é meio injusto esperar que qualquer um de nós possua todas as virtudes.

Fui até a cabine, conversei com o coronel que pilotava o avião e ouvi notícias americanas sobre a troca na ponte Glienicke. Era meio da noite nos EUA, mas a Casa Branca fizera um comunicado durante uma entrevista coletiva de última hora. O coronel e sua tripulação apertaram minha mão e foram mais que amigáveis. Notei que evitavam Powers.

Depois de alguns drinques, perguntei a Powers sobre seu julgamento em Moscou e, especialmente, sobre seu confinamento anterior. Ele fora mantido incomunicável durante mais de cem dias antes do início do julgamento público.

— Nossa, como eu me sentia solitário — respondeu. — Eles nunca me bateram ou algo assim, mas eu estava sozinho e não sabia o que estava acontecendo. Havia uma luz sempre acesa em minha cela e, no meio da noite, eles me faziam descer até a mesma sala, onde eu dava as mesmas respostas às mesmas perguntas feitas pelo mesmo homem. Depois de um tempo, você começa a ser afetado por isso.

A cena era familiar a qualquer um que já tivesse lido *O zero e o infinito*, de Arthur Koestler, sobre os julgamentos de Moscou nos anos 1930.

Depois do julgamento, disse Powers, a vida na prisão fora fria, monótona e solitária. Ele ficara em um prédio com outros "prisioneiros políticos", separado dos criminosos comuns. Após um tempo, fora afortunado o bastante para conseguir um colega de cela, um letão cumprindo longa pena por "atividades contrarrevolucionárias". Powers aprendeu a tecer tapetes e, ocasionalmente, podia ler duas publicações em inglês, o londrino *DailyWorker* e o americano *Nation*. Expressei surpresa pela seleção deste último, que muitos viam como de esquerda, mas frequentemente assumia pontos de vista altamente críticos em relação à União Soviética. Powers não tinha explicação para isso.

— Pensei mais sobre política e coisas internacionais do que jamais fiz na vida — disse ele. — Por exemplo, não faz sentido para mim não reconhecermos a China Vermelha e a deixarmos ser parte das Nações Unidas.

Aquela não pareceu a ocasião adequada para discutir a questão.

Ele nos contou que, certo dia, caminhando pelo pátio interno da prisão durante sua hora de exercício, uma bola de massa de pão caíra a seus pés. Ele a pegara e a levara para sua cela. Dentro, havia um papel com as seguintes palavras em inglês: "Tenho informações importantes para o presidente." Ele não sabia de que cela fora jogada e jamais tentou estabelecer contato.

Dormimos durante horas entre as conversas. Reabastecemos nos Açores, mantivemos o curso e, finalmente, o capitão voltou para anunciar que estávamos nos aproximando do destino de Powers, uma base área isolada nas Carolinas. Eu continuaria até Washington.

Quando pousamos nas Carolinas, Powers reuniu as deploráveis lembranças que recebera permissão para trazer da Rússia: alguns pequenos tapetes que tecera, brinquedos baratos feitos pelos outros prisioneiros e o áspero uniforme da prisão. Ao descer do avião, disse:

— Adeus, sr. Donovan. — Acho que acrescentou: — Obrigado. Nunca mais o vi nem tive notícias dele.*

Domingo, 11 de fevereiro

Fui à missa em uma igreja em Georgetown, Washington, D.C. Na saída, encontrei o juiz William Brennan, da Suprema Corte. (No caso Abel, ele escrevera o parecer dos quatro juízes dissidentes. O parecer majoritário, confirmando a condenação de Abel, fora escrito pelo juiz Felix Frankfurter, meu antigo professor na faculdade de Direito de Harvard.)

— Acho — disse o juiz Brennan — que as últimas notícias do rádio diziam que você estava em algum lugar sobre o Atlântico.

Eu lhe assegurei que estivera na igreja tanto em corpo quanto em espírito, e então disse, com gravidade:

— Por gentileza, faça-me um favor, senhor juiz. Apresente minhas mais respeitosas saudações ao juiz Frankfurter e lhe diga que finalmente encontrei uma maneira efetiva de evitar uma decisão da Suprema Corte dos Estados Unidos.

---

* Em 20 de dezembro de 1963, enquanto revisava as provas deste livro, chegou a meu escritório um cartão de Natal: "Desejando a pessoas especiais como você o melhor de tudo." No interior do cartão, as seguintes palavras: "Muito obrigado por tudo que fez. Espero que o presunto da Virgínia chegue em segurança. Francis Gary Powers." Acompanhando o cartão, havia um presunto defumado de cinco quilos.

Terça-feira, 6 de março

Nesse dia, a Agência Central de Inteligência publicou um relatório sobre Francis Gary Powers dizendo, em essência, que ele desempenhara razoavelmente bem sua missão com o U-2, com o melhor de suas habilidades, e fornecera informações valiosas para os Estados Unidos. Nessa mesma data, Powers depôs publicamente perante o Comitê das Forças Armadas do Senado, que concordou com as conclusões da CIA. E, ainda mais importante para ele, recebeu seus pagamentos atrasados.

Logo depois, Frederic Pryor chegou a meu escritório de Nova York, acompanhado pelo pai, pela mãe e pelo irmão. Era nosso primeiro encontro. A família graciosamente me presenteou com um pequeno peso de papel em cristal contendo um fragmento do Muro de Berlim e uma inscrição, assinada por toda a família, que dizia:

> Esta é uma peça do Muro de Berlim, de detrás do qual o senhor retirou Frederic em 10 de fevereiro de 1962. A gratidão da família Pryor permanecerá, mesmo quando o muro se tornar um símbolo do passado.

Em agosto de 1962, houve um incidente no Muro de Berlim no qual um jovem fugitivo da Alemanha Oriental foi alvejado pelos VOPOs e deixado para morrer à vista dos espectadores em Berlim Ocidental. No auge da crise, um mensageiro soviético foi até o ponto de fronteira em Friedrichstrasse e pediu para falar com um oficial da missão americana. Ele lhe entregou um envelope e um pacote, endereçados a mim na William Street, Nova York. A carta no interior do envelope dizia:

> Caro Jim:
> Embora não seja colecionador de livros antigos nem advogado, acredito que esses dois velhos livros de direito, impressos no século XVI, que tive a sorte de encontrar, são raros o suficiente para se

tornarem uma adição bem-vinda a sua coleção. Por favor, aceite-os como sinal de minha gratidão por tudo o que fez por mim [...].

Espero que sua saúde não seja prejudicada pelo excesso de trabalho.

Sinceramente,
Rudolf

O pacote continha dois exemplares raros do século XVI, encadernados com velino, da edição em latim dos *Comentários sobre o código justiniano*.

O caso Abel estava encerrado.

A SEGUIR: *Carta do presidente John F. Kennedy*

CASA BRANCA
WASHINGTON

12 de março de 1962

Prezado sr. Donovan:

A esta altura, o senhor já está consciente da resolução do caso Francis Gary Powers. Deve ser uma fonte de grande satisfação para o senhor, e quero que saiba que considero tanto o retorno do sr. Powers quanto os resultados da revisão do caso contribuições valiosas ao interesse nacional.

Até onde me consta, o tipo de negociação da qual participou, em um momento no qual os canais diplomáticos não estavam disponíveis, é único, e o senhor a conduziu com grande habilidade e coragem. A libertação adicional de Frederic L. Pryor e a criação de uma possibilidade de negociação em relação a Marvin W. Makinen só poderiam ter sido conseguidas por uma negociação da mais elevada ordem.

Gostaria de agradecer-lhe por seus serviços.

Com meus melhores votos, sinceramente.

Sr. James B. Donovan
Watters & Donovan
William Street, n. 161
Nova York, Nova York

AGRADECIMENTOS

O autor agradece a sua família e a seus colegas de trabalho pela paciência; ao juiz presidente Charles S. Desmond, que escreveu o prefácio da edição original; a Bard Linderman, por seu hábil auxílio na preparação do manuscrito; à sra. M. McInturff, por sua ajuda constante; e a todos os que auxiliaram na defesa no tribunal e na missão na Alemanha Oriental.

JAMES B. DONOVAN

Nascido na cidade de Nova York em 1916, James B. Donovan se graduou na Universidade de Fordham e na faculdade de Direito de Harvard. Oficial da Marinha durante a Segunda Guerra Mundial, tornou-se conselheiro-geral do Gabinete de Serviços Estratégicos. Foi promotor-associado durante o principal julgamento de Nuremberg. Desde então, atuou como advogado-chefe em grandes julgamentos e apelações em mais de trinta estados. Foi candidato democrata ao Senado dos Estados Unidos por Nova York em 1962 e serviu como advogado-geral do Comitê das Famílias Cubanas, obtendo a libertação de mais de 9.700 cubanos e americanos da Cuba de Castro. Foi presidente do Conselho de Educação da Cidade de Nova York e deixou esposa e quatro filhos.

Este livro foi composto na tipologia Palatino
LT Std, em corpo 11/15, e impresso em
papel off-set 75 g/m² no Sistema Cameron
da Divisão Gráfica da Distribuidora Record.